HANDBUCH DES ERWERBSGÄRTNERS

Heizungsanlagen im Gartenbau

Handbuch des Erwerbsgärtners

Wirtschaftlichkeitsrechnung und Betriebsplanung im Gartenbau
Von Dr. Heinz Bahnmüller, Heidelberg
und Dr. Erhard Schürmer, Weihenstephan

Die Technik im Gartenbau (Teil 1 und 2)
Von Dipl.-Ing. R. Bohn, Bonn

Hauptkulturen im Zierpflanzenbau
Von OLR Dr. G. Bosse, Friesdorf, Prof. Dr. F. Escher, Osnabrück,
OStR E. Gugenhan, Hohenheim, Ing. grad. O. Kneipp, Oeschberg,
Dr. Th. Steib, München

Pflanzenschutz im Gemüsebau
Von Dr. G. Crüger, Brühl/Köln

Schnittblumenkulturen
Von Prof. Dr. F. Escher, Osnabrück

Erwerbsgemüsebau
Von Prof. Dr. D. Fritz, Weihenstephan, und OLR Dr. W. Stolz, Wolbeck

Buchführungs- und Steuerrecht im Gartenbau
Begründet von Dr. W. Lederle und W. Steinle
Neubearbeitet von G. Kirchgatter, Weihenstephan

Pflanzenernährung im Gartenbau
Von Prof. Dr. E. Knickmann, Wiesbaden,
und Prof. Dr. W. Tepe, Geisenheim

Pilzanbau
Von Dr. J. Lelley, Krefeld-Großhüttenhof,
und Ing. F. X. Schmaus, Krefeld

Hydrokultur und Torfkultur
Von Prof. Dr. F. Penningsfeld, Weihenstephan,
und Ing. grad. P. Kurzmann, Weihenstephan

Der Absatz von Zierpflanzen
Von Prof. Dr. W. Schalt, Berlin, und Dipl.-Gärtner S. Pfeifer, Köln

Pflanzenschutz im Zierpflanzenbau
Von Dr. M. Stahl, Stuttgart,
und Gartenbauing. H. Umgelter, Stuttgart

Gartenbauliche Betriebslehre
Von Dr. Th. Steib, Weihenstephan

Topfpflanzenkulturen
Herausgegeben von Dr. Th. Steib, München, bearbeitet von
A. Feßler, Tübingen, U. Gradner, Veitshöchheim, J. Jungbauer, Wolbeck,
J. Leinfelder, Weihenstephan, A. Melder, Bad Godesberg

Heizungsanlagen im Gartenbau
Von Prof. Dr. Hans-Jürgen Tantau, Hannover

Gewächshäuser
Von Prof. Dr.-Ing. Chr. von Zabeltitz, Hannover

Heizungsanlagen im Gartenbau

Von Prof. Dr. Hans-Jürgen Tantau
Institut für Technik in Gartenbau
und Landwirtschaft
der Universität Hannover

166 Abbildungen
63 Tabellen

Verlag Eugen Ulmer Stuttgart

Fachredaktion: Dr. Thomas Steib, Neufahrn

CIP-Kurztitelaufnahme der Deutschen Bibliothek

Tantau, Hans-Jürgen
Heizungsanlagen im Gartenbau/
von Hans-Jürgen Tantau. –
Stuttgart: Ulmer 1983.
(Handbuch des Erwerbsgärtners)
ISBN 3-8001-5123-5

Wollgrasweg 41, 7000 Stuttgart 70 (Hohenheim)
Printed in Germany
Einbandgestaltung: Alfred Krugmann
mit einem Foto vom Institut für Technik in Gartenbau
und Landwirtschaft der Universität Hannover
Zeichnungen von Osman Bey, Hannover
Satz: Ungeheuer + Ulmer KG GmbH + Co, Ludwigsburg
Druck und Bindung: Passavia GmbH, Passau

Vorwort

Die Preisentwicklung auf dem Energiesektor hat im Gartenbau die Heizkosten zu einem Kostenfaktor von existentieller Bedeutung werden lassen. In einigen Gartenbaubetrieben erreichen die Heizkosten einen Anteil von über 50 % an den gesamten Produktionskosten. Zur Senkung der Heizkosten werden in vielen Betrieben energiesparende Maßnahmen durchgeführt. Dazu gehören neben der Wärmedämmung am Gewächshaus die sorgfältige Planung und Auslegung der Heizungsanlage sowie die regelmäßige fachgerechte Wartung. Dafür ist neben dem technischen Wissen auch die Kenntnis der wichtigsten Gesetze, Vorschriften und Richtlinien erforderlich, soweit sie den Bau und den Betrieb von Heizungsanlagen betreffen. Der Stand der technischen Entwicklung erfordert von den Planern und Betreibern der Heizungsanlagen das Verständnis der Vorgänge und Zusammenhänge der Wärmeerzeugung, des Wärmetransportes und der Wärmeverteilung im Gewächshaus.

Das vorliegende Buch entstand daher in dem Bestreben, den derzeitigen Stand der Entwicklung in der Heizungstechnik sowie die erforderlichen sicherheitstechnischen Einrichtungen und die Auflagen zum Umwelt- und Gewässerschutz darzustellen. Es muß einschränkend bemerkt werden, daß es im Rahmen eines Handbuches nicht möglich ist, alle bestehenden Bestimmungen, die bei der Errichtung und beim Betrieb von Heizungsanlagen beachtet werden müssen, zu behandeln. Die einzelnen Kapitel enthalten sowohl die technischen Möglichkeiten und funktionellen Zusammenhänge als auch Berechnungs-, Anwendungs- und Auslegungsbeispiele sowie Hinweise für die Wartung und die Störungssuche. Es soll damit für alle, die in der gärtnerischen Praxis, in der Beratung, in der Verwaltung, in der Lehre und im Studium mit der Planung, dem Bau und dem Betrieb von Heizungsanlagen in Berührung kommen, eine Hilfestellung gegeben werden. Wer sich darüber hinaus mit speziellen Gebieten der Heizungstechnik befassen will, der sei auf die angeführte Literatur verwiesen.

Das vorliegende Buch ist als Ergänzung zu dem Buch „Gewächshäuser" von Christian von Zabeltitz gedacht, das im gleichen Verlag erschienen ist. Die Kapitel, bei denen sich eine Überschneidung nicht vermeiden ließ, z. B. „Heizungssysteme im Gewächshaus", sind bewußt knapp gehalten und mit Hinweisen auf das o. a. Buch versehen.

Für Maßangaben in Diagrammen, Tabellen und Berechnungen sind die Einheiten des Internationalen Einheitensystems verwendet worden. Die Umrechnungen aus alten, nicht mehr zugelassenen Einheiten sind am Anfang des Buches (Abschnitt 2.1) angegeben.

Die Erstellung dieses Buches wäre in der vorliegenden Form ohne Unterstützung der Industrie nicht möglich gewesen. Von den Herstellern und den Energielieferanten wurden Veröffentlichungen, Prospekte, Konstruktionszeichnungen, Funktionsbeschreibungen, Bedienungsanleitungen, Auslegungsdaten und Versuchsberichte zur Verfügung gestellt. Anhand dieser Unterlagen konnte der größte Teil der zahlreichen Abbildungen und Tabellen erstellt werden. Bei der großen Zahl zum Teil ähnlicher Bauarten konnten nur typische Beispiele ausgewählt und dargestellt werden. Angesichts der großen Vielfalt technischer Einrichtungen für Heizungsanlagen war es nicht möglich, in dem vorgegebenen Rahmen einen vollständigen Überblick zu geben. Ich möchte allen danken, die mir Unterlagen zur Verfügung gestellt haben.

Mein besonderer Dank gilt dem Leiter des Instituts für Technik im Gartenbau, Herrn Professor Dr.-Ing. Christian von Zabeltitz, sowie allen Kollegen für die zahlreichen Anregungen und Diskussionen über Stoff und Darstellung sowie Herrn Osman Bey für die sorgfältige Anfertigung der Zeichnungen.

Dem Verlag Ulmer, besonders Herrn Roland Ulmer, danke ich für die gegebenen Anregungen und für die gute Zusammenarbeit.

Hannover, im Frühjahr 1983 Hans-Jürgen Tantau

Inhaltsverzeichnis

1 Aufgaben und Entwicklung

Heizungsanlagen stehen im Gartenbau in enger Beziehung zu den Gewächshausanlagen. Gewächshäuser sind relativ teure Produktionseinrichtungen. Sie dienen der Schaffung der erforderlichen Klimabedingungen für eine möglichst ganzjährige Pflanzenproduktion. Die Aufgabe der Heizungsanlage ist es, den Klimafaktor Temperatur und zum Teil auch die Luftfeuchte so zu gestalten, daß ein möglichst hoher Betriebsertrag erzielt wird. Damit ist die Temperaturführung im Gewächshaus – zumindest während der Wintermonate – abhängig von den Energiekosten. Ein Anstieg der Energiekosten, wie er in den letzten Jahren mehrfach erfolgte, erfordert immer wieder eine Überprüfung der Temperaturführung und damit verbunden eventuell eine Änderung der Kulturverfahren und der Kulturfolgen. Bei Kulturen, die in den Wintermonaten aufgrund der geringen Lichtintensität geringe Erträge bringen, kann sogar eine Verlagerung der Produktionszeit aus den Wintermonaten heraus erforderlich sein. Das ermöglicht dann u. U. eine Stillegung der Gewächshäuser und der Heizungsanlage während der Zeit des höchsten Energieverbrauches.

Wichtigste Anforderung an die Gewächshäuser ist zumindest in Zeiten mit niedrigen Energiekosten eine möglichst hohe Lichtdurchlässigkeit. Das bedingt eine Bauweise, die durch eine geringe Wärmespeicherfähigkeit gekennzeichnet ist. Deshalb werden an Heizungsanlagen für Gewächshäuser besonders hohe Anforderungen an Zuverlässigkeit und Betriebssicherheit gestellt. Ein Ausfall der Heizungsanlage kann innerhalb kurzer Zeit (ca. 30 Minuten) zu einem Totalschaden empfindlicher Kulturen führen. Zur Erhöhung der Betriebssicherheit werden im Gartenbau deshalb häufig Mehrkesselanlagen, Reservepumpen und anderes vorgesehen. Im Hinblick auf die Sicherheit der Energieversorgung werden Heizungsanlagen teilweise für die Verfeuerung mehrerer Brennstoffe (z. B. Öl und Gas) ausgerüstet.

Die Betriebssicherheit der Heizungsanlage ist aber auch für den Unfallschutz, den Umwelt- und Gewässerschutz von Bedeutung. So sind für jede Heizungsanlage eine Reihe von Sicherheitseinrichtungen vorgeschrieben. Dadurch soll eine Gefährdung von Personen verhindert werden. Für den Umweltschutz ist die Menge der Schadstoffe von Bedeutung, die an die Luft abgegeben werden. Während Schwefeldioxid, durch entsprechend hohe Schornsteine in ausreichender Höhe an die Atmosphäre abgegeben werden darf, muß verhindert werden, daß Ruß und Kohlenmonoxid infolge unvollständiger Verbrennung (z. B. bei falscher Brennereinstellung) in unzulässigen Mengen entstehen. Bei größeren Heizungsanlagen sind deshalb spezielle Überwachungsgeräte vorgeschrieben. Für den Gewässerschutz ist die sichere Lagerung des Heizöls wichtig. Durch Auffangwannen und Leckanzeigegeräte soll eine Verseuchung des Grundwassers verhindert werden.

Nach dem Verursacherprinzip ist der Betreiber einer Heizungsanlage für alle Schäden verantwortlich. Dabei ist der Betreiber einer Heizungsanlage gerade in den letzten Jahren mit zahlreichen neuen Gesetzen, Verordnungen, Vorschriften, Richtlinien und Normen konfrontiert worden. Eine vollständige Behandlung aller Bestimmungen würde den Rahmen des vorliegenden Buches sprengen. Auch wenn versucht wurde, in den einzelnen Kapiteln auf die wichtigsten Bestimmungen hinzuweisen, sollten doch vor der Planung oder Änderung einer Heizungsanlage die zuständigen Stellen und Behörden konsultiert werden, um rechtzeitig zu erfahren, welche Sicherheitseinrichtungen erforderlich sind und mit welchen Auflagen zu rechnen ist, um Fehlinvestitionen und Verzögerungen zu vermeiden.

Die Einhaltung der Bestimmungen wird in Zukunft stärker überwacht werden. So wird bereits jetzt die Feuerungsanlage vom Bezirksschornsteinfeger oder vom Technischen Überwachungsverein regelmäßig überprüft.

Beim Betrieb einer Heizungsanlage steht neben der bereits erwähnten Betriebssicherheit die sparsame Verwendung der wertvollen Energie im Vordergrund. So sind durch regelmäßige Wartung von Kesselanlage und Brenner die Verluste bei der Wärmeerzeugung möglichst gering zu halten, um nicht unnötig „Geld zum Schornstein hinauszujagen". Bei allen Maßnahmen, die zur Energieeinsparung durchgeführt werden, sind die Bedienungsanleitungen der Hersteller zu beachten. So darf z. B. während des Betriebes die niedrigste zulässige Abgastemperatur einer Kesselanlage auch bei Schwachlast nicht unterschritten werden, da sonst die Gewährleistung erlischt. Die Angaben, die in diesem Buch zum Betrieb und zur Wartung von Heizungsanlagen gemacht werden, sind als Hinweise gedacht. Im Zweifelsfall ist eine Rückfrage beim Hersteller zu empfehlen.

Die Entwicklung der Heizungsanlagen wurde sehr wesentlich durch die verfügbaren Brennstoffe und die Brennstoffkosten beeinflußt. Jede Brennstoffart erfordert andere technische Einrichtungen. Noch vor ca. 25 Jahren wurden vorwiegend feste Brennstoffe verfeuert. Zu diesem Zeitpunkt war ein automatischer Betrieb nur bei sehr großen Heizungsanlagen möglich. Aus diesem Grunde denkt noch heute mancher Betriebsleiter in Verbindung mit Kohleheizung an Handbeschickung, Schichtdienst und schlechte Regelbarkeit. Mit der Einführung des Heizöls vollzog sich dann eine stürmische Entwicklung der Heizungsanlagen. Die Ölbrenner gestatteten einen vollautomatischen Betrieb und erforderten deshalb wesentlich weniger Aufwand für den Betrieb und die Wartung.

Mit der Einführung der Heizungsumwälzpumpen veränderten sich auch die Heizungssysteme im Gewächshaus. Die Schwerkraftheizung, die durch Rohre mit großem Durchmesser, großem Wasserinhalt und großer Trägheit gekennzeichnet ist, wurde durch die Pumpenrohrheizung ersetzt. Damit verkleinerten sich nicht nur die Querschnitte der Zuleitungen, sondern auch die Querschnitte der Heizungsrohre im Gewächshaus. Diese Umstellungen der Heizungsanlagen bewirkten gleichzeitig eine zunehmende Abhängigkeit von der öffentlichen Stromversorgung, die noch durch die Einführung elektronischer Regelgeräte zur Heizungsregelung und durch die Verwendung von Luftheizgeräten verstärkt wurde.

Die Umstellung auf Öl erfolgte in einer Zeit mit Energieüberfluß und entsprechend niedrigen Energiekosten. Das änderte sich während der Energiekrise 1973/74. Der plötzliche Anstieg der Energiekosten machte deutlich, daß die fossilen Brennstoffe nicht unbegrenzt zur Verfügung stehen. Der weitere Anstieg der Energiekosten förderte dann zahlreiche Entwicklungen zur Energieeinsparung. Die Konkurrenz zwischen den verschiedenen Brennstoffen verlagerte sich zuungunsten des Heizöls. Das hat zur Folge, daß zunehmend Heizungen auf Erdgas und Kohle umgestellt werden. Die technische Entwicklung gestattet es heute, auch kleinere Kohleheizungen mit automatischen Beschickungseinrichtungen auszurüsten.

Eine Prognose der zukünftigen Entwicklung ist sehr schwierig. Dabei erfordert aber gerade die Planung neuer Heizungsanlagen zumindest Vorstellungen, wie die Entwicklung weitergehen wird. Es ist sicherlich nicht zu erwarten, daß die Energiekosten wieder fallen werden; es muß im Gegenteil mit steigenden Preisen gerechnet werden. Unter diesem Aspekt gewinnt die Nutzung alternativer Energien (z. B. Abwärme, Umweltwärme, Sonnenenergie) an Bedeutung. Auch wenn es sich dabei nicht unbedingt um neue Technologien handelt (der Botanische Garten in Wien wird seit Jahren mit einer Wärmepumpe beheizt), so läßt sich zur Zeit noch nicht abschätzen, wann diese Technologien wirtschaftlich einsetzbar sind.

Mit dem Einsatz technisch aufwendigerer Verfahren ist ein Anstieg der Investitions- und Wartungskosten verbunden. Für eine konventionelle Heizungsanlage kann man für ein Warmhaus heute mit Investitionskosten von ca. 50 DM/m^2 Gewächshausfläche rechnen.

Der Einsatz einer Wärmepumpe zur Nutzung der Umweltwärme erfordert Investitionskosten von ca. 500 bis 800 DM/kW Heizleistung (1 kW = 860 kcal/h). Bei einer installierten Heizleistung von ca. 330 W/m^2 Gewächshausfläche (284 kcal/m^2.h) ergeben sich Investitionskosten von ca. 170 bis 270 DM/m^2.

Eine Wärmepumpenheizung erfordert gegenüber einer konventionellen Heizungsanlage also zur Zeit noch etwa die fünffachen Investitionskosten. Die Entwicklung zeigt, daß der technische Aufwand für die Wärmeerzeugung, den Wärmetransport und die Wärmeverteilung im Gewächshaus sowie für die Regelung ständig gestiegen ist und weiter steigen wird. Vom Betriebsleiter und Betreiber von Heizungsanlagen wird deshalb immer mehr technisches Wissen über Funktion und Wirkungsweise der Heizungsanlagen gefordert, da nur so eine energiesparende Betriebsweise mit ausreichender Betriebssicherheit möglich ist.

2 Grundlagen

Zum besseren Verständnis der Vorgänge bei der Verbrennung und Wärmeübertragung sowie der Wirkungsweise energiesparender Maßnahmen sollen deren wichtigste Grundlagen im folgenden erläutert werden.

2.1 Internationales Einheitensystem

Früher wurde vorwiegend das technische Einheitensystem verwendet, in dem z. B. die Einheit der Kraft das Kilopond (kp) und die Einheit einer Wärmemenge die Kilokalorie (kcal) waren. Seit dem 1. 1. 1977 muß anstelle des technischen Maßsystems das gesetzlich vorgeschriebene internationale Einheitensystem verwendet werden (BGBL 1969, 1970). Das neue Einheitensystem, auch „SI-System" (Système International d'Unités) genannt, basiert auf folgenden Grundeinheiten:

Meter (m) für die Länge,
Kilogramm (kg) für die Masse,
Sekunde (s) für die Zeit,
Ampere (A) für die elektrische Stromstärke,
Kelvin (K) für die Temperatur,
Candela (cd) für die Lichtstärke.

Nach den verwendeten Einheiten bezeichnet man dieses System auch als MKSA-System. Die Bezeichnungen sind in der DIN 1301 (1978) festgelegt.

Durch die Einführung des SI-Systems soll eine Vereinheitlichung der verwendeten Einheiten erreicht werden. So erfolgt z. B. die Angabe der Leistung einheitlich in Watt (W), unabhängig davon, ob es sich um ein elektrisches Gerät, einen Verbrennungsmotor oder einen Heizkessel handelt. Dadurch entfallen die früher erforderlichen Umrechnungen von z. B. elektrischer Leistung (Watt) in mechanische Leistung (PS) oder in Heizleistung (Kilokalorie pro Stunde).

Zur Zeit kann man auf diese Umrechnungen noch nicht ganz verzichten, da in älteren Veröffentlichungen und auf den Typenschildern älterer Geräte noch die alten Einheiten zu finden sind. Deshalb sind die wichtigsten physikalischen Größen mit den dazugehörigen SI-Einheiten und Umrechnungsfaktoren in Tab. 1 angegeben.

Von den in Tab. 1 aufgeführten Einheiten des SI-Systems können durch entsprechende Vorsatzzeichen dezimale Teile oder Vielfache gebildet werden (Tab. 2). Das entsprechende Vorsatzzeichen wird ohne Zwischenraum vor das Einheitenzeichen gesetzt, z. B.

Kilowatt (kW) $= 10^3$ W,
Megawatt (MW) $= 10^6$ W.

Für die Masse (Basiseinheit kg) sind die bisherigen Bezeichnungen Tonne (t) für 1000 kg und Gramm (g) für 10^{-3} kg weiter zulässig. Für die Zeit (Basiseinheit s)

Tab. 1. Physikalische Größen mit SI-Einheiten und Umrechnungsfaktoren (DIN 1301, 1979)

Größe	SI-Einheit Name	 Zeich.	Alte Einheit Name	 Zeich.	Umrechnungen
Kraft	Newton	N	Kilopond	kg	1 kp = 9,81 N 1 N = 1 kg · m/s^2
Druck	Pascal Bar	Pa bar	Wassersäule	mm WS	1 mm WS = 0,0981 mbar = 9,81 Pa
			Quecksilber- säule	mm Hg Torr	1 mm Hg = 1 Torr = 1,333 mbar = 133,3 Pa
			technische Atmosphäre	at	1 at = 1 kp/cm^2 = 0,981 bar = 98100 Pa
			physikalische Atmosphäre Überdruck abs. Druck Unterdruck	atm atü ata atu	1 atm = 1,013 bar 1 bar = 10^5 Pa = 10^5 N/m^2
Energie Arbeit Wärme- menge	Joule Kilowattstd. Wattsekunde	J kWh Ws	Erg Kalorie Pferde- stärke h	erg cal PS h	1 erg = 10^{-7} J 1 cal = 4,18 J 1 PSh = 0,736 kWh
	Newtonmeter	Nm	Kilopond- meter	kpm	1 kpm = 9,81 J 1 J = 1 Nm = 1 Ws
Leistung Wärmestrom	Watt Kilowatt	W kW	Pferdestärke Kilowatt $\frac{\text{Kilokalorie}}{\text{Stunde}}$	PS kW kcal/h	1 kpm/s = 9,81 W 1 PS = 736 W 1 kcal/h = 1,163 W 1 W = 1 J/s = 1 Nm/s
Wärme- kapazität	$\frac{\text{Joule}}{\text{Kelvin}}$	$\frac{J}{K}$	$\frac{\text{Kilokalorie}}{\text{Temp.}}$	$\frac{\text{kcal.}}{\text{grd.}}$	1 kcal/grad = 4187 J/K
Wärmeinhalt	Joule	J	Kilokalorie	kcal	1 kcal = 4187 J
Wärmeleit- fähigkeit	$\frac{\text{Watt}}{\text{Meter} \cdot \text{Kelvin}}$	$\frac{W}{m \cdot K}$		$\frac{\text{kcal}}{\text{m} \cdot \text{h} \cdot \text{grad}}$	1 kcal/m · h · grad = 1,163 W/m · K
Wärmeüber- gangs- und Wärmedurch- gangskoeffi- zient	$\frac{\text{Watt}}{\text{Meter}^2 \cdot \text{Kelvin}}$	$\frac{W}{m^2 \cdot K}$		$\frac{\text{kcal}}{\text{m}^2 \cdot \text{h} \cdot \text{grad}}$	1 kcal/m^2 · h · grad =1,163 W/m^2 · K
Spezifische Wärme- kapazität	$\frac{\text{Joule}}{\text{kg} \cdot \text{Kelvin}}$	$\frac{J}{kg \cdot K}$	$\frac{\text{Kilokalorie}}{\text{Masse} \cdot \text{Temp.}}$	$\frac{\text{kcal}}{\text{kg} \cdot \text{grad}}$	1 kcal/kg grad = 4187 J/kg · K
Dichte		$\frac{kg}{m^3}$		$\frac{kg}{m^3}$	
Dynam. Viskosität	Pascalsekunde	Pa s	Poise Zentipoise	P cP	1 P = 0,1 Pa s 1 cP = 1 m PA s 1 Pa s = 1 Ns/m^2 = 1 kg/ms
Kinemat. Viskosität	$\frac{\text{Quadratmeter}}{\text{Sekunde}}$	$\frac{m^2}{s}$	Stokes Zentistokes	St cSt	1 St = 10^{-4} m^2/s = 1 cm^2/s 1 cSt = 1 mm^2/s

werden weiterhin die bisher üblichen Vielfachen Minute, Stunde, Tag und Jahr verwendet.

Die Basiseinheit der Temperatur ist das Kelvin (K). Es darf als Ausnahme weiterhin auch grad Celsius (°C) verwendet werden (0 °C entsprechen 273,15 K). Bei der Angabe von Temperaturdifferenzen entspricht 1 grad Celsius 1 Kelvin. Die alte Bezeichnung „grad“ ist nicht mehr zulässig.

Bei Druckangaben muß mit Pascal (Pa) bzw. bar gerechnet werden (1 bar = 10^5 Pa). Das „bar“ ist keine SI-Einheit. In erster Näherung kann 1 bar einer Atmosphäre (1 at) gleichgesetzt werden (1 at = 0,9807 bar). Es ist zu beachten, daß es keine Einheit für Atmosphärenüber- oder -unterdruck (atü, atu) mehr gibt. Deshalb entsprechen 0,5 atü nicht 0,5 bar, sondern 1,5 bar oder aber 0,5 bar Überdruck.

In der Praxis werden Druckangaben häufig auf den Atmosphärendruck bezogen. So bedeutet z. B. die Anzeige „1 bar“ auf einem Manometer einen Überdruck von 1 bar. Entsprechend wird ein Unterdruck – z. B. auf der Saugseite von Pumpen – mit negativem Vorzeichen angegeben. Die Angabe „– 0,5 bar“ bedeutet dann 0,5 bar Unterdruck.

Die Einheit „Normkubikmeter“ (Nm^3 oder ${m_n}^3$) gibt es nicht mehr, da der Kubikmeter als Volumenmaß unabhängig vom Druck und der Temperatur eines Gases ist. Deshalb muß bei Volumenangaben für Gase angegeben werden, wenn die Werte nicht auf Normbedingungen umgerechnet wurden (z. B. bei der Lieferung von Erdgas).

Tab. 2. Vorsatzzeichen nach DIN 1301 (1978)

Vielfache Zehnerpotenz	Vorsatz	Zeichen	Bruchteile Zehnerpotenz	Vorsatz	Zeichen
10^1	Deka	da	10^{-1}	Dezi	d
10^2	Hekto	h	10^{-2}	Zenti	c
10^3	Kilo	k	10^{-3}	Milli	m
10^6	Mega	M	10^{-6}	Mikro	µ
10^9	Giga	G	10^{-9}	Nano	n
10^{12}	Tera	T	10^{-12}	Piko	P

Die Einheiten für die Leistung (PS mechanische Leistung und kcal/h Wärmeleistung) wurden durch die Einheit Watt (W) ersetzt. Zu beachten ist bei erforderlichen Umrechnungen, daß die Einheit „Watt“ bereits eine Leistungseinheit ist. Die Angabe Watt pro Stunde (W/h) gibt es nicht. Leider werden z. B. Kesselleistungen außer in Watt oder Kilowatt auch in Kilojoule pro Stunde (kJ/h) oder Megajoule pro Stunde (MJ/h) angegeben:

1 kW = 3,6 MJ/h (860 kcal/h),

1 MW = 3,6 GJ/h (860.000 kcal/h),

Neben den in Tab. 1 angegebenen Einheiten hat sich auch die Einheit für die Wasserhärte geändert. Die Summe der Gehalte an Calcium- und Magnesium-Ionen im Wasser wird nicht mehr als „Gesamthärte“, sondern als „Summe Erdalkalien“ bezeichnet. Der Begriff „Carbonathärte“ wurde durch den Begriff „Gehalt an Erdalkali-Hydrogencarbonaten“ ersetzt. Die Einheit „Grad Deutscher Härte (°dH)“ ist nicht mehr zulässig. Die neue Einheit ist Mol pro m^3 (mol/m^3) (s. Tab. 3):

1 mol/m^3 = 5,6° dH = 2,0 val/m^3 Gesamthärte.

Tab. 3. Begriffe und Umrechnungen für die Wasserhärte

Begriffe	
neu	alt
Summe Erdalkalien	Gesamthärte (GH)
Erdalkali-Hydrogencarbonate	Carbonathärte (KH)
Umrechnungen	
1 mol/m³ Summe Erdalkalien	5,6° d Gesamthärte
0,179 mol/m³ Summe Erdalkalien	1,0° d Gesamthärte
1 mol/m³ Erdalkali-Hydrogencarbonate	2,8° d Carbonathärte
0,357 mol/m³ Erdalkali-Hydrogencarbonate	1,0° d Carbonathärte

Außerdem wird die Menge an Hydrogencarbonat-Ionen (früher m-Wert) durch die Säurekapazität (SK) bei pH = 4,3 (SK = 4,3) bestimmt.

Weiterhin haben sich einige Bezeichnungen geändert. Gemäß DIN 2402 (1976) wird die Nennweite von Rohrleitungen und Armaturen nicht mehr mit „NW" (Nennweite), sondern „DN" bezeichnet. „D" ist international der Kennbuchstabe eines Durchmessers und „N" steht für „Nenn-". Der Nenndurchmesser (DN) hat keine Einheit. Der angegebene Zahlenwert entspricht aber annähernd dem lichten Durchmesser in mm der Rohrleitungsteile. Je nach Wanddicke können bei gegebenem Nenndurchmesser Unterschiede im lichten Durchmesser auftreten.

Auch für Druckangaben gelten neue Bezeichnungen. Nach DIN 2401, Teil 1 (1977) wird der Nenndruck von Rohrleitungen und Armaturen nicht mehr mit „ND" (Nenndruck), sondern mit „PN" bezeichnet. „P" ist der Kennbuchstabe für Druckangaben. Der Nenndruck wird ohne Einheit angegeben. Der Zahlenwert des Nenndruckes (PN) gibt für ein genormtes Bauteil den zulässigen Betriebsüberdruck (PB) in bar bei 20 °C an.

2.2 Wärmeübertragung

Die Wärmeübertragung spielt bei Heizungsanlagen eine entscheidende Rolle. Deshalb sollen die Gesetzmäßigkeiten näher erläutert werden.

Wärme ist die Bewegungsenergie der Moleküle. Die Temperatur ist ein Maß für das Energieniveau. Bei 0 K (–273,15 °C) haben die Moleküle keine Bewegungsenergie. Für die Wärmeübertragung ist ein Temperaturgefälle erforderlich. Wärme fließt immer nur von einem Niveau höherer Temperatur (Wärmequelle) zu einem Niveau niederer Temperatur (Wärmesenke). Sie kann auf vier verschiedene Arten übertragen werden:

- Wärmeleitung,
- Konvektion,
- Strahlung,
- Verdunstung und Kondensation.

Für jede Art der Wärmeübertragung gelten bestimmte Gesetzmäßigkeiten.

2.2.1 Wärmeleitung

Die Wärmeleitung ist die einzige Form des Wärmetransportes in festen Körpern. Sie kommt aber auch in Gasen und Flüssigkeiten vor. Zur Berechnung der durch Leitung übertragenen Wärmemenge (Q_l) wird folgende Gleichung verwendet:

$$Q_l = \frac{\lambda}{\delta} \cdot A \cdot (t_1 - t_2) \qquad (W)$$

Darin ist

λ = Wärmeleitkoeffizient (W/m · K),
δ = Dicke der Wand oder Schicht (m),
A = wärmeübertragende Fläche (m^2),
$(t_1 - t_2)$ = Differenz der Wandtemperaturen (K).

Der Wärmeleitkoeffizient λ ist eine stoffspezifische Größe, die bei Materialien für Heizungssysteme, Kessel und Wärmetauscher möglichst groß (gute Wärmeleitung) und bei Isoliermaterialien möglichst klein sein sollte. In Tab. 4 sind Wärmeleitkoeffizienten für verschiedene Materialien angegeben.

Tab. 4. Wärmeleitkoeffizienten λ für verschiedene Materialien (VDI-Wärmeatlas, 1974)

Material	λ (W/m · K)
Aluminium	208
Gußeisen	50–64
Stahl	37–52
Kupfer	372
Bronze	26–42
Chromnickelstahl	10–15
Messing	112
Zink	112
Rotguß	60
V2A – Stahl	15
Beton	0,93
Erdreich trocken	0,17–0,58
Erdreich 30 % Feuchte	0,93
Glas	0,58–1,05
Holz	0,08–0,21
Holzfaserplatten	0,05
Leichtbauplatten	0,06–0,08
Schamotte	1,05–1,40
Ziegelstein trocken	0,38–0,52
Hochdruck PE (weich)	0,35
Niederdruck PE (hart)	0,45
Polypropylen	0,22–0,30
Luft (20 °C)	0,026
Glasgespinstmatten	0,038–0,048
Glaswolle	0,046–0,055
Polystyrol-Schaumstoff	0,038
Ruß (trocken)	0,03–0,07

Die Werte in Tab. 4 zeigen, daß die Metalle eine gute Wärmeleitfähigkeit haben, die um ein Vielfaches höher ist, als bei Kunststoffen. Eine geringe Wärmeleitfähigkeit hat Luft. Deshalb enthalten die Isoliermaterialien (z. B. Kunstharzschaum) Luft zur Verringerung der Wärmeleitfähigkeit. Neben der Wärmeleitfähigkeit bestimmt die Schichtdicke δ die durch Leitung übertragene Wärmemenge. Aus diesem Grunde sind z. B. für Rohrisolierungen Mindestschichtdicken gesetzlich vorgeschrieben.

2.2.2 Konvektion

Bei der Konvektion (Wärmemitführung) handelt es sich um die Wärmeaufnahme oder Wärmeabgabe an einer Oberfläche durch strömende Flüssigkeiten (z. B. Wasser) oder Gase (z. B. Luft). Man unterscheidet zwischen freier und erzwungener Konvektion. Bei der freien Konvektion entsteht die für den Wärmeübergang erforderliche Strömung nur durch Temperatur- und Dichteunterschiede. So erwärmt sich z. B. die Luft am Heizungsrohr, wird dadurch leichter und steigt nach oben.

Bei der erzwungenen Konvektion wird die Strömung unabhängig vom thermischen Auftrieb erzeugt (z. B. durch Ventilatoren). Die durch Konvektion übertragene Wärmemenge (Q_k) läßt sich nach folgender Gleichung berechnen:

$$Q_k = \alpha_k \cdot A \cdot (t_w - t_u) \qquad (W)$$

Darin ist

α_k = Wärmeübergangskoeffizient für Konvektion ($W/m^2 \cdot K$),
A = wärmeübertragende Fläche (m^2),
t_w = Wandtemperatur (°C),
t_u = Temperatur der ungestörten Luft (°C).

Der Wärmeübergangskoeffizient ist außer von dem wärmeübertragenden Medium (z. B. Luft oder Wasser) abhängig von der Strömungsgeschwindigkeit und der Art der Anströmung. Durch höhere Strömungsgeschwindigkeiten und durch turbulente Strömung (Wirbulatoren) läßt sich der Wärmeübergang z. B. in einem Wärmetauscher erheblich verbessern. In Tab. 5 sind als Beispiel einige konvektive Wärmeübergangskoeffizienten α_k angegeben.

Die Beispiele in Tab. 5 zeigen, daß der konvektive Wärmeübergang bei Luft wesentlich geringer ist als z. B. bei Wasser. Daraus folgt für die Konstruktion von

Tab. 5. Konvektive Wärmeübergangskoeffizienten (VDI-Wärmeatlas, 1974)

Oberfläche	α_k ($W/m^2 \cdot K$)	Bemerkung
Heizungsrohr außen (Luft)	4,5–9,0	freie Konvektion, abhängig vom Rohrdurchmesser und der Rohrtemperatur
Heizungsrohr innen (Wasser)	400–4830	erzwungene Konvektion, abhängig von der Strömungsgeschwindigkeit und vom Rohrdurchmesser
Gewächshausdach innen	2–5	freie Konvektion und z. T. erzwungene Konvektion, abhängig vom Heizungssystem und der Dachtemperatur
Gewächshaus außen	4–30	erzwungene Konvektion, abhängig von der Windgeschwindigkeit und der Anströmrichtung

Wärmetauschern (z. B. Kessel oder Luftheizer), daß entsprechend große Oberflächen (A) für die Wärmeübertragung erforderlich sind. Diese Flächen müssen um so größer sein, je kleiner die Temperaturdifferenz (t_w–t_u) und je kleiner der Wärmeübergangskoeffizient α_k ist.

2.2.3 Wärmestrahlung

Die Wärmeübertragung durch Strahlung erfolgt mittels elektromagnetischer Wellen. Es ist kein wärmeübertragendes Medium erforderlich. Der Wellenlängenbereich der Wärmestrahlung ist abhängig von der Temperatur des strahlenden Körpers. Die Wellenlänge des Strahlungsmaximums ($\lambda_{max.}$) läßt sich nach dem Wienschen Verschiebungsgesetz berechnen:

$$\lambda_{max.} = \frac{2\,885\,000}{T} \quad \text{(nm)}$$

Darin ist

T = absolute Temperatur des strahlenden Körpers in Kelvin (K) ($\lambda_{max.}$ in Nanometer, nm).

In Abb. 1 und 2 ist für verschiedene Temperaturen eines Strahlers die spektrale Verteilung der Strahlung dargestellt. Die Sonne hat z. B. eine Oberflächentemperatur von 5700 K. Nach obiger Gleichung liegt das Strahlungsmaximum bei $\lambda_{max.}$ = 506 nm; das ist der gelbgrüne Bereich der sichtbaren Strahlung (Licht). Insgesamt reicht der Wellenlängenbereich der Sonnenstrahlung (Globalstrahlung) von 290 nm

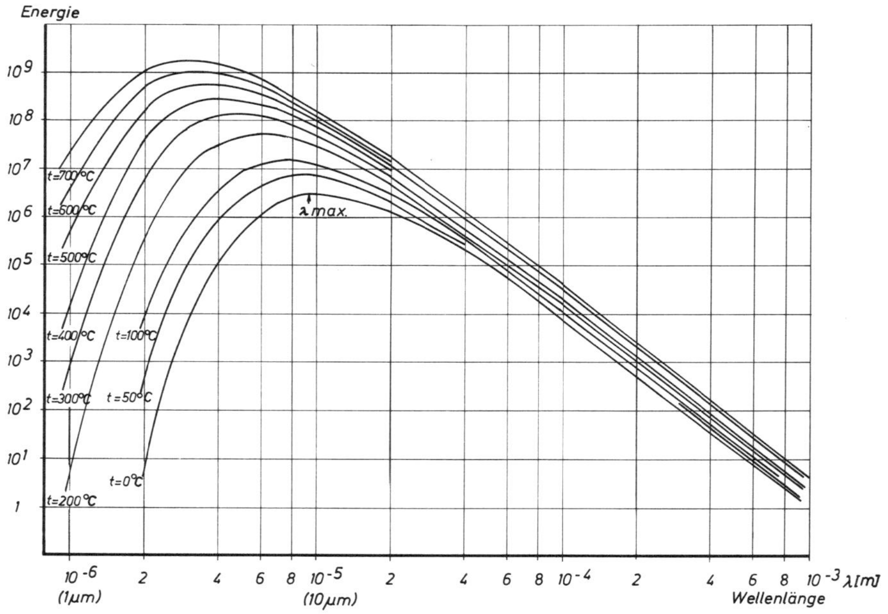

Abb. 1. Spektrale Verteilung der Strahlung eines schwarzen Körpers (Planksches Gesetz) für verschiedene Oberflächentemperaturen (t = 0 °C bis 700 °C).

Abb. 2. Spektrale Verteilung der Strahlung eines schwarzen Körpers für höhere Temperaturen (T = 600 K bis 1400 K).

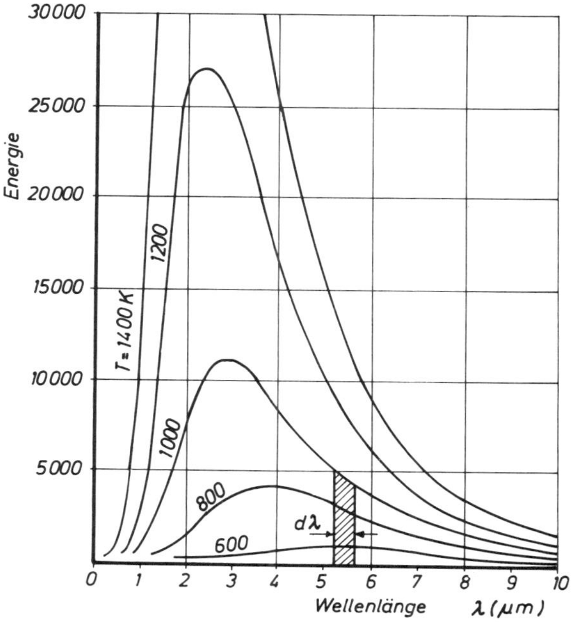

bis ca. 3000 nm. Der sichtbare Bereich der Globalstrahlung (Licht) erstreckt sich von 360 bis 760 nm.

Das Strahlungsmaximum eines Heizungsrohres mit einer Wandtemperatur t_{Rohr} = 80 °C (353 K) liegt bei $\lambda_{max.}$ = 8200 nm und damit im Bereich der langwelligen Wärmestrahlung.

Interessant ist für die Wärmeübertragung in Heizkesseln die Wärmestrahlung von Flammen. Nimmt man z. B. für eine Ölbrennerflamme eine Temperatur von t_F = 1500 °C (1773 K) an, dann liegt das Maximum der Abstrahlung bei $\lambda_{max.}$ = 1630 nm. Damit wird der größte Teil der Strahlung einer Ölbrennerflamme im Bereich der Wärmestrahlung und nur ein kleiner Teil im sichtbaren Bereich abgegeben. In Abb. 3 sind die Zusammenhänge graphisch dargestellt.

Die durch Wärmestrahlung übertragene Wärmemenge (Q_s) läßt sich nach folgender Beziehung berechnen:

$$Q_s = \varepsilon_{1,2} \cdot C_s \cdot A_1 \cdot 10^{-8} \cdot (T_1^4 - T_2^4) \quad \text{(W)}$$

Darin ist

$\varepsilon_{1,2}$ = Emmissionskoeffizient, der angibt, welche Wärmemenge gegenüber einem „schwarzen“ Körper (ε = 1) übertragen wird,

C_s = Strahlungszahl eines „schwarzen“ Körpers (C_s = 5,77 W/m^2 · K^4),

A_1 = Oberfläche des kleineren strahlenden Körpers (m^2),

T_1 und T_2 = Temperaturen der im Strahlungsaustausch stehenden Oberflächen (in Kelvin, K).

In Tab. 6 sind als Beispiel einige Emissionskoeffizienten angegeben.

Danach sollte man blanke Metalloberflächen möglichst nur für Isolierungen verwenden. Ist Wärmestrahlung erwünscht, z. B. beim Heizungsrohr, dann sollte die Fläche mit einem Heizkörperlack gestrichen werden.

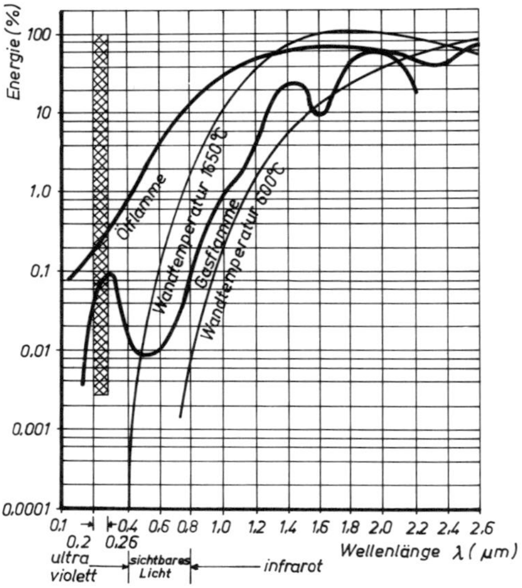

Abb. 3. Spektrale Verteilung der Strahlung von Öl- und Gasflammen (Empfindlichkeit einer UV-Photozelle schraffiert).

Tab. 6. Emissionskoeffizienten verschiedener Oberflächen (VDI-Wärmeatlas, 1974)

Oberfläche	ε
Aluminium, walzblank	0,039
Alubronzeanstrich	0,2–0,4
Eisen blank	0,24
Eisen angerostet	0,61
Eisen mit Walzhaut	0,77
Eisen verzinkt	0,23–0,28
Heizkörperlack	0,93
Schamotte	0,75–0,8
Ölbrennerflamme	0,5–0,9
Gasflamme	ca. 0,2
Kohle (700 °C)	0,8

Auffällig ist der Unterschied der Emissionskoeffizienten bei Öl- und Gasflammen. Die in Abb. 2 dargestellte spektrale Verteilung der Wärmestrahlung gilt nur für Oberflächen von Festkörpern. In einer Ölbrennerflamme sind eine große Anzahl kleinster Rußteilchen (∅ ≈ 0,3 μm) enthalten, die von den Verbrennungsgasen der Flamme konvektiv Wärme aufnehmen und entsprechend ihrer Temperatur Wärme durch Strahlung abgeben. Deshalb verbrennt Öl mit leuchtender Flamme (Ausnahme: Blaubrenner, s. Abschnitt 4.2.2).

In einer Erdgasflamme sind normalerweise keine Rußpartikel vorhanden. Von den Verbrennungsgasen sind nur Wasserdampf (H_2O) und Kohlendioxid (CO_2) in der Lage, Wärmestrahlung abzugeben. Dabei entsteht aber kein kontinuierliches Spektrum wie in Abb. 2 dargestellt, sondern die Wärmestrahlung wird in schmalen Spektralbereichen, sogenannten Banden, abgegeben (s. Abb. 3). Aus diesem Grunde leuchtet eine Gasflamme nicht. Die durch Strahlung abgegebene Wärmemenge ist wesentlich geringer als bei einer Ölflamme. Als Folge der verminderten Abstrahlung ist eine Gasflamme unter vergleichbaren Bedingungen heißer als eine Ölflamme. Außerdem können zur Überwachung von Gasflammen keine Photozellen eingesetzt werden, die im Bereich der sichtbaren Strahlung empfindlich sind, sondern nur UV-empfindliche Photozellen (s. Abb. 3).

2.2.4 Verdunstung und Kondensation

Die Luft kann je nach Temperatur nur eine ganz bestimmte maximale Menge Wasserdampf aufnehmen. Abb. 4 zeigt den Zusammenhang zwischen der Lufttemperatur und dem maximal möglichen Wasserdampfgehalt der Luft. Hat die Luft den Wassergehalt gemäß Abb. 4 erreicht, dann ist sie gesättigt und hat 100% relative Feuchte. Für die Verdunstung von Wasser wird Energie (Wärme) benötigt, um Wasser vom flüssigen in den gasförmigen Zustand (Dampf) zu überführen. Diese Verdampfungsenergie ist anschließend als latente (nicht fühlbare) Wärme in der Luft enthalten. Sie wird wieder frei, d. h. in fühlbare Wärme umgewandelt, wenn der Wasserdampf an einer kälteren Fläche kondensiert.

Die durch Verdunstung und Kondensation übertragene Wärmemenge (Q_K) läßt sich nach folgender Gleichung berechnen:

$$Q_K = \frac{\alpha_k}{c_p} \cdot A \cdot r \cdot (x_L - x_s) \quad (W)$$

Darin ist
α_k = Wärmeübergangskoeffizient für Konvektion ($W/m^2 \cdot K$),
c_p = spezifische Wärme der Luft ($W \cdot h/g \cdot K$),
A = Fläche (m^2),
r = Verdampfungswärme von Wasser ($r = 0{,}682$ W · h/g, bei 20 °C),
x_L = Wassergehalt der Luft (g/kg tr. Luft),
x_s = Sättigungswassergehalt der Luft (g/kg tr. Luft) bei der Temperatur der Oberfläche.

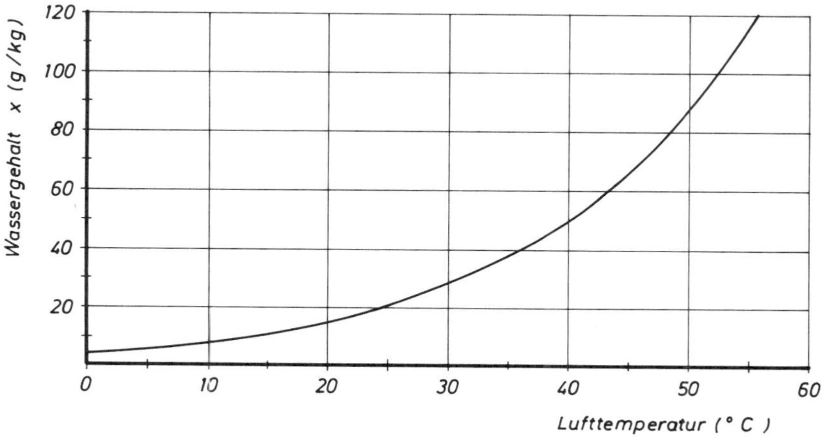

Abb. 4. Maximaler Wassergehalt der Luft in Abhängigkeit von der Lufttemperatur (× in g Wasserdampf pro kg trockene Luft).

Die Wärmeübertragung durch Verdunstung und Kondensation ist auch bei der Verbrennung und Wärmeerzeugung von Bedeutung. Bei der Verbrennung von Öl oder Gas entsteht eine beachtliche Menge Wasserdampf (z. B. 1,2 kg Wasser pro kg Öl). Solange der Wasserdampf nicht kondensiert, kann man die im Wasserdampf enthaltene Energie nicht nutzen. Wird der Wasserdampf aber in einem Brennwertgerät kondensiert, dann ist diese Wärmemenge verfügbar und man gewinnt z. B. bei einer Erdgasheizung ca. 10 % zusätzliche Energie aus den Abgasen (s. Abschnitt 4.7.1).

2.3 Strömungslehre

Um eine Flüssigkeit, z. B. Wasser, oder ein Gas, z. B. Luft, durch Rohrleitungen, Armaturen und Formstücke zu transportieren, ist ein Druckgefälle oder eine Druckdifferenz Δp erforderlich.

Bei Heizungsanlagen wird zwischen der Strömung in Rohren, in Formstücken, Armaturen und in Regelventilen unterschieden.

2.3.1 Strömung in Rohren

Für den Druckverlust bei der Strömung von Flüssigkeiten und Gasen durch Rohre gilt folgende Beziehung:

$$\Delta p = \lambda \cdot \frac{l}{d} \cdot \frac{\varrho}{2} \cdot v^2 \quad (\mathrm{N/m^2})$$

Darin ist

Δp = Druckverlust in $\mathrm{N/m^2}$,
λ = Rohrreibungszahl,
l = Rohrlänge in m,
d = innerer Rohrdurchmesser in m,
ϱ = spezifische Dichte des Mediums in $\mathrm{kg/m^3}$,
v = Strömungsgeschwindigkeit in m/s.

Der Druckverlust Δp steigt linear mit der Rohrlänge l und dem Quadrat der Strömungsgeschwindigkeit v.

Setzt man für die Strömungsgeschwindigkeit v nach der Kontinuitätsgleichung

$$v = \frac{W}{A}$$

ein, dann erhält man

$$\Delta p = \lambda \cdot \frac{l}{d} \cdot \frac{\varrho}{2} \cdot \frac{W^2}{A^2} \quad (\mathrm{N/m^2})$$

W = die durch das Rohr fließende Wassermenge in $\mathrm{m^3/s}$.
A = die Querschnittsfläche des Rohres in $\mathrm{m^2}$:

$$A = \frac{\pi}{4} d^2$$

Eingesetzt ergibt das

$$\Delta p = \lambda \cdot \frac{l}{d} \cdot \frac{\varrho}{2} \cdot \frac{W^2}{\frac{\pi^2}{16} \cdot d^4}$$

$$\Delta p = \lambda \cdot \frac{l}{d^5} \cdot \frac{8 \cdot \varrho}{\pi^2} \cdot W^2 \quad (N/m^2)$$

Daraus ist zu erkennen, daß bei gegebener Durchflußmenge W der Druckverlust mit der 5. Potenz des Rohrdurchmessers steigt. Deshalb ist es erforderlich, bei der Auslegung den entsprechenden Rohrdurchmesser sehr sorgfältig zu bestimmen. Ein zu großer Durchmesser erhöht die Investitionskosten für das Rohrnetz; ein zu kleiner Durchmesser erfordert große Pumpenleistungen. Streng genommen erfordert jede Auslegung eine Wirtschaftlichkeitsberechnung.

Die günstigsten Rohrdurchmesser erreicht man bei Heizungsanlagen mit Strömungsgeschwindigkeiten von 0,5 bis 1,5 m/s in den Hauptverteilleitungen. Der Druckverlust pro m Rohr (Druckgefälle) sollte bei kleinen Heizungsanlagen ca. 0,5 bis 1 mbar/m und bei größeren Anlagen ca. 1 bis 2 mbar/m betragen. Als Richtwert wird im folgenden $\Delta p = 1$ mbar/m angesetzt.

Zur Bestimmung des Druckverlustes Δp nach der o. a. Gleichung muß die Rohrreibungszahl λ ermittelt werden. Leider ist es nicht möglich, für alle Strömungsgeschwindigkeiten die gleichen Beziehungen zur Berechnung von λ zu verwenden. Man muß drei Strömungsbereiche unterscheiden:
Strömung im glatten Rohr,
Strömung im rauhen Rohr,
Strömung im Übergangsgebiet.

Die wichtigste Größe zur Charakterisierung einer Strömung ist die Reynoldssche Kennzahl Re

$$Re = \frac{v \cdot d}{\nu}.$$

Darin ist v die Strömungsgeschwindigkeit in m/s, d der Rohrinnendurchmesser in m und ν die kinematische Zähigkeit in m^2/s.

Tab. 7. Kinematische Zähigkeit ν von Luft und Wasser (VDI-Wärmeatlas, 1974)

Temperatur	Wasser	Luft bei 1 bar
t_L (° C)	$10^6 \cdot \nu$ (m^2/s)	$10^6 \cdot \nu$ (m^2/s)
0	1,79	13,2
10	1,31	15,0
20	1,01	16,9
30	0,81	18,9
40	0,66	20,9
50	0,56	23
60	0,48	36
70	0,42	64
80	0,37	99
90	0,33	137
100	0,29	181

Die kinematische Zähigkeit ν ist eine stoffspezifische Größe, die sich mit der Temperatur ändert.

In Tab. 7 sind die entsprechenden Werte für Wasser und Luft für verschiedene Temperaturen angegeben. Es ist charakteristisch, daß bei Flüssigkeiten mit zunehmender Temperatur die kinematische Zähigkeit kleiner wird (z. B. Wasser, Heizöl), bei Gasen dagegen größer.

Bei Reynoldsschen Zahlen bis Re = 2235 ist die Strömung im Rohr laminar (geschichtet).

In diesem Bereich ist die Rohrreibungszahl λ nur abhängig von der Reynoldszahl und dadurch abhängig vom strömenden Medium, der Temperatur (durch ν), der Strömungsgeschwindigkeit v und dem Rohrdurchmesser. In Abb. 5 sind die Geschwindigkeiten für Re = 2235 in Abhängigkeit vom Rohrdurchmesser angegeben. Die Darstellung zeigt, daß die laminare Strömung nur bei kleinen Geschwindigkeiten auftritt (z. B. Heizungsrohr im Gewächshaus). Oberhalb von Re = 2235 schließt sich ein Übergangsgebiet an. Bei glatten Rohren kann in diesem Bereich die Strömung noch laminar sein, bei Rohren mit rauhen Wänden aber bereits turbulent werden. Deshalb ist die Rohrreibungszahl λ in diesem Bereich sowohl von der Reynoldsschen Zahl als auch von der Rauhigkeit der Rohrwandung ε abhängig.

Die Rohrrauhigkeit ε läßt sich für verschiedene Materialien angeben (s. Tab. 8). Die große Schwankungsbreite der angegebenen Werte zeigt, daß die Bestimmung der Rohrreibungszahl λ und damit die Ermittlung des Druckverlustes mit Unsicherheiten behaftet ist. Für Heizungsanlagen wird oft mit ε = 0,045 mm (neue Stahl-

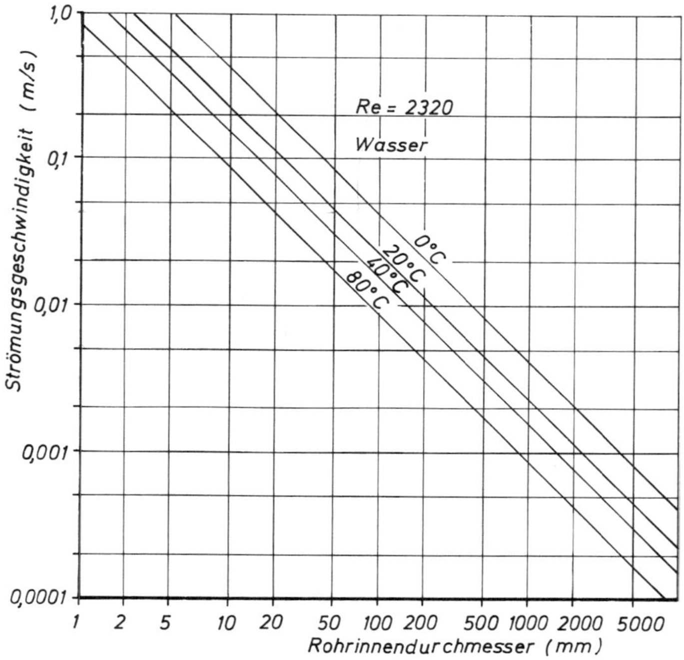

Abb. 5. Strömungsgeschwindigkeit in Heizungsrohren für laminare Strömung (Re = 2320) als Funktion des Rohrinnendurchmessers.

rohre) gerechnet (RECKNAGEL, SPRENGER, 1974). Es erscheint aber angesichts der in Tab. 8 angegebenen Werte sinnvoller zu sein, mit $\varepsilon = 0{,}15$ mm zu rechnen (IHLE 1980).

Der Übergangsbereich hat für die Berechnung der Druckverluste in Heizungsanlagen die größte Bedeutung. Die ermittelten Werte sind sowohl von der Temperatur und der Strömungsgeschwindigkeit als auch von der Rauhigkeit ε oder besser der relativen Rauhigkeit $\frac{\varepsilon}{d}$ abhängig (d = innerer Rohrdurchmesser).

Tab. 8. Rauhigkeit ε verschiedener Rohre (RECKNAGEL-SPRENGER 1974)

Rohrart	Rauhigkeit ε in mm
Gezogene Rohre (Messing u. a.)	0,0015
PVC und PE-Rohre	0,005
Stahlrohre neu	0,045
Stahlrohre verzinkt	0,15
Stahlrohre angerostet	0,15–1,0
Stahlrohre gereinigt	0,15–0,2
mit leichten Verkrustungen	bis 0,4
mit starken Verkrustungen	bis 3,0

Bei der Strömung im rauhen Rohr ist die Rohrreibungszahl λ nur noch von der relativen Rauhigkeit $\frac{\varepsilon}{d}$ und nicht mehr von der Reynoldsschen Zahl abhängig. Dadurch entfällt auch die Abhängigkeit von der Temperatur. In Abb. 6 ist der berechnete Druckverlust pro m Rohr (in mbar/m) in Abhängigkeit von der Durchflußmenge W (in m^3/h) für verschiedene Rohrdurchmesser d dargestellt (Stahlrohre). Es muß darauf hingewiesen werden, daß mit der Normung von Rohrleitungen (DIN 2449, DIN 2439, DIN 2440, DIN 2441) trotz Angabe der Nennweite DN nicht der innere, sondern jeweils der äußere Durchmesser festgelegt ist (DIN 2410, 1968).

So beträgt z. B. für Nennweite DN 50 der äußere Durchmesser $d_a = 60{,}3$ mm und der innere Durchmesser je nach DIN-Norm (Wandstärke)

bei nahtlosen Stahlrohren (DIN 2449)	d = 51,2 mm,
	und d = 54,5 mm,
bei leichten Gewinderohren (DIN 2439)	d = 53,8 mm,
bei mittelschweren Gewinderohren (DIN 2440, 1978)	d = 53,0 mm,
bei schweren Gewinderohren (DIN 2441, 1978)	d = 51,3 mm.

Es wurde immer mit dem kleinsten Wert für eine Nennweite (ungünstigster Fall) gerechnet. Ab einer Nennweite von DN 25 wurden die Abmessungen für nahtlose Stahlrohre (DIN 2449) verwendet. Der für die Berechnung verwendete Durchmesser d ist jeweils in Klammern hinter der Nennweite angegeben (Abb. 6; d in mm).

Abb. 7 zeigt entsprechend den berechneten Druckverlust für Kunststoff- und Kupferrohre ($\varepsilon = 0{,}005$ mm) in Abhängigkeit von der Durchflußmenge.

Setzt man für die Auslegung der Zuleitungsrohre als Druckverlust $\Delta p = 1$ mbar/m an, dann kann man aus Abb. 6 für jede Nennweite die entsprechende Wassermenge ablesen, die bei diesem Druckverlust durch das Rohr fließt. Daraus läßt sich dann die Wärmemenge berechnen, die bei einer bestimmten Temperaturdifferenz durch das Wasser transportiert wird. Abb. 8 zeigt die transportierte Wärmemenge in Abhängigkeit vom Rohrdurchmesser. Ist bei der Auslegung die erforderliche

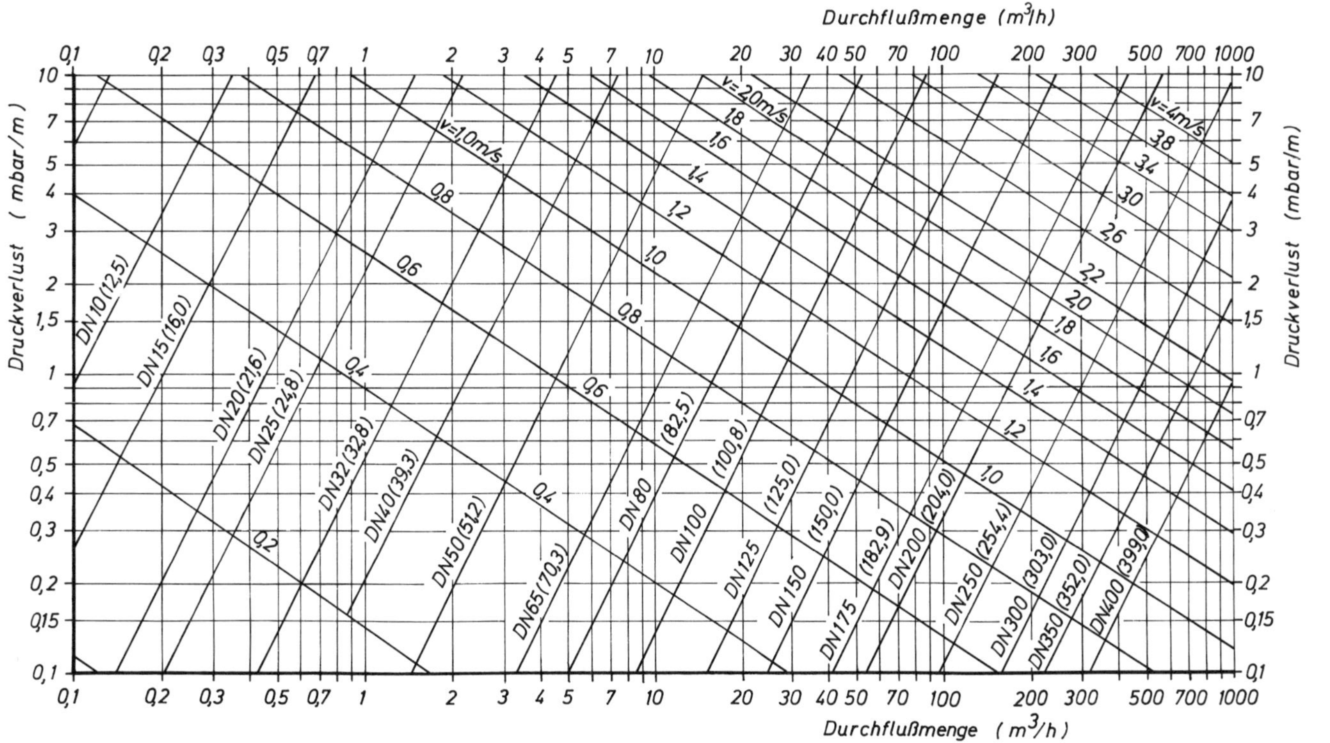

Abb. 6. Druckverlust bei Strömung von Warmwasser (t = 80 °C) durch Stahlrohre (Rauhigkeit ε = 0,15 mm; 1 mbar = 100 Pa; eingeklammerte Werte: Rohrinnendurchmesser in mm).

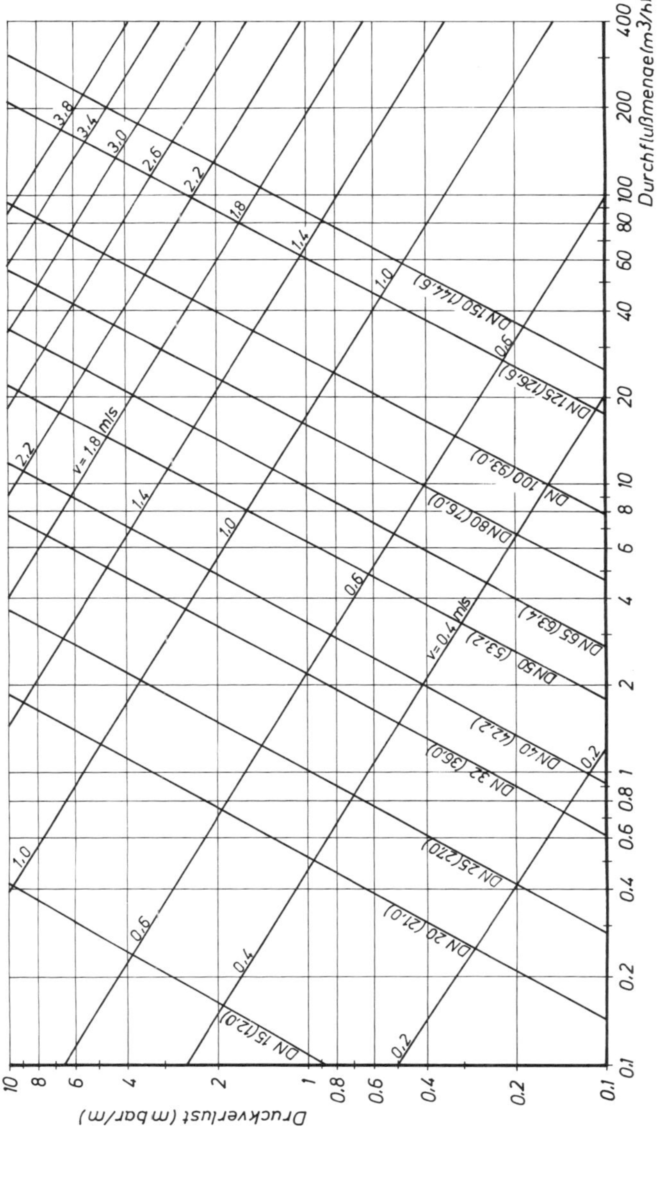

Abb. 7. Druckverlust bei der Strömung von Warmwasser (t = 60 °C) durch Kunststoff- und Kupferrohre (ε = 0,005 mm).

Wärmemenge bekannt, dann kann man aus Abb. 8 direkt den erforderlichen Rohrdurchmesser ablesen. In Tab. 9 sind für verschiedene Rohrdurchmesser die Wärmemengen angegeben, die bei der entsprechenden Temperaturdifferenz zwischen Vor- und Rücklauf transportiert werden können. Beträgt z. B. die installierte

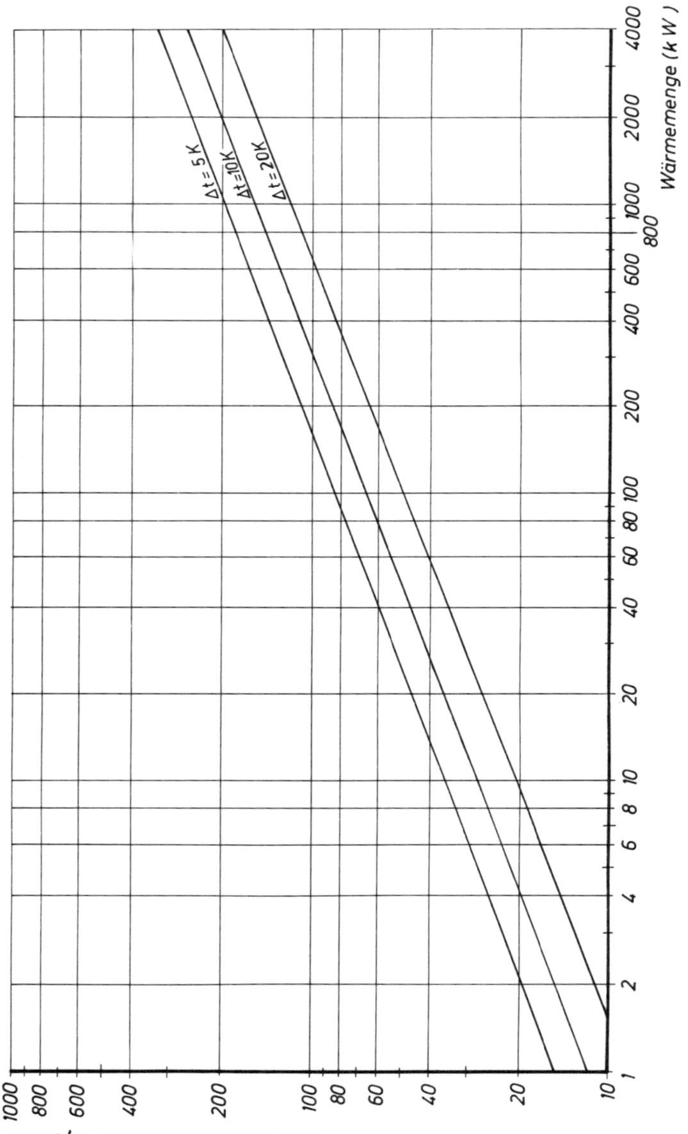

Abb. 8. Diagramm zur Ermittlung des Rohrinnendurchmessers in Abhängigkeit von der Heizleistung für einen Druckverlust von $\Delta p = 1$ mbar/m Rohr und verschiedene Auslegungs-Temperaturdifferenzen Δt (Vorlauf-Rücklauf).

Kesselleistung 1 MW (1000 kW), dann muß der Kessel mit einer Rohrleitung DN 125 angeschlossen werden, wenn die Temperaturdifferenz 20 K beträgt.

In Abb. 9 ist für ein Auslegungsdruckgefälle von $\Delta p = 1$ mbar/m die Strömungsgeschwindigkeit v in Abhängigkeit vom Rohrdurchmesser d angegeben.

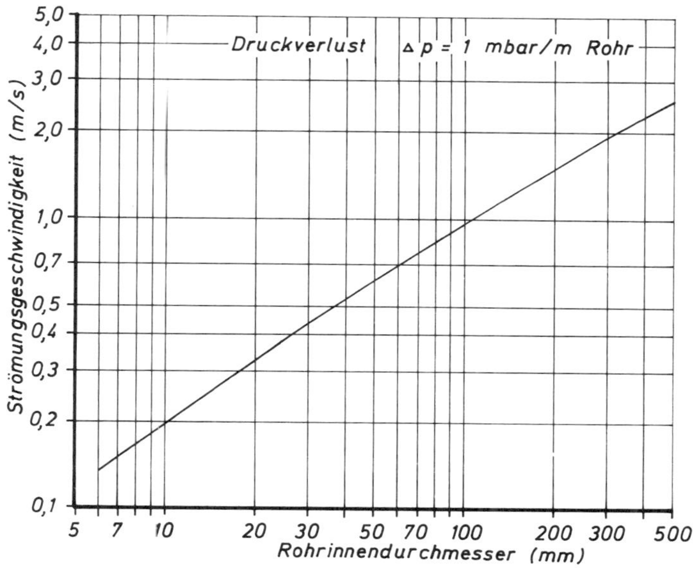

Abb. 9. Strömungsgeschwindigkeit in Heizungsrohren als Funktion des Rohrinnendurchmessers für einen Auslegungs-Druckverlust von $\Delta p = 1$ mbar pro m Rohr.

Tab. 9. Dimensionierung von Rohrleitungen in Heizungsanlagen bei einem Druckverlust von $\Delta p = 1$ mbar/m; Heizleistung in kW für verschiedene Temperaturdifferenzen

Rohrinnen-	Temperaturdifferenz (K)		
durchmesser (mm)	5	10	20
10,5	0,6	1,3	2,6
16,0	1,2	2,3	4,6
21,6	2,7	5,3	10,7
24,8	3,9	7,8	15,6
32,8	8,1	16,3	32,6
39,3	13,1	26,2	52,3
51,2	26,7	53,5	107
70,3	64,5	129	258
82,5	94,8	190	379
100,8	160	320	640
125,0	282	564	1 128
150,0	454	907	1 814
182,9	785	1 570	3 140
204,0	1 047	2 093	4 187
254,4	1 832	3 663	7 327
303,0	2 908	5 815	11 630
352,0	4 303	8 606	17 212
399,0	5 815	11 630	23 260

2.3.2 Strömung in Formstücken und Armaturen

Für den Druckverlust Δp bei der Strömung von Flüssigkeiten und Gasen durch Formstücke und Armaturen gilt folgende Gleichung:

$$\Delta p = \zeta \cdot \frac{\varrho}{2} v^2 \quad (N/m^2).$$

Darin ist
ζ = sogenannter Widerstandsbeiwert,
ϱ = spezifische Dichte in kg/m^3,
v = Strömungsgeschwindigkeit in m/s.

Der Widerstandsbeiwert ζ läßt sich für jedes Formstück und jede Armatur ermitteln (s. Tab. 10 und 11). Es muß darauf hingewiesen werden, daß immer parallele Anströmung vorausgesetzt wird. Ist diese Bedingung nicht erfüllt, wenn z. B. mehrere Krümmer hintereinander geschaltet werden, dann ist der Gesamtdruckverlust oft größer als die Summe der einzeln ermittelten Druckverluste.

Die in Tab. 10 und 11 angegebenen Widerstandsbeiwerte zeigen, daß jede plötzliche Richtungs- oder Geschwindigkeitsänderung der Strömung große ζ-Werte und damit große Druckverluste verursacht. Um die erforderliche Pumpenleistung möglichst klein zu halten, sollte man bei der Planung von Heizungsanlagen darauf achten, daß plötzliche Änderungen vermieden werden. So sollten immer Bögen mit

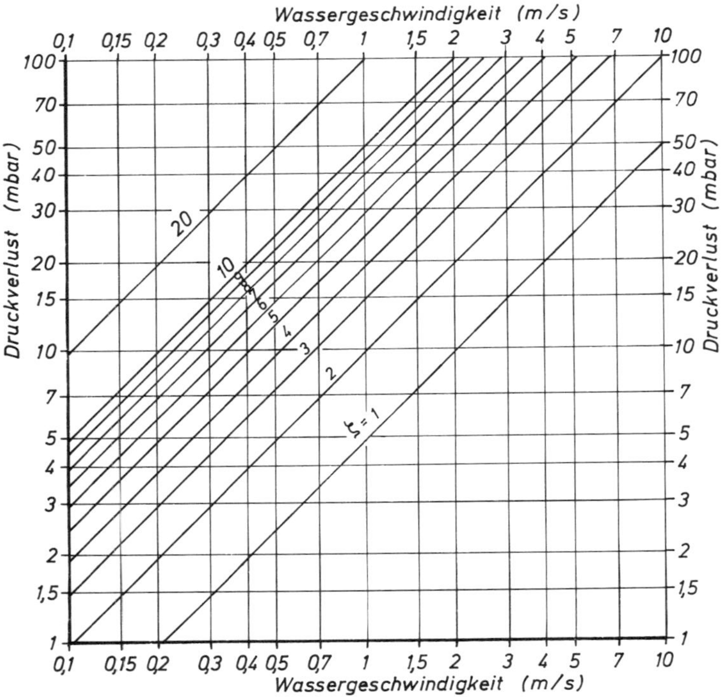

Abb. 10. Diagramm zur Ermittlung des Druckverlustes in Armaturen und Formstücken.

Tab. 10. Widerstandsbeiwerte ζ von Rohrleitungsteilen (RECKNAGEL, SRENGER 1974)

Teil	Darstellung	Widerstandsbeiwert ζ		
Bogen 90° glatt r/d = 0,5 1,0 2,0 3,0	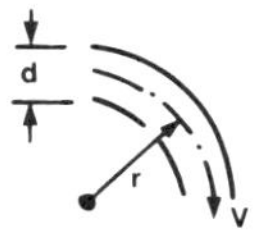	 1,0 0,35 0,20 0,15		
Knie β = 90° 60° 45°	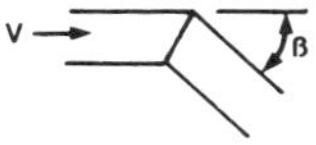	1,3 0,8 0,4		
Erweiterung β = 10° 20° 30° 40° Ausströmung	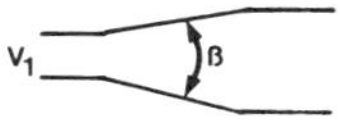 	 0,2 0,45 0,60 0,75 1,0		
Verengung β = 30° 45° 60°	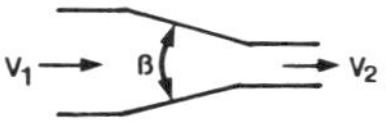	 0,02 0,04 0,07		
Einströmung scharfe Kante gebroch. Kante gerund. Kante düsenförm. Kante	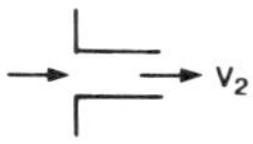	 0,34 0,11 0,012 0,0001		
Blende	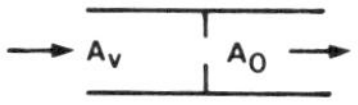	$\zeta = \left(\frac{A_v}{\alpha \cdot A_o} - 1\right)^2$		
Abzweigung v_2/v_1 = 0,5 1,0 2,0 3,0	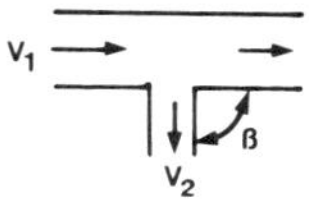	β = 90° 4,5 1,5 0,75 0,62	60° 3,1 0,77 0,47 0,58	45° 2,0 0,43 0,45 0,54
Ausbiegestück		0,5		
Verteiler-Austritt		0,5		
Sammler-Eintritt		1,0		
Trennung		siehe unten		
Vereinigung	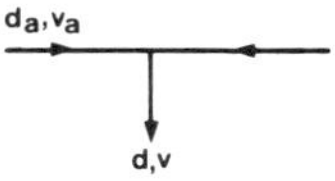	siehe unten		

Trennung:

va/v	0,4	0,6	0,8	1,0	1,3	1,5	2,0
ζa	6,5	3,0	1,8	1,3	1,0	0,8	0,5

Vereinigung:

da/d \ v_a/v	0,3	0,5	0,7
0,5	5,0	1,3	1,0
0,7	6,5	2,0	1,3
0,8	9,0	3,0	1,8
1,0	15,0	5,0	3,0

Tab. 11. Widerstandsbeiwerte ζ von Armaturen (RECKNAGEL, SPRENGER 1974)

Teil	Bild	ζ-Werte für d = 50 mm	100 mm	200 mm	300 mm
Normalventil	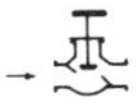	4,0–4,5	4,5–5,0	3,5	3,0
Schrägsitzventil		2,0–3,0	2,0–2,5	1,5–2,5	1,5–2,5
Freiflußventil	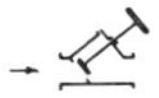	0,8–1,0	0,7–0,9	0,6–1,0	0,5–1,0
Eckventil		3,5	4,0	5,0	6,0
Schieber	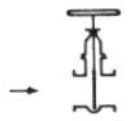				
ohne Leitrohr		0,15			0,30
mit Leitrohr		0,08			0,12
Rückschlagklappe	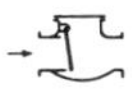	1,5	1,2	1,0	
Rückschlagventil		6	8	5	
Hahn	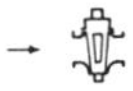	1,0	1,0	1,0	1,0
Kessel		2,5	2,5	2,5	2,5
Wassermeßuhren					
Scheibenprinzip		8,0	8,0		
Kolbenprinzip		12,0	12,0		

ausreichendem Radius (anstelle eines Knies), Abzweigungen mit schrägem Abgang (statt rechtwinklig) und Schieber statt Ventile eingesetzt werden.

In Abb. 10 ist der Druckverlust Δp als Funktion der Strömungsgeschwindigkeit für verschiedene ζ-Werte dargestellt. Mit Hilfe dieses Diagramms läßt sich der Druckverlust bei gegebener Strömungsgeschwindigkeit für den jeweiligen ζ-Wert ermitteln.

2.3.3 Regelventile

Für die Auslegung von Regelventilen wird häufig ein anderes Rechenverfahren als für Armaturen angewendet. In den Unterlagen der Firmen wird nicht ein ζ-Wert, sondern ein k_v-Wert angegeben.

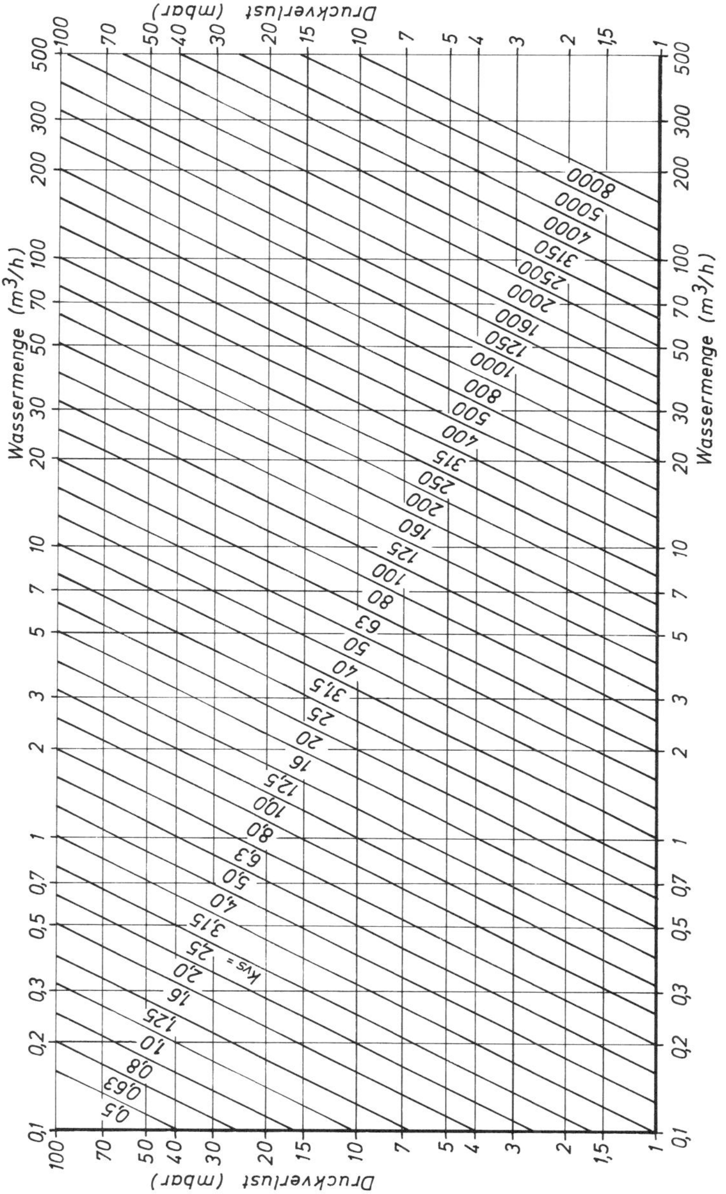

Abb. 11. Diagramm zur Ermittlung des Druckverlustes in Regelventilen.

Setzt man in die Gleichung

$$\Delta p = \zeta \cdot \frac{\varrho}{2} v^2$$

für $v = \frac{W}{A}$ ein, so erhält man

$$\Delta p = \zeta \cdot \frac{\varrho}{2} \cdot \frac{W^2}{A^2}$$

umgeformt:

$$W = \sqrt{\frac{2 \cdot A^2}{\zeta}} \cdot \sqrt{\frac{\Delta p}{\varrho}}$$

mit $k_v = \sqrt{\frac{2 \cdot A^2}{\zeta}}$

erhält man

$$W = k_v \cdot \sqrt{\frac{\Delta p}{\varrho}}$$

Damit ist der k_v-Wert eine ventilspezifische Kenngröße:

$$k_v = \frac{W}{\sqrt{\frac{\Delta p}{\varrho}}}$$

Da der k_v-Wert eines Regelventils sich mit der Öffnung ändert, gibt man den k_{vs}-Wert an; das ist der k_v-Wert für ein 100 % geöffnetes Ventil. Von den Herstellerfirmen werden für jede Nennweite Ventile mit unterschiedlichen k_{vs}-Werten angeboten.

Im Gegensatz zu den Armaturen, bei denen der Druckverlust möglichst klein sein sollte, ist bei einem Regelventil ein bestimmter Mindestdruckverlust für eine einwandfreie Regelung erforderlich. So muß z. B. bei der Auslegung eines Durchgangsventils zur Mengenregelung der Druckverlust im voll geöffneten Ventil genauso groß sein wie der in der gesamten Anlage.

In Abb. 11 ist für verschiedene k_{vs}-Werte der Druckverlust als Funktion der Durchflußmenge dargestellt. Anhand der gegebenen Wassermenge und der erforderlichen Druckdifferenz bestimmt man im Diagramm den entsprechenden k_{vs}-Wert und erst dann mit Hilfe des k_{vs}-Wertes das geeignete Regelventil (s. Abschnitt 6.6.1).

2.4 Korrosion

Unter Korrosion versteht man nach DIN 50 900 (1960) die Zerstörung von Metallen durch chemische oder elektrochemische Reaktion mit der Umgebung. In Heizungsanlagen unterscheidet man nach dem Ort des Auftretens zwischen wasserseitiger und rauchgasseitiger Korrosion.

2.4.1 Wasserseitige Korrosion

Die wasserseitige Korrosion kann an allen Teilen der Heizungsanlage auftreten, die mit dem Heizungswasser in Berührung kommen. Die Hauptursache der Korrosion ist die Bildung kleiner galvanischer Elemente. Sie können sich immer dann bilden, wenn in einer Heizungsanlage verschiedene Metalle verwendet werden (z. B. Kupfer und Eisen). Dabei geht das „unedlere“ Metall in Lösung; es korrodiert. Die Einordnung der Metalle in „edel“ oder „unedel“ ergibt eine ganz bestimmte „Rangfolge“, die als „elektrochemische Spannungsreihe“ bezeichnet wird. Dazu werden die Spannungen der Metalle gemessen, die sich gegenüber einer Wasserstoffelektrode als festgelegtem Nullpunkt in einem Elektrolyten ergeben (DIN 50 900, 1960):

Aluminium	(Al)	− 1,69 Volt,
Zink	(Zn)	− 0,76 Volt,
Eisen	(Fe)	− 0,44 Volt,
Kupfer	(Cu)	+ 0,34 Volt,
Silber	(Ag)	+ 0,81 Volt.

Die Spannungsreihe zeigt, daß z. B. Zink unedler ist als Eisen und Eisen wiederum unedler als Kupfer. Werden in einer Heizungsanlage z. B. verzinkte Stahlrohre verwendet, dann geht der Zink als unedleres Metall in Lösung und schützt dadurch den Stahl vor Korrosion. Werden Kupferrohre verwendet, dann können kleinste Kupferpartikel aus den Kupferleitungen mit dem Heizungswasser in die Stahlrohre transportiert werden. Dort bildet das Kupferteilchen ein Lokalelement, das punktförmig die Wand des Heizungsrohres oder des Kessels zerstören kann. Man bezeichnet diesen Vorgang als „Lochfraßkorrosion“.

Eine andere Art der Korrosion ist das „Rosten“. Dabei wird Eisen (Fe) zu Eisenhydroxid bzw. zu Magnetit ($Fe_3\,O_4$) oxidiert. Dadurch kann der Stahl auch großflächig angegriffen werden. Dem grundsätzlichen Korrosionsmechanismus sind noch Einflußgrößen überlagert, die den Werkstoffangriff unterschiedlich beeinflussen können (Herre, 1978; Reinders, 1961).

Die wichtigste Einflußgröße ist in Heizungsanlagen der im Wasser gelöste Sauerstoff, der für das Auftreten von Korrosionen unbedingt notwendig ist. So muß z. B. zum Rosten der Sauerstoffgehalt des Heizungswassers ständig über 0,1 g/m^3 liegen. Solche Sauerstoffkonzentrationen sind über einen längeren Zeitraum nur dann möglich, wenn ständig Sauerstoff in das Heizungswasser gelangen kann. Das geschieht z. B. dann, wenn das Wasser durch ein offenes Ausdehnungsgefäß hindurchfließt (s. Abschnitt 4.5.1) oder wenn das Heizungswasser häufiger ergänzt werden muß. Außerdem kann Sauerstoff über Armaturen in das Heizungssystem gelangen, wenn Unterdruck an den entsprechenden Stellen auftritt. Auch durch die Wandungen von Kunststoffrohren (z. B. Vegetationsheizungen) kann Sauerstoff diffundieren.

Die sonstige Beschaffenheit des Heizungswassers hat nur einen geringen Einfluß auf die Korrosion (VDI-Richtlinie 2035, 1979). Deshalb können sich die Maßnahmen zur Vermeidung von Korrosion im Heizungssystem darauf beschränken, den Sauerstoffzutritt in das System zu unterbinden. Das ist durch geeignete Anordnung des Ausdehnungsgefäßes möglich oder besser durch die Wahl einer geschlossenen Anlage (s. Abschnitt 4.5.2). Ferner darf kein Unterdruck im Heizungssystem entstehen, und es sollten möglichst geringe Leckverluste auftreten, damit wenig Wasser nachgefüllt werden muß. Mit diesen Maßnahmen ist es möglich, Korrosion im Heizungssystem auch bei Verwendung unterschiedlicher Metalle weitgehend zu verhindern. Deshalb ist eine Verzinkung als heizwasserseitiger Korrosionsschutz nicht erforderlich. Werden in einer Heizungsanlage dennoch verzinkte Teile eingesetzt (z. B. verzinkte Heizungsrohre), dann kann das infolge Wasserstoffentwicklung zu Störungen durch Gaspolster führen.

Läßt sich bei einer Heizungsanlage der Sauerstoffzutritt zum Heizungswasser nicht verhindern, dann besteht die Möglichkeit, sauerstoffbindende Chemikalien (z. B. Hydrazin) einzusetzen, um den Sauerstoff unschädlich zu machen. Gemäß VDI 2035 (1979) sollte Hydrazin im Überschuß (2–5 mg/m^3 Heizungswasser) zugegeben werden. Der Hydrazin-Gehalt ist in regelmäßigen Abständen zu kontrollieren (Musil, 1979).

2.4.2 Rauchgasseitige Korrosion

Die rauchgasseitige Korrosion kann an den Flächen des Kessels (Rauchrohre, Flammrohre) auftreten, die mit den Verbrennungsgasen (Rauchgase) in Berührung kommen. Sie hat zwei Ursachen:
1. Kondensation von Schwefelsäure,
2. Kondensation von Wasserdampf.

Bei der Verbrennung wasserstoffhaltiger Brennstoffe entsteht Wasserdampf. So werden bei der Verbrennung von 1 kg Öl ca. 1,2 l Wasser gebildet. Dieses Wasser ist als Wasserdampf in den Abgasen enthalten. Werden die Abgase abgekühlt, dann kommt es bei Unterschreitung der Taupunkttemperatur zur Kondensation von Wasserdampf und damit zu einer starken Zunahme der rauchgasseitigen Korrosion. In Abb. 12 sind die Wasserdampf-Taupunkttemperaturen für verschiedene Brenn-

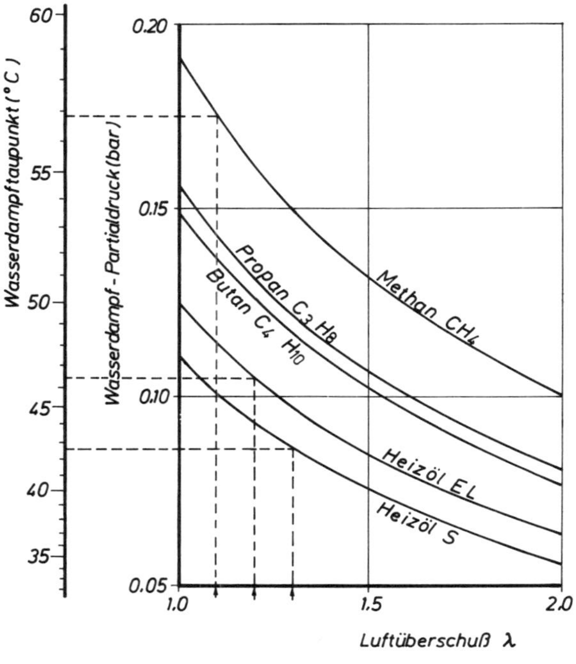

Abb. 12. Wasserdampftaupunkt und Wasserdampfpartialdruck flüssiger und gasförmiger Brennstoffe als Funktion der Luftüberschußzahl λ.

stoffe in Abhängigkeit vom Luftüberschuß dargestellt. Am höchsten liegt die Taupunkttemperatur bei Erdgas (Methan) mit 56,8 °C bei $\lambda = 1{,}1$; dann folgt Flüssiggas mit 50,5 °C bei $\lambda = 1{,}1$; Heizöl EL mit 46,6 °C bei $\lambda = 1{,}2$ und Heizöl S mit 42,7 °C bei $\lambda = 1{,}3$.

Man kann die Kondensation von Wasserdampf verhindern, wenn die Taupunkttemperatur an keiner Stelle des Kessels unterschritten wird. Dabei sind ausreichende Sicherheitszuschläge auf die Mindesttemperatur angebracht. So sollten z. B. bei Heizöl EL als Mindesttemperatur 55 bis 60 °C eingehalten werden.

Die zweite Ursache der rauchgasseitigen Korrosion, die Kondensation von Schwefelsäure, läßt sich nicht ohne weiteres beheben, da der Schwefelsäuretaupunkt wesentlich höher liegt (ca. 100–130 °C; s. Abb. 13). Bei der Verbrennung schwefelhaltiger Brennstoffe entsteht neben Schwefeldioxid (SO_2) in geringen Mengen Schwefeltrioxid (SO_3), das sich mit dem Wasser der Rauchgase zu Schwefelsäure verbindet. Die Schwefelsäure ist eine sehr aggressive Säure. Die Unterschreitung des Schwefelsäuretaupunktes hat außerdem zur Folge, daß sich feiner, trockener Ruß unter der Einwirkung der Schwefelsäure zu großen feuchten, sauer reagierenden Flocken zusammenballt. Diese Flocken sind relativ schwer und fallen in nächster Nähe der Heizungsanlage nieder, wo sie durch die Schwefelsäure schwere Schäden an Metallen, Lacken, Textilien, Holz, Pflanzen usw. anrichten können.

Abb. 14 zeigt die Korrosionsrate in Abhängigkeit von der Oberflächentemperatur der Kesselwandungen. Danach ergibt sich ein Korrosionsmaximum durch die Unterschreitung des Schwefelsäuretaupunktes bei Oberflächentemperaturen von ca. 93 °C und ein zweites Korrosionsmaximum durch die Unterschreitung des Wasserdampftaupunktes bei ca. 40 °C.

Zur Vermeidung oder Verminderung der rauchgasseitigen Korrosion sind folgende Maßnahmen möglich:

1. Verwendung von schwefelarmen oder schwefelfreien Brennstoffen (z. B. Erdgas).
2. Einhalten einer Rauchgastemperatur von über 150 °C an der Schornsteinmündung.

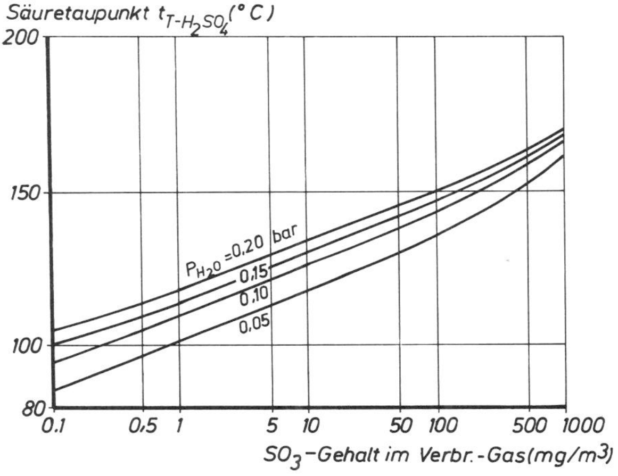

Abb. 13. Schwefelsäuretaupunkt der Rauchgase als Funktion des SO_3-Gehaltes für verschiedene Wasserdampfpartialdrücke (P_{H_2O}).

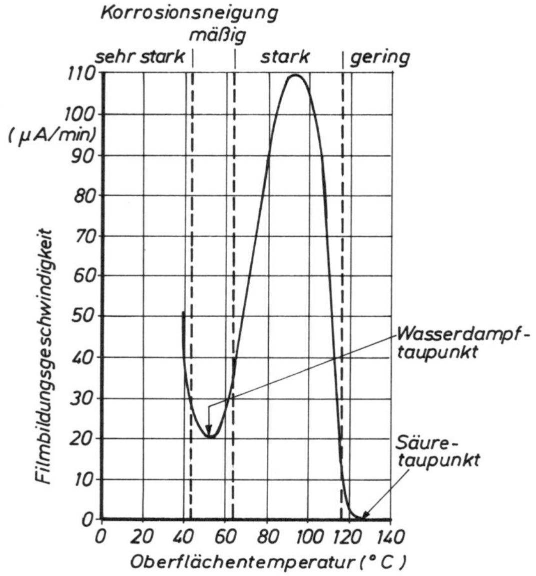

Abb. 14. Filmbildungsgeschwindigkeit und Korrosionsneigung in Abhängigkeit von der Oberflächentemperatur bei Verbrennung von Heizöl S.

3. Zugabe von Additiven, die die Korrosion hemmen, z. B. Dolomit, NH_3 u. a.
4. Verhinderung der Unterschreitung des Wassertaupunktes.

Mit den angeführten Maßnahmen läßt sich die rauchgasseitige Korrosion nicht ganz verhindern. Das gilt besonders bei intermittierendem Betrieb des Brenners und langen Stillstandszeiten.

Die beschriebenen Korrosionsvorgänge bezeichnet man auch als „Niedertemperaturkorrosion“, da sie bei Temperaturen unter 150 °C auftreten. Im Gegensatz dazu tritt die „Hochtemperaturkorrosion“ bei Temperaturen über 500 °C auf. Verursacht wird diese Korrosion durch im Heizöl enthaltenes Vanadium, das sich als Verbrennungsprodukt (V_2O_5) in den Rauchgasen wiederfindet. Das Vanadiumoxid hat einen Schmelzpunkt von 675 °C, der durch Natriumverbindungen auf ca. 550 °C erniedrigt werden kann. Das Vanadiumoxid verursacht in geschmolzenem Zustand sauerstoffbedingte Korrosionen an den rauchgasseitigen Kesselflächen. Durch die Zugabe von siliciumhaltiger Flugasche läßt sich der Schmelzpunkt von V_2O_5 um ca. 100 °C erhöhen und damit die Korrosion vermindern.

3 Wärmeerzeugung

Unter Wärmeerzeugung soll die Bereitstellung von Wärme zur Gewächshausbeheizung verstanden werden. Man kann im wesentlichen drei Verfahren unterscheiden:
- Wärmeerzeugung durch Verbrennung,
- Nutzung von Umweltwärme mittels Wärmepumpen,
- Nutzung der Sonnenenergie.

3.1 Wärmeerzeugung durch Verbrennung

Da die Vorgänge bei der Verbrennung von großer Bedeutung für die Wirtschaftlichkeit einer Heizungsanlage sind, sollen die wichtigsten physikalischen Eigenschaften der Brennstoffe, die Vorgänge bei der Verbrennung und die sich daraus ergebenden Möglichkeiten zur Verbesserung des Wirkungsgrades näher behandelt werden.

3.1.1 Physikalische Eigenschaften der Brennstoffe

Die wichtigsten Anforderungen an die Brennstoffe sind in DIN-Normen zusammengefaßt bzw. durch Gesetze vorgeschrieben.

Wichtigstes Kriterium aller Brennstoffe ist der Heizwert. Das ist die Wärmemenge, die pro Einheit eines Brennstoffes bei der Verbrennung frei wird. Man unterscheidet zwischen dem Heizwert H_u und dem Brennwert H_o.

Der Heizwert H_u, auch unterer Heizwert genannt, gibt die Verbrennungswärmemenge an, die als fühlbare Wärme frei wird. Der Brennwert H_o, auch oberer Heizwert genannt, berücksichtigt zusätzlich zum Heizwert auch die Verdampfungswärme (latente Wärme) des bei der Verbrennung entstehenden Wasserdampfes. Da bei normalem Betrieb einer Heizungsanlage die Kondensation von Wasserdampf unbedingt vermieden werden muß, läßt sich nur die Wärmemenge des Heizwertes H_u nutzen. Aus diesem Grund sind die Wirkungsgradangaben einer Heizungsanlage immer auf den Heizwert H_u bezogen.

Lediglich die Gasversorgungsunternehmen berechnen aus ersichtlichen Gründen die Gaslieferungen nach dem Brennwert H_o (oberer Heizwert). Durch die Entwicklung sogenannter „Brennwertgeräte" ist es inzwischen möglich, durch Kondensation des Wasserdampfes (Rauchgaskondensatoren) die Energie des Brennwertes teilweise zu nutzen (s. Abschnitt 4.7.1).

3.1.1.1 Feste Brennstoffe

Die festen Brennstoffe erlangen zur Zeit für die Gewächshausbeheizung eine zunehmende Bedeutung, da nach der Heizölverteuerung immer mehr Betriebe die Heizungsanlagen auf feste Brennstoffe umstellen. Man unterscheidet nach der Art der Gewinnung natürliche Brennstoffe und veredelte Brennstoffe. Zu den natürlichen Brennstoffen gehörten: Steinkohle, Braunkohle, Torf und Holz; zu den veredelten: Steinkohlenbriketts, Braunkohlenbriketts, Koks und Holzkohle. Hauptbestandteile aller Kohlen sind: Kohlenstoff (C), Wasserstoff (H) und Sauerstoff (O) sowie geringe Mengen Schwefel (S), Stickstoff (N), Wasser (H_2O) und Asche. In Tab. 12 sind für verschiedene Brennstoffe die Zusammensetzung (in Gew. %), der Heizwert und der Brennwert angegeben. Der Gehalt an Kohlenstoff (C) nimmt mit dem geologischen Alter der Brennstoffe zu, der Gehalt an Sauerstoff ab. Den größten Gehalt an Kohlenstoff hat Anthrazit. Mit der Abnahme des Kohlenstoffgehaltes steigt gleichzeitig der Gehalt an flüchtigen Bestandteilen. Es handelt sich dabei um diejenigen gasförmigen Produkte (Dämpfe, Teere, Gase), die bei Erhitzung unter Luftabschluß (Verkokung) entweichen. Man unterscheidet gasreiche Kohlen mit Gasgehalten über 30 % und gasarme Kohlen mit Gasgehalten unter 30 %. In Abb. 15 ist der Zusammenhang zwischen Kohlenstoff-, Sauerstoff- und Wassergehalt und dem Gehalt an flüchtigen Bestandteilen für verschiedene Kohlearten graphisch dargestellt.

Der Gehalt an flüchtigen Bestandteilen ist ein wichtiges Kriterium für die Einteilung der festen Brennstoffe und außerdem eine wichtige Größe für die Konstruktion entsprechender Verbrennungseinrichtungen (s. Abschnitt 4.2.1).

Die Steinkohlen werden gemäß DIN 23003 (1976) in Klassen, Gruppen und Untergruppen unterteilt. Es wird im internationalen Klassifikationssystem eine

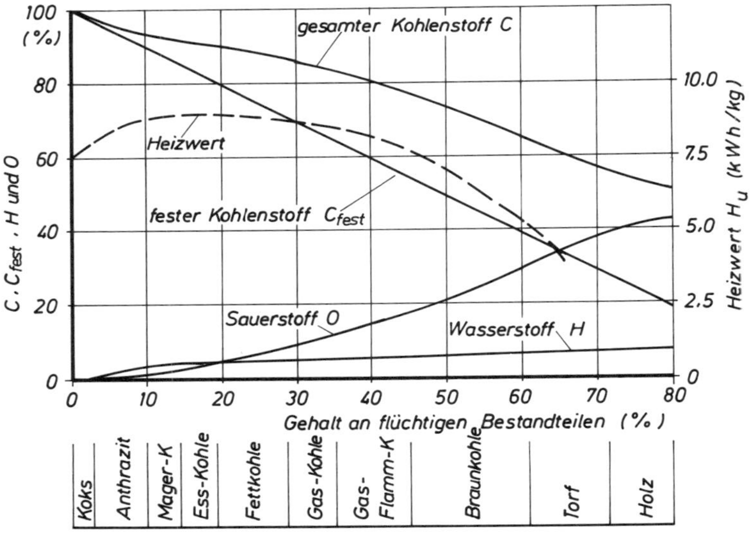

Abb. 15. Einteilung fester Brennstoffe nach dem Gehalt an flüchtigen Bestandteilen.

Tab. 12. Kennwerte fester Brennstoffe

Brennstoffe	C	H_2	O_2	S	H_2O	Asche	flücht. Bestandt.	H_o	H_u
Bezeichnung			Gew. %				%	kW · h/kg	kW · h/kg
Kohlenstoff	100	–	–	–	–	–	–	9,40	9,40
Steinkohle	72–83	3,4–5,3	1,8–12,0	0,6–0,9	3–5	3–8		8,0–9,4	7,8–9,2
Anthrazit	85,4	3,8	3,6	1,2	1	3,9	8,5	9,43	9,24
Braunkohle	52	4,2	11,6	1	24	5,8	53	5,94	5,54
Braunkohlenbriketts	54,5	4,2	20,2	0,4	15	5	55	5,96	5,59
Eßkohle	79,9	3,9	2,0	0,9	2,5	9	16	8,94	8,68
Fettkohle	78,3	5	6,1	0,6	4	5	25	9,05	8,71
Gasflammkohle	76,2	4,9	6,5	1,0	4	6	35	8,78	8,46
Gaskoks	84	0,6	0,4	0,6	5	8,5	1	8,14	8,06
Magerkohle	83,4	3,7	2,3	0,8	2,5	6	11	9,22	8,99
Zechenkoks	86,3	0,4	0,5	0,9	3	8	1	8,25	8,21
Holz, lufttrocken	42,4	5,1	37,2	–	15	0,2	>70	4,76	4,34
Torf, trocken	36,3	3,5	22,3	0,7	25	10	60	4,20	3,79

dreiziffrige Code-Nummer verwendet. Die erste Ziffer kennzeichnet die Einteilung in Klassen nach dem Gehalt an flüchtigen Bestandteilen, die zweite Ziffer das Backvermögen und die dritte Ziffer das Kokungsvermögen (s. Tab. 13).

Ein weiteres Auswahlkriterium ist der Korngrößendurchmesser. Man unterscheidet

Brechkoks 1	mit 80–60 mm
Brechkoks 2	mit 60–40 mm
Brechkoks 3	mit 40–20 mm
Brechkoks 4	mit 20–10 mm
Nuß 3	mit 30–18 mm
Nuß 4	mit 18–10 mm
Nuß 5	mit 10–6 mm
Feinkohlen	mit 0–10 mm
Staubkohlen	mit 0–3 mm.

Für die Schadstoffemission und damit für die erforderliche Schornsteinhöhe ist der Schwefelgehalt der Kohle von Bedeutung (DIN 51724, 1979). Ein Teil des Schwefels wird in der Asche gebunden. Trotzdem können aufgrund des relativ hohen Schwefelgehaltes bei einigen Kohlearten zusätzliche Maßnahmen zum Umweltschutz erforderlich werden. Außer dem Schwefel kann auch der relativ hohe Ascheanteil der festen Brennstoffe zu Problemen führen. Zur Einhaltung der vorgeschriebenen Werte für die Staubemission können Staubabscheider erforderlich sein.

Tab. 13. Internationales Klassifikationssystem (DIN 23003, 1976)

Einteilung in Klassen (entspricht 1. Ziffer)

Ziffer	Kohleart	Gehalt an flüchtigen Bestandteilen (Gew.%)
0	Meta-Anthrazit	0– 3
1	Anthrazit	3–10
2	Magerkohle	10–14
3	gering-bituminöse Kohle	14–20
4	mittel-bituminöse Kohle	20–28
5	mittel-bituminöse Kohle	28–33
6	mittel-bituminöse Kohle	33–41
7	hoch-bituminöse Kohle	33–44
8	hoch-bituminöse Kohle	35–50
9	hoch-bituminöse Kohle	42–50

Einteilung in Gruppen (entspricht 2. Ziffer)

Ziffer	Blähzahl
0	0–0,5
1	1–2
2	2,5–4
3	4,5–9

Einteilung in Untergruppen (entspricht 3. Ziffer)

Ziffer	Kokungsvermögen	Destillationsverlauf
0	nicht kokend	keine Erweichung
1	sehr schwach kokend	nur Kontraktion
2	schwach kokend	$\leqq$ 0 % Dislation
3	mittelmäßig kokend	0–50 % Dislation
4	stark kokend	50–140 % Dislation
5	sehr stark kokend	> 140 % Dislation

3.1.1.2 Flüssige Brennstoffe

Den flüssigen Brennstoffen kommt eine besondere Bedeutung zu, da zur Zeit noch der weitaus größte Teil der Gartenbaubetriebe (ca. 70 %) mit flüssigen Brennstoffen beheizt wird.

Nach DIN 51603 (1978) sind Heizöle „flüssige Brennstoffe aus Erdöl, Schieferöl, Steinkohlen- und Braunkohlenteeren, die für Feuerungs- und Brennzwecke geeignet sein müssen“.

Die Heizöle werden unterteilt in die Sorten EL (extraleichtflüssig), L (leichtflüssig), M (mittelflüssig) und S (schwerflüssig).

Die Sorten L und M sind nur bei Steinkohlen- und Braunkohlenteerölen handelsüblich. Zu etwa 99 % werden Heizöle aus Erdöl hergestellt. Sie bestehen aus Kohlenwasserstoffverbindungen mit geringen Beimengungen anderer Elemente.

Tab. 14. Heizwerte verschiedener Kohlen (VDI 2067, Blatt 1, 1979)

Brennstoffart	Brennstoffsorte	Heizwert H_u (kWh/kg)
Koks	Brechkoks 1	8,02
	Brechkoks 2	7,8
	Brechkoks 3	7,44
	Brechkoks 4	7,21
Anthrazit	Nuß 3	8,95
	Nuß 4	8,95
	Nuß 5	8,84
Magerkohle	Nuß 3	8,95
	Nuß 4	8,95
	Nuß 5	8,84
Eßkohle	Nuß 3	8,95
(Handelsbezeichnung	Nuß 4	8,95
Industriekohle D)	Nuß 5	8,84
Fettkohle	Nuß 3	8,84
(Industriekohle C)	Nuß 4	8,84
	Nuß 5	8,72
Gasflammkohle	Nuß 3	8,4
(Industriekohle A)	Nuß 4	8,4
	Nuß 5	8,25
Rheinisches Braunkohlenbrikett	Industrieformat	5,46
Helmstedter Braunkohlenbrikett	Industrieformat	5,81

Bei der Destillation wird das Rohöl in Spezialöfen auf etwa 360 °C erhitzt und als Dampf-Flüssigkeitsgemisch in Destillationstürme eingeführt. Diese Türme sind durch gelochte Böden in „Stockwerke“ unterteilt, in denen unterschiedliche Temperaturen herrschen. Unten ist es am heißesten, nach oben hin wird es immer kühler. Die Öldämpfe steigen durch die gelochten Böden empor, kühlen sich ab und gehen entsprechend ihren Siedepunkttemperaturen auf den verschiedenen Stockwerken wieder in den flüssigen Zustand über. Die flüchtigsten Bestandteile verlassen den Turm an der Spitze als Raffineriegas, Propan und Butan (s. Abb. 16). Von den höchstgelegenen Böden können Benzine abgezogen werden, etwas tiefer Petroleum und noch tiefer verschieden schwere „Mitteldestillate“, die auch als Gasöle bezeichnet werden. Aus den Mitteldestillaten werden extra-leichtflüssiges Heizöl EL und Dieselkraftstoff hergestellt. Das Bodenprodukt des Turmes enthält die am schwersten siedenden Anteile. Daraus wird Bitumen und durch Mischung mit Mitteldestillat schwerflüssiges Heizöl S hergestellt.

In Anlehnung an das Herstellungsverfahren muß bei allen Heizölen der Siedepunkt-Temperaturverlauf so liegen, daß bis 250 °C weniger als 65 Vol.-% überdestillieren. Durch diese Bestimmung sind die „Gasöle“ und schwerflüssiges Heizöl von den „Leichtölen“ wie Benzin und Petroleum abgegrenzt. Diese Abgrenzung ist wichtig für Bestimmungen des Zolltarifes und des Steuerrechts sowie für die Einteilung in Gefahrenklassen (Sicherheitsvorschriften).

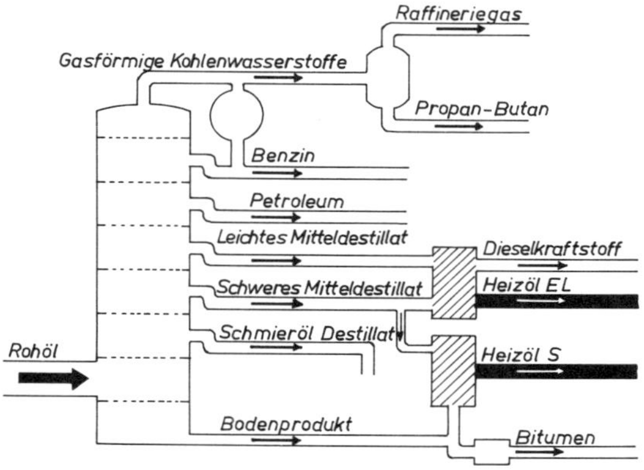

Abb. 16. Herstellung von Heizölen aus Rohöl.

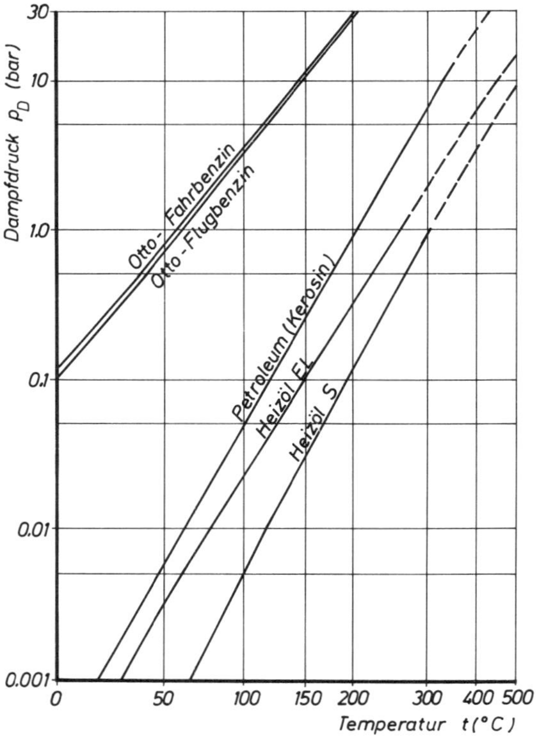

Abb. 17. Dampfdruck verschiedener Mineralölprodukte als Funktion der Temperatur.

Für die Gasöle, also auch für Heizöl EL, besteht die weitere Vorschrift, daß bis 350 °C mindestens 85 Vol.-% überdestillieren. Damit ist eine Abgrenzung gegen schwerflüssiges Heizöl S gegeben.

In Abb. 17 ist der Dampfdruck als Funktion der Temperatur für verschiedene Mineralölprodukte dargestellt. Abb. 18 zeigt zum Vergleich den Siedeverlauf von Heizölen, der die Grundlage für Zoll- und Steuerbestimmungen bildet.

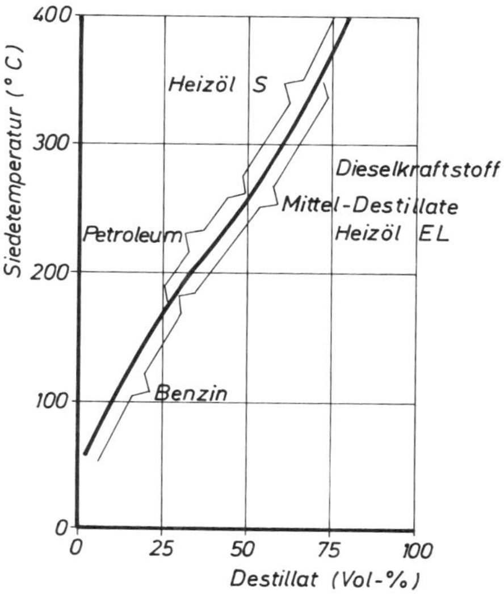

Abb. 18. Siedeverhalten von Mineralölprodukten.

Neben dem Siedeverlauf sind für die Verbrennung von Heizölen noch weitere Eigenschaften von Bedeutung. In der DIN 51603 (1978) sind die Mindestanforderungen an die verschiedenen Heizöle angegeben (s. Tab. 15).

Die Dichte eines Heizöls ist das Verhältnis von Masse zu Volumen. Als normale Bezugstemperatur hat man mit Rücksicht auf internationale Vereinbarungen 15 °C

Tab. 15. Mindestanforderungen an Heizöle (DIN 51603, 1978)

Eigenschaft		Einheit	Heizöl EL	Heizöl L[1]	Heizöl M[1]	Heizöl S
Dichte bei 15°C	max.	kg/l	0,86	1,1	1,2	–
Flammpunkt	über	° C	55	55	65	65
kinematische Viskosität (20° C)	max.	mm^2/s	6,0	17	bei 50° C 75	bei 50° C 450
Siedeverlauf bis 350 °C	min.	Vol.-%	85	–	–	–
Pourpoint	max.	°C	–6	–	–	–
Koksrückstand nach Conradson	max.	Gew.-%	0,05	2,0	12	15
Schwefelgehalt	max.	Gew.-%	0,3	0,8/3,0[2]	0,9/2,0[2]	2,8
Wassergehalt (nicht absetzbar)	max.	Gew.-%	0,1	0,3	0,5	0,5
Gehalt an Sediment	max.	Gew.-%	0,05	0,1	0,25	0,5
Heizwert H_u	min.	kWh/kg	11,7	10,5	10,5	11,1
Asche	max.	Gew.-%	0,01	0,04	0,15	0,15

[1] Handelsüblich als Steinkohlen- und Braunkohlenteeröle

[2] die niedrigen Werte gelten für Steinkohlenteeröl, die höheren für Braunkohlenteeröl (DIN 51603, Teil 2, 1976)

festgesetzt. Die Dichte ist wichtig für Umrechnungen zwecks Verbrauchsermittlung und Brennstoffkostenvergleich. Bemerkenswerterweise werden leichtflüssige Heizöle nach Litern, d. h. nach Volumen, und schwerflüssige Heizöle wie feste Brennstoffe nach Gewicht gehandelt.

Der Flammpunkt eines Heizöles ist die niedrigste Temperatur, bei der sich unter festgelegten Bedingungen soviel Dämpfe entwickeln, daß das entstehende Dampf-Luft-Gemisch durch eine Zündvorrichtung kurzfristig entflammt werden kann. Als Anhaltsgröße für die Explosions- und Feuergefährlichkeit ist die Höhe des Flammpunktes ein Kriterium für die Einstufung von Heizölen in bestimmte Gefahrenklassen. Diese Einstufung ist maßgebend für die erforderlichen Sicherheitsvorrichtungen bei Transport und Lagerung von Heizölen. Alle Heizöle mit einem Flammpunkt von 55 °C bis 100 °C werden in die Gefahrenklasse A III eingestuft (DIN 51794, 1978).

Die Viskosität ist mit eine der wichtigsten Größen zur Einstufung von Heizölen in die Heizölsorten (EL, L, M, S). Die angegebene kinematische Viskosität ist der Quotient aus dynamischer Viskosität und Dichte. Sie stellt für viele Strömungsvorgänge die maßgebende Stoffkonstante dar und ist in starkem Maße von der Temperatur abhängig (s. Abb. 19). Dieses Verhalten ist für die Verbrennung der Heizöle von großer Bedeutung. So beeinflußt die Viskosität die Durchflußleistung von Heizölleitungen und Düsen und damit die Leistungsregulierung der Ölfeuerungsanlagen. Außerdem hängt die Güte der Zerstäubung und damit die Güte der Verbrennung von der Viskosität ab. Bei den Heizölen L, M und S muß deshalb die erforderliche Viskosität durch Vorwärmung des Heizöls eingestellt werden.

Für eine gute Zerstäubung und Verbrennung von Heizöl S gelten folgende Anhaltswerte:

Druckzerstäubungsbrenner	12 bis 17 mm^2/s,
Drehzerstäubungsbrenner	bis 40 mm^2/s.

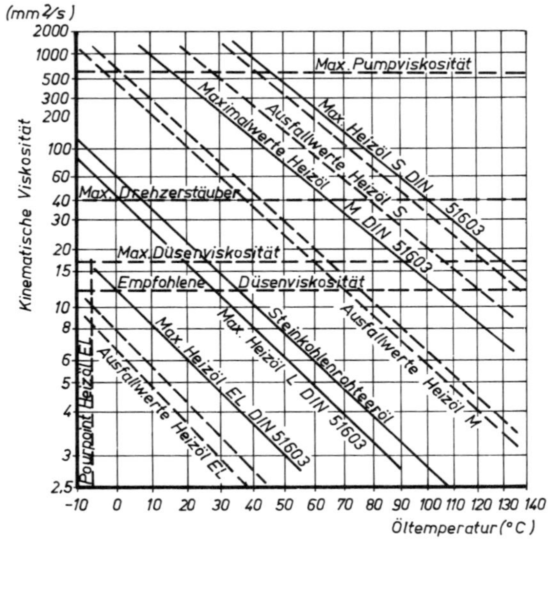

Abb. 19. Kinematische Viskosität von Heizölen in Abhängigkeit von der Öltemperatur.

Daraus ergeben sich die erforderlichen Vorwärmtemperaturen (s. Abb. 19) für Heizöl S mit 110 bis 140 °C für einen Druckzerstäuber und mindestens 80 °C für einen Drehzerstäuber.

Mit „Pourpoint“ wird die Temperatur bezeichnet, bei der das Öl gerade noch fließt. Früher wurde anstelle des Pourpoints der Stockpunkt verwendet, das ist die Temperatur, bei der das Heizöl unter Einwirkung der Schwerkraft nicht mehr fließt. Diese Temperatur liegt etwa 4 °C unter dem Pourpoint. Von großer Bedeutung ist der Pourpoint für extra leichtflüssiges Heizöl EL, das normalerweise ohne Vorwärmung verbrannt wird. Kühlt sich das Heizöl EL unter die Temperatur des Pourpoints ab, dann ist eine einwandfreie Ölzufuhr zum Ölbrenner nicht mehr möglich. Es kommt zum Ausfall der Heizungsanlage. Störungen sind bereits bei höheren Temperaturen (über −6 °C) zu erwarten, weil in diesem Temperaturbereich (0 °C bis −6 °C) Paraffinbestandteile ausflocken und die Filter verstopfen können. Die Temperatur, bei der Paraffinausscheidungen beginnen, wird als BPA-Punkt (Beginn der Paraffinausscheidung) oder „Cloudpoint“ (Trübungspunkt) bezeichnet. Um Störungen im Winter zu vermeiden, muß Heizöl EL so gelagert werden, daß es sich nicht unter 0 °C abkühlen kann. Durch Zusätze (Additive) ist es möglich, die Paraffinausscheidungen zu verzögern (GERHARDS, 1979).

Der Koksrückstand ist ein Maß für die Rückstandsbildung von Heizölen. Von Bedeutung ist dieser Wert für Verdampfungsbrenner und für Ölbrennerdüsen, an denen Öltropfen nach dem Abschalten des Brenners verdampfen und zu Koksrückständen führen können.

Der Schwefelgehalt der Heizöle ist ein wichtiges Kriterium für die Schadstoffemission und damit für die Bestimmung der Schornsteinhöhen. Bei Heizöl EL wurde der zulässige Schwefelgehalt von zunächst 0,8 % (DIN 51603, 1966) auf 0,3 % gesenkt. Dadurch haben sich trotz einer Herabsetzung der zulässigen Immissionswerte (s. Abschnitt 4.6.1.2) die erforderlichen Schornsteinhöhen für Heizöl EL nicht erhöht.

Heizöl S wird normalerweise mit einem Schwefelgehalt von 2 % gehandelt. Daneben sind aber auch Heizöl-S-Sorten mit 1,75 % und 1 % erhältlich. Das Braunkohlenteeröl ist vom Schwefelgehalt her mit Heizöl S vergleichbar, während Steinkohlenteeröl mit niedrigem Schwefelgehalt bei gleichen Schornsteinhöhen anstelle von Heizöl EL verbrannt werden könnte.

Der Wassergehalt des Heizöles kann sich durch Schwitzwasserbildung auf dem Transport und bei der Lagerung erhöhen. Beachtenswert ist im Hinblick auf die Korrosionsgefahren in Stahlbehältern die Abhängigkeit der Wasserlöslichkeit eines Heizöles von der Temperatur.

Der Sediment-Gehalt des Heizöles kann im Zusammenwirken mit vorhandenem Wasser zur Bildung schlammartiger Rückstände führen, die in ungünstigen Fällen Filter und Brennerdüsen verstopfen können. Das Absetzen von Sedimenten wird durch lange Ruhezeiten begünstigt.

Die Aschebildner sind wegen der geringen Konzentrationen von untergeordneter Bedeutung. Im Heizöl EL ist Asche, wenn überhaupt, nur in Spuren zu finden.

Bei Heizöl S ist für die Vorwärmung noch die spezifische Wärme von Bedeutung. Man kann in der Praxis mit einem Mittelwert von $c = 0{,}58$ W · h/kg · K (2,09 kJ/kg · K) rechnen. Die Wärmeleitfähigkeit liegt in der Größenordnung von $\lambda = 0{,}12$ bis 0,15 W/m · K.

3.1.1.3 Gasförmige Brennstoffe

Es gibt inzwischen eine ganze Reihe von Brenngasen mit unterschiedlichster Zusammensetzung und unterschiedlichen Eigenschaften. Größere Bedeutung für die Beheizung von Gewächshausanlagen hat zur Zeit nur das Erdgas. Je nach Herkunft besitzt es eine unterschiedliche Zusammensetzung. Typisch ist der hohe Methangehalt (CH_4). So enthält Erdgas aus dem bayerischen Raum 97 % Methan, das holländische ca. 75 % und das sowjetische 98 %. Der Rest ist jeweils Kohlendioxid (CO_2) und Stickstoff (N_2). Das Erdgas enthält kein Kohlenmonoxid (CO) und ist deshalb nicht giftig.

Der Methangehalt bestimmt den Heizwert. So hat sowjetisches Erdgas mit $H_o = 40{,}3$ MJ/m³ (11,20 kWh/m³) einen höheren Heizwert als das holländische mit $H_o = 34{,}9$ MJ/m³ (9,7 kWh/m³). Man bezeichnet das Erdgas mit dem höheren Heizwert auch als H-Gas und das andere als L-Gas. Der Süden der Bundesrepublik Deutschland wird mit H-Gas und der Norden überwiegend mit L-Gas versorgt (WIEDEMANN, 1979).

In Tab. 16 sind für verschiedene Gasarten die wichtigsten Daten zusammengestellt (DIN 51850, 1978).

Da die Gase bei Änderung von Temperatur und/oder Druck ihr Volumen verändern, wurde zum Vergleich der Volumina und der auf das Volumen bezogenen Größen ein bestimmter Zustand festgelegt. Dieser Normzustand gilt für einen Druck von $P_o = 1013$ mbar und für eine Temperatur von $t_o = 0\,°C$ (273,15 K).

Um z. B. die Wärmemenge zu berechnen, die bei der Verbrennung einer bestimmten Gasmenge frei wird, muß man die am Zähler abgelesene Gasmenge auf Normbedingungen umrechnen:

$$V_n = V_t \cdot \frac{B + P - P_D}{1013} \cdot \frac{273}{273 + t_x}.$$

Darin ist
V_n = Norm-Gasmenge in m³,
V_t = Gasmenge am Zähler (m³),
B = Barometerstand in mbar,
P = Gasüberdruck in mbar,
P_D = zur Temperatur t_x gehörender Wasserdampfdruck in mbar,
t_x = Gastemperatur in °C.

Die Bezeichnung „Normkubikmeter" (m^3_n) ist für die umgerechnete Gasmenge V_n nicht mehr zulässig (s. Abschnitt 2.1). In Abb. 20 ist für verschiedene Drücke und Temperaturen ein Umrechnungsfaktor f_n angegeben (Druck = B + P).

Neben der Gaszusammensetzung und dem Heizwert (s. Tab. 16) ist das Dichteverhältnis d_v der verschiedenen Gasarten eine wichtige Eigenschaft. Es wird nicht die absolute Dichte angegeben, sondern die Dichte des Gases bezogen auf die Dichte trockener Luft unter gleichen Zustandsbedingungen. Das Dichteverhältnis d_v gibt an, wievielmal das Gas schwerer oder leichter als Luft ist. Deshalb ist das Dichteverhältnis ein Maß für das Auftriebsverhalten der Brenngase. Ausströmende, nichtentzündete Gase mit einem Dichteverhältnis kleiner 1 steigen nach oben und vermischen sich schnell mit der Umgebungsluft. Flüssiggase dagegen mit einem Dichteverhältnis von über 1 sind schwerer als Luft, sinken zu Boden und können sich dort in einer gefährlichen Konzentration ansammeln. Deshalb ist es nicht

Tab. 16. Eigenschaften verschiedener Brenngase

Gasart	Zusammensetzung Vol.-%	Dichteverhältnis	Heizwert H_u kWh/m³	Brennwert H_o kWh/m³	Wobbe-Wert Wo kWh/m³	Flammengeschwind. cm/s	Zündgrenzen unt. Vol.-%	Zündgrenzen ober. Vol.-%	Luftbedarf m³/m³ Gas
Hochofen	30 % CO, 2 % H_2, 60 % N_2	1,03	1,10	1,133	1,12	19,6	40	65	0,65–0,8
Koksofen	28 % CO, 12 % H_2, 55 % N_2	0,88	1,40	1,48	1,58	103	5	30	4,0–4,3
Ferngas	6 % CO, 55 % H_2, 25 % CH_4, 2 % C_nH_m	0,39	4,83	5,47	8,76	91	6	35	4,5
Methan	CH_4	0,55	9,97	11,1	14,83	43	5	15	9,5
Erdgas	75 %–99 % CH_4	0,60	8,81–10,2	9,7–11,3	13,3–14,8	40	4,5	13,5	7,2–8,9
Propan	C_3H_8	1,56	26,0	28,3	22,7	47	2,4	9,5	23,8
Butan	C_4H_{10}	2,08	34,3	37,2	25,3	45	1,9	8,4	30,9
Flüssiggas	60 % C_3H_8 40 % C_4H_{10}	1,85	30,9	34,0	24,9	46	2	9	28

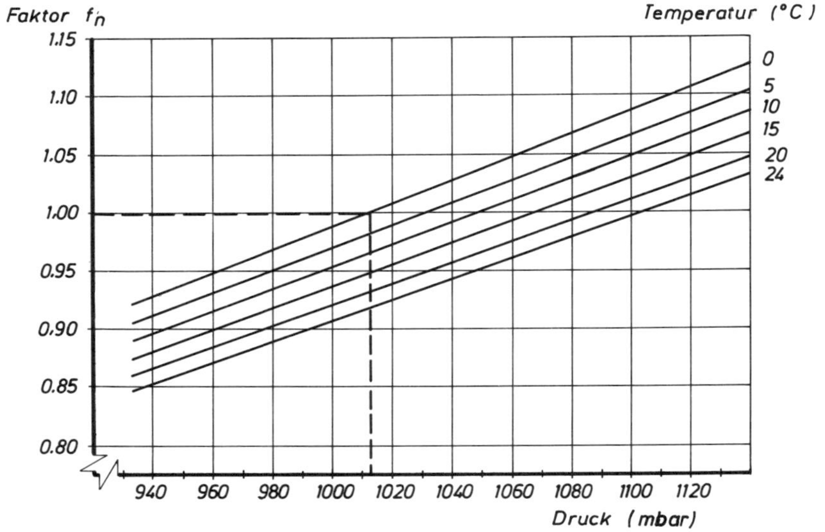

Abb. 20. Korrekturfaktor f_n für den Betriebsheizwert und -brennwert von Erdgas in Abhängigkeit von Druck und Temperatur (Druck = B + P).

statthaft (TRF 1969), Flüssiggasgeräte, Brenner u. ä. in Räumen aufzustellen und zu betreiben, deren Fußböden allseitig unterhalb der Geländeroberkante liegen. Außerdem dürfen Flüssiggasflaschen nicht vor Kellereingängen gelagert werden.

Der Wobbe-Wert ist ein Maß für die Austauschbarkeit verschiedener Brenngase. Da die Wärmezufuhr eines Gasbrenners vom Brennwert des Gases und dem Mengenstrom und dieser wiederum vom Dichteverhältnis abhängig ist, wurden Brennwert und Dichte zu einer Kenngröße, dem Wobbe-Wert Wo zusammengefaßt:

$$\mathrm{Wo} = \frac{H_o}{\sqrt{d_v}} \quad (\mathrm{kWh/m^3}).$$

Darin ist
H_o = Brennwert (oberer Heizwert) in $\mathrm{kWh/m^3}$,
d_v = Dichteverhältnis.

Bei vorhandener Brennerkonstruktion, Einstellung und gleichem Anschlußdruck des Gases sind Gase mit gleichem Wobbe-Wert austauschbar, ohne daß sich die Wärmeleistung des Brenners ändert.

Die Wobbe-Werte für Ferngas und Erdgas in Tab. 16 lassen erkennen, daß diese beiden Gasarten nicht austauschbar sind. Deshalb waren erhebliche Kosten für die Umstellung von Ferngas auf Erdgas erforderlich.

Die Zündgrenzen geben an, ab welcher Mindestkonzentration (untere Zündgrenze) und bis zu welcher Maximalkonzentration (obere Zündgrenze) ein Gas-Luft-Gemisch gezündet werden kann und selbständig weiterbrennt. Da bei der Verbrennung das Gas-Luft-Gemisch eine konstante Konzentration hat oder zumindest haben sollte, sind die Zündgrenzen hierfür von untergeordneter Bedeutung.

Wichtig sind die Zündgrenzen, wenn sich durch Undichtigkeiten unbeabsichtigt Gas-Luft-Gemische bilden. Dann bedeutet eine niedrige untere Zündgrenze, daß bereits bei einer geringen Gaskonzentration Explosionsgefahr besteht.

Die Flammengeschwindigkeit beschreibt den Verbrennungsfortschritt. Sie ist definiert als diejenige Geschwindigkeit, mit der sich eine Flammenfront relativ zum Gas-Luft-Gemisch bewegt. Mit der Flammengeschwindigkeit werden sowohl die Geschwindigkeit der chemischen Reaktionen von Brennstoff und Luft zu den Verbrennungsprodukten als auch die wesentlichen Transportvorgänge von Wärme und Stoff aus der Reaktionszone in die davorgelagerte Vorbereitungszone erfaßt. Die Flammengeschwindigkeit hängt außer vom Brenngas vom Mischungsverhältnis Gas-Luft, von der Art des Brenners, der Temperatur und dem Druck ab.

Von Bedeutung für die Umstellung von Ferngas auf Erdgas war die Tatsache, daß Erdgas eine wesentlich geringere Flammengeschwindigkeit (40 cm/s) hat als Ferngas (91 cm/s) (s. Tab. 16). Dadurch unterscheiden sich beide Gase erheblich in ihrem Brennverhalten. Während Ferngas aufgrund der höheren Flammengeschwindigkeit eher zum Zurückschlagen neigt, besteht bei Erdgas die Gefahr, daß die Flamme abhebt.

3.1.2 Verbrennung

Die Verbrennung ist ein chemischer Vorgang, bei dem der Brennstoff oxidiert wird. Durch die Oxidation wird Energie frei, die zu Heizzwecken verwendet werden kann.

Für die Verbrennung sind bestimmte Grundvorgänge erforderlich, die sich in der zeitlichen Reihenfolge folgendermaßen benennen lassen:

1. Mischen von Brennstoff und Luft.
2. Erwärmen des Gemisches auf Reaktionstemperatur und Zündung.
3. Chemische Reaktionen.
4. Wärmeabgabe.

Bei dem eigentlichen Verbrennungsvorgang, der chemischen Reaktion, handelt es sich um eine Reihe unterschiedlichster Reaktionen, auf die nicht näher eingegangen werden soll. Die für Verbrennungsrechnungen benutzten Reaktionsgleichungen sind keine Beschreibungen der ablaufenden Reaktionen. Sie stellen lediglich Bilanzgleichungen dar. In der allgemeinsten Form lautet die Verbrennungsgleichung folgendermaßen:

$$\text{Brennstoff} + \text{Luft} = \text{Abgas} + \text{Wärme}$$

Wenn man nach den im Brennstoff enthaltenen Bestandteilen differenziert, ergeben sich folgende Reaktionsgleichungen:

$$\begin{aligned} H_2 + 1/2\ O_2 &\rightarrow H_2O + 2{,}99\ \text{kWh/m}^3\ H_2 \\ CH_4 + 2\ O_2 &\rightarrow 2H_2O + CO_2 + 9{,}97\ \text{kWh/m}^3\ CH_4 \\ C + O_2 &\rightarrow CO_2 + 9{,}4\ \text{kWh/kg C} \\ CO + 1/2\ O_2 &\rightarrow CO_2 + 3{,}51\ \text{kWh/m}^3\ CO \end{aligned}$$

(H_2 = Wasserstoff, O_2 = Sauerstoff, C = Kohlenstoff, CH_4 = Methan, CO = Kohlenmonoxyd).

Berücksichtigt man, daß zur Verbrennung in der Regel Luft mit 21 % Sauerstoff verwendet wird, dann läßt sich aufgrund obiger Reaktionsgleichungen bei Kenntnis der Brennstoffzusammensetzung die Luftmenge berechnen, die zur Verbrennung mindestens erforderlich ist. Entsprechend erhält man die Abgasmenge (Alle Volumenangaben sind auf 0 °C und 1013 mbar bezogen):

1 kg Heizöl EL	+ 11,2 m^3 Luft	=	11,8 m^3 Abgas
1 kg Heizöl S	+ 10,7 m^3 Luft	=	11,3 m^3 Abgas
1 m^3 Erdgas	+ 8,9 m^3 Luft	=	9,91 m^3 Abgas
1 m^3 Propan	+ 23,8 m^3 Luft	=	25,8 m^3 Abgas
1 m^3 Butan	+ 30,9 m^3 Luft	=	33,4 m^3 Abgas
1 kg Steinkohle	+ 8 m^3 Luft	=	8,3 m^3 Abgas
1 kg Gasflammkohle	+ 7,9 m^3 Luft	=	8,3 m^3 Abgas
1 kg Braunkohle	+ 3 m^3 Luft	=	3,8 m^3 Abgas
1 kg Holz	+ 4,1 m^3 Luft	=	4,8 m^3 Abgas

Zur näherungsweisen Berechnung von Luftbedarf und Rauchgasmenge lassen sich Näherungsformeln angeben, die es ermöglichen, diese Größen aus dem Heizwert H_u der Brennstoffe zu bestimmen.

Für feste Brennstoffe gilt:

$$l_{min} = 0{,}87 \cdot H_u + 0{,}5 \qquad (m^3/kg)$$
$$V_{min} = 0{,}77 \cdot H_u + 1{,}65 \qquad (m^3/kg)$$

Für flüssige Brennstoffe gilt:

$$l_{min} = 0{,}73 \cdot H_u + 2{,}0 \qquad (m^3/kg)$$
$$V_{min} = 0{,}95 \cdot H_u \qquad (m^3/kg)$$

Für Gase mit einem Heizwert über 3 kW · h/m^3 gilt:

$$l_{min} = 0{,}94 \cdot H_u - 0{,}25 \qquad (m^3/m^3)$$
$$V_{min} = 0{,}98 \cdot H_u + 0{,}25 \qquad (m^3/m^3)$$

Darin ist
l_{min} = Mindestluftbedarf in m^3, bezogen auf die Brennstoffeinheit,
V_{min} = entsprechend die Mindestabgasmenge,
H_u = Heizwert in kWh pro Brennstoffeinheit.
(Volumenangaben für 0 °C und 1013 mbar).

Die Berechnungen nach obigen Näherungsformeln setzen voraus, daß jedes Brennstoffmolekül mit dem Sauerstoff der Luft reagiert. Man spricht in einem solchen Fall von „stöchiometrischer Verbrennung". Leider ist es im praktischen Betrieb nicht möglich, Brennstoff und Luft so zu vermischen, daß die Mindestluftmenge zur vollständigen Verbrennung ausreicht. Deshalb haben die angegebenen Werte mehr theoretische Bedeutung. In der Praxis muß immer eine größere Luftmenge als theoretisch erforderlich zugeführt werden, um zu erreichen, daß jedes Brennstoffteilchen mit dem Sauerstoff reagieren kann. Es ist ein bestimmter „Luftüberschuß" erforderlich. Der Luftüberschuß wird durch die Luftüberschußzahl λ angegeben, welche definiert ist zu

$$\lambda = \frac{l}{l_{min}}.$$

Darin ist l die tatsächlich zugeführte Luftmenge und l_{min} die Mindestluftmenge (stöchiometrische Luftmenge). Die Luftüberschußzahl ist ein wichtiges Kriterium zur Beurteilung einer Verbrennung. Die Größe ist im wesentlichen abhängig vom Brennstoff, aber auch von der Brenner- und Kesselkonstruktion.

Die bei der Verbrennung mit Luftüberschuß entstehende Rauchgasmenge ergibt sich aus folgender Beziehung:

$$V = V_{min} + (\lambda - 1) \cdot l_{min}.$$

Zur Bestimmung des Luftüberschusses einer Feuerungsanlage ist es nicht notwendig, die zugeführte Luft- und Brennstoffmenge zu bestimmen.

Man kann den Luftüberschuß einer Feuerung aus der Abgasanalyse aufgrund des Kohlendioxid- und/oder Sauerstoffgehaltes bestimmen. Bei stöchiometrischer Luftzufuhr enthalten die Abgase theoretisch keinen Sauerstoff. Nach folgender Beziehung erhält man aus dem Sauerstoffgehalt der Abgase die Luftüberschußzahl λ

$$\lambda = \frac{21}{21 - O_2} \cdot \frac{V_{min}}{l_{min}}.$$

Darin ist O_2 der Sauerstoffgehalt in Vol. – %. Bei der Verbrennung entsteht nach o. a. Reaktionsgleichungen eine ganz bestimmte Menge Kohlendioxid. Bezogen auf die Abgasmenge V_{min} läßt sich damit eine maximale Kohlendioxidkonzentration CO_{2max} für einen bestimmten Brennstoff angeben:

Heizöl EL $CO_{2max} = 15{,}4$ Vol.-%,
Heizöl S $CO_{2max} = 16{,}0$ Vol.-%,
Erdgas $CO_{2max} = 11{,}9$ Vol.-%,
Ferngas $CO_{2max} = 10{,}0$ Vol.-%.

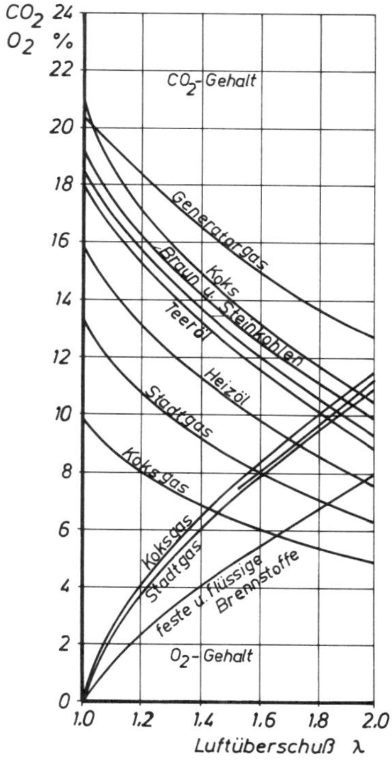

Abb. 21. CO_2- und O_2-Gehalt der Rauchgase als Funktion der Luftüberschußzahl λ.

Daraus ergibt sich die Luftüberschußzahl λ:

$$\lambda = 1 + \left(\frac{CO_{2max}}{CO_2} - 1\right) \cdot \frac{V_{min}}{l_{min}} \approx \frac{CO_{2max}}{CO_2}$$

(CO_2 ist die im Abgas gemessene CO_2-Konzentration).

In Abb. 21 sind die Zusammenhänge graphisch dargestellt.

Da es zur Messung der CO_2-Konzentration im Abgas einfache und preiswerte Geräte gibt, ist die Bestimmung der Luftüberschußzahl leicht möglich. Das ist wichtig für die Einregulierung des Brenners und zur Ermittlung des Wirkungsgrades.

3.1.3 Wirkungsgrad

Angesichts der gestiegenen Energiekosten ist es von besonderem Interesse, die im Brennstoff enthaltene Energie zu einem möglichst hohen Prozentsatz zu nutzen, d. h. die Heizungsanlage mit einem möglichst hohen Wirkungsgrad zu betreiben.

3.1.3.1 Feuerungstechnischer Wirkungsgrad

Die Bestimmung des feuerungstechnischen Wirkungsgrades gestattet eine Beurteilung der Güte einer Feuerungsanlage und ist damit eine wichtige Maßnahme zur Überprüfung der Einstellung des Brenners. Der feuerungstechnische Wirkungsgrad η_f ergibt sich aus folgender Beziehung:

$$\eta_f = \frac{Q_{ab}}{Q_{zu}}.$$

Darin ist Q_{zu} die im Brennstoff enthaltene Energie und Q_{ab} die an den Kessel abgegebene Wärmemenge.

Die zugeführte Wärmemenge Q_{zu} ergibt sich aus Brennstoffmenge B und Heizwert H_u

$$Q_{zu} = B \cdot H_u.$$

Es ist zu beachten, daß alle Wirkungsgradangaben einer Feuerungsanlage immer auf den Heizwert H_u und nicht auf den Brennwert H_o bezogen werden. Dabei wird nicht die gesamte im Brennstoff enthaltene Wärmemenge berücksichtigt. So liegt z. B. beim Erdgas der Heizwert um 10 % unter dem Brennwert. Bei der Verwendung des Heizwertes H_u als Bezugsbasis für alle Wirkungsgradangaben war man davon ausgegangen, daß in einer Heizungsanlage der Wasserdampf, der sich bei der Verbrennung bildet, nicht kondensieren darf (Korrosionsgefahr) und es deshalb nicht möglich ist, die Kondensationswärme, d. h. den Brennwert, zu nutzen.

Zur Bestimmung des feuerungstechnischen Wirkungsgrades ist es einfacher, die Verluste $Q_{Verl.}$ zu bestimmen:

$$\eta_f = \frac{Q_{zu} - Q_{Verl.}}{Q_{zu}}.$$

Die Verbrennungsverluste $Q_{Verl.}$ bestehen aus den Abgasverlusten Q_A und den Verlusten durch unvollkommene Verbrennung Q_B. Dazu gehören Ruß, Kohlenmonoxid (CO) und unverbrannter Brennstoff. Bei modernen Feuerungsanlagen sollten die Verluste durch unvollkommene Verbrennung so gering sein, daß man sie vernachlässigen kann. Kohlenmonoxid sollte schon wegen seiner Giftigkeit möglichst nicht im Abgas vorhanden sein.

Aus verschiedenen Gründen, wie ungenügende Zerstäubung des Öls, Luftmangel, schlechte Durchmischung mit der Verbrennungsluft, vorzeitige Abkühlung der Flamme, zu kurze Aufenthaltszeit der Verbrennungsgase im Feuerungsraum, kann es vorkommen, daß sich ein Teil des Kohlenstoffs (C) als Ruß abscheidet. Rußbildung bedeutet erstens Verluste durch unvollkommene Verbrennung und zweitens lagert sich der Ruß in flockiger Form an den Heizflächen ab und verschlechtert dadurch den Wärmeübergang. Es steigt die Abgastemperatur und damit der Abgaswärmeverlust. Eine Rußschicht auf den Heizflächen von 1 mm Stärke verschlechtert den Wirkungsgrad um ca. 2,5 % (s. Abb. 22).

Ein weit verbreitetes Meßverfahren ist der Rußtest nach BACHARACH (DIN 51402, Teil 1, 1978). Dabei wird aus den Rauchgasen mit einer kleinen Luftpumpe über ein Filterpapier eine ganz bestimmte Rauchgasmenge (10 Pumpenhübe) entnommen (Abb. 23). Sind im Rauchgas Rußteilchen enthalten, dann wird das Filterpapier geschwärzt. Die Schwärzung ist ein Maß für den Rußgehalt der Abgase. Die Bacharach-Skala unterscheidet zehn Schwärzungsgrade, die auch als „Rußzahl" bezeichnet werden. Eine Rußzahl von 0 bedeutet, daß kein Ruß in den Abgasen enthalten ist, das Filterpapier bleibt weiß.

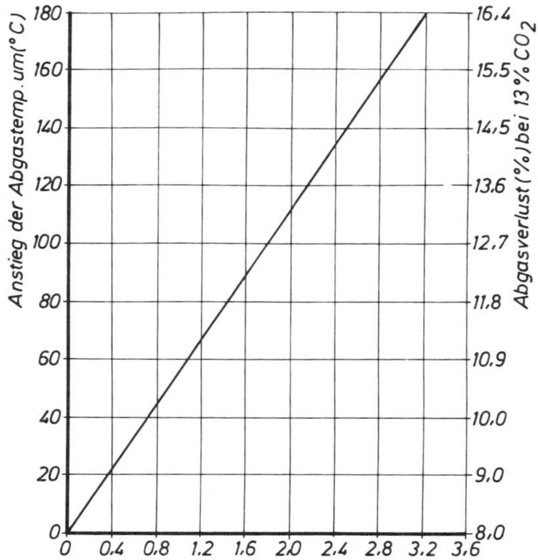

Abb. 22. Anstieg der Abgastemperatur und der Abgasverluste in Abhängigkeit von der Rußdicke.

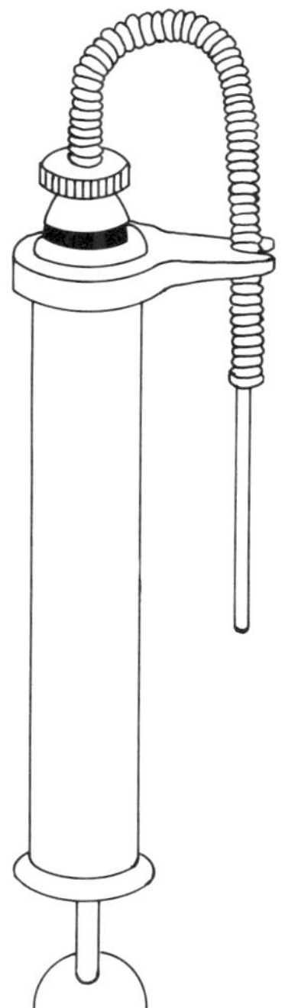

Abb. 23. Handpumpe für den Rußtest nach Bacharach.

Eine gut eingestellte Feuerungsanlage sollte eine Rußzahl von 0 bis 1 haben. Als Maximalwert ist für Heizöl EL eine Rußzahl von 2 und für Heizöl S von 3 noch zulässig (TA – Luft 1974). Der Rußgehalt der Abgase muß in regelmäßigen Abständen überprüft werden.

Von größerer Bedeutung für den feuerungstechnischen Wirkungsgrad sind die Abgaswärmeverluste. Zur Ermittlung der Verluste an fühlbarer Wärme im Abgas benötigt man die Rauchgasmenge und die Abgastemperatur. Die Rauchgasmenge läßt sich nach Abschnitt 3.1.2 aus dem CO_2- oder O_2-Gehalt der Abgase bestimmen. Damit sind CO_2-Gehalt der Abgase und die Abgastemperatur die Bestimmungsgrößen für den Abgaswärmeverlust und damit für den feuerungstechnischen Wirkungsgrad. In den Abb. 161 bis Abb. 166 sind im Anhang die Zusammenhänge zwischen CO_2-Gehalt, Abgastemperatur und Abgasverlust dargestellt. Grundsätzlich läßt sich der Wirkungsgrad einer Feuerungsanlage verbessern, wenn man den CO_2-Gehalt erhöht und die Abgastemperatur senkt.

Eine Erhöhung des CO_2-Gehaltes bedeutet eine Verminderung des Luftüberschusses. Ein bestimmter Mindestluftüberschuß ist aber bei jedem Brennstoff einzuhalten, um eine möglichst vollkommene Verbrennung zu gewährleisten. Als Anhaltswerte sind zu nennen:

Erdgas	$\lambda = 1{,}1$
Heizöl EL	$\lambda = 1{,}2$
Heizöl S	$\lambda = 1{,}3$
Kohle	$\lambda = 1{,}4$

Der erforderliche Mindestluftüberschuß ist abhängig von der Kessel- und Brennerbauart, so daß die o. a. Werte im Einzelfall über- oder unterschritten werden können. Eine Senkung der Abgastemperatur verbessert den feuerungstechnischen Wirkungsgrad. So bedeutet z. B. bei Heizöl EL die Senkung der Abgastemperatur um 20 °C eine Verbesserung des Wirkungsgrades um ca. 1 %. Allerdings sollte bei einer Ölfeuerungsanlage die Abgastemperatur 180 °C möglichst nicht unterschreiten, weil dann mit einer starken Zunahme der Korrosion (s. Abschnitt 2.4) zu rechnen ist. Bei einer Erdgasheizung kann die Abgastemperatur etwas niedriger (ca. 160 °C) liegen.

Eine Senkung der Abgastemperatur ist bei einer vorhandenen Feuerungsanlage durch die Herabsetzung der Feuerungsleistung eventuell in Kombination mit wärmedämmenden Maßnahmen am Gewächshaus sowie durch den Einbau von Wirbulatoren in die Rauchrohre des Kessels möglich (s. Abschnitt 4.3.2). Dadurch wird der konvektive Wärmeübergang in den Rauchrohren verbessert. Eine weitere Möglichkeit zur Senkung der Abgastemperatur bietet der Einsatz von Heizwertgeräten (Rauchgaskühler) oder bei Erdgas Brennwertgeräten (Rauchgaskondensatoren) (s. Abschnitt 4.7).

3.1.3.2 Kesselwirkungsgrad

Der Kesselwirkungsgrad η_K läßt sich nach folgender Beziehung ermitteln:

$$\eta_K = \frac{Q_{ab}}{Q_{zu}} \text{ oder } \eta_K = \frac{Q_{zu} - Q_{Verl.}}{Q_{zu}}.$$

Q_{ab} ist die Wärmemenge, die vom Kessel an das Heizungswasser abgegeben wird, Q_{zu} ist die mit dem Brennstoff zugeführte Wärmemenge und $Q_{Verl.}$ sind die auftretenden Verluste. Zu den Verlusten, die bereits beim feuerungstechnischen Wirkungsgrad berücksichtigt werden, wie Abgaswärmeverluste und Verluste durch unvollkommene Verbrennung, kommt noch der Wärmeverlust des Kessels durch Konvektion und Strahlung. Dieser Wärmeverlust ist abhängig von der Kesselbauart und vor allem von der Isolierung des Kessels. Ist ein Kessel gut isoliert, liegen die Wärmeverluste des Kessels bei ca. 1 %. Bei schlechter Isolierung können sie bis zu 5 % betragen.

Der Kesselwirkungsgrad ist deshalb immer etwas geringer als der feuerungstechnische Wirkungsgrad. In der VDI 2067 Bl. 1 (1979) sind für verschiedene Kesselbauarten und Kesselleistungen „übliche“ Kesselwirkungsgrade angegeben. Sie betragen für Mehrzugkessel, wie sie im Gartenbau häufig eingesetzt werden, bei Öl- und Gasfeuerungen $\eta_K = 0{,}90$ bis 0,92 (Kesselleistung ab 1,16 MW [1 000 000 kcal/h]).

Bei Kohlefeuerungen liegen die angegebenen Werte etwas niedriger: $\eta_K = 0{,}85$ bis 0,89 (Kesselleistung s. o.).

3.1.3.3 Jahresbetriebswirkungsgrad

Neben den bereits beschriebenen Verlusten müssen für die Bestimmung des Jahresbetriebswirkungsgrades einer Kesselanlage die Stillstands- oder Bereitschaftsverluste ermittelt werden. Die Bereitschaftsverluste entstehen immer dann, wenn der Brenner nicht in Betrieb ist, der Kessel aber auf Temperatur (in Bereitschaft) gehalten wird. In dieser Zeit entstehen Verluste durch die „Wärmeabgabe des Kessels“ und sogenannte „Nachströmverluste“. Dabei wird durch den Schornsteinzug Luft am Brenner angesaugt, die sich, während sie durch den Kessel strömt, auf Kesseltemperatur erwärmt und dann den Kessel verläßt. Die Nachströmverluste sind abhängig von der Brenner- und Kesselbauart und dabei vor allem von den rauchgasseitigen Widerständen sowie vom Schornsteinzug. Wichtig für die Angabe dieser Verluste ist die Bezugsbasis. Um Werte angeben zu können, die nicht von der Stillstandszeit abhängig sind, verwendet man als Bezugsbasis häufig die Kesselnennleistung oder Feuerungsleistung. Diese Angaben lassen sich bei Kenntnis der Stillstandszeiten der Kesselanlage auf den jährlichen Brennstoffverbrauch umrechnen (DIETRICH, 1979).

Bei modernen Kesselanlagen mit Überdruckbrennern liegen die Nachströmverluste in der Regel unter 1 % der Kesselnennleistung. Bei Feuerungsanlagen mit atmosphärischen Gasbrennern können die Nachströmverluste bis auf 10 % ansteigen. Es empfiehlt sich, im Einzelfall die Bereitschaftsverluste zu ermitteln. Das ist im Sommer relativ einfach möglich, wenn man den Kesselvorlauf- oder -rücklauf abschiebern kann. Eine Zirkulation über das Ausdehnungsgefäß muß vermieden werden. Über einen ausreichend langen Zeitraum, z. B. 48 h, bestimmt man den Brennstoffverbrauch der Kesselanlage entweder über die verbrauchte Brennstoffmenge (Öl- oder Gaszähler) oder über einen Betriebsstundenzähler. Setzt man den ermittelten Brennstoffverbrauch ins Verhältnis zum Brennstoffverbrauch bei Feuerungsnennleistung, dann erhält man die Bereitschaftsverluste der Kesselanlage.

In der VDI 2067, Bl. 1 (1979) sind für Mehrzugkessel Betriebsbereitschaftsverluste von $q_B = 0{,}01$ angegeben. Das bedeutet, daß 1 % der Kesselnennleistung während der Betriebsbereitschaft als Verluste auftreten. Liegen bei einer Überprüfung der Kesselanlage die Betriebsbereitschaftsverluste über 1 %, dann sollten unbedingt die Isolation des Kessels überprüft und Maßnahmen zur Verminderung der Nachströmverluste erwogen werden.

Dazu gehört der Einbau von Rauchgasklappen in das Verbindungsrohr zwischen Kessel und Schornstein sowie die Verwendung von Brennern mit dicht schließender

Luftklappe, die bei einigen Fabrikaten auch nachträglich angebaut werden kann. Eine dicht schließende Luftklappe am Brenner ist einer Rauchgasklappe vorzuziehen, denn der Einbau einer elektromotorisch betätigten Rauchgasklappe bedeutet auch bei zuverlässigsten Geräten eine zusätzliche Störquelle.

Nach Ermittlung der Betriebsbereitschaftsverluste kann man den Jahresbetriebswirkungsgrad einer Kesselanlage berechnen:

$$\eta_a = \frac{\eta_K}{\left(\frac{b}{b_{an}} - 1\right) \cdot q_B + 1}.$$

Darin ist

η_a = Jahresbetriebswirkungsgrad,
η_K = Kesselwirkungsgrad nach DIN 4702 Teil 2 (1978),
b = Einschaltzeit einer Feuerungsanlage (z. B. ganzjährig: 8760 h/a),
b_{an} = rechnerische Laufzeit der Feuerungsanlage in h/a,
q_B = Betriebsbereitschaftsverluste (neuerdings nach DIN 4702 Teil 1 (1978).

Ermittelt man die Laufzeit der Feuerungsanlage b_{an} mit einem Betriebsstundenzähler, dann ist eine Korrektur notwendig, da der Betriebsstundenzähler nicht nur die Zeit zur Erzeugung der „Nutzwärme“, sondern auch die Laufzeit für die Betriebsbereitschaftsverluste mit erfaßt:

$$b_{an} = \frac{b_a - b \cdot q_B}{1 - q_B}$$

b_a ist die vom Betriebsstundenzähler angezeigte Laufzeit der Feuerungsanlage.

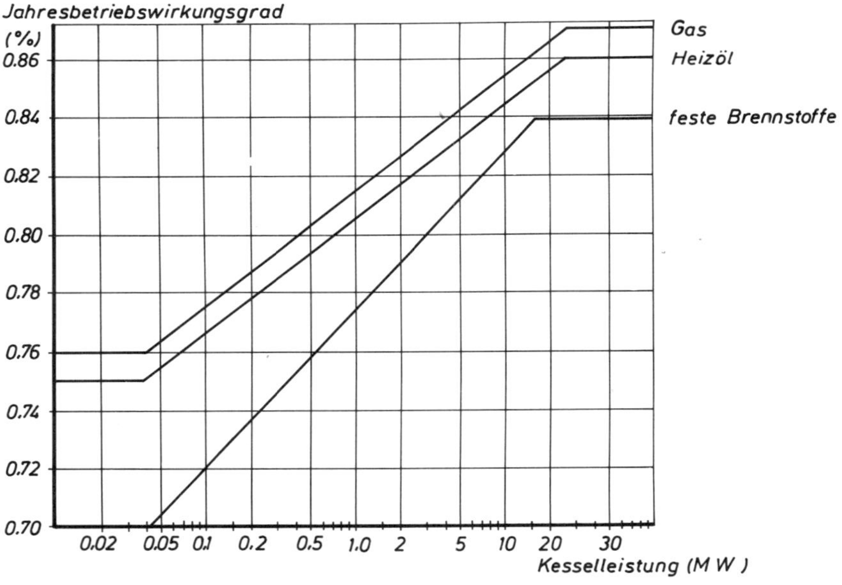

Abb. 24. Jahresbetriebswirkungsgrad von Kesselanlagen in Abhängigkeit von der Kesselleistung für verschiedene Brennstoffe (nach VDI 2067, 1979).

Zur Verbesserung des Jahresbetriebswirkungsgrades η_a sollte man neben der bereits erwähnten Verminderung der Betriebsbereitschaftsverluste q_B die Stillstandszeiten möglichst klein halten. Dazu ist eine Mehrkesselanlage günstiger als eine Einkesselanlage, wenn bei entsprechender Abstufung der Kesselleistung immer nur der Kessel in Betrieb ist, der den zu erwartenden Wärmebedarf decken kann. Bei richtiger Auslegung der Kesselanlage eines Gartenbaubetriebes wird die maximale Leistung nur zu 15 bis 30 % ausgelastet. Entsprechend groß sind die Stillstandszeiten. Mit abgestufter Kesselleistung läßt sich die Auslastung einzelner Kessel auf ca. 80 % erhöhen. Für Einkesselanlagen empfiehlt es sich zur Vergrößerung der Laufzeiten, zweistufige oder modulierende Brenner zu verwenden (s. Abschnitt 4.2). Außerdem sollte man prüfen, ob es im Sommer erforderlich ist, die Kesselanlage für wenige Nächte mit Wärmebedarf in Bereitschaft zu halten. In Abb. 24 ist der Jahresbetriebswirkungsgrad für verschiedene Brennstoffe in Abhängigkeit von der Kesselleistung angegeben (nach Werten aus VDI 2067, Bl. 1, 1979). Durch die oben angegebenen Maßnahmen zur Verminderung der Bereitschaftszeiten läßt sich der Jahresbetriebswirkungsgrad um 1 bis 2 % erhöhen.

3.2 Wärmepumpe

Während bei der Verbrennung die Energie der Brennstoffe direkt in Wärme umgewandelt wird, besteht durch den Einsatz von Wärmepumpen die Möglichkeit, Umweltwärme von einem niedrigen Temperaturniveau auf ein höheres zu pumpen. Dadurch ist es möglich, die Energie der fossilen Brennstoffe besser zu nutzen.

3.2.1 Kompressionswärmepumpe

Die Kompressionswärmepumpe arbeitet genau wie die Kältemaschine eines Kühlraumes oder Kühlschrankes. In Abb. 25 ist die Arbeitsweise einer Wärmepumpe

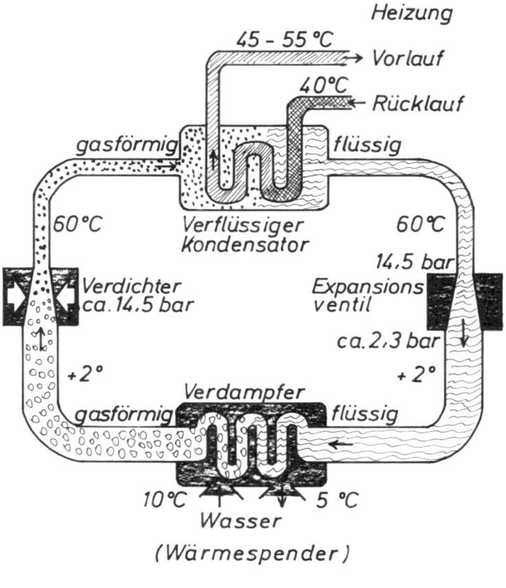

Abb. 25. Wärmepumpenkreislauf (schematisch) (Tantau 1946).

schematisch dargestellt. Ein von einem Motor angetriebener Kompressor (Verdichter) verdichtet das Kältemittel auf ca. 14,5 bar. Durch die Druckerhöhung steigt die Temperatur des gasförmigen Kältemittels von ca. 2 °C auf 60 °C.

Mit dieser Temperatur wird das Kältemittel in den Kondensator geleitet. Hier gibt das Kältemittel Wärme an das Heizungswasser ab und kondensiert. Das Heizungswasser wird von 40 °C auf 45–55 °C erwärmt. Das jetzt flüssige Kältemittel hat immer noch eine Temperatur von 60 °C und einen Druck von 14,5 bar. Im Expansionsventil wird dieser Druck auf ca. 2,3 bar herabgesetzt. Dadurch wird gleichzeitig die Temperatur von 60 °C auf ca. 2 °C gesenkt. Mit dieser Temperatur gelangt das Kältemittel in den Verdampfer. Hier kann es Wärme von einem Wärmespender, z. B. Grundwasser oder Luft, aufnehmen und verdampft. Das dampfförmige Kältemittel wird dann wieder dem Kompressor zugeführt, und der Kreislauf beginnt von neuem. Für den wirtschaftlichen Betrieb einer Wärmepumpe ist die Temperaturdifferenz zwischen Wärmespender und Heizungssystem von Bedeutung. Je größer die Temperaturdifferenz ist, desto geringer ist die Wärmemenge, die auf das höhere Temperaturniveau des Heizungssystems gepumpt wird. Das Verhältnis von Nutzwärme zu zugeführter mechanischer Energie bezeichnet man als Leistungsziffer ε einer Wärmepumpe. Man unterscheidet zwischen theoretisch erreichbarer Leistungsziffer ε_{th} und effektiv erreichter Leistungsziffer ε_{eff}. Die theoretische Leistungsziffer läßt sich anhand der Temperaturen berechnen:

$$\varepsilon_{th} = \frac{T_K}{T_K - T_V} \; .$$

Darin ist T_K die Kondensator-Temperatur in K und T_V die Verdampfertemperatur in K. Die tatsächlich erreichbare Leistungsziffer ε_{eff} beträgt dann $\varepsilon_{eff} \approx 0{,}35$ bis $0{,}65 \cdot \varepsilon_{th}$ (BUKAU, 1980).

Beispiel:
Verdampfertemperatur T_V = 273 K (0 °C)
Kondensatortemperatur T_K = 323 K (50 °C)

Dann ist $\varepsilon_{th} = \frac{323}{323-273} = 6{,}5.$

Die effektive Leistungsziffer beträgt $\varepsilon_{eff} \approx 2{,}3$ bis 4,2 (für genauere Berechnungen s. BUKAU 1978, 1980).

In Tab. 17 sind einige Leistungsziffern als Beispiel für verschiedene Temperaturdifferenzen angegeben.

Tab. 17. Leistungsziffern einer Wärmepumpe für verschiedene Temperaturdifferenzen

Verdampfertemperatur (°C)	Vorlauftemperatur (°C)		
	40	50	60
12	5,1	4,7	4,2
5	4,1	3,7	3,3
0	3,4	3,0	2,7
− 5	2,8	2,4	2,1
−10	2,3	1,9	1,6

Als Wärmespender ist Grundwasser günstig, da es eine relativ konstante Temperatur von ca. 10 °C hat. Zur Beheizung einer Gewächshausanlage mit einer Wärmepumpe werden aber große Mengen Grundwasser benötigt (für 1000 m^2 Gewächshausfläche ca. 53 m^3/h bei $\Delta t = 5$ K), so daß in vielen Fällen Grundwasser als Wärmespender ausscheidet.

Oberflächenwasser, das im Winter eine Temperatur von ca. 0 °C bis 4 °C aufweist, ist in ausreichender Menge nur für wenige Gartenbaubetriebe verfügbar. Deshalb bleibt für viele Betriebe als einzige Möglichkeit die Außenluft, die aber wegen der niedrigen Temperaturen im Winter ein ungünstiger Wärmespender ist. Ohne zusätzliche Maßnahmen kann man Außenluft nur bis ca. 3 °C verwenden, weil sonst die Verdampfer vereisen (ähnlich wie im Kühlraum) und von Zeit zu Zeit abgetaut werden müssen.

Als Antrieb einer Wärmepumpe kann ein Elektro-, Gas- oder Dieselmotor eingesetzt werden. Von diesen drei Möglichkeiten hat der Elektroantrieb entscheidende Nachteile. Es sind zur Beheizung einer Gewächshausanlage relativ große Anschlußwerte von ca. 80 kW pro 1000 m^2 Gewächshausfläche erforderlich.

Der elektrische Strom ist die wertvollste und auch teuerste Energie. Eine Kilowattstunde Strom kostet etwa zwei- bis dreimal so viel wie eine Kilowattstunde Wärme aus Öl. Dem steht eine Leistungsziffer von etwa $\varepsilon = 3$ bis 4 gegenüber, so daß keine große Kostenersparnis zu erwarten ist. Zu einem ähnlichen Ergebnis gelangt man, wenn man die im Kraftwerk eingesetzte Energie gleich 100 setzt. Dann ergibt sich die in Abb 26 dargestellte Energiebilanz. Von der im Kraftwerk aufgewendeten Primärenergie gelangen ca. 30 % als Strom zum Verbraucher. Nimmt man für die Wärmepumpe eine Leistungsziffer von $\varepsilon = 3{,}5$ an, dann erhält man unter Berücksichtigung der Motorverluste (ca. 3 %) bezogen auf die Primärenergie 95 % Nutzwärme (Abb. 26) (LUTZ, 1980).

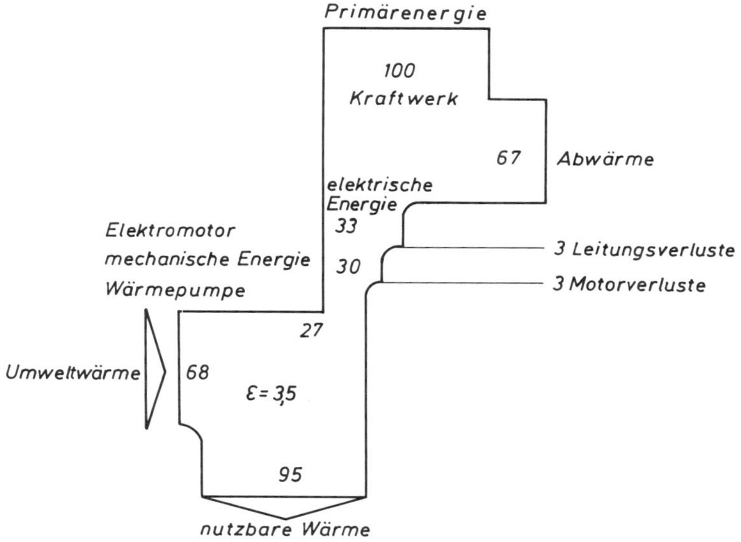

Abb. 26. Energiebilanz einer Elektrowärmepumpe (Primärenergie Kraftwerk = 100).

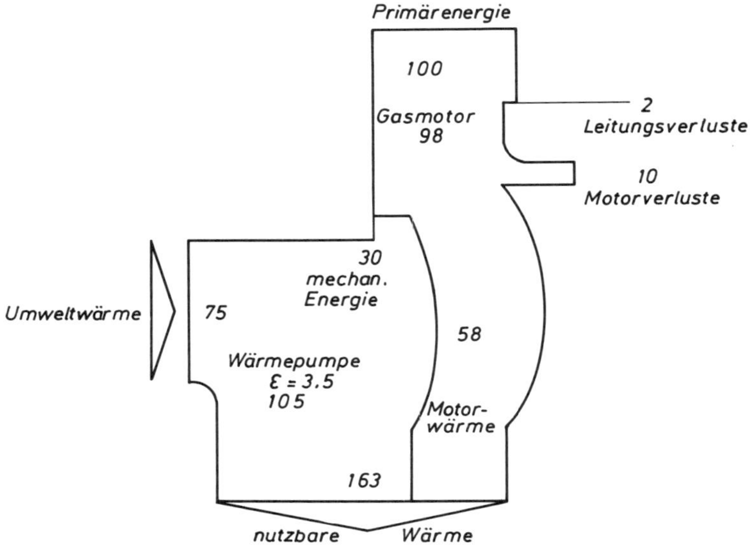

Abb. 27. Energiebilanz einer Wärmepumpe mit Gasmotor.

Diese Betrachtung zeigt sehr deutlich, daß mit einer Elektrowärmepumpe der Verbrauch an fossiler Energie kaum gesenkt werden kann. Anders sieht es dagegen beim Einsatz einer Gas- oder Dieselwärmepumpe aus. Es ergibt sich eine Energiebilanz gemäß Abb. 27. Mit einem Gasmotor können ca. 30 % der zugeführten Energie in mechanische Energie umgewandelt werden. Mittels der Wärmepumpe erhält man bei einer Leistungsziffer von $\varepsilon = 3{,}5$ bezogen auf die Primärenergie das 1,05fache an Nutzwärme. Zusätzlich kann man einen Teil (ca. 85 %) der Motorwärme, das sind ca. 58 % der zugeführten Energie, noch zur Beheizung nutzen. Diese Wärme steht außerdem mit höherer Temperatur (ca. 80–90 °C) zur Verfügung. Bezogen auf die Primärenergie erhält man dann insgesamt das 1,63fache an Nutzwärme. Das Verhältnis von Nutzwärme zu Primärenergie bezeichnet man als Heizziffer der Wärmepumpe

$$\varepsilon_H = \frac{Q_N}{Q_B}.$$

Darin ist
Q_N = Nutzwärme,
Q_B = im Brennstoff enthaltene Wärme
($Q_B = B \cdot H_u$; B = Brennstoffmenge, H_u = unterer Heizwert).

Das Kältemittel, welches in einer Wärmepumpe zirkuliert (s. Abb. 25), wird häufig als Arbeitsmedium bezeichnet. Es wird nicht mehr differenziert, ob die erzeugte „Kälte“ wie bei der Kältemaschine oder die „Wärme“ wie bei der Wärmepumpe genutzt wird. Da es sich in beiden Fällen um das gleiche Verfahren handelt, sind Kältemittel und Arbeitsmedien identisch. Zum Einsatz in einer Wärmepumpe werden an das Arbeitsmedium bestimmte Anforderungen gestellt:

Das Arbeitsmedium soll ungiftig, chemisch stabil, nicht brennbar, nicht explosiv und korrosionsfest sein. Bei der Verdampfungstemperatur muß im Verdampfer noch ein ausreichender Überdruck vorhanden sein, damit nicht durch Undichtigkeiten Luft angesaugt wird. Der Druck bei Kondensationstemperatur sollte nicht zu hoch sein, damit eine leichte und preiswerte Bauweise des Kondensators und der Rohrleitungen möglich ist. Die Verdampfungswärme sollte möglichst groß sein, damit die umlaufende Kältemittelmenge und dadurch die Rohrquerschnitte klein sind.

Außerdem muß das Kältemittel mit dem Öl des Kurbelgehäuses des Kompressors verträglich sein.

In Tab. 18 sind die gebräuchlichsten Arbeitsmedien (Kältemittel) mit den wichtigsten Daten zusammengestellt. Die Wahl des jeweiligen Arbeitsmediums einer Wärmepumpe richtet sich nach den geforderten Temperaturen im Verdampfer und Kondensator und nach dem verwendeten Kompressor.

Tab. 18. Kältemittel für Wärmepumpen (Recknagel, Sprenger 1974)

Bezeichnung	Chemische Formel	Siede-temperatur (°C)	Verwendung
R 12	CF_2Cl_2	− 29,8	Kälteanlagen mit Kolbenkompressoren und mit luftgekühlten Kondensatoren, Turbokälteanlagen oberhalb 2 MW
R 22	CHF_2Cl	− 40,8	Kälteanlagen mit Kolbenkompressoren (Kaltwassersätze)
R 11	$CFCl_3$	23,7	Turboverdichter
R 113	$C_2F_3Cl_3$	47,6	Turboverdichter
R 21	$CHFCl_2$	8,9	Kältesätze mit Kolbenkompressoren für hohe Umgebungstemperaturen

Bestandteile einer Wärmepumpe

Zum Aufbau einer Kompressionswärmepumpe sind folgende Teile erforderlich:
- Motor (Öl-, Gas- oder Elektro-),
- Getriebe (Planetengetriebe),
- Kompressor (Kolben- oder Schraubenkompressor),
- Verdampfer,
- Kondensator,
- Ölkühler,
- Motorkühlwasserwärmetauscher,
- Abgaswärmetauscher,
- Abgasschalldämpfer,
- Ölabscheider,
- Ölpumpenaggregat.

Zum Antrieb einer Wärmepumpe werden Otto-Motoren (für Erdgas) und Dieselmotoren (für Heizöl) verwendet. In einigen Fällen wird mit dem Verbrennungsmotor über einen Generator Strom zum Antrieb einer Elektrowärmepumpe erzeugt. Bei den Motoren handelt es sich um Langsamläufer mit hoher Betriebsstundenzahl. Ein konventioneller Pkw-Motor erreicht nur eine Lebensdauer von ca.

2000 Betriebsstunden; das entspricht etwa einer Heizperiode. Vom Antriebsmotor einer Wärmepumpe werden etwa 10 000 Betriebsstunden erwartet. Das entspricht einer Lebensdauer von ca. fünf Jahren. Bei größerem Wartungsaufwand können größere Standzeiten (bis ca. 10 Jahre) erreicht werden (WERMELINGER, 1978; BRANDNER, 1978; HANDROCK, 1978).

Ein Getriebe ist zur Anpassung der Motordrehzahl an die Drehzahl des Kompressors erforderlich.

Je nach Größe der Wärmepumpe werden Kolben- oder Turbokompressoren verwendet. Kolbenkompressoren werden bis zu einer Leistung der Wärmepumpe von ca. 300 bis 500 kW eingesetzt. Als Arbeitsmedium wird R 11 oder R 22 verwendet. Für größere Leistungen (über 500 kW) werden Turboverdichter eingesetzt. Dabei handelt es sich häufig um Schraubenverdichter. Als Arbeitsmedium wird R 11, R 12 oder R 22 verwendet. R 12 ist etwas günstiger, da es eine höhere Dichte hat und deshalb kleinere Abmessungen der Wärmepumpe ermöglicht. Die Turbokompressoren sind gegenüber den Kolbenkompressoren laufruhiger. Sie erfordern höhere Drehzahlen und deshalb eine größere Übersetzung des Getriebes.

Die Kompressoren sind empfindlich gegen unverdampftes Kältemittel. Deshalb muß durch entsprechende Konstruktion und Betriebsweise des Verdampfers gewährleistet sein, daß das Kältemittel vollständig verdampft und auf dem Weg zum Kompressor nicht wieder kondensiert. Das wird erreicht durch eine Überhitzung des Kältemitteldampfes und durch eine elektrische Kurbelgehäuseheizung im Kompressor. Dadurch soll besonders bei stehendem Kompressor eine Kondensation von Kältemittel verhindert werden.

Verdampfer und Kondensator werden meist als Rohrbündelwärmetauscher ausgeführt. Beim Verdampfer unterscheidet man zwischen trockenem und überflutetem Verdampfer. Beim trockenen Verdampfer wird das entspannte Kältemittel durch die Rohre des Wärmetauschers geleitet. Ein thermostatisch gesteuertes Expansionsventil sorgt dafür, daß am Ende des Wärmetauschers das Kältemittel als überhitzter Dampf dem Kompressor zugeführt wird. Öl wird zwangsläufig mitgeführt und gelangt wieder zum Kompressor zurück. Trockene Verdampfer werden für Kolbenkompressoren verwendet.

Überflutete Verdampfer sind mit entspanntem aber noch flüssigem Kältemittel gefüllt. Über ein Schwimmerventil wird der Füllstand des Verdampfers konstant gehalten. Das flüssige Kältemittel ermöglicht einen besseren Wärmeübergang als der Kältemitteldampf. Überflutete Verdampfer werden oft in Kombination mit Turbokompressoren eingesetzt.

Ölkühler, Motorkühlwasserwärmetauscher und Abgaswärmetauscher sollen die im Verbrennungsmotor entstehende Wärme für die Beheizung nutzen. Da diese Wärme mit höheren Temperaturen (70 bis 90 °C) ansteht, ist sie besonders zur Speicherung geeignet. Der Anteil an der gesamten erzeugten Wärme beträgt ca. 35 %.

3.2.2 Absorptionswärmepumpe

Bei der Absorptionswärmepumpe wird der Kompressor durch ein spezielles Verfahren ersetzt (s. Abb. 28). Der aus dem Verdampfer angesaugte Kältemitteldampf wird nicht mechanisch verdichtet, sondern zunächst durch eine als Absorptionsmittel geeignete Flüssigkeit „aufgesaugt", d. h. gelöst. Diese Lösung wird als „reiche" Lösung bezeichnet. Sie wird mit einer Pumpe in den Austreiber gefördert. Da die

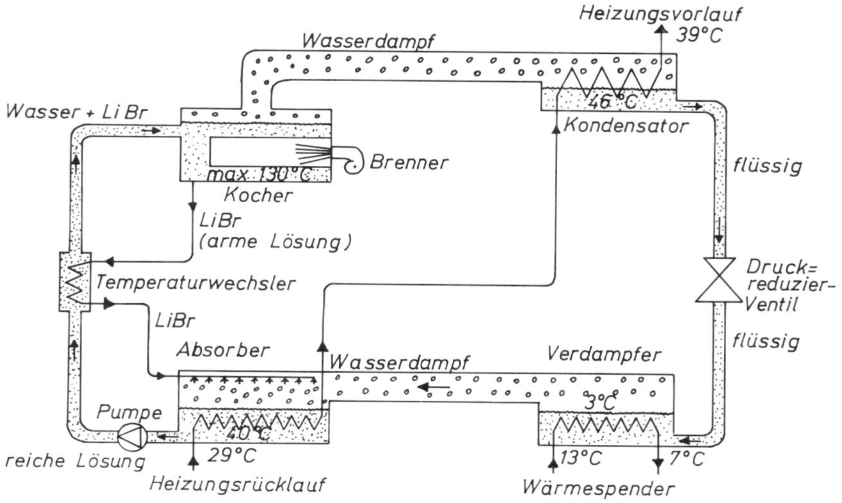

Abb. 28. Absorptionswärmepumpe (schematisch).

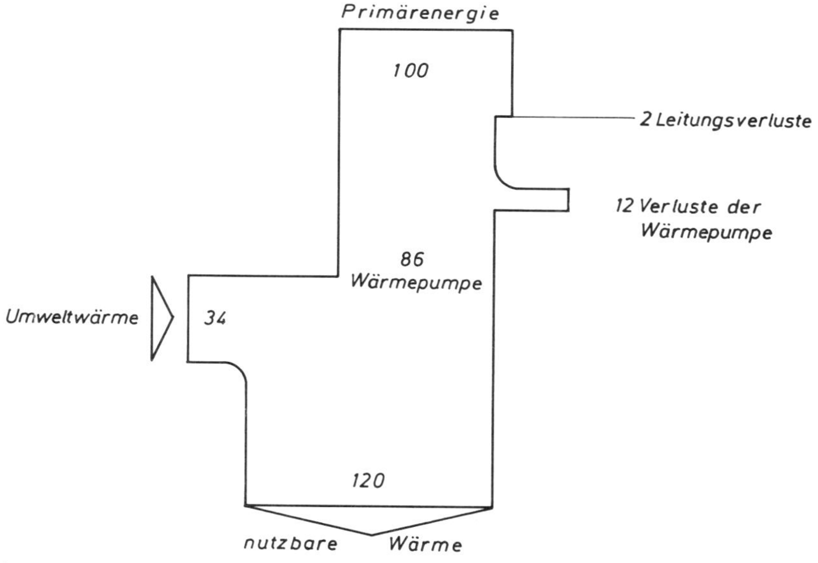

Abb. 29. Energiebilanz einer Absorptionswärmepumpe.

Pumpe nur die Druckdifferenz überwinden muß und keine „Verdichtungsarbeit" wie beim Kompressor erforderlich ist, benötigt die Lösungsmittelpumpe eine wesentlich kleinere Antriebsenergie als der Kompressor. Im Austreiber oder Kocher wird die reiche Lösung dann erhitzt und damit das Kältemittel ausgetrieben, das jetzt bei hohem Druck als Dampf dem Kondensator zugeführt wird. Zum

Austreiben des Lösungsmittels kann praktisch jeder Brennstoff oder sogar Abwärme mit ausreichend hoher Temperatur verwendet werden. Zwischen Absorber und Austreiber ist ein Wärmetauscher (Temperaturwechsler) eingebaut, der die vom Kocher kommende arme Lösung abkühlt und damit die reiche Lösung vorwärmt. Für die Temperaturen, die im Lösungsmittelkreislauf erreicht werden, ist das verwendete „Stoffpaar" von Bedeutung. Während für Kältemaschinen häufig Ammoniak-Wasser verwendet wird, benutzt man für Wärmepumpen z. B. Wasser-Lithiumbromid. Das Wasser beschränkt allerdings die Verdampfungstemperatur auf mindestens 0 °C und die Austreibertemperatur auf max. 130 °C; das entspricht einem Dampfdruck von 1,85 bar. Zur Zeit wird noch nach geeigneteren Stoffpaaren gesucht.

Der Vorteil der Absorptionswärmepumpe besteht gegenüber der Kompressionswärmepumpe darin, daß die Lösungsmittelpumpe (abgesehen vom Brenner) das einzige bewegliche und damit verschleißanfällige Teil der Anlage ist. Nachteilig ist die kleinere erreichbare Heizziffer bei diesem Verfahren. Außerdem muß man berücksichtigen, daß der Kocher, bedingt durch den hohen Druck, kein gewöhnlicher Heizkessel ist. Absorptionswärmepumpen werden als komplette Anlagen in Einkesselbauweise geliefert (bis ca. 6 MW). In Abb. 29 ist die Energiebilanz einer Absorptionswärmepumpe dargestellt. Mit den angegebenen Werten läßt sich eine Heizziffer von $\varepsilon_H = 1{,}2$ erreichen (Cube, 1980; Sauer, 1979).

3.2.3 Auslegung einer Wärmepumpe

Für die Planung und Auslegung einer Wärmepumpe mit Verbrennungsmotor ist die Temperaturdifferenz Δt_{wp} zwischen Außen- und Gewächshausinnentemperatur, für die die Wärmepumpe ausgelegt werden soll, ein wichtiges Kriterium. Wegen der hohen Investitionskosten ist es nicht sinnvoll, eine Wärmepumpe für eine Außentemperatur von z. B. $t_a = -14\,°C$ (DIN 4701, 1978) auszulegen, da dann die Auslastung zu gering ist. Günstiger ist z. B. eine Auslegung für eine Außentemperatur von $t_a = 0\,°C$. Dann ist für Tage mit niedrigeren Außentemperaturen eine Zusatzheizung erforderlich.

Der Wärmebedarf q_{wp} für die Auslegung der Wärmepumpe ergibt sich aus folgender Beziehung:

$$q_{WP} = k' \cdot \frac{A_G}{A_B} (\Delta t_{WP}) \qquad (W/m^2).$$

Darin ist

k' = Wärmebedarfskoeffizient für die Auslegung der Gewächshausheizung (s. Abschnitt 6.4),

$\frac{A_G}{A_B}$ = Verhältnis von Gewächshausoberfläche A_G zur Gewächshausgrundfläche A_B,

t_{WP} = Auslegungstemperaturdifferenz der Wärmepumpe (bei einer geforderten Innentemperatur von $t_i = 18\,°C$ und einer Außentemperatur von $t_a = 0\,°C$ ist $\Delta t_{WP} = 18\,°C$).

Die Antriebsleistung des Verbrennungsmotors P_{WP} (Gas oder Diesel) wird dann

$$P_{WP} = q_{WP} \frac{1}{\varepsilon + \frac{\eta_w}{\eta_m}}.$$

Darin ist
η_m = mechanischer Wirkungsgrad des Verbrennungsmotors,
η_w = Anteil der vom Motor erzeugten Verlustwärme, der für die Heizung genutzt werden kann.

Bei Verwendung von Wasser als Wärmespendermedium wird die erforderliche Wassermenge

$$V_W = \frac{P_{WP}\ (\varepsilon - 1)}{1163 \cdot \Delta t_w} \quad (m^3/h)$$

Δt_w = Differenz zwischen der Wasservorlauf- und -rücklauftemperatur.

Beispiel:

Gewächshaus mit Einfachverglasung $k' = 8\ W/m^2 \cdot K$; $\frac{A_G}{A_B} = 1{,}5$; $\varepsilon = 4$; $\Delta t_{WP} = 18\,°C$; $\eta_m = 0{,}3$; $\eta_w = 0{,}6$.
Wärmebedarf für die Wärmepumpe: $q_{WP} = 216\ W/m^2$.
Antriebsleistung der Wärmepumpe: $P_{WP} = 36\ W/m^2$.
Erforderliche Wassermenge ($\Delta t_w = 5\ K$): $V_W = 0{,}0186\ m^3/m^2 \cdot h$.

Für 1000 m^2 Gewächshausfläche ergibt sich bei Einsatz einer Wärmepumpe mit Verbrennungsmotor eine Antriebsleistung von $P_{WP} = 36$ kW und es ist eine Wassermenge von $V_W = 18{,}6\ m^3/h$ erforderlich.

Bei der Planung der gesamten Heizungsanlage ist zu berücksichtigen, daß eine Wärmepumpe keine Vorlauftemperaturen von 90 °C liefert. Mit Wärmepumpen heutiger Konstruktion lassen sich Vorlauftemperaturen bis ca. 55 °C erreichen. Man sollte aber mit Rücksicht auf eine günstige Leistungsziffer eine Vorlauftemperatur von ca. 45 °C vorsehen. Außerdem muß überlegt werden, ob die Motorabwärme, die mit höherer Temperatur ansteht, und die Wärme der Zusatzheizung eventuell über ein separates Heizungssystem abgegeben werden sollten (KLEIN, 1981; v. ZABELTITZ, 1978).

Das separate Heizungssystem ermöglicht einen bivalent-parallelen Betrieb der Wärmepumpe und der Zusatzheizung.

Dabei deckt die Wärmepumpe entsprechend der Auslegung die Grundlast. Bei größerem Wärmebedarf (niedrige Außentemperaturen) wird die Zusatzheizung zusätzlich eingeschaltet. Eine solche Betriebsweise ist bei Grund- und Oberflächenwasser als Wärmespender sinnvoll. Wird die Wärmepumpe für 50 % der maximalen Heizleistung ausgelegt, dann kann sie etwa 90 % des Jahreswärmebedarfes der Gewächshäuser decken (KLEIN, 1981).

Wird Außenluft als Wärmespender verwendet, dann ist der bivalent alternative Betrieb der Wärmepumpe u. U. günstiger. Bei dieser Betriebsweise schaltet die Wärmepumpe bei größerem Wärmebedarf, oder wenn die Außentemperatur unter 3 °C absinkt, ab, und die Zusatzheizung deckt den gesamten Wärmebedarf.

3.3 Sonnenenergienutzung

Bei der Nutzung der Sonnenenergie zur Gewächshausbeheizung handelt es sich um die direkte Nutzung der Sonnenenergie im Unterschied zur indirekten Nutzung, wie sie z. B. mit Wärmepumpen durch die Nutzung der Umweltwärme (Luft oder

Wasser) möglich ist. Strenggenommen handelt es sich bei allen Energieformen, die für die Beheizung eingesetzt werden, um gespeicherte Sonnenenergie. Für die direkte Nutzung der Sonnenenergie wird die Sonnenstrahlung (Solarstrahlung) in Wärme umgewandelt und für die Beheizung der Gewächshäuser bereitgestellt. Dieser Vorgang spielt sich am Tage mit Sonnenstrahlung in jedem Gewächshaus ab. Bereits bei konventionellen Gewächshäusern werden etwa 20 % des Wärmebedarfes durch die Sonneneinstrahlung gedeckt (VICKERMANN, 1974).

Sonnenenergienutzung zur Gewächshausbeheizung bedeutet deshalb die intensivere Nutzung der Sonnenenergie. In Abb. 30 ist der Jahresgang der Sonnenstrahlung im Vergleich zum Wärmebedarf des Gewächshauses dargestellt. Beide Kurven sind den Betreibern von Gewächshausanlagen hinlänglich bekannt. Im Sommer gelangt wesentlich mehr Sonnenstrahlung in das Gewächshaus, als zur Beheizung nötig ist. Die überschüssige Wärme muß durch Lüftungseinrichtungen abgeführt werden. Im Winter reicht die Sonnenenergie zur Beheizung des Gewächshauses nicht aus. Lediglich im Frühjahr und Herbst gelangt etwa soviel Sonnenenergie in das Gewächshaus, wie zur Beheizung benötigt wird. In Abb. 31 ist der Tagesgang der Sonneneinstrahlung und des Wärmebedarfes dargestellt. Man erkennt, daß zur Nutzung der eingestrahlten Energie ein Speicher erforderlich ist. Die am Tage überschüssige Wärme muß für die Beheizung des Gewächshauses während der Nacht gespeichert werden. Mit einer solchen „Tag-Nacht-Speicherung" ist es nach Abb. 30 theoretisch möglich, das Gewächshaus von März bis September mit Sonnenenergie zu beheizen. Im Gegensatz dazu wird bei der „Sommer-Winter-Speicherung" die überschüssige Wärme im Sommer für die Beheizung im Winter gespeichert.

Zur Sonnenenergienutzung müssen zwei Aufgaben gelöst werden:
- Gewinnung der Sonnenenergie mittels Sonnenkollektoren oder Solarabsorber,
- Speicherung der gewonnenen Energie.

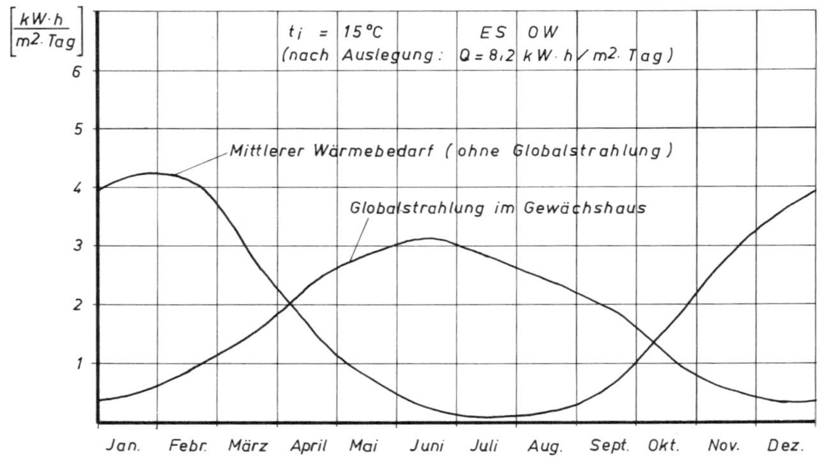

Abb. 30. Jahresgang von Wärmebedarf und Globalstrahlung für ein einfachverglastes Gewächshaus (Aufstellungsrichtung Ost-West, Innentemperatur $t_i = 15°$) (v. ZABELTITZ 1978).

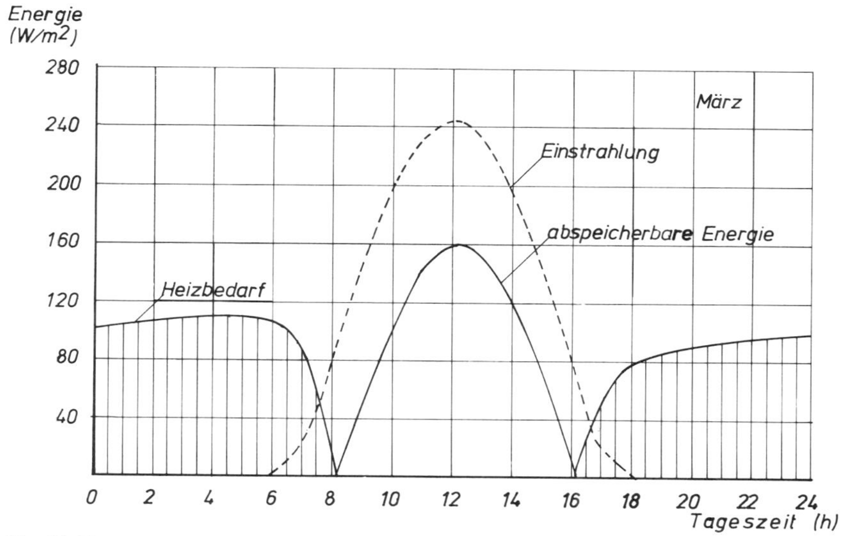

Abb. 31. Tagesgang von Wärmebedarf und Globalstrahlung an einem Märztag.

Im Kollektor wird die Sonnenstrahlung absorbiert, d. h. in Wärme umgewandelt und an einen Wärmeträger (z. B. Luft oder Wasser) übertragen. Der gleiche Vorgang spielt sich im Gewächshaus ab (Gewächshauseffekt), so daß das Gewächshaus selbst als Sonnenkollektor verwendet werden kann. Allerdings steht dabei die gewonnene Wärme mit relativ niedriger Temperatur zur Verfügung ($< 25\,°C$). Es kann deshalb der Einsatz von Wärmepumpen erforderlich sein. Beim Einsatz von Sonnenkollektoren sind höhere Temperaturen möglich. Die erforderliche Kollektorfläche muß etwa so groß sein wie die Gewächshausgrundfläche. Abb. 32 gibt eine schematische Übersicht über die auf dem Markt oder in der Entwicklung befindlichen Systeme zur Sonnenenergienutzung. Man kann im wesentlichen drei Verfahren unterscheiden (v. ZABELTITZ, 1980):

– Nutzung des Gewächshauses als Kollektor,
– Einbau von Kollektoren im Gewächshaus,
– Verwendung von Kollektoren außerhalb des Gewächshauses.

Der Einbau von Kollektoren im Dachraum des Gewächshauses führt zu einer Lichtminderung. Gerade im Winter, wenn wenig Sonnenstrahlung vorhanden ist, benötigen die Pflanzen das Licht zur Assimilation und die Kollektoren die Sonnenstrahlung zur Wärmegewinnung. Eine Ausnahme bildet das flüssigkeitsdurchströmte Dach (s. Abb. 32), da die Flüssigkeit vor allem die Wärmestrahlung (IR) und kaum die sichtbare Strahlung (Licht) absorbiert. Kollektoren außerhalb des Gewächshauses benötigen eine zusätzliche Fläche, die etwa der Grundfläche des Gewächshauses entspricht. Außerdem liegen die Preise für Kollektoren zur Zeit noch wesentlich über den Preisen für die entsprechende Gewächshausfläche (ca. 100,– bis 500,– DM/m^2 Kollektor).

Die Verwendung des Gewächshauses als Kollektor erfordert dagegen nur einen geringen zusätzlichen Aufwand für die Gewinnung der Sonnenenergie. Abb. 33 zeigt schematisch eine bestehende Anlage zur Sonnenenergienutzung (v. ZABEL-

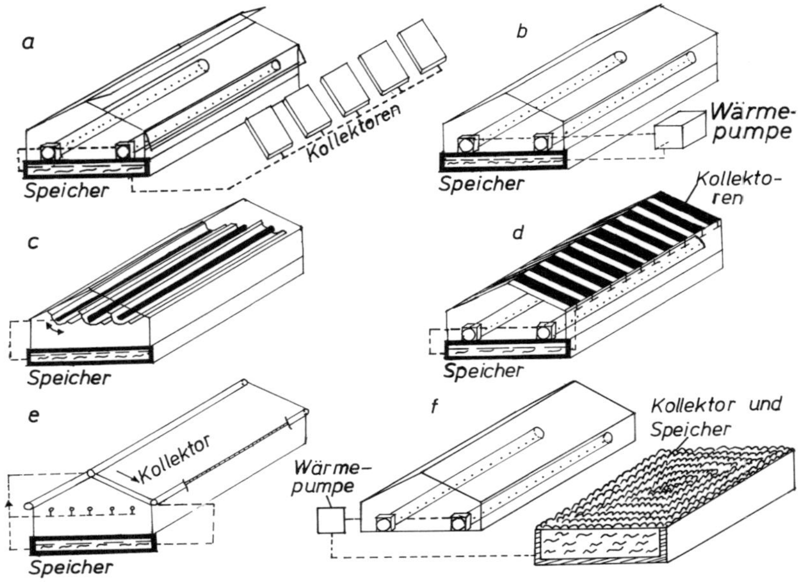

Abb. 32. Systeme zur Nutzung der Sonnenenergie für die Gewächshausbeheizung (v. ZABELTITZ 1978).

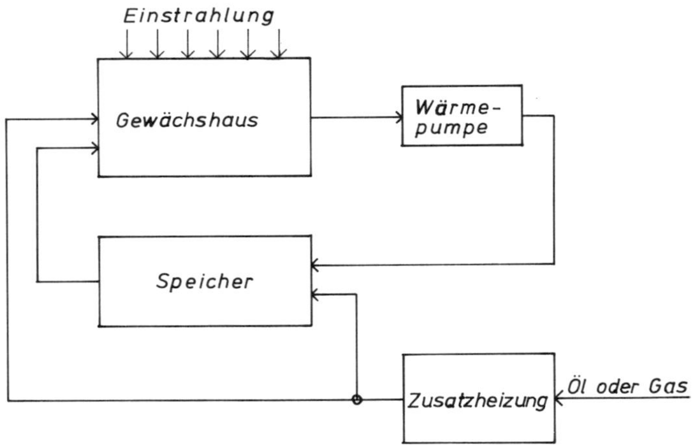

Abb. 33. Solarversuchsanlage in Hannover (schematisch) (v. ZABELTITZ 1977).

TITZ, 1978). Dort wird am Tage die überschüssige Wärme mittels konventioneller Wärmetauscher (Luftheizer) in einen Kaltwasserspeicher gebracht. Während der Nacht wird dann das Gewächshaus über die gleichen Wärmetauscher aus einem Warmwasserspeicher beheizt. Die Temperaturdifferenz wird durch eine kleine Wärmepumpe, die die Wärme aus dem Kaltwasserspeicher in den Warmwasserspeicher pumpt, aufrechterhalten. Die Wärmepumpe läuft im Auslegungsfall (z. B. an einem Märztag) 24 Stunden am Tag. Die ersten Versuchsergebnisse der beschriebenen Solaranlage sind allerdings wenig ermutigend (DAMRATH, 1980). Zwar lassen sich mit der Anlage 22–30 % Primärenergie (Öl oder Gas) einsparen, dafür ist aber zusätzliche elektrische Energie zum Betrieb der Wärmepumpe und der Ventilatoren der Wärmetauscher erforderlich. Berechnet man die Primärenergie, die zur Erzeugung dieser elektrischen Energie erforderlich ist, dann wurde bei der oben beschriebenen Solaranlage kaum Primärenergie eingespart. Für eine wirtschaftliche Nutzung der Sonnenenergie muß deshalb der Strombedarf der Anlage so weit wie möglich reduziert werden, um eine nennenswerte Primärenergieeinsparung gegenüber konventionellen Anlagen zu erreichen. Dazu müssen Wärmetauscher eingesetzt werden, die keine Ventilatoren (erzwungene Konvektion) benötigen. Aus dieser Forderung ergeben sich bei kleinen Temperaturdifferenzen große Oberflächen der Wärmetauscher. Zur Senkung der Investitionskosten müssen für die Wärmetauscher möglichst preiswerte Materialien verwendet werden.

Ein weiterer wichtiger Bauteil einer Solaranlage ist der Speicher. Das Speichermaterial sollte eine möglichst große Wärmespeicherkapazität aufweisen, damit das Speichervolumen klein gehalten werden kann. In Tab. 19 sind für die Materialien Wasser, Gestein und Latentwärmematerial die wichtigsten Daten angegeben. Wasser ist aufgrund der großen spezifischen Wärme ein gutes Speichermaterial. Es hat gegenüber Gestein den Vorteil, daß es gleichzeitig als Wärmeträger im Heizungssystem verwendet werden kann. Bei dem Latentwärmematerial handelt es sich um Salzlösungen, die bei einer bestimmten Temperatur (z. B. 19 °C) vom festen in den flüssigen Zustand überführt werden. Dieser Vorgang ist mit dem Gefrieren von Wasser zu vergleichen. Durch diesen Phasenwechsel kann ein Latentwärmespeicher Wärme aufnehmen oder abgeben, ohne daß sich die Speichertemperatur nennenswert ändert. So beträgt z. B. die Schmelzwärme des Latentwärmematerials in Tab. 19 65 Wh/kg. Vergleicht man die Speichervolumina, dann müßte bei einer Tempe-

Tab. 19. Physikalische Daten verschiedener Speichermedien

Größe	Dimension	Wasser	Gestein	Latentwärmematerial
Spez. Wärme	Wh/kg K	1,16	0,22	0,56
Schmelzwärme	Wh/kg	–	–	65
Dichte	kg/m^3	1000	2240	1600
Speichermasse pro kWh	kg			
$\Delta t = 10$ K		86,2	454,5	15,4
$\Delta t = 20$ K		43,1	227,3	15,4
Speichervolumen pro kWh	l			
$\Delta t = 10$ K		86,2	202	9,6
$\Delta t = 20$ K		43,1	101	9,6
Relatives Volumen	–			
$\Delta t = 10$ K		9	21	1
$\Delta t = 20$ K		4,5	10,5	1

raturdifferenz von 20 K der Wasserspeicher 4,5mal so groß sein wie ein Latentwärmespeicher; der Steinspeicher sogar 10,5mal so groß. Als Nachteil des Latentwärmespeichers sind der hohe Preis des Speichermaterials und mögliche Probleme mit der Langzeitstabilität der Salzlösungen zu nennen. So kann die Speicherkapazität mit zunehmender Zahl der Lade- und Entladevorgänge abnehmen.

4 Heizzentrale

Die Heizzentrale umfaßt alle Einrichtungen, die zum ordnungsgemäßen Betrieb einer Feuerungsanlage notwendig sind. Dazu gehören neben der eigentlichen Feuerungsanlage alle Einrichtungen zur Lagerung und zum Transport der Brennstoffe, die verschiedenen Sicherheitseinrichtungen, die erforderlichen Regelorgane und Regelgeräte sowie die Schornsteine zum Verteilen der Emission.

Planung und Bau der Heizzentrale müssen besonders sorgfältig durchgeführt werden, da eine ganze Reihe von gesetzlichen Vorschriften, DIN-Normen und Richtlinien zu beachten ist.

4.1 Heizraum

Bei der Planung der Heizzentrale ist auf die richtige Lage und Ausführung von Heizraum, Schornstein und Brennstofflager zu achten. Dabei sind die Heizraumrichtlinien (HRR 1976) zu befolgen. Diese Vorschriften gelten für eine Feuerungsleistung von mehr als 50 kW (43 000 kcal/h). Die Heizraumrichtlinien werden von den Innenministerien der einzelnen Bundesländer herausgegeben und sind daher nicht in allen Ländern gleich. Für die Aufstellung von öl- und gasgefeuerten Lufterhitzern (z. B. im Gewächshaus) werden Ausnahmen gestattet, wenn keine Brandgefahr besteht.

Nach den Heizraumrichtlinien muß der Heizraum bestimmte Mindestmaße aufweisen. Kessel sollten z. B. so aufgestellt werden, daß der Abstand zwischen Reinigungsöffnung und gegenüberliegender Wand ungefähr Kessellänge + 1 m beträgt. Nur dann ist ein bequemes und ordnungsgemäßes Reinigen des Kessels möglich. Der Abstand zwischen Rückseite des Kessels und Schornstein bzw. Heizraumrückwand darf ebenfalls nicht zu knapp sein, damit die Montage der Rohrleitungen und der Rauchgasabführung sowie die erforderliche Reinigung bequem und vorschriftsmäßig möglich sind.

Ein ausreichender seitlicher Abstand des Kessels von den Wänden von mindestens 0,5 m ist möglichst einzuhalten. Der Abstand zwischen den einzelnen Kesseln sollte 0,5 bis 1,0 m betragen. Reicht der Platz im Heizraum nicht aus, kann man die Kessel auch jeweils paarweise zusammenstellen.

Bei Feuerungsleistungen bis 80 kW muß der Heizraum eine lichte Höhe von mindestens 2,1 m, bei größeren Leistungen mindestens 2,4 m haben.

Schutzbereiche von 1 m um die Feuerstätten sind, soweit sie im Heizraum liegen, von nachträglichen Einbauten sowie von jeglicher Nutzung freizuhalten. In einem Umkreis von 5 m um die Feuerstätten und in dem Raum darüber und darunter ist ein Brandschutzbereich herzustellen. Das heißt, daß Bauteile wie Wände, Decken, Stützen, Dachteile und Fußböden mindestens überwiegend, Türen und Fenster jedoch vollständig aus nichtbrennbaren Baustoffen bestehen müssen. Brennbare

Baustoffe müssen durch eine mindestens 2 cm dicke Schicht aus nichtbrennbaren Baustoffen gegen Entflammen geschützt werden. In Brandschutzbereichen dürfen keine brennbaren Stoffe gelagert oder abgestellt werden. Es sind Feuerlöscher anzubringen. Der Heizraum darf mit Räumen, die dem dauernden Aufenthalt von Menschen dienen, nicht in offener Verbindung stehen. Wände, Decken und Fußböden sind feuerbeständig auszuführen. Durchgangsstellen von Leitungen in Decken und Wänden sind so abzudichten, daß Gase nicht in andere Räume gelangen können. Die Türen von Heizräumen ab 50 kW müssen feuerhemmend sein, in Richtung des Ausganges aufschlagen und selbsttätig schließen.

Ein Heizraum muß außerdem ein ins Freie führendes Fenster haben, dessen Größe mindestens $^1/_{12}$ der Heizraumfläche beträgt. Heizräume mit über 300 kW Feuerungsleistung müssen zwei sicher benutzbare Ausgänge besitzen. Eventuell ist statt einer Tür auch ein ausreichend großes Fenster zulässig.

Ein Bodenablauf zum Entleeren der Kessel ist nur bei Betrieb mit festen oder gasförmigen Brennstoffen gestattet. Bei einer Ölfeuerung ist ein solcher Ablauf nicht zulässig, weil dadurch u. U. Öl in die Kanalisation gelangen könnte. Außerdem werden für Heizräume mit Ölfeuerung mindestens 3 cm hohe Türschwellen oder 10 cm hohe Auffangwannen verlangt.

Die Heizräume und der Brennstofflagerraum müssen ausreichend be- und entlüftet werden. Über 50 kW Feuerungsleistung sind entsprechende Zu- und Abluftöffnungen vorzusehen, die stets mit vollem Querschnitt offen sein müssen. Die Zuluft muß aus dem Freien kommen. Für die Bemessung des freien Zuluftquerschnittes A_Z gilt

– bei festen Brennstoffen und Öl: $A_Z \geqq 50\,\%$ des Schornsteinquerschnittes,
– bei Gas: $A_Z \geqq$ Feuerungsleistung $\times$ 5 (cm²) (Feuerungsleistung in kW),
– Mindestquerschnitte $\geqq 300$ cm².

Die Abluftöffnungen müssen unterhalb der Decke oder im Dach angeordnet sein. Sie sollten möglichst an der gleichen Seite wie die Zuluftöffnungen angebracht werden.

Für den Abluftquerschnitt A_A gilt $A_A \geqq 25\,\%$ des Schornsteinquerschnittes, mindestens $A_A \geqq 200$ cm².

4.2 Brenner

Die Aufgaben eines Brenners sind:
1. Transport des Brennstoffes,
2. Vermischung von Brennstoff und Luft im richtigen Verhältnis,
3. Zünden des Gemisches,
4. Überwachung und Regelung der Verbrennung.

Aufgrund dieser Aufgaben ergeben sich je nach verwendetem Brennstoff charakteristische Konstruktionen. Dabei kommt es darauf an, die Verbrennung so zu beeinflussen, daß ein möglichst hoher feuerungstechnischer Wirkungsgrad (s. Abschnitt 3.1.3.1) erreicht und außerdem die Schadstoffemission (z. B. CO und Ruß) möglichst gering gehalten wird. Man kann grundsätzlich zwischen atmosphärischen Brennern und Gebläsebrennern unterscheiden. Die atmosphärischen Brenner sind relativ preiswert und werden deshalb häufiger bei kleinen Feuerungsleistungen eingesetzt. Da sie kein Gebläse besitzen, ist die Luftzufuhr zur Verbrennung abhängig vom Schornsteinzug. Es ist deshalb schwierig, solche Brenner mit kleinem

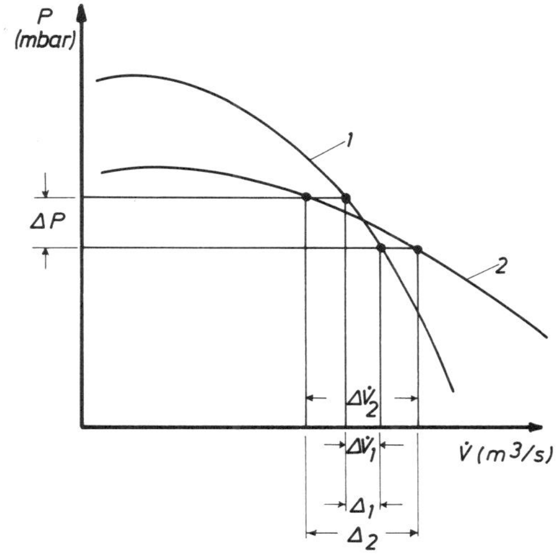

Abb. 34. Gebläsekennlinien verschiedener Brenner (Δp = Druckschwankung, $\dot{V}$ = Luftdurchsatz, $\Delta\dot{V}$ = Änderung des Luftdurchsatzes).

Luftüberschuß zu betreiben. Außerdem dürfen die Kessel keine großen rauchgasseitigen Widerstände aufweisen. Das bedeutet, es müssen relativ große Querschnitte vorhanden sein, die den konvektiven Wärmeübergang in den Rauchgaszügen verschlechtern. Außerdem sind die Nachströmverluste bei Kesseln mit atmosphärischen Brennern so groß, daß für atmosphärische Gasbrenner Rauchgasklappen gesetzlich vorgeschrieben sind.

Die Gebläsebrenner haben gegenüber den atmosphärischen Brennern entscheidende Vorteile. So ist die geförderte Luftmenge vom Schornsteinzug um so unabhängiger, je größer der vom Ventilator erzeugte Luftdruck und je steiler die Gebläsekennlinie ist. Abb. 34 zeigt zur Verdeutlichung dieses Zusammenhanges den Einfluß von Druckschwankungen (ΔP) auf das geförderte Luftvolumen ($\dot{V}$). Bei einem Brenner mit steilerer Gebläsekennlinie kann deshalb ein geringerer Luftüberschuß eingestellt und damit ein besserer feuerungstechnischer Wirkungsgrad erzielt werden. Außerdem können bei „Überdruckbrennern" Kessel mit höheren rauchgasseitigen Widerständen verwendet werden. Dadurch werden die Nachströmverluste wesentlich kleiner als bei atmosphärischen Brennern.

4.2.1 Brenner für feste Brennstoffe

Die technische Entwicklung hat bei Feuerungsanlagen für feste Brennstoffe zu einer weitgehenden Automatisierung der Brennstoffzufuhr und der Verbrennung geführt. Dadurch konnte der erforderliche Arbeitsaufwand für den Betrieb der Feuerungsanlagen erheblich gesenkt werden. Durch den Einsatz von Spezialkesseln für feste Brennstoffe läßt sich die Aufteilung in Brenner und Kessel bei Feuerungsanlagen für feste Brennstoffe nicht immer durchführen. Es lassen sich drei Verfahren unterscheiden:

- Rostfeuerung,
- Wirbelschichtfeuerung,
- Staubfeuerung.

Auf dem Markt finden wir zur Zeit vorwiegend Kessel mit Rostfeuerungen, deshalb soll auf dieses Verfahren im folgenden näher eingegangen werden. Kohlestaub- und Wirbelschichtfeuerungen werden bisher nur für Großanlagen, z. B. Kohlekraftwerke, eingesetzt. Es wird zur Zeit versucht, diese Verfahren auch für kleinere Kesselleistungen, wie sie im Gartenbau benötigt werden, anwendbar zu machen.

Bei Rostfeuerungen lassen sich verschiedene Bauarten unterscheiden:
- Vorfeuerung,
- Unterschubfeuerung,
- Unterbrandkessel,
- Durchbrandkessel.

Bedingt durch die verstärkte Umstellung auf feste Brennstoffe gibt es inzwischen die unterschiedlichsten Ausführungen der o. a. Bauformen (FRITSCH, 1980).

4.2.1.1 Vorfeuerung

Die Vorfeuerung bietet die Möglichkeit, vorhandene Öl- oder Gaskessel auf feste Brennstoffe umzustellen, weil anstelle des Öl- oder Gasbrenners die Vorfeuerung an den Kessel angeflanscht wird.

Das Prinzip ist in Abb. 35 dargestellt. Der Feuerraum ist von einem wassergekühlten Mantel umschlossen, so daß die Feuerraumgröße den Bedingungen der Kohleverbrennung angepaßt werden kann. Der Wassermantel muß mit dem Heizungssystem (oder Kessel) verbunden werden. Aus dem Kohlenbunker rutscht der Brennstoff auf den Hauptverbrennungsrost und wird hier durch einen Schieber weitergefördert. Der Schieber kann in Abhängigkeit vom Wärmebedarf automatisch gesteuert werden. Gleichzeitig wird die Luftmenge in Abhängigkeit von der Brennstoffzufuhr automatisch über das Unterwindgebläse dosiert. Der Schieber fördert die ausgebrannte Kohle über den Nachbrennrost in die Aschetonne.

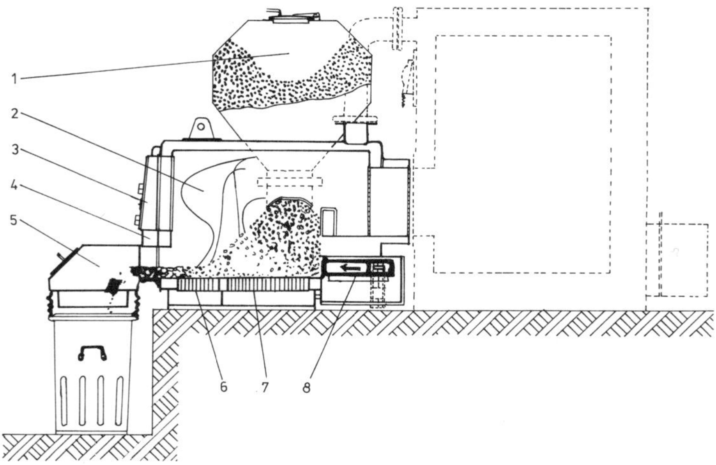

Abb. 35. Vorfeuerung für feste Brennstoffe (BOHM und KRUSE). 1 = Brennstoffbunker, 2 = wassergekühlter Feuerungsraum, 3 = Feuertür, 4 = Sekundärluft-Zuführung, 5 = Mülltonnenanschluß, 6 = Nachverbrennungsrost, 7 = Hauptverbrennungsrost, 8 = automatischer Schlackenschieber.

Nach Abschaltung des Unterwindgebläses über den Kesselthermostaten läuft die Anlage mit 3–10 % der vollen Leistung weiter und kann innerhalb von 8–10 Minuten wieder auf volle Leistung gebracht werden. Wird ein Öl- oder Gaskessel auf Vorfeuerung umgestellt, dann ist häufig ein zusätzliches Saugzuggebläse erforderlich, um den Kesselwiderstand zu überwinden. Als Brennstoff sind Anthrazit, Magerkohle, Koks und oberbayrische Pechkohle geeignet.

Ein Verfahren zur Verbrennung von Kohlestaub, die Einblasfeuerung, befindet sich zur Zeit noch in der Entwicklung.

4.2.1.2 Unterschubfeuerung

Die Unterschubfeuerung wird zur Verbrennung von Gasflammkohle, Sorte Nuß 3 und kleiner, eingesetzt. In Abb. 36 ist eine solche Anlage schematisch dargestellt. Der Brennstoff wird aus dem Kohlenbunker mit einer Förderschnecke in einen Zwischenspeicher (Fallrohr) gefördert. Von dort gelangt die Kohle über eine zweite Förderschnecke (Feuerschnecke) in die Feuermulde. Der Antrieb der Feuerschnecke kann lastabhängig geregelt werden. Es ist ein Regelbereich von 1:10 möglich. Ein Gebläse sorgt für die erforderliche Verbrennungsluft. In der Feuermulde wird die Kohle langsam nach oben gedrückt. Die Verbrennungszone bleibt dabei annähernd auf gleicher Höhe. Die Verbrennungsrückstände, wie Asche und Schlacke, werden von der aufsteigenden Glut zur Seite gedrückt und müssen von Hand durch die Feuerungstür des Kessels etwa einmal pro Tag entfernt werden. Die heißen Verbrennungsgase werden im Kessel abgekühlt und müssen unter Umständen anschließend über eine Multizyklonanlage entstaubt werden, wenn der Staubanteil 300 mg/m^3 Abgas überschreitet und die Entstaubungsanlage zur Auflage gemacht wurde. In der Regel ist eine Entstaubung nicht erforderlich. Der Aufbau einer Zyklone ist in Abb. 37 schematisch dargestellt.

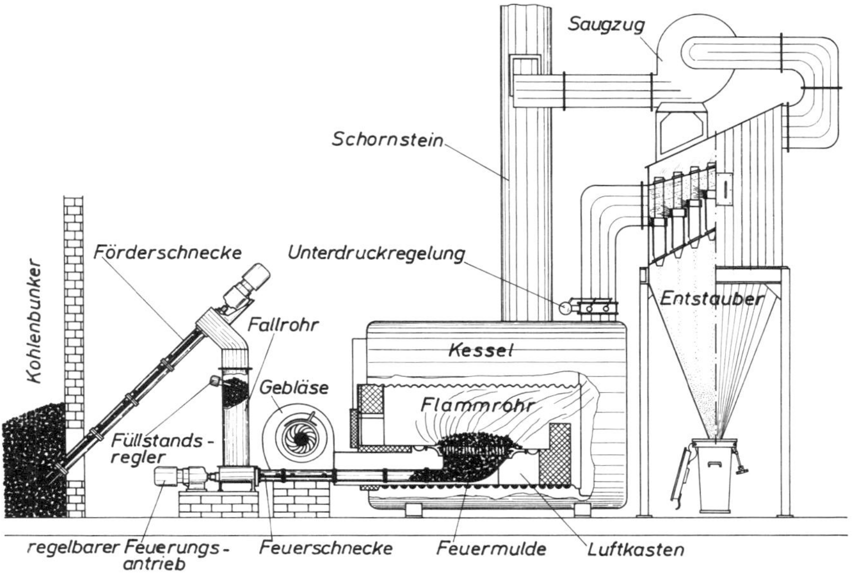

Abb. 36. Unterschubfeuerung für Gasflammkohle (STAHMER).

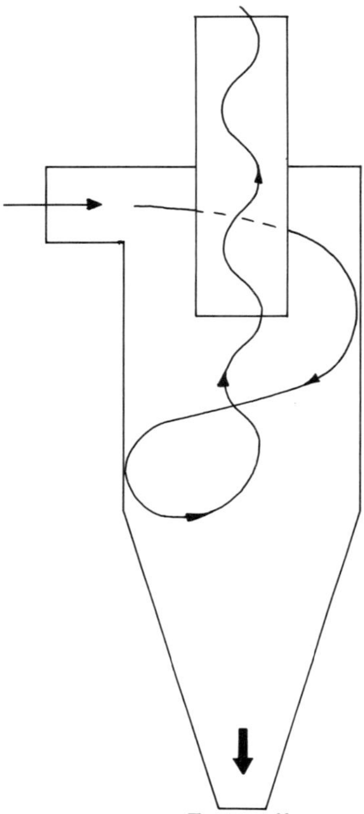

Abb. 37. Einzelne Zyklone einer Multizyklon-Entstaubungsanlage.

Die Unterschubfeuerung kann zum Teil auch nachträglich in vorhandene Kessel eingebaut werden, wenn das Flammrohr einen ausreichend großen Durchmesser aufweist. Die Fördereinrichtungen bestehen aus gußeisernen Förderrohren und besonders gehärteten Förderschnecken. In der Feuermulde besteht die Gefahr, daß die Spitzen der Feuerschnecken verbrennen. Deshalb sollten diese Förderschnecken einmal jährlich erneuert werden.

4.2.1.3 Unterbrandkessel (Füllschachtkessel)

Die Unterbrandkessel sind Spezialkessel zur Verbrennung fester Brennstoffe. Die Kessel werden von oben beschickt (Abb. 38). Die Beschickung kann durch fahrbare Kübel, Förderbänder, Förderrohrschnecken, Aufsatzkübel mit Elektrozug, Hubstapler oder pneumatisch erfolgen. Getreideförderschnecken, wie sie zum Teil eingesetzt werden, sind nur bedingt geeignet. Der Unterbrandkessel ist dadurch gekennzeichnet, daß nur der Brennstoffanteil vom Rost bis zur Unterkante des Füllschachtes in Glut gerät. Hierdurch kann eine gleichmäßige Glutschichthöhe eingehalten werden. Durch Schichthöhenregler kann die Glutschichthöhe der jeweiligen Brennstoffkörnung angepaßt werden. Diese Anpassung ist unbedingt erforderlich, da bei zu großer Glutschichthöhe der CO-Gehalt der Abgase ansteigt. Ein Prozent CO in den Abgasen erhöht die Abgasverluste um ca. 4 %.

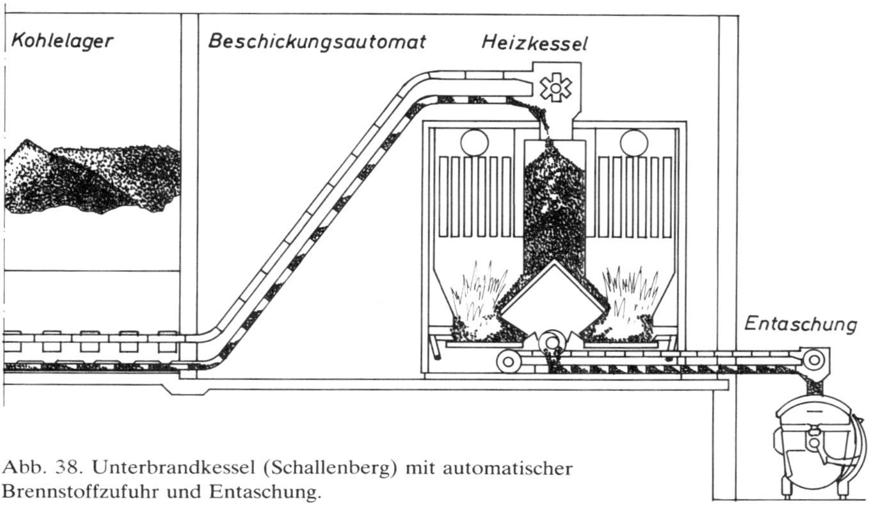

Abb. 38. Unterbrandkessel (Schallenberg) mit automatischer Brennstoffzufuhr und Entaschung.

Unterbrandkessel haben gegenüber der Unterschubfeuerung den Vorteil, daß auch die Entaschung automatisiert werden kann. Wenn Asche und Schlacke auf dem Rost eine bestimmte Höhe erreichen, erfolgt über eine Zeitschaltuhr die Austragung der Verbrennungsrückstände über elektrisch angetriebene Schlackestößel bzw. Schürschwingen. Die Zeiten für die Entschlackung werden in Abhängigkeit von der Kesselleistung automatisch angepaßt. Eine Korrektur ist von Hand möglich. Die Rückstände werden dann im einfachsten Fall in Schlackewagen oder Aschetonnen, die sich unterhalb des Kessels befinden, ausgetragen. Andere Möglichkeiten sind, Schlacke und Asche durch Rohrkettenförderer oder pneumatisch zu beseitigen. Dazu muß die Schlacke vorher mittels eines im Aschefall des Kessels befindlichen Schlackebrechers zerkleinert werden.

Durch diese Maßnahmen ist es möglich, den Heizbetrieb so weit zu automatisieren, daß für die Beschickung und Entaschung der Kesselanlage lediglich eine Überwachung erforderlich ist.

Mit den beschriebenen Feuerungsanlagen lassen sich Kesselwirkungsgrade von 85 % erzielen. Damit liegen die Wirkungsgrade bei automatischem Betrieb deutlich höher als bei handbeschickten Anlagen (ca. 76 % nach VDI 2067, Bl. 1, 1979).

4.2.1.4 Heizautomat

Eine andere Möglichkeit zur selbsttätigen Verbrennung von Kohle bietet der Heizautomat (Abb. 39). Die Kohle gelangt aus dem Brennstoffbunker auf eine unterhalb des Bunkers angeordnete U-förmige Rinne. Zum Transport der Kohle wird diese Rinne hydraulisch ca. 100 mm hin- und herbewegt. Von der Förderrinne rutscht die Kohle vor den Förderstößel (Abb. 39). Dieser schiebt den Brennstoff in den schräg liegenden Feuerraum. In Abhängigkeit von der benötigten Kesselleistung arbeitet der Förderstößel in kürzeren oder längeren Intervallen. Den Boden des Feuerraumes bildet ein Planrost mit leicht auswechselbaren Segmenten. Über dem Rost befindet sich die Verbrennungszone. Vom Förderstößel wird ständig Kohle zugeführt. Dadurch werden die Verbrennungsprodukte (Asche, Schlacke)

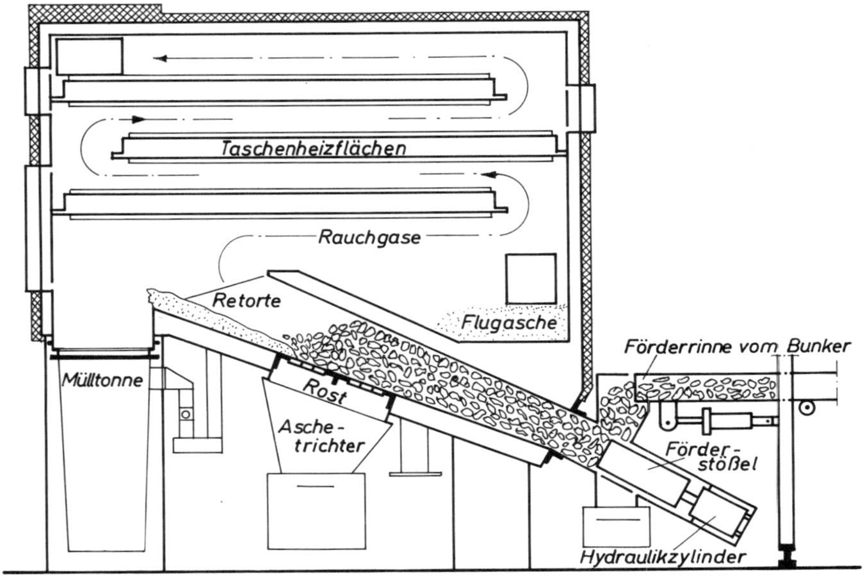

Abb. 39. Heizautomat für feste Brennstoffe (Bowastra GmbH).

am Ende des Verbrennungsraumes in eine Mülltonne befördert. Diese ist etwa alle zwei Tage zu entleeren. Die erforderliche Verbrennungsluft wird mittels eines Saugzugventilators gefördert. Brennstoff und Luft lassen sich von ca. 5 % bis 100 % regeln. Der Übergang von Minimalleistung (ca. 5 %) auf Vollast dauert etwa 5 Minuten. Die Wärmeübertragung erfolgt im wassergekühlten Feuerraum und an den nachgeschalteten Heizflächen (Taschenheizflächen). Zwischen Feuerraum und Nachschaltheizflächen ist eine Beruhigungskammer angeordnet, in der sich ein Teil der feinkörnigen Feststoffe aus den Rauchgasen absetzen soll (Abb. 39).

4.2.1.5 Holz- und Strohfeuerung

Durch den Anstieg der Energiekosten wird die Verbrennung von Holz und Stroh zur Wärmeerzeugung wirtschaftlich interessant. Auch wenn nur wenige Betriebe ausreichend Stroh oder Holz zur Verfügung haben, soll auf die Verfahren kurz eingegangen werden.

Zur Verbrennung von Holz gibt es grundsätzlich zwei Möglichkeiten. Man kann großvolumige Heizkessel verwenden, um große Scheite, z. B. Meterstücke, verheizen zu können. Eine Automatisierung ist bei diesem Verfahren kaum möglich. Im Gegensatz dazu wird bei der Häckselholzherstellung bereits im Wald mit Buschholzhackern oder Holzhäckslern ein rieselfähiges Schüttgut hergestellt, das leicht zu transportieren ist. Zur Verbrennung wird das gehäckselte Holz mit einer Förderschnecke in einen Vorratsbehälter gebracht. Von dort gelangt es in einen Vorofen, in dem die eigentliche Verbrennung stattfindet. Der Vorofen kann an vorhandene Kessel angeflanscht werden (STREHLER, 1980).

Die Strohverbrennung zur Gewächshausbeheizung bietet sich nur in landwirtschaftlichen Gebieten mit Getreideanbau und hohen Strohüberschüssen an, da große Transportstrecken unwirtschaftlich sind. Das Stroh wird zunächst mit einer Häckselanlage oder Strohmühle zu Strohspänen oder Strohmehl zerkleinert. Das Strohmehl gelangt dann in einen Silo und steht somit zur automatischen Beschikkung einer Feuerungsanlage zur Verfügung. Zum Zünden der Anlage wird mit einem Ölbrenner die Ausmauerung des Kessels ca. eine Minute aufgeheizt. Das gehäckselte Stroh wird dann in den Kessel eingeblasen, entzündet sich selbst und verbrennt (Flugverbrennung). Zur Leistungsregelung ist ein Intervallbetrieb, z. B. 1 Minute brennen, 3 Minuten Pause, möglich. Die Asche schwebt in den Rauchgasen und muß hinter dem Kessel in einer Multi-Zyklon-Entstaubungsanlage von den Abgasen getrennt werden. Stroh hat mit 4,5 Gew.-% einen relativ hohen Aschegehalt.

Bei einer Kesselleistung von 1 MW müssen ca. 300 kg Stroh pro Stunde verbrannt werden. Dabei entstehen ca. 13,5 kg Asche pro Stunde. Das sind in 24 Sunden 324 kg Asche. Nimmt man an, daß pro ha ca. 4000 kg Stroh anfallen, ein Gartenbaubetrieb im Jahr ca. 60 l Heizöl pro m^2 Gewächshaus – das sind etwa 180 kg Stroh – benötigt, dann reicht ein ha landwirtschaftliche Fläche für die Beheizung von ca. 22 m^2 Gewächshausfläche. Dieses Zahlenbeispiel soll zeigen, welche Strohmengen für die Beheizung einer Gewächshausanlage erforderlich sind. Die angegebenen Werte basieren auf einem Vergleich der Heizwerte von Stroh und Öl. In der Praxis kann sich der angegebene Strohbedarf etwa verdreifachen, wenn das Stroh Feuchtigkeit enthält und der Feuerungswirkungsgrad durch Ascheablagerungen in den Rauchgaszügen schlecht ist. Dann sind für 1 MW Kesselleistung etwa 900 kg Stroh pro Stunde erforderlich. Es entstehen ca. 4,05 kg Asche pro Stunde. Zum Ersatz von 60 l Heizöl pro m^2 Gewächshaus und Jahr werden ca. 540 kg Stroh benötigt. Dafür sind große Lagerkapazitäten erforderlich.

Zur Zeit bestehen bei der Strohverbrennung noch eine Reihe von Schwierigkeiten. So halten z. T. die verwendeten Werkstoffe (z. B. Stahl) den hohen Temperaturen nicht stand (Keiser, 1980). Die Asche verbindet sich mit der Ausmauerung des Kessels und muß mühsam von Hand entfernt werden, oder sie lagert sich bereits im Wärmetauscher ab, wodurch eine häufige Reinigung erforderlich wird. In einigen Fällen wurden die Auflagen des Immissionsschutzes (Staubemission) nicht erfüllt, so daß die Anlagen stillgelegt werden mußten.

4.2.2 Brenner für flüssige Brennstoffe

Die flüssigen Brennstoffe können nur in der Gasphase reagieren. Das bedeutet, daß das Öl vor der eigentlichen Verbrennung zerstäubt, verdampft und schließlich vergast werden muß.

Entsprechend unterscheidet man Zerstäuber-, Verdampfungs- und Vergasungsbrenner. Da die Verdampfungsbrenner nur für sehr kleine Leistungen (Ölofen) eingesetzt werden, haben sie für die Beheizung von Gewächshausanlagen keine Bedeutung und sollen hier nicht weiter behandelt werden (DIN 4755, 1977).

Die größte Bedeutung haben zweifellos die Zerstäubungsbrenner. Nach der Art der Zerstäubung unterscheidet man im wesentlichen zwischen Druckzerstäubern und Drehzerstäubern (DIN 4787, 1975).

4.2.2.1 Druckzerstäuber

Der Druckzerstäuber besteht aus folgenden Teilen (Abb. 40):
- Antriebsmotor,
- Gebläse,
- Ölpumpe mit Öldruckregler,
- Magnetventile,
- Düsen,
- Zündeinrichtung mit Trafo und Elektroden,
- Photozelle zur Flammenüberwachung,
- Steuergerät.

Beim Druckzerstäuber wird das Öl durch einen Druck von 7 bis 14 bar zerstäubt, mit der Verbrennungsluft vermischt und gezündet. Die Zerstäubung des Öls erfolgt beim Druckzerstäuber mittels Düsen. Eine solche Ölbrennerdüse ist in Abb. 41 im Schnitt dargestellt. Das Öl strömt zunächst durch einen engmaschigen Filter und wird dann mit hoher Geschwindigkeit tangential durch Nuten (S1 bis S4) in eine Wirbelkammer eingeleitet. Dadurch erhält das Öl eine Drehbewegung, und es bildet sich am Düsenaustritt (D_2) ein Öltrichter.

Das Öl füllt nicht den gesamten Düsenquerschnitt aus, sondern es zieht sich als rotierender Film von unterschiedlicher Dicke hindurch. Somit erfolgt die Zerstäubung nicht nur durch die plötzliche Entspannung des Öls, sondern auch durch die Zentrifugalkraft der Rotationsbewegung. Das hat zur Folge, daß mit zunehmender Viskosität der Öldurchsatz nicht wie erwartet ab-, sondern zunächst zunimmt (Abb. 42), da der rotierende Film bei höherer Viskosität dicker wird. Welche Auswirkungen die Feinheit der Zerstäubung, d. h. die Tröpfchengröße, auf die Verbrennung hat, erkennt man am besten, wenn man die Verdampfung eines Öltropfens als Vorstufe zur Verbrennung näher betrachtet.

Von der Flamme im Feuerraum wird dem Öltropfen Wärme zugeführt, die zunächst zur Erwärmung und anschließend zur Verdampfung des Heizöls führt. Dadurch bildet sich um den Öltropfen herum eine Dampfschicht, an deren Außenwand die Verbrennungsluft herantransportiert wird. Zu dieser Zeit wird der Trop-

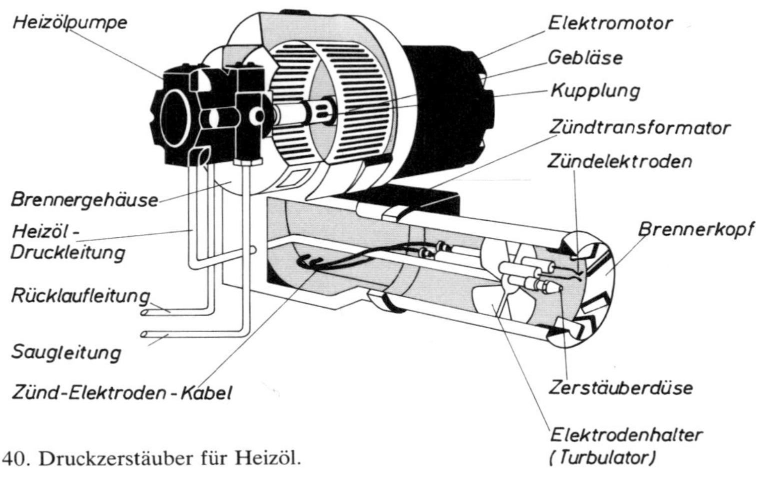

Abb. 40. Druckzerstäuber für Heizöl.

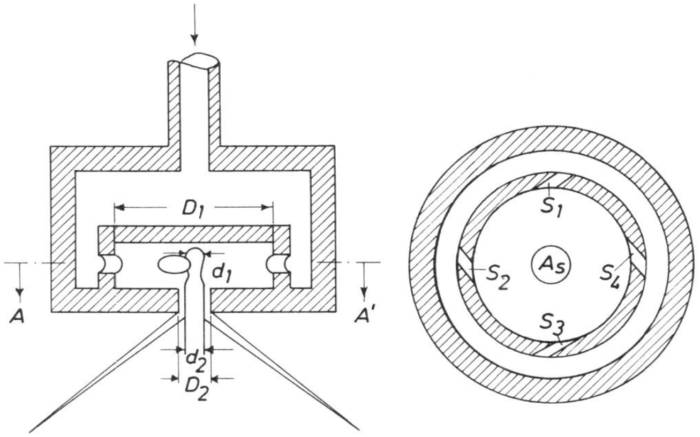

Abb. 41. Druckzerstäuberdüse (schematisch) im Längs- und Querschnitt. (S = Tangentialschlitz, A_S = Austrittsöffnung, D_1 = Durchmesser der Wirbelkammer, D_2 = Durchmesser der Austrittsöffnung, d_1 = innerer Durchmesser des rotierenden Ölfilms.

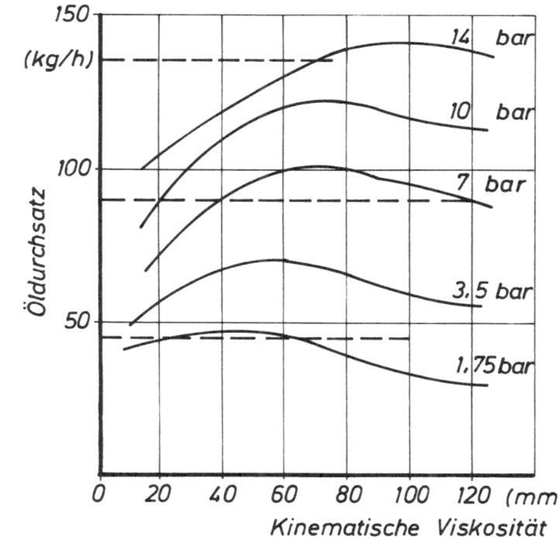

Abb. 42. Einfluß von kinematischer Viskosität und Druck auf den Öldurchsatz einer Brennerdüse.

fen von der Flammenfront kugelförmig umgeben. Außerhalb der Flammenfront befinden sich die Verbrennungsprodukte. Die Verdampfung des Öltropfens geht um so schneller vor sich, je kleiner der Tropfen ist, da ein kleinerer Tropfen im Verhältnis zur Masse eine größere Oberfläche hat und dadurch die Wärmeübertragung verbessert wird. Um Heizöl zu vergasen, werden etwa 0,77 kW · h Wärme pro kg Öl benötigt. Zur Übertragung dieser Wärme ist eine bestimmte Zeit notwendig. Etwa 95 % der Zeit, die der Öltropfen zur Verbrennung benötigt, entfallen auf die Verdampfung und nur 5 % auf die eigentliche Verbrennungsreaktion.

Mit steigender Erwärmung des Öltropfens kommt es neben der Verdampfung bei Temperaturen von über 360 °C zu Crack-Erscheinungen. Dabei wird den Kohlenwasserstoff-Verbindungen der Wasserstoff entzogen. Es bleiben wasserstoffarme Kohlenstoffskelette übrig, die zur Verbrennung mindestens 800 °C Eigentemperatur benötigen. Wird diese Temperatur zu früh unterschritten, so bleiben unverbrannte Kohlenstoffteilchen zurück (Ruß).

Gelingt es, die Kohlenwasserstoffe zu verbrennen, bevor es zum Cracken kommt, verbrennt das Öl mit blauer, gasartiger, d. h. nicht leuchtender Flamme. Man bezeichnet einen solchen Brenner als „Blaubrenner".

Die Verbrennung des Öltropfens wird beeinflußt durch die Verweilzeit und Größe des Tropfens, die Temperatur, das Geschwindigkeitsverhältnis Cracken/Verbrennen, das Sauerstoffangebot (Luftführung) und katalytische Einflüsse. Eine besondere Bedeutung hat dabei die Luftführung. Angestrebt wird eine Verbrennung mit geringem Luftüberschuß. Dazu ist eine gute Vermischung von Luft und Öltröpfchen erforderlich. Die beste Vermischung erreicht man, wenn Öl- und Luftstrom in Winkel von 90 °C aufeinandertreffen. Die Luft sollte mit hoher Geschwindigkeit mit Drall ausgeblasen werden. Eine Anpassung der Heizölflamme an die Abmessungen des Feuerraumes ist durch entsprechende Luftführung in Grenzen möglich. Eine Flamme wird durch Drall verkürzt und gleichzeitig breiter.

Da die Flamme im Flammrohr eines Kessels Wärme durch Strahlung abgibt, erniedrigt sich die Flammentemperatur. Dabei besteht die Gefahr, daß sich die äußeren Bereiche zu schnell unter 800 °C abkühlen und es zur Rußbildung kommt. Aus diesem Grund ist es zur Verbesserung der Verbrennung günstig, wenn ein Teil

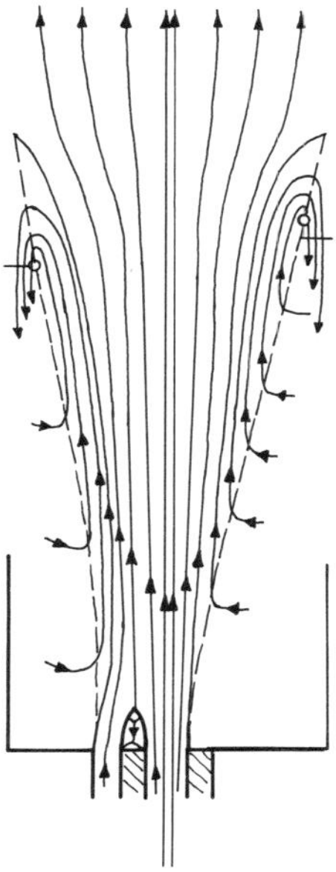

Abb. 43. Rezirkulation heißer Verbrennungsgase zur Flammenwurzel.

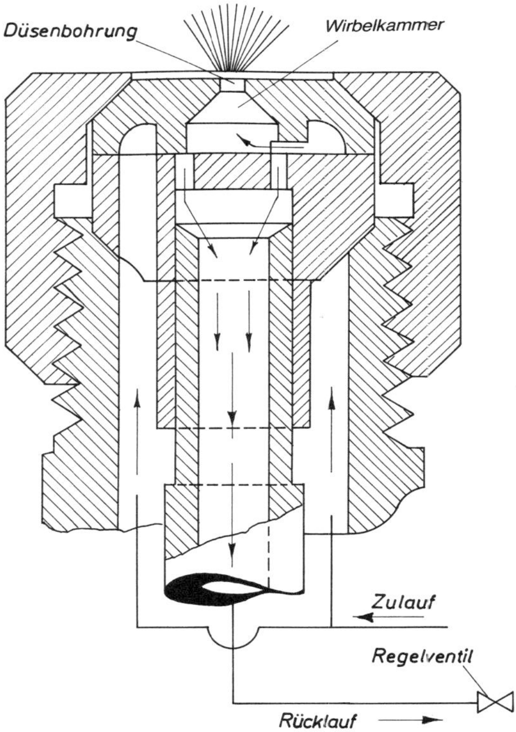

Abb. 44. Rücklaufzerstäuberdüse mit Anzapfung an der Peripherie der Wirbelkammer.

der heißen Abgase zur Flammenwurzel zurückströmen. Man bezeichnet diesen Vorgang als Rezirkulation (s. Abb. 43). Dadurch wird der Flammenwurzel die zur Vergasung des Öls erforderliche Wärme zugeführt.

Die Nachteile des Druckzerstäubers liegen im begrenzten Regelbereich. Der Öldurchsatz durch eine Düse ist etwa der Quadratwurzel des Druckes proportional. Das bedeutet, daß man, um einen Regelbereich von 1:10 zu erhalten, den Öldruck im Verhältnis 1:100 verändern müßte. Da mindestens 7 bar Druck für eine ausreichende Zerstäubung benötigt werden, ist erkennbar, daß ein solcher Regelbereich nicht möglich ist. In der Praxis kann man einen normalen Druckzerstäuber mit einer Düse nur ein- oder ausschalten. Bei zwei Düsen besteht die Möglichkeit einer zweistufigen Betriebsweise. Zur Verwirklichung größerer Regelbereiche sind besondere Düsenkonstruktionen erforderlich: Rücklaufdüse und Spaltregeldüse.

Bei der Rücklaufdüse wird die Wirbelkammer „angezapft", so daß ein Teil des Heizöles über ein Regelventil zurückfließen kann (Abb. 44). Da das Öl vor der Düse immer mit konstantem Druck ansteht, strömt es mit konstanter Geschwindigkeit tangential in die Wirbelkammer ein, so daß der Ölfilm an der Düsenöffnung immer eine konstante Rotationsgeschwindigkeit hat. Durch die Anzapfung der Wirbelkammer verändert sich also lediglich die Dicke des aus der Düse austretenden Ölfilms. Die Zerstäubungsgüte wird dadurch nicht verändert. Der Regelbereich beträgt ca. 1:4.

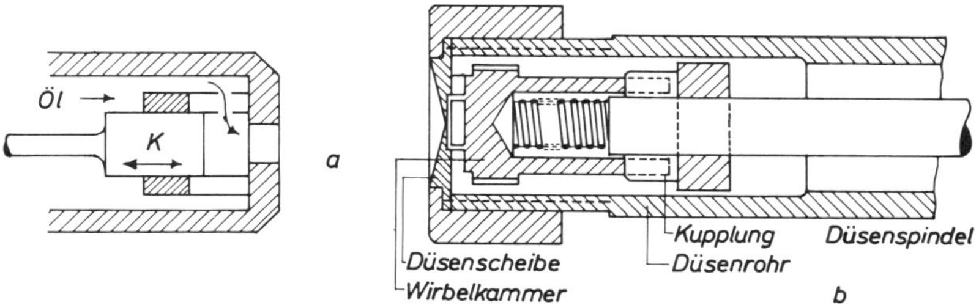

Abb. 45. Spaltregelzerstäuberdüse (schematisch). a = mittels Kolbenabdeckung (K = Kolben), b = mittels drehbarem Regelspalt.

Bei der Spaltregeldüse (Abb. 45) werden mittels eines Kolbens die Tangentialschlitze in der Wirbelkammer mehr oder weniger abgedeckt. Dazu wird der Kolben entweder gedreht oder hin- und hergeschoben. Auch in diesem Fall bleibt der Druck vor der Düse konstant. Allerdings hat sich gezeigt, daß diese mechanische Regelung (in der Nähe der Flamme) störanfällig ist. Der Regelbereich beträgt ca. 1:5. Der Aufwand zur Regelung des Öldurchsatzes ist nur dann sinnvoll, wenn gleichzeitig auch die Luftzufuhr angepaßt wird. Das bedeutet nicht nur eine Verstellung der Luftklappe am Brenner, sondern möglichst auch eine entsprechende Veränderung der Querschnitte für die Luftführung am Brennermund, weil dadurch gewährleistet ist, daß die Luft mit ausreichender Geschwindigkeit ausströmt, um eine gute Vermischung der Luft mit dem Öl zu erreichen.

4.2.2.2 Drehzerstäuber

Beim Drehzerstäuber (Abb. 46) wird das Heizöl mit geringem Druck durch die angetriebene Hohlwelle einem konischen Becher zugeführt, der mit 5000 bis 6000

Umdrehungen pro Minute rotiert. Das Heizöl wird im Becher zu einem gleichmäßigen Film ausgezogen, der zum Rand wandert und sich durch die Fliehkraft vom Becherrand ablöst. Die Zerstäubung des Öls wird durch die Primärluft verbessert, welche von einem Gebläse, das auf der Hohlwelle montiert ist, erzeugt wird. Die Primärluft tritt aus einer Drallhaube aus, die mit Leitblechen versehen ist. Die Hauptverbrennungsluft (Sekundärluft) wird aus dem Brennergeschränk, das konzentrisch um den Becher herum angeordnet ist, eingebracht. Für die Sekundärluft ist ein separates Gebläse erforderlich. Die Zerstäubungsgüte hängt primär von der Drehzahl, dem Becherdurchmesser und der Ölviskosität ab. Für jeden Drehzerstäuber wird eine optimale Viskosität angegeben. Wird diese unter- oder überschritten, so kommt es zu unzureichender Zerstäubung mit Rußbildung. Den Ruß kann man bereits in der Flamme als Sternchen erkennen. Die richtige Viskosität ist durch Ändern der Vorwärmtemperatur (bei Heizöl S) in kleinen Schritten zu ermitteln.

Da das Öl in einem relativ großen Bereich (Durchmesser des Bechers) zerstäubt wird, läßt sich das Öl-Luft-Gemisch nicht wie bei einem Druckzerstäuber mittels Elektroden und Hochspannungsfunken zünden. Es ist eine zusätzliche Zündeinrichtung mit Gas- oder Heizöl-EL-Flamme erforderlich, die durch einen elektrischen Funken gezündet wird.

Der Drehzerstäuber ist gegenüber dem Druckzerstäuber aufwendiger und teurer. Er hat aber einige wesentliche Vorteile.

Der Drehzerstäuber kann Heizöl mit höherer Viskosität verbrennen. Das bedeutet für die Verbrennung von Heizöl S, daß eine geringere Vorwärmtemperatur (ca. 80–95 °C) erforderlich ist gegenüber 120–130 °C beim Druckzerstäuber. Da für Öltemperaturen von ca. 80 °C zur Vorwärmung Vorlaufwasser von 90 °C (Warmwasserheizung) ausreicht, ist keine zusätzliche Vorwärmung wie beim Druckzerstäuber erforderlich.

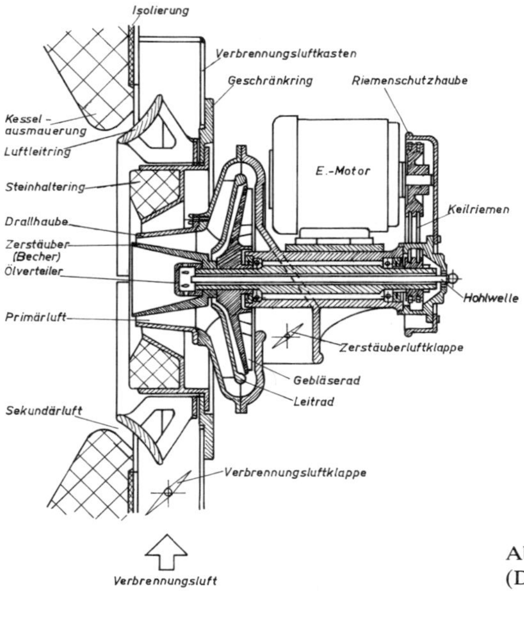

Abb. 46. Rotationszerstäubungsbrenner (Drehzerstäuber) (Saake).

Da die Primärluftmenge, die zur Zerstäubung des Heizöls erforderlich ist, nur ca. 10 % der gesamten zur Verbrennung erforderlichen Luftmenge ausmacht, ist beim Drehzerstäuber ein relativ großer Regelbereich von 1:10 möglich. Ein großer Regelbereich bedeutet eine bessere Anpassung an den Wärmebedarf, kürzere Stillstandszeiten und damit geringe Stillstandsverluste.

4.2.2.3 Verbesserung der Verbrennung

Um einen hohen feuerungstechnischen Wirkungsgrad zu erzielen, ist eine Verbrennung mit geringem Luftüberschuß anzustreben (s. Abschnitt 3.1.3.1). Dabei richtet sich der Mindestluftüberschuß nach dem Rußgehalt der Abgase. Da Rußablagerungen außerdem die Abgastemperaturen erhöhen und dadurch den Wirkungsgrad verschlechtern, ist eine möglichst rußfreie Verbrennung mit geringem Luftüberschuß anzustreben. Während man diese Forderung bei Heizöl EL mit modernen Brennern annähernd erreichen kann, ergeben sich bei der Verbrennung von Heizöl S Schwierigkeiten. Es sind verschiedene Maßnahmen zur Verbesserung der Verbrennungsgüte möglich.

Additive

Der Begriff „Additiv" bedeutet „Zusatz". Das Wort sagt also noch nichts über die Wirkungsweise aus. Mit dem Begriff Additiv werden chemische Substanzen mit recht unterschiedlichen Wirkungen bezeichnet. Mit Additiven, die die Oberflächenspannung des Heizöls vermindern, ist es kaum möglich, die Zerstäubung des Öls zu verbessern, da die Zerstäubungsgüte neben dem Zerstäubungsverfahren im wesentlichen von der Viskosität des Öls abhängig ist.

Dagegen sind Additive auf Metallsalzbasis geeignet, über einen katalytischen Effekt die Verbrennung zu verbessern und dadurch den Rußgehalt der Abgase zu senken. Es muß festgestellt werden, daß die Untersuchungsergebnisse zum Teil weit auseinandergehen (Schmoldt, 1979; Graf, 1977).

Das könnte daran liegen, daß Überdosierungen das Gegenteil, nämlich Rußbildung, auslösen können. Folgende Zusatzmengen erwiesen sich als wirksam: Barium 0,5 %; Mangan 0,08 % und Eisen 0,05 % (Salooja, 1972). Außerdem ist zu beachten, daß die Rußbildung sehr unterschiedliche Ursachen haben kann. Aus diesem Grunde ist verständlich, daß Additive nicht in jedem Fall zum gewünschten Erfolg führen können. Vor der Anwendung von Additiven sollte deshalb sehr sorgfältig geprüft werden, wodurch die schlechte Verbrennung bedingt ist und ob nicht andere Maßnahmen zunächst sinnvoller sind.

Öl-Wasser-Emulsionen

Bei Heizöl S bieten Öl-Wasser-Emulsionen mit geringen Wasserzusätzen (bis 6 %) die Möglichkeit, die Verbrennung zu verbessern. Die Wirkung beruht darauf, daß der zerstäubte Öltropfen einen Wasserkern enthält, der unter Einwirkung der Flammentemperatur explosionsartig verdampft, wobei der Öltropfen in viele kleine Tropfen zerlegt wird (Mikroexplosionen). Neben der physikalischen Wirkung des Wasserzusatzes besteht die Möglichkeit, daß der Wasserdampf mit dem Kohlenstoff reagiert (Wassergasreaktion) und dadurch die Verbrennung verbessert.

Damit die geschilderte Wirkung des Wasserzusatzes möglich ist, muß das Wasser gleichmäßig fein im Öl verteilt werden. Es sollten keine Wassertropfen auftreten, die größer als 10 bis 20 μm sind. Außerdem sollte die Emulsion sofort verbrannt werden, damit keine Entmischung auftritt.

Für das Vermischen des Wassers mit dem Öl (Emulgieren) gibt es verschiedene Verfahren. Das einfachste Verfahren ist die Düseneinspritzung. Dabei wird Wasser in der entsprechenden Menge mit hohem Druck in den Ölstrom eingespritzt. Eine Regelung der Wassermenge ist bei diesem Verfahren nur in geringem Umfang möglich.

Bei einem anderen Verfahren werden Kreiselpumpen zur Emulgierung verwendet. Die Kreiselpumpe wird in einem kleinen Ringsystem angebracht und ist so ausgelegt, daß das Öl-Wasser-Gemisch ca. 10- bis 20mal die Pumpe passiert, bevor es verbrannt wird. Das Ringsystem besitzt einen Eintritt für genau dosierte Mengen Wasser und Öl und einen Austritt für die Öl-Emulsion zum Ölbrenner. Die beiden beschriebenen Verfahren können auch kombiniert angewendet werden. Damit erhält man ein preiswertes und sicheres Verfahren zur Herstellung von Öl-Wasser-Emulsionen.

Beim Verbrennen solcher Emulsionen sind Reduzierungen im Feststoffauswurf (Asche + Ruß) von ca. 60 % (in einigen Fällen bis 80 %) möglich. Dadurch können die gesetzlichen Vorschriften bezüglich des Feststoffgehaltes im Abgas (TA-Luft 1974) bei gleichzeitiger Verminderung des erforderlichen Luftüberschusses eingehalten werden. Andererseits bedeutet die Verdampfung von Wasser eine Erhöhung der Abgasverluste, da die Verdampfungswärme des Wassers nicht wieder zurückgewonnen werden kann (SJOGREN, 1978).

Vorwärmung der Verbrennungsluft

Bei dieser Maßnahme wird in der Regel über einen Abgaswärmetauscher die Verbrennungsluft vorgewärmt. Die Durchmischung des Ölnebels mit Verbren-

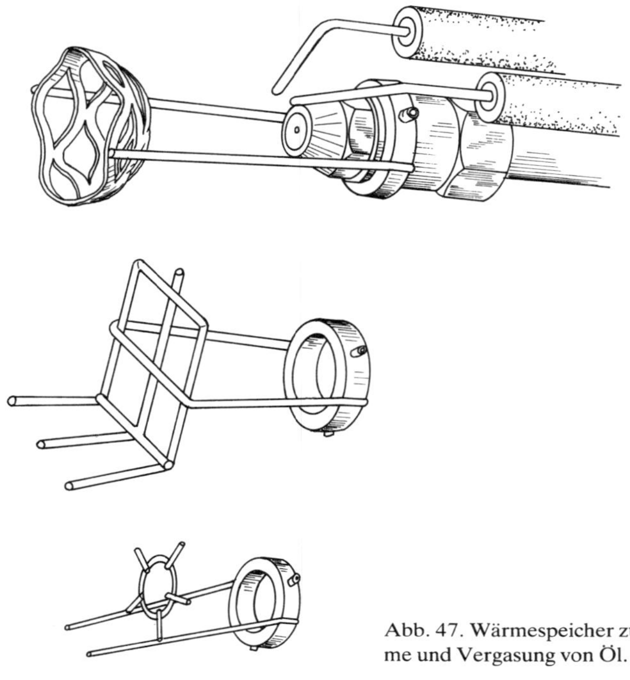

Abb. 47. Wärmespeicher zur Stabilisierung der Flamme und Vergasung von Öl.

nungsluft wird erleichtert, wenn die Temperatur der Luft erhöht wird. Daneben stützt Heißluft die Zündung und fördert den Ausbrand. Luftvorwärmung erhöht mit je 100 °C die Flammentemperatur um ca. 50 °C. Dadurch wird der Wärmeübergang (Flammenstrahlung) verbessert und die Flamme verkürzt.

Wärmespeicher
Bei kleinen Brennerleistungen werden zum Teil Metallkörper im Flammenbereich angeordnet, die von der Flamme erwärmt werden und dann bewirken, daß das Heizöl vergast, bevor es verbrennt (s. Abb. 47). Dadurch ist eine vollkommen rußfreie Verbrennung möglich. Die Flamme ist vergleichbar mit der eines Gasbrenners. Sie hat eine bläuliche Farbe (Blaubrenner). Schwierigkeiten können beim Blaubrenner in der Startphase auftreten. Deshalb werden Blaubrenner häufig als „Gelbbrenner" gestartet und dann auf Blaubrenner umgeschaltet.

4.2.3 Brenner für gasförmige Brennstoffe

Beim Verbrennen von gasförmigen Brennstoffen entfallen die Vorgänge des Zerstäubens, Verdampfens und Vergasens, wie sie bei der Verbrennung von Heizöl erforderlich sind. Nur beim Flüssiggas ist eine Vorrichtung zum Verdampfen erforderlich. Da das Gas in der Regel vom Versorgungsnetz her mit einem bestimmten Druck ansteht, benötigen Gasbrenner keine Vorrichtungen (Pumpen) zum Fördern des Gases. Aus diesem Grunde werden für gasförmige Brennstoffe häufiger atmosphärische Brenner eingesetzt.

4.2.3.1 Atmosphärische Brenner

Atmosphärische Brenner sind relativ preiswert. Der vorhandene Gasdruck kann genutzt werden, um über Injektoren die erforderliche Verbrennungsluft anzusaugen

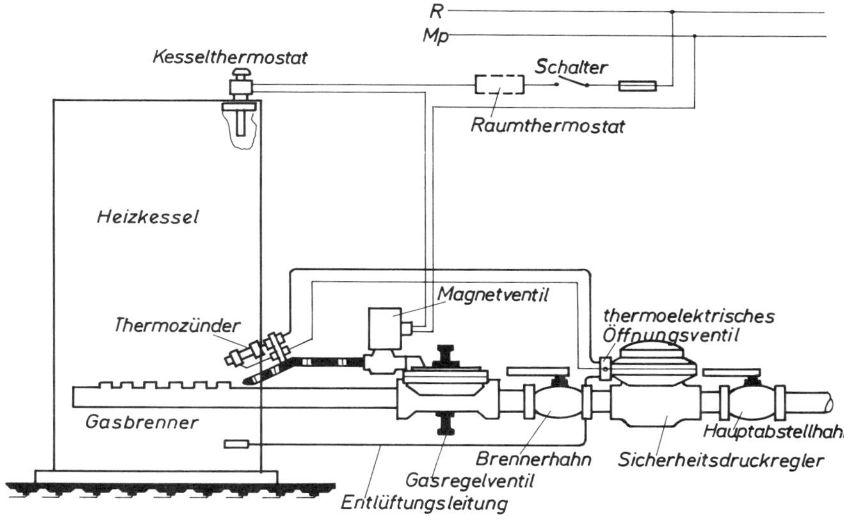

Abb. 48. Atmosphärischer Gasbrenner mit den erforderlichen Armaturen.

und mit dem Brenngas zu mischen. In Abb. 48 ist ein atmosphärischer Gasbrenner schematisch dargestellt. Jeder Brenner muß mit einer selbsttätig arbeitenden Sicherheitsvorrichtung ausgestattet sein, welche die Gaszufuhr unterbricht, wenn der Mindest-Gasdruck (Gasmangel-Sicherung) unterschritten wird, wenn die Zündflamme erlischt oder, bei elektronischer Steuerung, wenn der Strom ausfällt. Die Regelung des Brenners (ein- ausschalten) erfolgt über den Kesselthermostat (DIN 4788, 1977).

Da die atmosphärischen Brenner auf den Schornsteinzug (natürlicher Auftrieb) angewiesen sind, dieser aber größeren Schwankungen unterworfen ist, muß in die Abgasleitung ein Zugbegrenzer mit Strömungssicherung eingebaut werden. Um die Nachströmverluste klein zu halten, ist eine Abgasklappe hinter der Strömungssicherung vorzusehen. Die Abgastemperatur sollte vor der Strömungssicherung mindestens 160 °C betragen (DIN 4756, 1977). Bei niedrigeren Abgastemperaturen sind am Schornstein Maßnahmen erforderlich, um Schäden durch Kondensation von Wasserdampf zu verhindern. Im Dauerbetrieb darf bei Nennwärmeleistung die Abgastemperatur 300 °C nicht überschreiten.

4.2.3.2 Gasgebläsebrenner

Bei Kesseln mit höheren Feuerraumwiderständen, bei Zweistoffkesseln und Kesseln mit Sturzzügen sind atmosphärische Gasbrenner nicht erlaubt. In diesen Fällen und vor allem bei größeren Kesselanlagen werden Gasgebläsebrenner eingesetzt, die in ihrem Aufbau den Druckzerstäubern für Heizöl ähneln (s. Abb. 49).

Nach dem Ort der Mischung unterscheidet man Mündungsmisch- und Vormischbrenner. Bei den Vormischbrennern werden Brenngas und Luft vor dem Austritt aus dem Brenner gemischt. Da sich in der Mischeinrichtung bereits zündfähiges Gemisch bildet, besteht bei diesen Brennern die Gefahr, daß die Flamme in den Brenner zurückschlägt.

Bei den Mündungsmischbrennern werden Verbrennungsluft und Brenngas getrennt zugeführt und erst am Brenneraustritt gemischt. Die Mischung kann durch unterschiedliche Richtung der Gas- und der Luftströmung beeinflußt werden. Ein wichtiges Kriterium für die Konstruktion eines Brenners ist die Stabilität der Flamme, die bei regelbaren Brennern sogar über einen größeren Lastbereich gewährleistet sein muß. Dazu sind bei einem Mündungsmischbrenner besondere konstruktive Maßnahmen erforderlich. Diese Maßnahmen beeinflussen vielfach die Rückströmung der Verbrennungsgase in der Nähe des Brenners. Die Rückströmung heißer Verbrennungsgase kann durch Anbringung eines Staukörpers oder durch den Einbau eines drallerzeugenden Geschränks wesentlich beeinflußt werden. Es kommt zu einer Rückströmung in der Flammenmitte, die die Stabilität der Flamme verbessert. Die Drallstabilisierung hat Vorteile, da dadurch die Turbulenz der Flamme erhöht und der konvektive Wärmeübergang im Flammenraum verbessert wird. Auf diese Weise kann der geringere Strahlungsanteil einer Gasflamme (s. Abschnitt 2.2.3) zum Teil ausgeglichen werden.

Gasgebläsebrenner werden elektrisch durch einen Hochspannungsfunken gezündet. Alle Brenner über 120 kW sind mit einer reduzierten Startleistung (DIN 4788, 1977) anzufahren, die je nach Brennerkonstruktion und -Leistung zwischen 40 und 10 % der Nennleistung liegen muß. Der Zündvorgang darf nicht zu erheblichen Druckstößen im Gasnetz führen. Bis zu einer Leistung der Startflamme von 350 kW darf diese direkt elektrisch gezündet werden. Der Übergang von der Start- auf die Hauptflamme sollte gleitend erfolgen.

Abb. 49. Gasgebläsebrenner mit Mischeinrichtung, Zünd- und Ionisationselektroden.

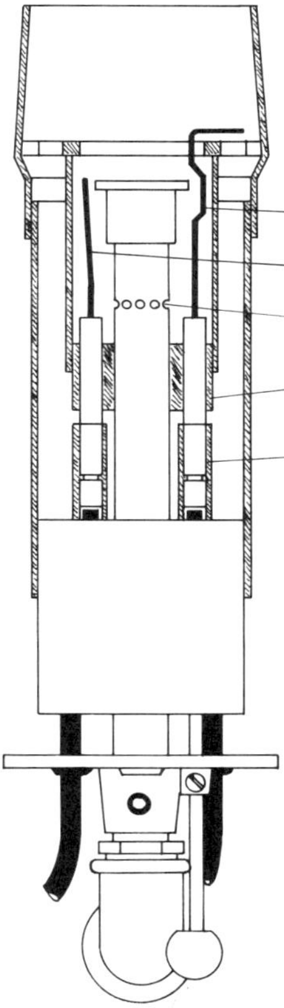

Man unterscheidet einstufige, zweistufig-gleitende und modulierende Brenner. Einstufige Brenner werden nur für kleinere Leistungen eingesetzt (z. B. direktbefeuerte Lufterhitzer). Größere Leistungen werden im Zweistufenbetrieb oder modulierend gefahren.

4.2.3.3 Armaturen für Gasbrenner

Um die erforderliche Sicherheit beim Betrieb eines Gasbrenners zu gewährleisten, sind bestimmte Armaturen erforderlich. Es muß auf jeden Fall verhindert werden, daß unverbranntes Gas ausströmen kann, da sonst Explosionsgefahr besteht. Daneben sind die Einhaltung des richtigen Gasdruckes, eine ausreichende Förderleistung des Brennergebläses sowie die Überwachung der Flamme für einen ordnungsgemäßen Betrieb des Brenners erforderlich.

Jeder Gasbrenner ist deshalb mit einer von Hand zu betätigenden Absperreinrichtung und zwei voneinander unabhängigen, automatisch arbeitenden und dichtschließenden Absperreinrichtungen (Magnetventile) auszustatten (DIN 4756, 1977). Bei jeder Abschaltung des Brenners müssen beide Absperreinrichtungen schließen. Die eine Absperreinrichtung übernimmt die Sicherheitsfunktion, die andere die Regelfunktion. In Abb. 50 sind die erforderlichen Armaturen darge-

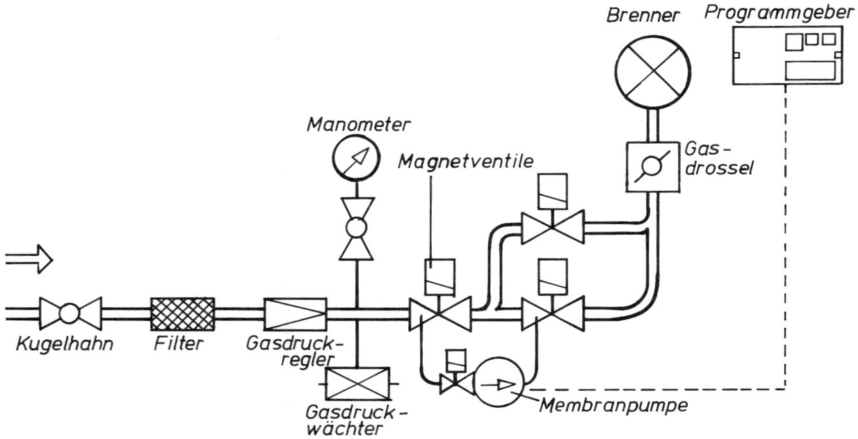

Abb. 50. Armaturen für einen Gasbrenner, Dichtheitskontrolle mit zwei Magnetventilen und Membranpumpe.

stellt. Das Handabsperrorgan ist meist ein Kugelhahn. Danach folgt ein Gasfilter, der zwar nicht vorgeschrieben, aber zu empfehlen ist. Der Filter soll den nachfolgenden Gasdruckregler und die Magnetventile vor Verunreinigungen aus der Gasleitung schützen. Der Gasdruckregler gewährleistet den für den Brenner vorgeschriebenen Gasdruck. Damit wird ein Überschreiten der konstruktiv festgelegten maximalen Brennerleistung verhindert. Für die genaue Einstellung der maximalen Gasmenge dient eine Gasdrossel. Zur Überwachung des Gasdruckreglers ist ein Gasdruckwächter vorgesehen, der bei Unter- oder Überschreiten des am Brenner anstehenden Gasdruckes die Anlage abschaltet. Ein Gasdruckmanometer, das ab 350 kW vorgeschrieben ist, erlaubt die laufende Kontrolle der Regel- und Sicherheitseinrichtungen. Ein Prüfbrenner ermöglicht bei Inbetriebnahme den Nachweis, ob brennbares Gas bis zu den Magnetventilen ansteht. Die beiden parallel geschalteten Magnetventile enthalten eine Mengeneinstellung. Der Betrieb mit einem Magnetventil ergibt die Grundlast, mit zwei Magnetventilen die Nennlast. Wird die Gasdrossel von einem Stellmotor angetrieben, ist eine zweistufiggleitende oder modulierende Regelung möglich (DIN 3391, 1979).

Den beiden Magnetventilen mit Mengeneinstellung ist ein zusätzliches Magnetventil (Sicherheitsventil) vorgeschaltet. Um zu überprüfen, ob alle Magnetventile dicht schließen, wurden Einrichtungen zur automatischen Dichtheitskontrolle entwickelt.

An die Gasleitung zwischen den Magnetventilen wird ein Druckfühler angeschlossen. Vor dem Start des Brenners sind zunächst beide Ventile geschlossen. Ist das Sicherheitsmagnetventil undicht, so baut sich am Gasdruckfühler ein Druck auf. Ist das erste Ventil jedoch dicht, so wird es kurz geöffnet und dann wieder geschlossen. Ist das zweite Ventil dicht, dann darf der Druck am Gasdruckfühler nicht abfallen. Ergibt die Kontrolle, daß eines der Magnetventile undicht ist, wird der Brenner nicht gestartet.

Ein anderes Prüfverfahren arbeitet mit einer kleinen Membranpumpe (Abb. 50), die zwischen den Magnetventilen das Gasvolumen komprimiert und den Druck erhöht. Bleibt der Druck konstant, dann sind die Magnetventile dicht und der Brenner kann gestartet werden.

Die Überprüfung der Luftförderung des Brennergebläses erfolgt im allgemeinen durch einen Luftdruckfühler (Pressostat), der in der Luftführung zwischen Gebläse und Brennerkopf angeordnet ist.

Zusätzlich zu den beschriebenen Armaturen ist gemäß DIN 4756 (1977) bei Anlagen mit einer Nennleistung über 50 kW außerhalb des Heizraumes in der Gasleitung eine von Hand bedienbare Absperreinrichtung erforderlich. Das Betätigen dieser Absperreinrichtung muß auch im Gefahrenfalle möglich sein.

4.2.4 Zweistoffbrenner

Aus Sicherheitsgründen und um die Vorteile sogenannter „abschaltbarer Gaslieferverträge" zu nutzen, werden Brenner eingesetzt, die Gas und Heizöl verbrennen können. Grundsätzlich sind alle Gebläsebrenner als Zweistoffbrenner geeignet.

Druckzerstäuber und Drehzerstäuber können beide auch mit Gas betrieben werden. Für einen umschaltbaren Betrieb ist es erforderlich, daß die Brenner sowohl die Regel- und Zerstäubungseinrichtungen für Heizöl als auch die Regel- und Sicherheitseinrichtungen für Gas haben. Dadurch sind solche Brenner relativ aufwendig und teuer. Hinzu kommt, daß es schwieriger ist, einen Brenner für zwei unterschiedliche Brennstoffe optimal einzustellen. Da eine Gasflamme weniger Wärme durch Strahlung abgibt, ist zumeist eine Verminderung der Maximalleistung bei Gasbetrieb gegenüber Öl erforderlich. Besonders schwierig und zeitaufwendig ist die Einstellung eines modulierenden Zweistoffbrenners, weil in diesem Fall die Einstellung für alle Zwischenbereiche durchgeführt werden muß.

Im einfachsten Fall erfolgt die Umstellung des Brenners auf einen anderen Brennstoff von Hand. Es besteht auch die Möglichkeit, daß bei größeren Anlagen die Brenner zentral vom Gasversorgungsunternehmen umgeschaltet werden.

Wird der Brenner vorwiegend mit Gas gefahren, dann ist der Einbau einer Magnetkupplung zum Ausschalten der Ölpumpe zu überlegen.

4.2.5 Sicherheitseinrichtungen für Brenner

Es gibt einige Sicherheitseinrichtungen, die unabhängig vom Brennstoff für alle Brenner erforderlich sind.

So ist z. B. außerhalb des Heizraumes ein elektrischer Schalter (Notschalter) anzubringen, mit dem es möglich ist, im Notfall die gesamte Feuerungsanlage einschließlich aller Zusatzaggregate abzuschalten. Der Notschalter muß an einer leicht zugänglichen und nicht gefährdeten Stelle angebracht werden.

Bei Brennern, die ohne Zuhilfenahme von Werkzeugen ausgeschwenkt oder ausgefahren werden können, muß eine selbsttätige Sicherung vorhanden sein, die den Brenner beim Ausschwenken oder Ausfahren außer Betrieb setzt und verriegelt. Eine automatische Verriegelung des Brenners ist auch erforderlich, wenn Absperreinrichtungen im Abgasweg (z. B. Rauchgasschieber) vorhanden sind. Dann darf es nicht möglich sein, daß der Brenner bei geschlossener Absperrvorrichtung gestartet werden kann. Werden bei einem Ölbrenner Gebläse und Ölpumpe nicht von einem Motor angetrieben (z. B. Drehzerstäuber), dann muß ähnlich wie beim Gasbrenner ein Luftdruckfühler (Pressostat) vorgesehen werden, der verhindert, daß der Brenner ohne Luftzufuhr gestartet wird.

Neben dem Thermostaten zur Regelung des Brenners ist ein Temperaturbegrenzer vorgeschrieben, der nach dem Abschalten bei Ausfall des Thermostaten nur durch Zuhilfenahme von Werkzeug wieder entriegelt werden kann. Bei offenen Heizungsanlagen reicht auch ein Temperaturwächter.

Die wichtigste Sicherheitseinrichtung eines Brenners ist die Überwachung der Flamme. Bei Erlöschen der Flamme muß innerhalb einer vorgeschriebenen Sicherheitszeit die Brennstoffzufuhr unterbrochen werden.

Für die Überwachung der Flamme gibt es verschiedene Verfahren. Am verbreitetsten ist die Flammenüberwachung mit Photozelle. Photozellen, die nur auf sichtbare Strahlung (Licht) reagieren, sind nicht zur Überwachung einer Gasflamme geeignet, da die Gasflamme nur wenig Strahlung im sichtbaren Bereich abgibt. Zur Überwachung einer Gasflamme ist entweder eine UV-Zelle, die auf ultraviolette Strahlung reagiert oder die Ionisationsüberwachung möglich. Dabei wird die Tatsache genutzt, daß sich innerhalb heißer Flammen Ionen (elektrisch geladene Teilchen) befinden, die den elektrischen Strom zwischen zwei Elektroden leiten. Erlischt die Flamme oder hebt sie ab, dann wird dieser Stromfluß unterbrochen.

Zusammen mit der Flammenüberwachung hat das Brennersteuergerät (Feuerungsautomat) die Aufgabe, beim Start des Brenners ein ganz bestimmtes Programm ablaufen zu lassen und zu kontrollieren, damit ein einwandfreier und sicherer Start des Brenners erfolgen kann.

Vorspülzeit

Vor jedem Wiedereinschalten des Brenners ist der Verbrennungsraum zwangsweise zu durchlüften. Die Vorspülzeit muß mindestens 30 Sekunden bei Gas- und 15 Sekunden bei Ölbrennern betragen und sollte mit der für die Nennleistung des Brenners erforderlichen Luftmenge erfolgen. Bei Ausfall der Vorspülung darf die Zündeinrichtung nicht eingeschaltet werden. Sofort nach Ablauf der Vorspülzeit kann der Zündvorgang eingeleitet werden. Das Steuergerät muß den Flammenwächter mit Flammenfühler (z. B. Photozelle) in der Schaltfolge überwachen. Wenn aus irgendeinem Grund vor dem Inbetriebsetzen des Brenners eine Flamme vorgetäuscht wird (z. B. Fremdlicht), dann muß ein Start des Brenners verhindert werden. Das gleiche gilt für einen Kurzschluß im Fühler oder in der Fühlerleitung.

Meldet der Flammenwächter nach dem Zündvorgang keine Flamme, dann ist nach Ablauf einer Sicherheitszeit die Brennstoffzufuhr abzuschalten. Die maximal zulässigen Sicherheitszeiten sind in Tab. 20 angegeben. Spätestens nach Ablauf der angegebenen Sicherheitszeit muß die Brennstoffzufuhr abgeschaltet sein und eine Störabschaltung des Brenners erfolgen. Störabschaltung bedeutet, daß der Feuerungsautomat von Hand wieder entriegelt werden muß, um den Brenner erneut starten zu können.

Tab. 20. Zulässige Sicherheitszeiten

Brennstoff		Sicherheitszeit (s) beim Start	Sicherheitszeit (s) im Betrieb
Heizöl	bis 30 kg/h	10	10
	über 30 kg/h	5	5
Gas		1	1

Sicherung ausreichender Ölvorwärmung
Bei der Verwendung von Heizölen, die vorgewärmt werden müssen, ist im Ölvorlauf ein Thermostat vorzusehen, der verhindert, daß der Brenner vor Erreichen der erforderlichen Öltemperatur gestartet werden kann.

Rauchdichtemeßgerät
Feuerungsanlagen für feste und flüssige Brennstoffe mit einer Gesamtfeuerungswärmeleistung von 4,2 MW (15 GJ/h) und mehr müssen zur Überwachung der Verbrennung mit einem Meßgerät ausgerüstet sein, das die Rauchdichte mißt und laufend aufzeichnet (TA-Luft, 1974). Die Rauchdichtemeßgeräte verwenden ein optisches System (Abb. 51). Das von einer Lichtquelle ausgesendete Licht wird in einem Meß- und Referenzlichtstrahl geteilt. Der Meßlichtstrahl durchläuft zweimal die Meßstrecke und wird dann mit dem Referenzlichtstrahl verglichen. Befinden sich Ruß- oder Staubteile im Abgas, dann wird der Lichtstrahl abgeschwächt. Die Abschwächung ist ein Maß für die Rußdichte und wird als elektrisches Signal auf eine automatische Registriereinrichtung (z. B. Linienschreiber) gegeben. Um zu verhindern, daß die Linsen des optischen Systems verschmutzen, wird mit einem kleinen Ventilator gefilterte Luft vor die Linsen geblasen. Damit wird verhindert, daß Ruß oder Staub an die Linsen gelangen.

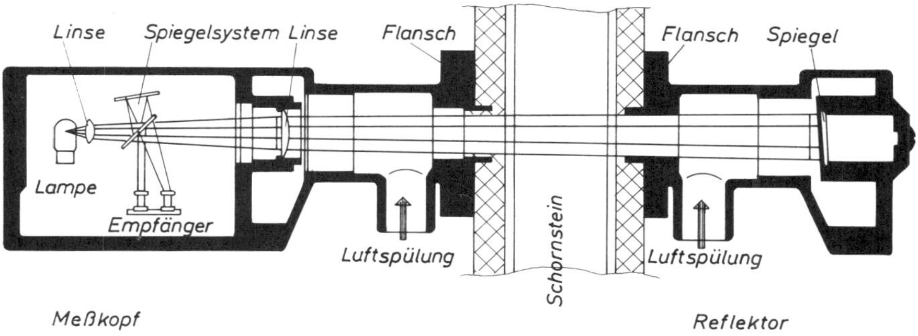

Abb. 51. Rauchdichtemeßgerät (Sick).

4.2.6 Störungen

Die modernen Brenner sind äußerst zuverlässige Geräte. Trotzdem kann es zu Störungen und Störabschaltungen kommen. Auf keinen Fall sollte der Betreiber selbst versuchen, Schäden am Brenner oder an den Brennereinrichtungen zu beheben. Das ist Aufgabe des Kundendienstes. Deshalb ist ein zuverlässiger Kundendienst das wichtigste Auswahlkriterium für einen Brenner. Bevor der Kundendienst gerufen wird, sollte der Betreiber aber folgende Punkte überprüfen:

1. Brennt die rote Störlampe am Brennerpult? Wenn ja, dann muß der Entstörknopf gedrückt werden. Beim erneuten Startversuch des Brenners ist zu beobachten, wann die Störabschaltung erfolgt.
   Erfolgt die Störabschaltung bereits beim Vorspülen, dann kann das an der Selbstüberwachung des Flammenwächters liegen. Die Photozelle sollte überprüft werden (Fremdlichteinfluß).

Erfolgt die Störabschaltung nach dem Zündversuch, dann ist zu überpfüfen:

a) Ist die Photozelle verschmutzt? (Reinigen)
b) Ist ausreichend Heizöl im Tank bzw. ist der erforderliche Gasdruck vorhanden?
c) Sind die Brennstoffilter in Ordnung? (eventuell reinigen). Bei niedrigen Außentemperaturen ist bei Heizöl EL besonders auf Paraffinausscheidungen im Filter zu achten.
d) Sind alle handbetätigten Absperreinrichtungen in den Brennstoffzuleitungen geöffnet? Ist der Brenner auf den richtigen (vollen) Tank geschaltet?
e) Eventuell sollte der Brenner ausgeschwenkt werden, um den Brennermund zu kontrollieren, ob Zündelektroden, Düsen oder Stauscheibe verschmutzt sind (ggf. reinigen).
f) Bei Drehzerstäubern ist die Zündeinrichtung zu überprüfen. Das gilt besonders dann, wenn diese mit einem anderen Brennstoff (Heizöl EL oder Gas) betrieben wird.
g) Sind die Zuluftöffnungen des Heizraumes mit vollem Querschnitt frei? (z. B. Schneeverwehungen).

2. Brennt die rote Kontrolleuchte nicht, dann erfolgte keine Störabschaltung. Es müssen folgende Punkte überprüft werden:
   a) Sind Sicherungen herausgesprungen oder durchgebrannt? Eine Erneuerung sollte möglichst nur einmal erfolgen, um Schäden an den elektrischen Teilen zu vermeiden.
   b) Stehen alle Schalter in der erforderlichen Stellung? (Mit Betriebsanleitung vergleichen.) (Notschalter außerhalb des Heizraumes überprüfen.)
   c) Ist die Rauchgasklappe geöffnet und hat der Endschalter den Brenner entriegelt?
   d) Bei Brennern, die ohne Werkzeug ausgeschwenkt werden können ist zu überprüfen, ob der Endschalter einwandfrei schaltet und den Brenner entriegelt hat.
   e) Sind alle Thermostate richtig eingestellt? Hat der Temperaturbegrenzer ausgelöst? Eine Entriegelung darf erst nach Überprüfung des Regelthermostaten erfolgen.
   f) Hat die Wassermangelsicherung ausgelöst? (falls vorhanden)
   g) Sind alle Zusatzaggregate in Betrieb? (Besonders bei Heizöl M und S Vorwärmung überprüfen.)

Falls alle angeführten Überprüfungen und Maßnahmen nicht zum Erfolg führen oder wenn sich herausstellt, daß eine Reparatur erforderlich ist, dann muß der Kundendienst gerufen werden.

Um Betriebsstörungen so weit wie möglich durch vorbeugende Maßnahmen zu vermeiden, sollte die gesamte Feuerungsanlage regelmäßig von einem Fachkundigen (Kundendienst) überprüft werden. Nach DIN 4755 (1977) und 4756 (1977) muß eine solche Überprüfung mindestens einmal im Jahr (möglichst vor Beginn der Heizperiode) erfolgen. Da dabei auch gleichzeitig die Einregulierung der Brenner und der Wirkungsgrad der Feuerungsanlage überprüft und verbessert werden, bedeutet diese Maßnahme auch eine Verbesserung der Wirtschaftlichkeit der Feuerungsanlage.

4.3 Kessel

Die Aufgabe der Kessel ist es, die bei der Verbrennung erzeugte Wärme möglichst vollständig an das Wasser des Heizungssystems zu übertragen. Der Kessel ist also ein Wärmetauscher, bei dem die Wärmeenergie der Verbrennungsgase an das Heizungswasser übertragen wird.

Die Einteilung der Kessel kann nach verschiedenen Kriterien erfolgen. Nach dem verwendeten Werkstoff unterscheidet man Guß-, Stahl- und Edelstahlkessel, nach dem Brennstoff Kohle-, Öl- und Gaskessel, nach dem Wärmeträger Warmwasser-, Heißwasser-, Dampf- und Thermalölkessel, nach der Rauchgasführung z. B. Zweizug- und Dreizugkessel. Diese Aufzählung ließe sich noch weiter fortführen. Sie soll zeigen, welche Vielfalt es gibt, besonders wenn man berücksichtigt, daß die unterschiedlichen Einteilungskriterien fast beliebig kombiniert werden können.

4.3.1 Auswahlkriterien

Für die Auswahl eines Kessels können folgende Kriterien von Bedeutung sein:

Betriebsbereitschaftsverluste

Im Hinblick auf eine erforderliche Energieeinsparung ist ein möglichst hoher Jahresbetriebswirkungsgrad der Heizungsanlage von Bedeutung. Neben dem feuerungstechnischen Wirkungsgrad (s. Abschnitt 3.1.3.1), der im wesentlichen durch den verwendeten Brennstoff, den Brenner und die Brennereinstellung bestimmt wird, sind es die Betriebsbereitschaftsverluste des Kessels q_B, die im Zusammenhang mit den Stillstandszeiten den Jahresbetriebswirkungsgrad bestimmen (s. Abschnitt 3.1.3.3). Niedrige Betriebsbereitschaftsverluste von weniger als 1 % der Kesselnennleistung – in einigen Fällen werden von den Herstellern sogar nur 0,4 % angegeben – lassen sich durch eine gute, mindestens 40 mm starke Wärmedämmung (Isolierung) des Kessels erreichen. Die Dämmschichten sollten alle Außenflächen des Kessels (zumindest alle wasserführenden Flächen) bedecken.

Zur weiteren Verbesserung des Wirkungsgrades werden die Kessel für niedrigere Abgastemperaturen ausgelegt. Das bedeutet für die Kesselkonstruktion bei einer bestimmten Kesselleistung größere Heizflächen oder aber die Verbesserung des Wärmeüberganges durch Turbulenz erzeugende Einbauten (Wirbulatoren) in den Rauchgaszügen.

Reinigungsmöglichkeiten

Es versteht sich von selbst, daß die Heizflächen der Kessel leicht zugänglich sein müssen, um die erforderlichen Reinigungsarbeiten durchzuführen. Die Kesselreinigung bewirkt eine Verbesserung des Wärmeüberganges durch das Entfernen von Ruß- und Ascheablagerungen, dadurch eine Verminderung der Abgastemperatur und eine Erhöhung des Kesselwirkungsgrades. Im Hinblick auf eine leichte und schnelle Reinigung sollten die Wärmetauscherflächen, insbesondere die Rauchrohre glatt und nicht gewellt sein, wie es für einen besseren Wärmeübergang eventuell günstiger wäre. Wirbulatoren müssen sich zur Reinigung leicht herausnehmen lassen.

Wasserinhalt

Betrachtet man die Entwicklung der Kessel in den letzten Jahren, dann fällt auf, daß bei gleicher Leistung die Kessel in vielen Fällen kleiner geworden sind. Durch diese Entwicklung werden die wärmeabgebende Oberfläche der Kessel und dadurch die Betriebsbereitschaftsverluste vermindert. Gleichzeitig verkleinert sich auch der Wasserinhalt. Aus der Verkleinerung des Wasserinhaltes läßt sich dennoch nicht ableiten, daß die Sicherheit der Heizungsanlage dadurch vermindert oder gar gefährdet wird, denn der Wasserinhalt des Kessels trägt nur wenig zur Sicherheit bei. Das soll mit dem folgenden Rechenbeispiel gezeigt werden. Ein Heizungskessel älterer Bauart mit einer Leistung von 2 MW hat einen Wasserinhalt von 6 m^3. Nimmt man eine Temperaturdifferenz Vorlauf-Rücklauf von 20 K an, dann fließen im Auslegungsfall 86 m^3 Wasser pro h durch den Kessel. Der Wasserinhalt von 6 m^3 könnte also den Wärmebedarf der Gewächshausanlage nur ca. 4 min decken. Um größere Zeiten, z. B. 30 min, überbrücken zu können, müßte dieser Kessel selbst bei einer angenommenen Temperaturdifferenz von 50 °C einen Wasserinhalt von 17 m^3 (bei 2 MW Kesselleistung) haben.

Der Wasserinhalt des Kessels beeinflußt außerdem die Schaltzeiten des Brenners während der Betriebsbereitschaftszeiten. Es ist zu erwarten, daß der Brenner bei einem Kessel mit kleinerem Wasserinhalt eine kürzere Zeit läuft, um das Wasser im Kessel wieder auf die erforderliche Vorlauftemperatur aufzuheizen. Ob aber auch die Stillstandszeit des Brenners verkürzt wird, d. h. der Brenner häufiger einschaltet, läßt sich nicht ohne weiteres beantworten.

Wenn ein moderner Kessel mit kleinerem Wasserinhalt auch gleichzeitig geringere Betriebsbereitschaftsverluste durch die kleinere Oberfläche mit einer besseren Isolierung aufweist, dann können die Stillstandszeiten des Brenners sogar größer werden.

Heizflächenbelastung

Die Heizflächenbelastung eines Kessels gibt an, welche Wärmemenge im Mittel bei Nennleistung des Kessels pro m^2 Heizfläche übertragen wird. Im Zuge der Kesselentwicklung konnte die mittlere Heizflächenbelastung erhöht werden. Diese Erhöhung bedeutet aber nicht, daß die Beanspruchung des Materials der Heizflächen sich erhöht hat und dadurch die Lebensdauer des Kessels gesunken ist. Es erfolgte lediglich eine gleichmäßigere Belastung. Der größte Teil der Wärme wird bereits im Bereich der Flamme (Feuerraum) durch Strahlung an die Heizfläche abgegeben. Deshalb ist in diesem Bereich die Heizflächenbelastung am größten. In den nachgeschalteten Heizflächen (Rauchgaszüge) wird auf einer größeren Fläche nur noch ein kleiner Teil der erzeugten Wärme (ca. 20 %) durch Konvektion übertragen. Alle konstruktiven Maßnahmen zur Erhöhung der Heizflächenbelastung zielen auf die Verbesserung des Wärmeüberganges an den nachgeschalteten Heizflächen.

4.3.2 Kesselbauarten

Von den verschiedenen Kesselbauarten wird im Gartenbau der Dreizugkessel am häufigsten eingesetzt (DIN 4702, 1978, 1977).

4.3.2.1 Dreizugkessel

Der Name dieses Kessels beschreibt die charakteristische Rauchgasführung. Der erste Zug (Abb. 52) ist das Flammrohr, das in seinen Abmessungen (Durchmesser und Länge) den Öl- und Gasbrennerflammen angepaßt wurde. Das Flammrohr durchzieht den Kessel in seiner vollen Länge. Vorne wird der Brenner angeflanscht.

Hinten werden die Rauchgase umgelenkt und strömen im 2. Zug wieder nach vorne. Dort erfolgt eine nochmalige Umlenkung, so daß die Rauchgase dann im 3. Zug wieder nach hinten strömen, wo sie den Kessel verlassen und über ein Abgasrohr in den Schornstein geleitet werden. Der zweite und dritte Zug besteht aus einzelnen Siederohren, durch die die Rauchgase geleitet werden. In die Rauchgasrohre können zur Verbesserung des konvektiven Wärmeüberganges Wirbulatoren eingeschoben werden.

Die einzelnen Fabrikate der Dreizugkessel unterscheiden sich durch die Anordnung der einzelnen Züge. Man kann unterscheiden zwischen einseitig (rechts oder links) und mittig angeordneten Flammrohren. Das mittig angeordnete Flammrohr soll die Wärmespannungen im Kessel vermindern. Zu beachten ist, daß die Rauchgase mit den niedrigsten Temperaturen (3. Zug) möglichst mit dem heißesten Heizungswasser in Berührung kommen. Deshalb sollte der dritte Zug oben im Kessel und das Flammrohr möglichst unten angeordnet sein. Dadurch wird die Gefahr vermindert, daß unter ungünstigen Betriebsbedingungen (niedrige Rücklauftemperatur) die Rauchgase unter den Wassertaupunkt abgekühlt werden und es zur Niedertemperaturkorrosion (s. Abschnitt 2.4.2) kommt, die immer zuerst im dritten Zug auftritt.

Dreizugkessel sind universell einsetzbar. Sie können für Warmwasser-, Heißwasser- und Dampfheizungen verwendet werden. Sie sind für Gas- und Ölfeuerungen geeignet und können bei ausreichendem Flammrohrdurchmesser auch für feste Brennstoffe (z. B. mit Unterschubfeuerung) verwendet werden.

Als Nachteil ist anzuführen, daß keine konstruktiven Maßnahmen zur Verbesserung der Verbrennung wie Rezirkulation heißer Rauchgase zur Flammenwurzel vorgenommen werden können. Dadurch ergeben sich Schwierigkeiten bei der Verbrennung von Heizöl S und zum Teil auch von Heizöl EL. Durch die relativ kalten Wände des Flammrohres (ca. 90 °C) kühlt sich die Flamme zu schnell ab, so daß die Kohlenstoffteilchen nicht vollständig verbrennen können (s. Abschnitt 4.2.2). Es wird Ruß emittiert. Aus diesem Grunde ist bei der Verbrennung von Heizöl S eine Ausmauerung erforderlich. Dazu wird die Stirnseite des Flammroh-

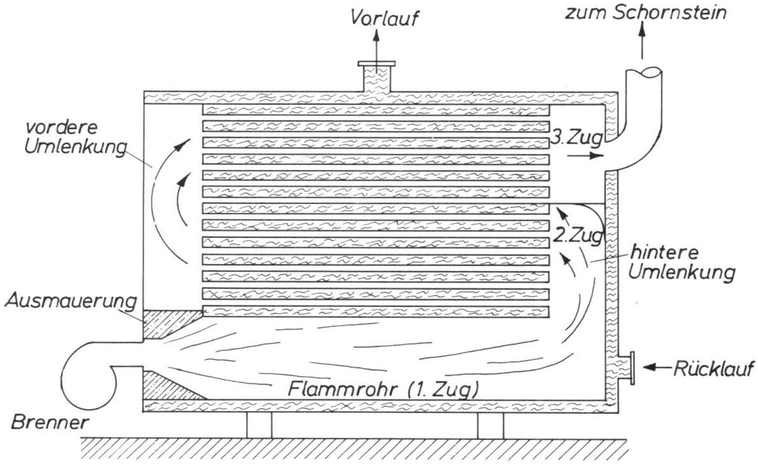

Abb. 52. Dreizugkessel (schematisch) mit Ausmauerung.

res, an der der Brenner angeflanscht ist, mit einem hitzebeständigen Mörtel und Schamottsteinen ausgemauert. Die Ausmauerung wird konisch in das Flammrohr vorgezogen (Abb. 52). Die Ausmauerung erwärmt sich durch die Flammenstrahlung auf Temperaturen von über 800 °C und gibt selbst Wärme durch Strahlung und Konvektion an die Flammenwurzel ab. Dadurch wird die Verdampfung und Vergasung des Öls beschleunigt. Die Flamme wird etwas kleiner und kühlt sich, da die kalte Oberfläche des Flammrohres durch die Ausmauerung verkleinert ist, nicht so stark ab. Die Verbrennung wird verbessert.

Eine Ausmauerung sollte man allerdings nur als Notbehelf zur Erzielung der erforderlichen Verbrennungsgüte ansehen. Die Ausmauerung kann erst wirksam werden, wenn sie durch die Flamme aufgeheizt worden ist. Das bedeutet, daß die Verbrennung nach dem Start des Brenners zunächst schlecht ist. Es wird relativ viel Ruß emittiert, bis die Ausmauerung die erforderliche Temperatur erreicht hat. Nach dem Abschalten des Brenners gibt die Ausmauerung die gespeicherte Wärme wieder ab, so daß die Vorlauftemperatur des Kessels über den am Thermostaten eingestellten Wert ansteigt. Unter ungünstigen Bedingungen kann es dazu kommen, daß das Wasser zu kochen anfängt. Sind keine Vorrichtungen zum Verhindern der Nachströmverluste (z. B. Rauchgasklappe) vorhanden, dann erhöhen sich durch die Ausmauerung die Nachströmverluste. Durch die Wärmestrahlung der Ausmauerung kann es nach dem Abschalten des Brenners zur Verdampfung von Ölresten auf den Düsen und damit zur Verkokung kommen. Es ist daher verständlich, daß versucht wurde, durch geeignete Kesselkonstruktionen die Ausmauerung überflüssig zu machen.

4.3.2.2 Zweizugkessel

Zweizugkessel sind ähnlich wie Dreizugkessel aufgebaut (Abb. 53). Die Verbrennung erfolgt im Flammrohr (1. Zug). Die Verbrennungsgase werden am Ende des Kessels umgelenkt und strömen in den Rauchrohren (2. Zug) zur Vorderseite (Brennerseite) des Kessels zurück. Da ein dritter Zug nicht vorhanden ist, werden die Rauchgase entweder von der Vorderseite des Kessels direkt in den Schornstein

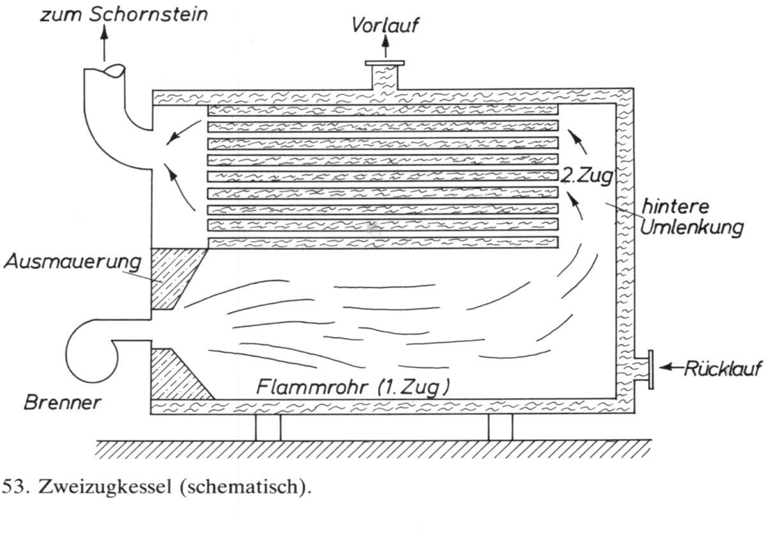

Abb. 53. Zweizugkessel (schematisch).

oder im Kessel durch ein Rauchgasrohr zum rückseitigen Rauchgasstutzen und von dort in den Schornstein geleitet. Da bei einem Zweizugkessel die nachgeschalteten Heizflächen (2. Zug) auf einen Zug begrenzt sind, werden die Rauchrohre zur Verbesserung des konvektiven Wärmeüberganges häufig mit turbulenzerzeugenden Einbauten (Wirbulatoren) versehen.

4.3.2.3 Kessel mit Umkehrflamme

Wie bereits erwähnt, verbessert eine Rezirkulation heißer Verbrennungsgase die Verbrennung. Deshalb wurden Kessel mit Flammrohren entwickelt, in denen die gesamten Verbrennungsgase konzentrisch um die Flamme herum zurückströmen und an der Vorderseite des Kessels in die nachgeschalteten Heizflächen, die außen um das Flammrohr herum angeordnet sind, umgelenkt werden. Das Flammrohr ist bei dieser Konstruktion am hinteren Ende geschlossen (Abb. 54). Durch die Umkehrflamme ist es möglich, auf eine Ausmauerung zu verzichten. Ein Nachteil dieser Konstruktion liegt anscheinend darin, daß es nicht immer gelingt, die Flamme so zu führen, daß die Rauchgase tatsächlich konzentrisch zurückströmen.

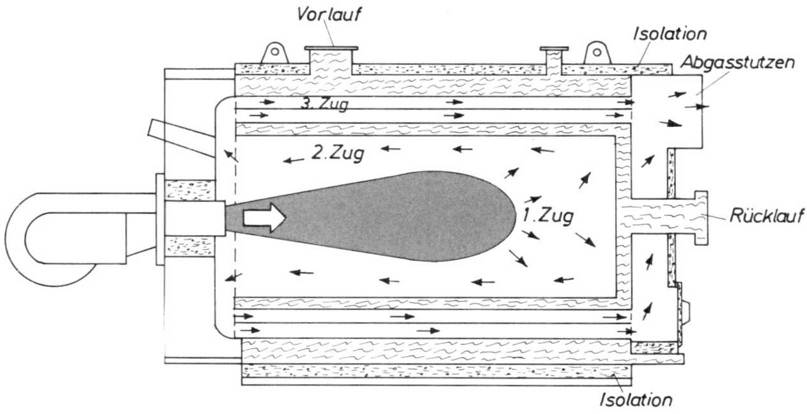

Abb. 54. Flammrohr-Rauchrohrkessel mit Umkehrflamme (Dreizugkessel).

4.3.2.4 Lenkflamm-System

Bei dieser Kesselkonstruktion ist das eigentliche Flammrohr zwar auch zylindrisch ausgeführt, es enthält aber rechteckige Erweiterungen unten und oben oder auch nur oben (Abb. 55). Diese Erweiterungen dienen als Rückströmkanäle zur Rückführung der heißen Verbrennungsgase gegen die Flammachse.

4.3.2.5 Nachschaltheizflächen

Auch bei den nachgeschalteten Heizflächen ist eine Reihe von Entwicklungen zu verzeichnen, die in der Regel den konvektiven Wärmeübergang verbessern sollen. Außer Rauchrohren mit kreisförmigem Querschnitt (Abb. 56) werden als Nachschaltheizflächen auch Rohre mit quadratischem Querschnitt verwendet, in die spiralförmige Wirbulatoren eingeschoben werden. Da sich an den Auflagestellen Ascheteilchen ablagern können, die zur Korrosion führen, sind die Rohre so angeordnet, daß eine Ecke nach unten zeigt und sich dort Asche sammeln kann.

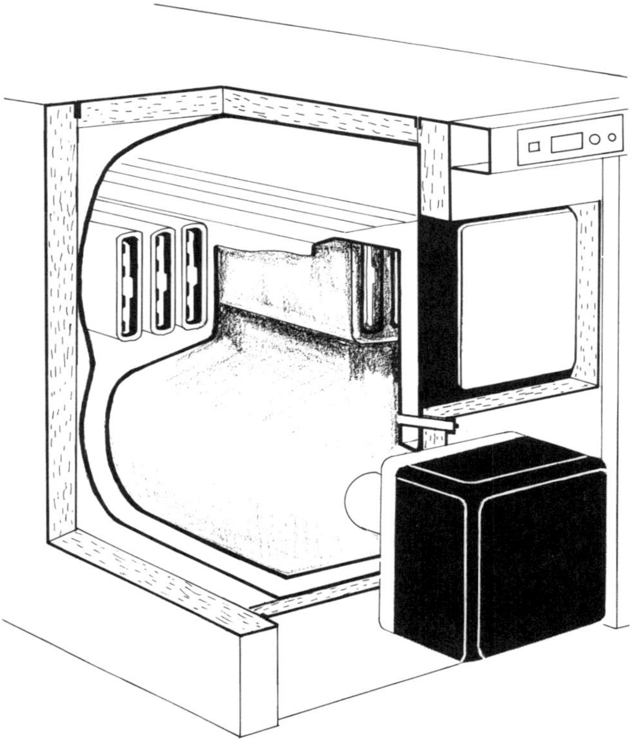

Abb. 55. Kessel mit Lenkflamm-System (Viessmann) (Rückströmkanal oben an der Brennkammer).

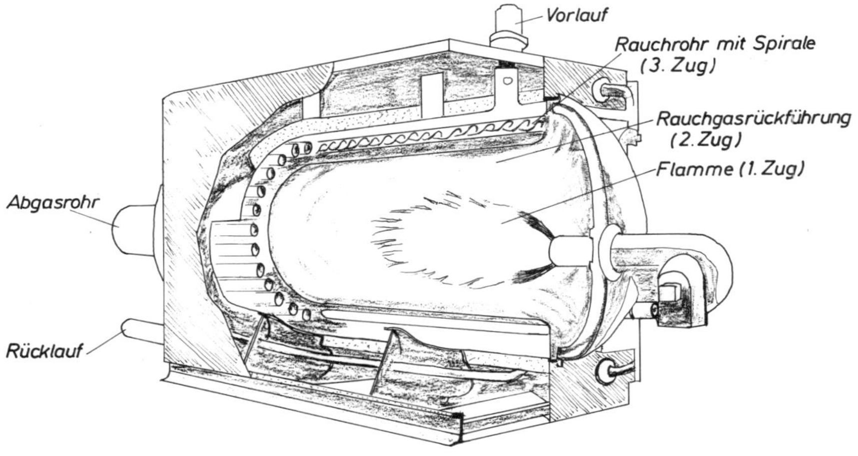

Abb. 56. Dreizugkessel mit Umkehrflamme und ringförmiger Anordnung der Rauchrohre (Ideal-Standard).

Abb. 57. Wirbulatoren in rechteckigen Rauchgasrohren (Viessmann).

Eine andere Konstruktion verwendet Rauchrohre mit rechteckigem Querschnitt, in die Wirbulatoren aus Edelstahl eingeschoben werden (Abb. 57). Durch die senkrecht gestellten Rechteck-Rohre soll die Wasserzirkulation im Kessel möglichst wenig behindert werden.

Bei einer anderen Konstruktion wird auf Wirbulatoren verzichtet; statt dessen werden die Rauchgase tangential in die Rauchgasrohre eingeleitet. Dadurch entsteht eine spiralförmige Strömung der Rauchgase, die sich lastabhängig verändert (Abb. 58).

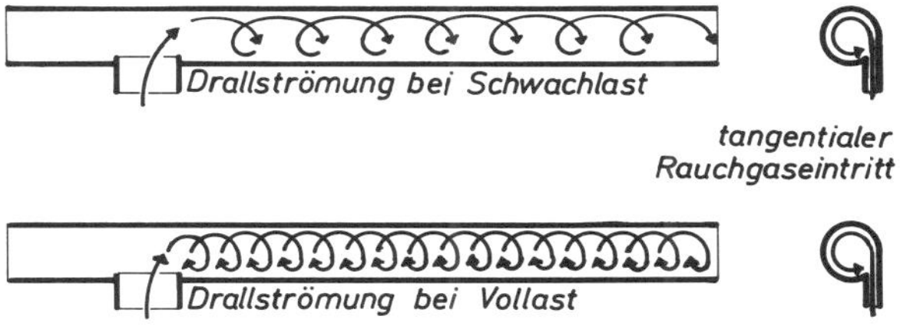

Abb. 58. Tangentialer Eintritt der Rauchgase in die Rauchgasrohre.

4.3.2.6 Dampfkessel

Dampfheizungen sind im Gartenbau relativ selten, weil bei ihrem Betrieb höhere Sicherheitsanforderungen zu erfüllen sind. Außerdem ist die Regelung einer Gewächshausheizung mit Dampf schwieriger als die einer Warmwasserheizung.

Im Gartenbau werden Niederdruckdampfkessel (bis 0,5 bar Überdruck) zum Dämpfen von Substraten eingesetzt. Es handelt sich dabei in der Regel um kleinere, fahrbare Dampferzeuger, bestehend aus Dampfkessel, Brenner und Sicherheitseinrichtungen. Stationäre Dampferzeuger oder kombinierte Warmwasser-Dampfkessel haben sich nicht durchgesetzt. Dampfkessel unterscheiden sich nicht wesentlich von den Warmwasserkesseln. Da sich im oberen Teil des Kessels das Dampfpolster bildet, dürfen in diesem Bereich keine Rauchgasrohre angeordnet sein. Weiterhin benötigen Dampfkessel eine Wasserstandsregelung für das Kesselspeisewasser und Pressostate zur Regelung des Brenners, der nicht mehr nach der Temperatur, sondern nach dem Dampfdruck ein- und ausgeschaltet wird. Bei Dampfkesseln empfiehlt sich grundsätzlich eine Wasseraufbereitung durch Ionentauscher, da entsprechend dem Dampfverbrauch ständig Wasser zugeführt werden muß.

Für den Einsatz zum Dämpfen ist ein Überhitzer sinnvoll. Dabei handelt es sich um ein Rohr oder eine Rohrschlange, die im Rauchgasstrom angeordnet wird. Der Dampf wird aus dem Kessel kommend durch diese Rohrschlange geleitet und zusätzlich erhitzt. Es entsteht überhitzter Dampf. Dieser Dampf kann in den Zuleitungen zum Dämpfgerät Wärme abgeben (Wärmeverluste), ohne daß dabei bereits ein Teil des Dampfes kondensiert. Für den eigentlichen Dämpfvorgang hat das Überhitzen des Dampfes keine große Bedeutung.

4.3.2.7 Gasspezialkessel

Während die oben beschriebenen Kesselbauarten aus Stahl gefertigt werden, verwendet man für Gasspezialkessel andere Werkstoffe. Da Erdgas keinen Schwefel enthält, bestehen keine Korrosionsprobleme durch Unterschreitung des Schwefelsäure-Taupunktes. Deshalb können zur Erhöhung des Wirkungsgrades bei Gaskesseln die Abgastemperatur und auch die Wassertemperatur im Kessel gesenkt werden. Dadurch wird der Kesselwirkungsgrad (niedrigere Abgastemperaturen) und außerdem der Jahresbetriebswirkungsgrad durch niedrigere Betriebsbereitschaftsverluste (s. Abschnitt 3.1.3.3) verbessert. Allerdings besteht dann die Gefahr der Unterschreitung des Wasserdampftaupunktes. Eine solche Betriebsweise erfordert die Verwendung von Materialien, die gegen kondensierenden Wasserdampf aus den Abgasen beständig sind. Zu diesen Materialien zählen bestimmte Gußlegierungen und Edelstahl. Diese Materialien werden für Gasspezialkessel verwendet. Diese Entwicklung hat beim Werkstoff Guß zu einer Erhöhung des Marktanteiles auf über 40 % geführt. Allerdings werden Gasspezialkessel vorwiegend für kleinere Leistungen bis ca. 300 kW verwendet.

4.3.2.8 Andere Spezialkessel

Angesichts der gestiegenen Energiekosten werden Spezialkessel angeboten, die für feste und flüssige Brennstoffe eingesetzt werden können. Dabei handelt es sich nicht um Wechselbrandkessel, sondern um echte Doppelkessel, die bis zum Rauchgasanschluß getrennt sind. Bei der Verbrennung von Holz entstehen teerige Abgase, die sich auf den Kesselwandungen niederschlagen und dann bei Ölbetrieb die Abgastemperaturen erhöhen und den Wirkungsgrad verschlechtern, daher sind echte Doppelkessel vorteilhaft. Außerdem ist es nicht zulässig, in Wechselbrandkesseln, die mit automatischen Ölbrennern ausgerüstet sind, gleichzeitig feste Brennstoffe (auch Abfallstoffe) zu verbrennen.

4.3.3 Störungen

Da Kessel im Gegensatz zu Brennern fast keine beweglichen Teile enthalten, verursachen sie kaum nennenswerte Störungen. Es können aber folgende Schäden am Kessel auftreten:
- wasserseitige Korrosion,
- Kesselsteinbildung,
- rauchgasseitige Korrosion,
- Spannungsrisse am Kessel,
- Konstruktions- und Herstellungsfehler.

Eine Behebung oder Verhinderung der aufgeführten Schäden ist im Interesse einer langen Lebensdauer des Kessels und für einen störungsfreien Betrieb der Kesselanlage erforderlich.

Die wasserseitige Korrosion läßt sich, wie in Abschnitt 2.4.1 dargelegt, durch geeignete Maßnahmen verhindern. Wichtig ist, daß möglichst kein Sauerstoff in das Heizungswasser gelangt oder daß vorhandener Sauerstoff durch entsprechende Zusätze (z. B. Hydrazin) gebunden wird.

Die Kesselsteinbildung führt nicht direkt zu Schäden an den Kesselwandungen. An der Wasserseite des Kessels bilden sich Carbonat- und Schlammablagerungen, die den Wärmeübergang an das Kesselwasser verschlechtern und so zu einer Überhitzung der Kesselwandung führen können. Kesselsteinbildung setzt immer dort ein, wo die höchsten Temperaturen auftreten, z. B. am Flammrohr. Eine Kesselsteinbildung läßt sich weitgehend verhindern, wenn das Wasser der Heizungsanlage nicht erneuert oder ständig ergänzt werden muß. Ist aber durch Undichtigkeiten im Heizungssystem ein häufigeres Nachfüllen erforderlich, dann muß das Wasser zur Vermeidung von Kesselsteinbildung behandelt werden.

In der VDI 2035 (1979) sind Maßnahmen zur Verhütung von Schäden durch Korrosion und Kesselsteinbildung angegeben. Da die Bildungsgeschwindigkeit von Ablagerungen temperaturabhängig ist, sollte eine neu befüllte Heizungsanlage langsam aufgeheizt werden, um zu verhindern, daß sich das Calciumcarbonat überwiegend an den Heizflächen des Kessels in kompakter Form abschneidet. Bei Mehrkesselanlagen sind alle Kessel gleichzeitig langsam aufzuheizen. Die Auffülleitung zum Heizungssystem sollte mit einem Wasserzähler versehen werden, um neben der Füllmenge auch die Menge an Ergänzungswasser zu erfassen. Die jeweiligen Wassermengen sollten in einem Betriebsbuch aufgezeichnet werden. Außerdem ist in regelmäßigen Abständen (ca. einmal jährlich) die Qualität des Füll- und Ergänzungswassers durch eine Wasseranalyse zu überprüfen.

Nach VDI 2035 (1979) sollte die Summe der Erdalkalien bei einer Kesselleistung von 100 bis 350 kW 1 bis 3 mol/m^3, bei 350 bis 1000 kW 1 bis 2 mol/m^3 und bei 1 bis 1,75 MW 1 mol/m^3 betragen (über 1,75 MW $<$ 0,3 mol/m^3). Der pH-Wert sollte zwischen 8 und 9,5 liegen. Übersteigt der Gehalt an Erdalkalien die oben angegebenen Werte, dann können zur Härtestabilisierung spezielle Chemikalien, z. B. Organophosphonsäuren oder Polycarbonsäuren, in unterstöchiometrischen Mengen zugesetzt werden. Dadurch werden die Calcium- und Magnesium-Ionen stabilisiert und am Ausfallen gehindert.

Die rauchgasseitige Korrosion wurde bereits in Abschnitt 2.4.2 behandelt. Bei schwefelhaltigen Brennstoffen sollten die Minimalbegrenzung der Kesselrücklauftemperatur sowie ausreichende Vorlauf- und Abgastemperaturen unbedingt beachtet werden. Zusätzliche Korrosionsprobleme treten auf, wenn die Kessel nicht in

Betrieb sind (z. B. im Sommer). Größere Schwankungen der Lufttemperatur führen zum „Schwitzen“ der Kessel. Es kondensiert Luftfeuchtigkeit auf den Kesselwandungen. Die Feuchtigkeit verursacht besonders in Verbindung mit schwefelhaltigen Rückständen stärkere Korrosion (Rostbildung). Deshalb sollten die Kessel vor dem Abkühlen sorgfältig gereinigt werden.

Bei längeren Stillstandszeiten sind die Heizflächen, falls möglich, mit einem Sprühöl gegen Korrosion zu schützen. Verstärkte Korrosion tritt auch dann auf, wenn ein stillgelegter Kessel wieder aufgeheizt wird. Durch die niedrigen Wassertemperaturen kommt es zur Kondensation größerer Wasserdampfmengen (Schwitzwasser). Dieser Zustand sollte möglichst schnell durchfahren werden. Es muß zunächst der Kessel auf die erforderliche Temperatur gebracht werden. Erst dann können die Umwälzpumpen eingeschaltet werden, damit auch das Wasser der Heizungsanlage aufgeheizt wird.

Spannungsrisse am Kessel entstehen durch mechanische Überbeanspruchung, wenn z. B. der am Typenschild angegebene zulässige Betriebsdruck überschritten wird. Eine solche Drucküberschreitung sollte bei richtiger Auslegung der Sicherheitseinrichtungen (s. Abschnitt 4.5) nicht auftreten. Spannungsrisse können aber auch bei Ausfall der Heizungsanlage durch Gefrieren des Wassers entstehen.

Konstruktions- und Herstellungsfehler treten ebenfalls sehr selten auf. Es handelt sich dabei meistens um Kulanzfälle, die von der Herstellerfirma auch nach Ablauf der Garantiezeit kostenlos behoben werden. Im Interesse des guten Rufes wird jede Kesselfirma bemüht sein, die Ursache für Konstruktions- und Herstellungsfehler zu ermitteln und beheben. Der Betreiber von Kesselanlagen sollte die Bedienungsanleitungen der Herstellerfirma sorgfältig beachten, damit der Gewährleistungsanspruch erhalten bleibt und Bedienungs- oder Wartungsfehler vermieden werden.

Zur Wartung der Kessel gehört die regelmäßige Reinigung der Rauchgaszüge und die Überprüfung der Dichtheit der Reinigungsöffnungen. Eventuell ist eine neue Asbestschnur einzulegen. Zur Vermeidung rauchgasseitiger Korrosion ist auf Kondenswasserbildung zu achten (besonders im 3. Zug). Tritt während des normalen Betriebes (nicht beim Anheizen) Kondenswasser auf, dann sind die Kesselbeimischpumpe, der entsprechende Thermostat und die Minimalbegrenzung der Kesselrücklauftemperatur auf richtige Funktion und Einstellung zu überprüfen. Der Thermostat für die Kesselbeimischpumpe (s. Abschnitt 4.9.2.3) sollte mindestens auf 60 °C (besser auf 65–70 °C) eingestellt und die Minimalbegrenzung der Kesselrücklauftemperatur auf mindestens 55 °C (besser 60 °C), um Taupunktunterschreitungen im Kessel zu vermeiden. Außerdem muß eine ausreichende Vorlauftemperatur von über 70 °C (besser 80–90 °C) bei ölbeheizten Kesseln eingehalten werden.

4.4 Brennstofflagerung

Für den sicheren Betrieb von Feuerungsanlagen ist die laufende Versorgung und Anlieferung bzw. eine ausreichende Bevorratung der Brennstoffe eine unerläßliche Voraussetzung.

Bei Verwendung gasförmiger Brennstoffe ist, mit Ausnahme von Flüssiggas, eine Lagerung und Bevorratung nicht möglich. Dadurch entfallen Lagereinrichtungen; das ist bei der Installation im Hinblick auf die Investitionskosten von Vorteil, gleichzeitig besteht aber eine dauernde Abhängigkeit von einer ununterbrochenen Versorgung.

4.4.1 Lagerung flüssiger Brennstoffe

Die größte Bedeutung hat aufgrund der Vorschriften und Sicherheitsbestimmungen die Lagerung und Bevorratung flüssiger Brennstoffe. Dabei spielt weniger die Brennbarkeit eine Rolle als vielmehr die Maßnahmen und Vorrichtungen zum Schutz gegen Behälterleckage und Behälterüberfüllung (HEIDE, 1979; KRAUSE, 1979).

Zur Lagerung und Bevorratung von Heizöl stehen Lagerbehälter verschiedenster Bauarten und Größenordnungen zur Verfügung (IHLE, 1972; DIN 6600, 1978).

Tab. 21. Vorratsbehälter für Heizöl, Lagerkapazität und zugehörige Norm

Behälter	Größe	Norm
Transportkanister	10 l	DIN 7275
Einheitskanister	20 l	
Rollreifenfässer	200 l	DIN 6635
Rollsickenfässer	200 l	DIN 6637
Haushaltsbehälter	bis 620 l	DIN 6622
Batteriebehälter	1000, 1500, 2000 l	DIN 6620
Standortgefertigte Behälter	keine Angaben	DIN 6625
Liegende Stahlbehälter		
Unterirdische Lagerung	5 bis 100 m^3	DIN 6608
Teilweise oberirdisch	5 bis 100 m^3	DIN 6617
Oberirdische Lagerung	5 bis 100 m^3	DIN 6616
Stehende Behälter	7 bis 60 m^3	DIN 6618
Oberirdische, zylindrische Tankbauwerke	unbegrenzt	DIN 4119

Alle verwendeten Lagerbehälter unterliegen behördlichen und fachlichen Richtlinien. Grundsätzlich ist in jedem Fall zu prüfen, ob die vorgesehenen Lagerbehälter den Anforderungen der Normen, Gütebestimmungen und sonstigen anerkannten Regeln der Technik entsprechen.

Als Material wurde bisher überwiegend Stahl verwendet, so daß Vorschriften, Richtlinien und Normen praktisch nur auf Stahlbehälter Bezug nehmen. Daneben gibt es Behälter aus Stahlbeton und in zunehmendem Maße aus Kunststoff, z. B. glasfaserverstärktes, ungesättigtes Polyester (GFUP).

Für die Größe der Behälter ergibt sich ein sehr großer Bereich. Tab. 21 gibt einen Überblick über die verschiedenen Behältergrößen und zugehörigen Normen. In den Normen werden für die jeweilige Behältergröße und -bauart die erforderliche Materialstärke, die wichtigsten Abmessungen, Anschlußleitungen, Kontrollöffnungen und Prüfverfahren angegeben.

Hersteller, die sich durch Einhaltung festgelegter Güte- und Prüfbedingungen verpflichtet haben, zeichnen ihre Behälter mit dem RAL-Gütezeichen RG 998 aus. Auf dem Prüfzeugnis und am Behälterschild werden von einem Sachverständigen die Behälterkenndaten und das Prüfergebnis bestätigt.

4.4.1.1 Batteriebehälter

Batteriebehälter werden bei Heizungsanlagen kleinerer Leistung häufig zur Bevorratung von Heizöl verwendet. Die Grundkonzeption dieser Entwicklung sind die begrenzten Baumaße von höchstens 720 mm Breite und höchstens 1500 mm Höhe, die eine nachträgliche Aufstellung in einem bestehenden Gebäude gestatten, weil der Transport durch Treppenräume und Kellertüren möglich ist.

Es können mehrere einzelne Behälter zu einer Batterie zusammengeschlossen werden. Die Mindestblechdicke beträgt 3 mm. Es gibt kantige und ovale Bauformen, die mit verschiedenen Baulängen genormte Behältergrößen für 1000, 1500 und 2000 l Heizöl ergeben. Alle Batteriebehälter müssen mit 0,3 bar Überdruck auf Dichtheit geprüft werden (DIN 6620, 1978).

4.4.1.2 Standortgefertigte Behälter

Der standortgefertigte Behälter wird am Aufstellungsort aus seinen Bauteilen zusammengebaut und ermöglicht damit, beispielsweise in Kellerräumen, eine maßgerechte und günstige Raumausnutzung. Für die Bauhöhen von 2,5 bzw. 4 m sind Mindestblechstärken für Boden und Wände von 5 mm bzw. 6 mm erforderlich.

Die standortgefertigten Behälter müssen Einsteigöffnungen mit einer lichten Weite von 500 mm (bis 16 000 l) und 600 mm (über 16 000 l Inhalt) besitzen. Der Abstand Behälteroberkante bis zur Decke des Raumes muß mindestens 600 mm betragen (Abb. 59).

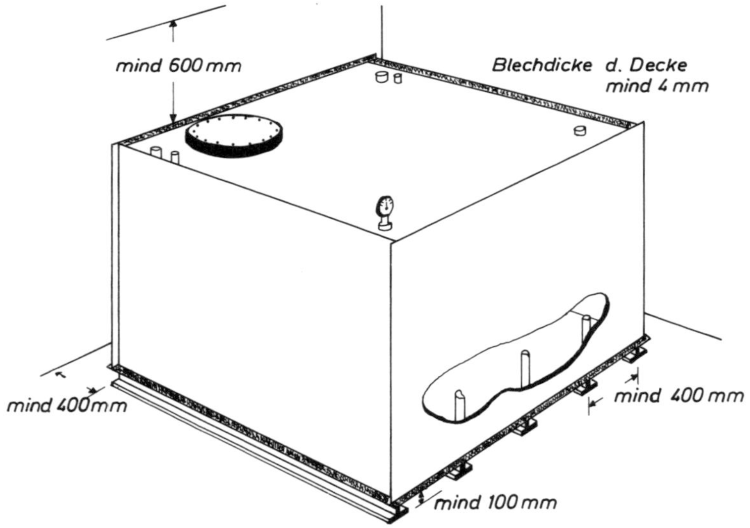

Abb. 59. Standortgefertigter Behälter für oberirdische Heizöllagerung (DIN 6625, 1978).

Jeder standortgefertigte Behälter muß außer der Bauprüfung einer Dichtheitsprüfung durch einen Sachverständigen unterzogen werden. Der Prüfdruck muß mindestens dem zweifachen statischen Druck am Behälterboden entsprechen (DIN 6625, 1978).

4.4.1.3 Unterirdisch gelagerte Behälter

Das Normblatt DIN 6608 (1978) enthält Mindestabmessungen, Werkstoffe, Ausführung und Kennzeichnung für liegende Stahlbehälter. Die Mindestinhalte sind von 1 m^3 bis 100 m^3 gestuft bei Blechstärken von 5 mm bis 9 mm, Außendurchmessern von 1000 mm bis 2900 mm und Gesamtlängen von 1510 mm bis 15 950 mm. Behälter mit sehr großem Inhalt und Durchmessern über 2000 mm besitzen Versteifungsringe. Für die Behälter müssen eine Erddecke von 1 m einschließlich befestigter Fahrbahn und normale Verkehrslasten als zusätzliche Belastung berücksichtigt werden. Alle Behälter müssen mit Wasser mit einem Überdruck von 2 bar auf Dichtheit geprüft werden. Die Außenwand der Behälter wird nach der Säuberung grundiert und isoliert. Diese Isolierung muß wasserundurchlässig und gegen thermische und sonstige Beanspruchungen widerstandsfähig sein.

Entsprechend den gültigen Lagerungsverordnungen müssen für unterirdisch gelagerte Behälter für Heizöl EL Auffang- und Sicherheitseinrichtungen vorhanden sein, um eventuell auslaufendes Heizöl aufzufangen und die Undichtigkeit anzuzeigen. Deshalb werden für unterirdische Lagerung in den meisten Fällen doppelwandige Behälter verwendet. Sie besitzen einen zusätzlichen, den Hauptbehälter allseitig umschließenden, flüssigkeitsdichten Außenmantel, dessen Abstand vom Hauptbehälter möglichst klein und nicht größer als die Blechstärke des Mantelbodens sein soll. Für Behälter bis 30 m^3 Inhalt muß die Blechstärke des Außenmantels mindestens 3 mm betragen. Jeder doppelwandige Behälter muß mit einem Überdruck von 0,5 bar auf Dichtigkeit geprüft sein (DIN 6608, 1978).

Bei teilweise oberirdisch gelagerten Behältern sind die Anforderungen und Baumaße ähnlich wie bei unterirdischer Lagerung.

4.4.1.4 Oberirdisch gelagerte Behälter

Oberirdisch gelagerte Behälter bieten die preiswerteste Lösung zur Lagerung von Heizöl – vorausgesetzt der erforderliche Platz steht zur Verfügung. Die Behälter für oberirdische Lagerung entsprechen in Abmessungen und Herstellungsanforderungen weitgehend den liegenden Behältern für unterirdische Lagerung. Sie werden mit einem Überdruck von 2 bar auf Dichtheit geprüft. Die Aufstellung der Behälter erfolgt auf Stahl-Sattelfüßen oder Betonsockeln.

Werden liegende oder auch stehende oberirdische Behälter ausschließlich zur Lagerung von Heizöl S benutzt, das nur im erwärmten Zustand pumpfähig ist, sind keine besonderen Maßnahmen gegen Leckage erforderlich. Außerdem dürfen werksseitig in der Nähe des Halsstutzens im Behälterboden Vorwärmeinrichtungen angebracht werden, die keine Verbindung zum Behälterinhalt haben.

Sonst dürfen Anschlüsse nur im Domdeckel, in der Behälterscheitelfläche oder im Halsstutzendeckel angebracht werden.

Sehr große Lagerbehälter werden im Einzelfall entworfen und berechnet. Die Richtlinien der Norm DIN 4119 (1979) beziehen sich auf den statischen Nachweis und die bauliche Ausführung von senkrecht stehenden, oberirdischen, kreiszylindrischen Behältern mit voll aufliegendem Boden.

4.4.1.5 Behälter aus anderen Werkstoffen

Für Behälter aus Stahlbeton müssen neben der Zulassung für Stahlbeton und Bauart bestimmte Anforderungen an Standsicherheit, Behälterdichtheit, Betongüte, Isolierung und Behälterausbildung erfüllt werden.

Für den Einsatz von Kunststoffen zur Heizöllagerung spricht vor allem das Problem der Korrosionsanfälligkeit von Stahlblech. Heizöl-Lagerbehälter aus glasfaserverstärktem Kunststoff bieten eine Möglichkeit für eine sichere Lagerung von Heizöl. Voraussetzung ist jedoch die Bauartprüfung und Zulassung der entsprechenden Behälter.

4.4.1.6 Aufstellung, Einbau und Ausrüstung von Heizöllagerbehältern

Für die Aufstellung und den Einbau der Lagerbehälter und für deren Ausrüstung sind neben den technischen und betrieblichen Anforderungen alle öffentlich rechtlichen Vorschriften zu beachten. Das verhältnismäßig unübersichtliche Netzwerk aller Vorschriften und Richtlinien ist die Folge unterschiedlicher rechtlicher Zuständigkeiten, wie sie für das Bauaufsichtsrecht, das Gewerberecht und das Wasserrecht gegeben sind, deren Geltungsbereich sich entweder auf Bundes- oder Landesebene erstreckt. Im Einzelfall sind die örtlich geltenden Vorschriften zu beachten.

Oberirdische Lagerung in Gebäuden

In Heizräumen dürfen bis zu 5000 l gelagert werden. Der Abstand zwischen den Behältern und der Feuerungsanlage muß mindestens 1 m betragen.

Als Heizöllagerräume werden Räume ohne Feuerstätten bezeichnet, die ausschließlich zur Lagerung von 5 m^3 bis höchstens 100 m^3 Heizöl benutzt werden. Die Heizöl-Lagerräume müssen feuerbeständige Wände und bei großen Mengen auch feuerbeständige Decken besitzen. Etwa auslaufendes Heizöl muß durch eine Wanne aufgefangen werden können. Die Auffangräume dürfen keine Abläufe haben und müssen einen ölbeständigen Anstrich oder eine entsprechende Beschichtung besitzen. Das Fassungsvermögen des Auffangraumes muß dem Rauminhalt des größten aufgestellten Behälters entsprechen.

Nicht begehbare Heizöl-Lagerräume, bei denen Undichtigkeiten nicht jederzeit wahrnehmbar sind, werden wie unterirdisch gelagerte Behälter behandelt, das heißt, sie müssen mit Leckanzeige-Vorrichtungen ausgerüstet sein.

Oberirdische Lagerung im Freien

Oberirdisch gelagerte Heizöl-Behälter müssen mindestens 1 m von den Grundstücksgrenzen entfernt und mit mindestens 3 m Abstand von Wänden mit Öffnungen aufgestellt werden. Der Mindestabstand zu feuerhemmenden Wänden ohne Öffnung muß 250 mm betragen. Auslaufendes Heizöl muß durch ölundurchlässige Auffangwannen aufgefangen werden können. Als gleichwertige Sicherungsvorrichtungen gelten doppelwandige Behälter oder Behälter mit Einlagen und mit Leckanzeigegeräten.

Unterirdische Lagerung

Für die unterirdische Lagerung muß eine ausreichend große Grube ausgehoben werden. Der Boden der Grube muß tragfähig und steinfrei sein. Der Behälter ist allseitig mit mindestens 200 mm Erdreich ohne scharfkantige Gegenstände einzuschlämmen. In Gebieten mit hohem Grundwasserstand sind unterirdisch gelagerte Behälter fachgerecht zu verankern.

Der Dom und alle Anschlüsse sollten durch einen Schacht, der mindestens 940 mm lichte Weite besitzt, zugänglich sein. Die Schachtabdeckung muß so ausgebildet sein, daß Oberflächenwasser nicht eindringen kann. Die Wände des Schachtes müssen ölbeständig und wasserdicht sein. Eingedrungenes Heizöl darf nicht versikkern können.

4.4.1.7 Füll-, Lüftungs-, Meß-, Entnahme- und Entleerungseinrichtungen

Alle Behälteranschlüsse sollen nur im Domdeckel oder im Bereich der Behälterscheitelfläche angebracht sein (Abb. 60).

Abb. 60. Tankarmaturen für Heizöl EL.

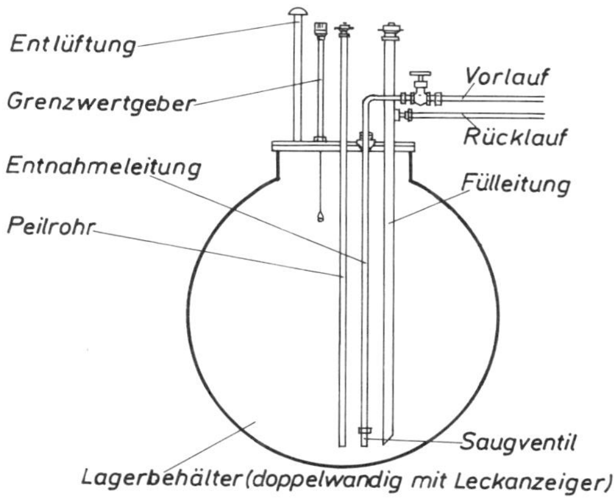

Füllanschlüsse

Heizöl-Behälter mit fest angeschlossenen Entnahmeleitungen sollen eine Füll-Leitung mit einem möglichst außerhalb des Gebäudes angebrachten Füllstutzen besitzen. Dieser muß gegen unbefugtes Öffnen eine gesicherte Verschlußkappe besitzen. Die Füll-Leitungen sollen mit Nennweite DN 50 oder DN 80 und mit Gefälle in Richtung zum Behälter verlegt werden. Um die Füll-Leitung mit dem Schlauch des Tankwagens fest verbinden zu können, ist eine für die genormte Tankwagenkupplung DN 50 oder DN 80 entsprechende Ausführung des Füllstutzens vorzusehen.

Lüftungseinrichtung

Alle ortsfesten Behälter benötigen Lüftungsrohre für die Be- und Entlüftung. Diese Rohre müssen vom höchsten Punkt des Behälters ins Freie führen und dürfen nicht absperrbar sein. Die Ausmündung der Lüftungsleitung muß sich 2,5 m über dem Erdboden oder mindestens 500 mm über dem Füllstutzen an einer während der Befüllung gut sichtbaren Stelle befinden. Die Öffnung ist durch eine Lüftungskappe gegen das Eindringen von Fremdkörpern und Wasser zu schützen. Der Mindestquerschnitt von 25, 40 oder 50 mm richtet sich nach den dazugehörigen Füll-Leitungsnennweiten.

Ölstands-Meßeinrichtungen

Während der Befüllung und während des Betriebes einer Ölfeuerungsanlage muß der Ölstand im Lagerbehälter gemessen und überwacht werden können. Im einfachsten Fall genügen Peilvorrichtungen zur Feststellung des Ölstandes und zur Ermittlung des Behälterinhaltes.

Bei Peilstäben aus Messing muß eine Berührung mit der Behältersohle sicher verhindert werden, da sonst Korrosion auftreten kann. Der Peilstab sollte deshalb nur zu Messungen eingeführt werden und darf nicht ständig im Behälter bleiben.

Der Behälterinhalt ist bequemer mit mechanisch, pneumatisch oder elektronisch arbeitenden Ölanzeigevorrichtungen feststellbar. Im Beschädigungsfall darf kein Heizöl auslaufen. Deshalb müssen Ölstandsmeßgläser aus Glas oder Kunststoff ein selbsttätig schließendes Absperrventil in der Verbindung zum Behälter besitzen. Mechanische Anzeigevorrichtungen arbeiten meist mit Schwimmern. Sie sind gewöhnlich am Behälter angebracht. Die pneumatisch oder elektronisch arbeitenden Geräte benötigen ein Rohr, das fast bis zur Behältersohle reicht, um den Bodendruck der Ölfüllung messen zu können. Die Anzeige kann in einem größeren Abstand vom Tank erfolgen.

Entnahme- und Rücklauf-Leitungen

Entnahme- und Rücklaufleitungen sind bei Lagerbehältern für Heizöl EL von oben einzuführen (Abb. 60). Bei Verwendung von Leitungen aus Buntmetall sind zweckmäßigerweise an den Verbindungsstellen zu Stahl zur Vermeidung von Korrosionsgefahren Isolierstücke vorzusehen.

Die Saugöffnung der Entnahmeleitung sollte einige Zentimeter über der Behältersohle liegen. Auch für die Rücklaufleitung ist eine Führung bis in die Nähe des Behälterbodens zu empfehlen, um dadurch unnötige Luftanreicherungen des Heizöls zu vermeiden. Die Rücklaufleitung darf aber nicht als Saugheber wirken.

Entleerungseinrichtungen

Da bei den meisten Behälterbauarten nur eine Entnahme von oben erlaubt ist, sollte zur Einführung einer Absaugleitung eine geeignete Öffnung vorhanden sein. Dann ist die Entfernung von abgesetztem Wasser, Schlamm usw. von den tiefsten Punkten des Behälterbodens durch Abpumpen oder mittels Saugheber möglich.

4.4.1.8 Auffangwannen

Alle Auffangwannen müssen heizölundurchlässig sein. Dies kann durch Beschichten der Beton-, Putz- oder Estrich-Flächen mit heizölbeständigen Beschichtungsstoffen erreicht werden. Die Beschichtungsstoffe müssen geprüft und zugelassen sein sowie vorschriftsmäßig verarbeitet werden.

4.4.1.9 Leckanzeige- und Lecksicherungsgeräte

Für oberirdisch gelagerte Behälter wird in der Regel eine Auffangwanne verwendet. Doppelwandige Behälter können die Wanne ersparen, müssen dann aber mit einem Gerät ausgestattet sein, das die Undichtigkeit mindestens optisch anzeigt. Bei unterirdisch gelagerten Behältern müssen etwaige Undichtigkeiten sowohl optisch als auch akustisch angezeigt werden.

Doppelwandige Stahlbehälter können relativ einfach mit einem Leckanzeigegerät ausgerüstet werden. Dazu wird der Zwischenraum zwischen Innen- und Außenmantel mit einer Kontrollflüssigkeit gefüllt (Abb. 61). Über eine kleine Leitung ist der Zwischenraum mit einem Kontrollgefäß verbunden (Abb. 62). Darin kann der Stand der Kontrollflüssigkeit mit einem Schwimmer oder über Leitfähigkeitselektroden überwacht werden. Tritt eine Undichtigkeit auf, bewirkt der Flüssigkeitsverlust die optische und akustische Anzeige der Leckage (HEIDE, 1979).

Bei einwandigen Stahlbehältern mit einer zugelassenen Innenhülle ist ein Vakuum-Leckanzeigegerät erforderlich. Dazu wird im Zwischenraum zwischen Stahlwand und Innenhülle ein geringes Vakuum aufrechterhalten, das im Falle einer Undichtigkeit zusammenbricht, so daß die Leckage angezeigt werden kann. Die Behältereinlagen müssen mit dem dazugehörigen Vakuum-Leckanzeigegerät eine Funktionsprüfung bestanden haben.

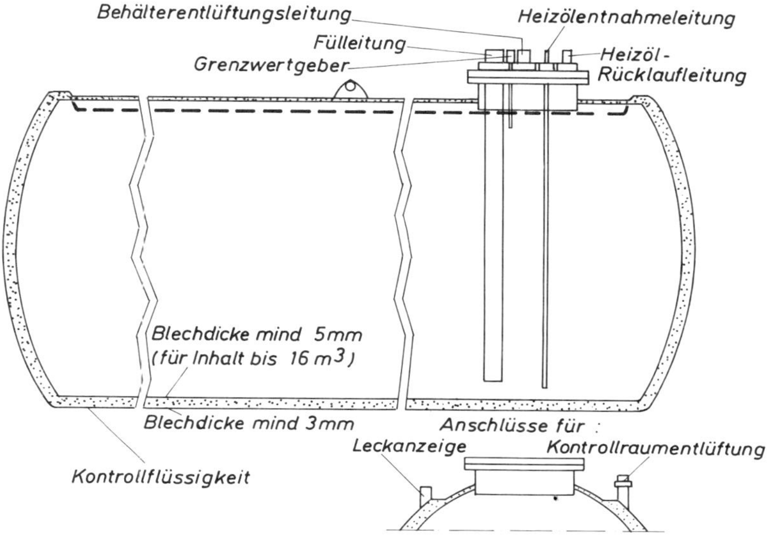

Abb. 61. Doppelwandiger Heizöllagertank mit Anschlüssen für Leckanzeige (DIN 6608, 1978).

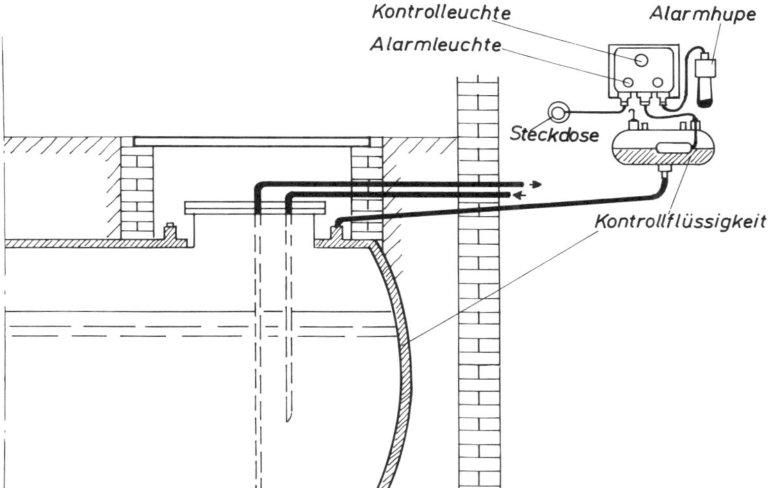

Abb. 62. Lecksicherung bei doppelwandigen Heizöllagertanks.

4.4.1.10 Schutz vor Korrosion

Fast noch wichtiger als Geräte zur Leckanzeige sind Maßnahmen zur Verhinderung von Undichtigkeiten, die in der Regel durch Korrosion hervorgerufen werden (DIN 50 900, 1960; DIN 50 902, 1972).

Zum Schutze der Lagerbehälter gegen Korrosion von außen reichen bei oberirdisch gelagerten Behältern Schutzanstriche mit einer ölfesten Rostschutz-Grundierung sowie mit einem besonderen Anti-Korrosionsschutz-Anstrich. Bei unterirdisch gelagerten Behältern sind die Außenwände durch eine ausreichende Isolierung zu schützen. Diese besteht aus mehreren, auf eine Grundierung aufgebrachten, porenlosen Lagen bitumengetränkter Trägerstoffe, Glasgewebe oder Glasvlies. Die Isolierung ist vor dem Einbau des Behälters sorgfältig auf Beschädigungen (Transport) zu untersuchen und gegebenenfalls auszubessern. Eine vielfach bewährte Schutzmaßnahme zur Verhinderung von Korrosion an Stahl ist der kathodische Korrosionsschutz. Bei kleineren Behältern werden in Behälternähe im Boden Anoden aus Zink oder Magnesium-Verbindungen angeordnet und mit dem Behälter leitend verbunden. Die Anoden verbrauchen sich im Laufe der Zeit (Opfer-Anoden) und müssen deshalb regelmäßig kontrolliert werden. Für größere Behälter empfiehlt sich die Verwendung von Fremdstrom-Anoden. Diese Anoden bestehen aus korrosionsbeständigen Materialien, die eventuell in Koks eingebettet werden, um eine große Lebensdauer zu erreichen. Der zum Schutze des Behälters erforderliche Strom wird mittels einer aus dem Netz gespeisten Gleichrichteranlage erzeugt.

Wesentlich gefährlicher als die Außenkorrosion ist die Innenkorrosion der Heizöl-Lagerbehälter. Abgesetztes Wasser aus dem Heizöl oder von der Kondensation der Behälter-Luftfeuchtigkeit ergibt in Verbindung mit im Öl gelöstem Sauerstoff eine gute Voraussetzung für die Innenkorrosion, besonders an der Behältersohle. Schutzmaßnahmen sind deshalb besonders wichtig. Zum kathodischen Schutz können stabförmige galvanische Opfer-Anoden oder Fremdstromanlagen, ähnlich wie zum Schutze gegen Außenkorrosion, angewendet werden. Eine weitere Maßnahme ist die Innenbeschichtung, die möglichst nur bei neuen Lagerbehältern und dann werksseitig erfolgen sollte. Als Beschichtungsstoffe werden z. B. Polyurethane und Epoxidharze verwendet. Bei bereits benutzten Lagerbehältern ist das Einbringen einer Innenschutzhülle sinnvoller, weil dadurch gleichzeitig die Möglichkeit zum Einbau einer Lecksicherungseinrichtung gegeben ist. Neben plastischen Einlagen in Form von etwa 0,75 mm starken Kunststoffolien sind auch feste Einlagen aus glasfaserverstärktem Polyester entwickelt worden.

Eine weitere Möglichkeit bietet die Verwendung von Additiven mit Antikorrosionszusätzen. Wichtig ist, daß die Mittel immer in ausreichender Konzentration im Heizöl vorhanden sind. Die Zusätze sollen das Auftreten von Korrosion durch Neutralisierung bzw. Passivierung der Stahloberfläche verhindern. Dazu ist es erforderlich, daß die verwendeten Mittel sowohl öllöslich als auch wasserlöslich sind.

4.4.1.11 Überfüllsicherungseinrichtungen

Um zu verhindern, daß beim Befüllen eines Lagerbehälters durch Überlaufen Heizöl in das Grundwasser gelangen kann, sind selbstätig arbeitende Überfüllsicherungseinrichtungen gesetzlich vorgeschrieben. Diese Vorrichtung besteht aus einem Grenzwertgeber, der im Behälter eingebaut wird und den zugehörigen Geräten (Abb. 63) (Verstärker, Relais, Magnetventil) im Tankwagen (Abb. 64). Im Grenzwertgeber befindet sich ein kleiner elektrischer Widerstand, der sich, wenn er mit

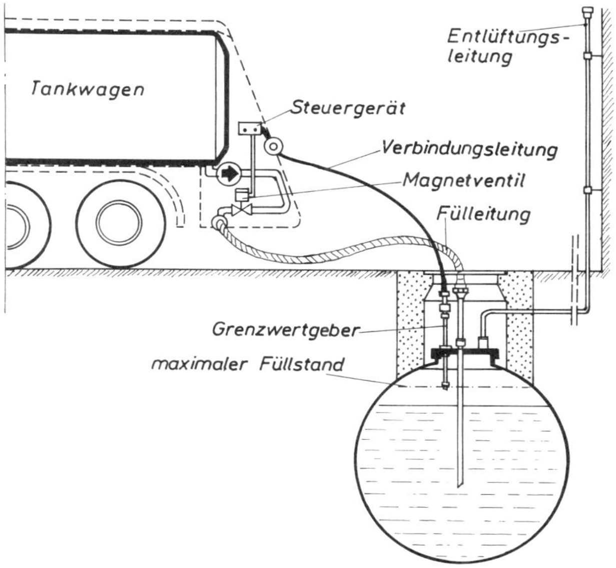

Abb. 64. Befüllen eines Heizöltanks mit Grenzwertgeber.

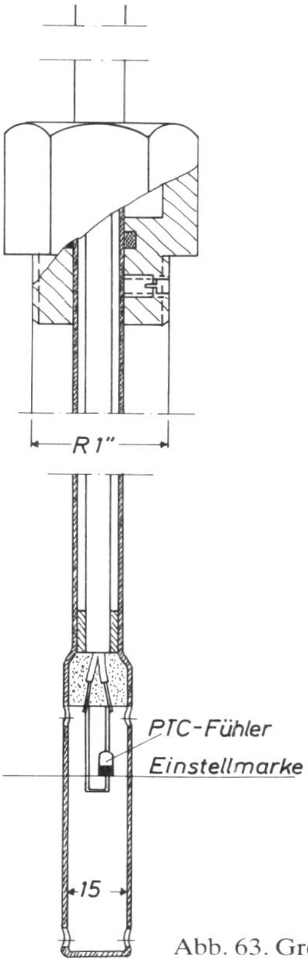

Abb. 63. Grenzwertgeber zum Einbau in Heizöllagertanks.

dem Tankwagen verbunden wird, erwärmt und einen Stromkreis frei gibt. Taucht der Widerstand in Heizöl, kühlt er sich ab, der Stromkreis und damit die Ölzufuhr wird unterbrochen. Grenzwertgeber sind so einzubauen und einzustellen, daß ein Behälter maximal zu 95 % gefüllt werden kann. Die Grenzwertgeber müssen baumustergeprüft sein (KRAUSE, 1979).

4.4.1.12 Zuleitungen vom Lagerbehälter zum Brenner

Die Zuleitungen vom Lagerbehälter zum Brenner müssen gegen Auslaufen von Heizöl gesichert sein. Am günstigsten ist die oberirdische Verlegung, so daß die Leitungen jederzeit durch Augenschein auf Dichtigkeit überprüft werden können. Ist unterirdische Verlegung erforderlich, dann sollten Leitungen mit geringem Querschnitt in ein Kunststoffrohr eingezogen werden.

Das Kunststoffrohr muß an gut sichtbarer Stelle im Heizraum enden, damit eine Leckage jederzeit sichtbar ist. Ölleitungen mit größerem Querschnitt werden unterirdisch in einem Kanal verlegt, der mit einem ölundurchlässigen Anstrich versehen sein muß und mit Gefälle zum Heizraum versehen sein sollte, so daß eine Undichtigkeit jederzeit erkennbar ist.

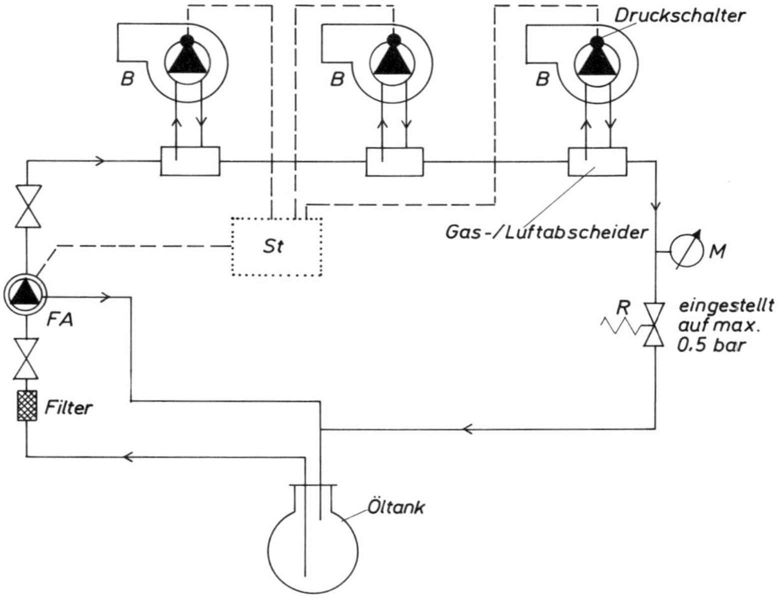

Abb. 65. Heizöl-Ringleitung für drei Brenner. B = Brenner, R = Druckregulierventil, FA = Ölförderaggregat, St = Steuer- und Überwachungsgerät, M = Manometer.

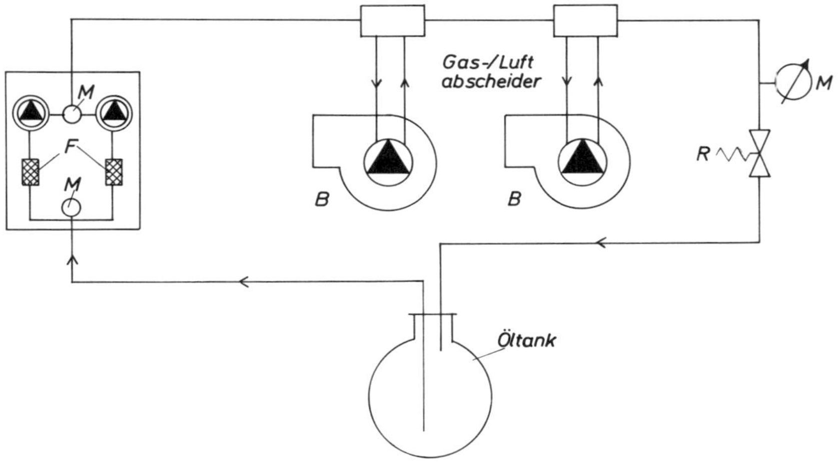

Abb. 66. Heizöl-Ringleitung mit Doppelpumpenaggregat. B = Brenner, R = Druckregulierventil, F = Filter, M = Manometer.

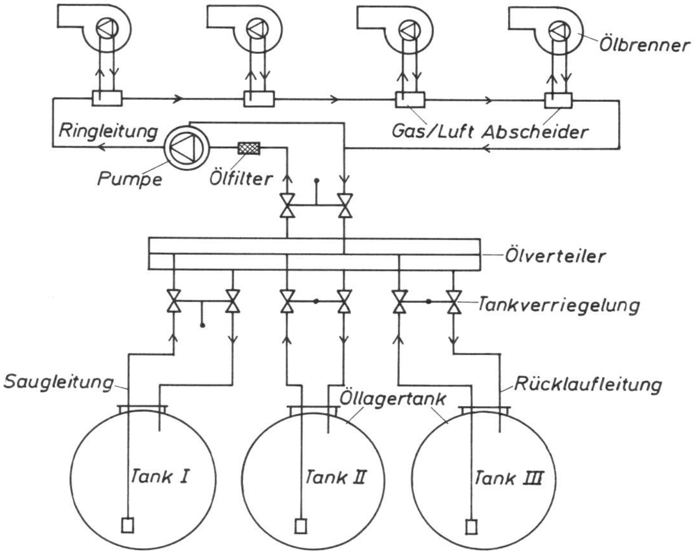

Abb. 67. Heizöl-Ringleitung mit Verteiler für den Anschluß mehrerer Heizöllagerbehälter.

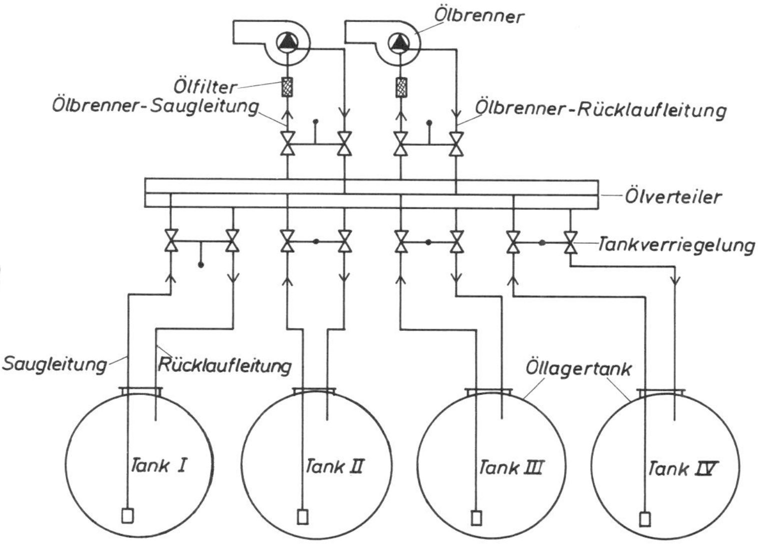

Abb. 68. Anschluß von Ölbrennern ohne Ringleitung über einen Ölverteiler an mehrere Heizöllagerbehälter.

Der Anschluß des Brenners erfolgt in der Regel mit zwei Leitungen (Zweistrangsystem). Über eine Leitung saugt die Ölpumpe des Brenners das Öl aus dem Vorratsbehälter an (Saugleitung); über die andere Leitung fließt das Öl, das zuviel gefördert wurde, in den Vorratsbehälter zurück. Grundsätzlich besteht auch die Möglichkeit, die Ölversorgung im Einstrangsystem vorzunehmen, dann wird nur so viel Öl angesaugt, wie tatsächlich verbrannt wird. Dieses System hat aber entscheidende Nachteile. So kann die Ölpumpe nicht aus eigener Kraft ansaugen. Außerdem verursacht im Öl mitgeführte Luft Störungen in der Ölversorgung. Deshalb sollte immer das Zweistrangsystem verwendet werden.

Bei großen Ansaughöhen oder langen Saugleitungen wird der Unterdruck vor der Ölbrennerpumpe so groß, daß aus dem Öl Luft und Ölgase austreten können und zu Störungen führen. In diesem Fall oder bei Anschluß mehrerer Brenner ist eine zusätzliche Ölpumpe zur Versorgung einer Ringleitung (Abb. 65) erforderlich. Die Ringleitungspumpe fördert das Öl aus dem Lagerbehälter zu den einzelnen Brennern und über ein Druckregulierventil zurück in den Behälter. Für den Anschluß der einzelnen Brenner sollte ein Gas- und Luftabscheider vorgesehen werden. Aus Sicherheitsgründen empfiehlt es sich, parallel zur Ringleitungsölpumpe eine Reservepumpe vorzusehen (Abb. 66).

Sind mehrere Heizöllagerbehälter vorhanden, aus denen abwechselnd Heizöl zur Verbrennung entnommen werden soll, dann ist ein Ölverteiler (Abb. 67) vorzusehen. Es ist unbedingt darauf zu achten, daß das Rücklauföl immer in den Behälter zurückfließt, aus dem es entnommen wurde. Deshalb müssen Vorlauf- und Rücklaufschieber jeweils gemeinsam betätigt werden (Verriegelung). Bei kleineren Heizungsanlagen kann aus Kostengründen auf die Ringleitungspumpe verzichtet werden. Ein entsprechendes Schaltschema ist in Abb. 68 dargestellt.

4.4.1.13 Ölvorwärmung

Zur Verbrennung von Heizöl der Sorten L, M und S ist eine Vorwärmung erforderlich. Bei freiliegenden Vorratsbehältern für Heizöl EL kann zur Vermeidung des Unterschreitens des Cloud-Points eine Vorwärmung des Heizöl EL ebenfalls sinnvoll sein.

Die Vorwärmung von Heizöl erfolgt in zwei bis drei Stufen (Abb. 69 und Abb. 70). Zunächst ist es erforderlich, durch einen Einsteckvorwärmer im Lagerbehälter das Heizöl so weit zu erwärmen, daß es pumpfähig ist. Die Einsteckvorwärmer können entweder elektrisch (Abb. 70) oder mit Heizungsvorlaufwasser (Abb. 69) betrieben werden. Die Zuleitungen vom Lagerbehälter zu einem Tagesbehälter sind mit einer Begleitheizung zu versehen, die verhindern soll, daß sich das Öl in den Leitungen so weit abkühlt, daß es nicht mehr pumpfähig ist. Außerdem ist die Begleitheizung zum Anfahren der Anlage erforderlich, wenn das Heizöl entsprechend abgekühlt war.

Im Tagesbehälter wird das Heizöl auf höhere Temperaturen erwärmt (ca. 80 bis 85 °C). Da Strom zur Ölvorwärmung relativ teuer ist, sollte das Heizöl bis einschließlich Tagesbehälter mittels Heizungsvorlaufwasser über entsprechende Wärmetauscher vorgewärmt werden. Für einen Druckzerstäuber ist bei Heizöl S eine weitere Erwärmung auf ca. 130 °C erforderlich. Dazu muß dann ein elektrisch beheizter Endvorwärmer eingesetzt werden. In Abb. 71 sind die zur Erwärmung von 1000 kg Heizöl S erforderlichen Wärmemengen angegeben.

Bei größeren Anlagen kann man zur Vermeidung der relativ hohen Stromkosten und elektrischen Anschlußwerte für die Ölvorwärmung eine Thermalölheizung

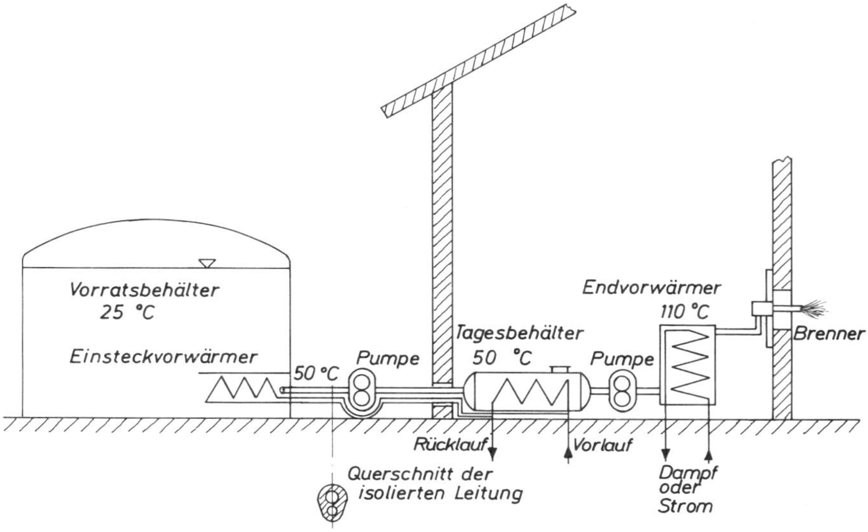

Abb. 69. Vorwärmung von Heizöl S in drei Stufen (schematisch).

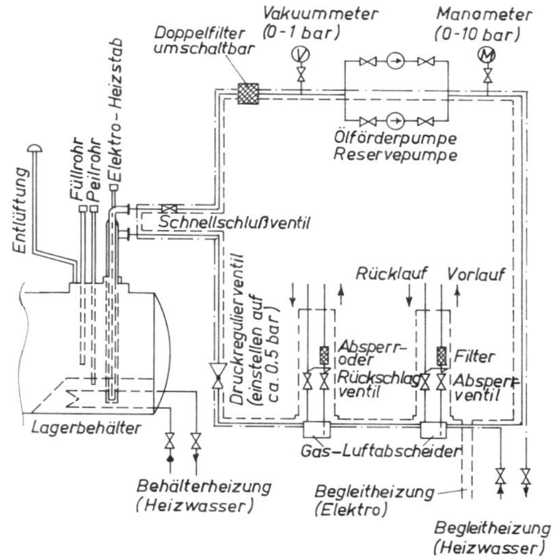

Abb. 70. Ringleitung für Heizöl S mit Vorwärmung (Begleitheizung).

verwenden. Dabei handelt es sich um eine kleine Kesselanlage mit Brenner. In dem Kessel wird anstelle von Wasser ein spezielles hitzebeständiges Öl (Thermalöl) auf ca. 250° erwärmt. Bei diesen Temperaturen verdampft das Thermalöl noch nicht. Mit dem Thermalöl kann dann das Heizöl über entsprechende Wärmetauscher bis auf die erforderliche Temperatur (z. B. 130 °C) erwärmt werden. Wichtig für die Vorwärmung von Heizöl S ist, daß entsprechend der jeweiligen Temperatur ein

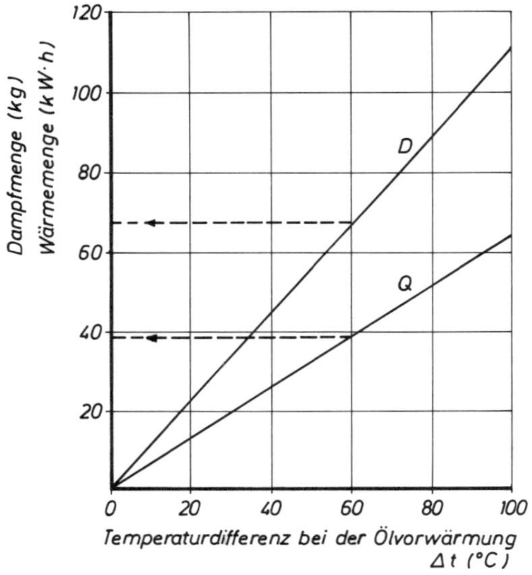

Abb. 71. Energiebedarf für die Vorwärmung von 1000 kg Heizöl S. Q = Wärmemenge, D = Dampfmenge.

ausreichender Druck vorhanden ist. Das gilt besonders für Temperaturen von über 100 °C, weil dann im Heizöl enthaltenes Wasser einen entsprechenden Dampfdruck hat.

4.4.2 Lagerung von Flüssiggas

Flüssiggasbehälter sind Druckbehälter. Herstellung, Aufstellung und Einlagerung unterliegen technischen Vorschriften. In gewissen Zeitabständen müssen die Behälter sicherheitstechnischen Prüfungen unterzogen werden. Der Betriebs- bzw. Prüfdruck ist nach temperaturbedingten Dampfdrücken von Propan und Butan

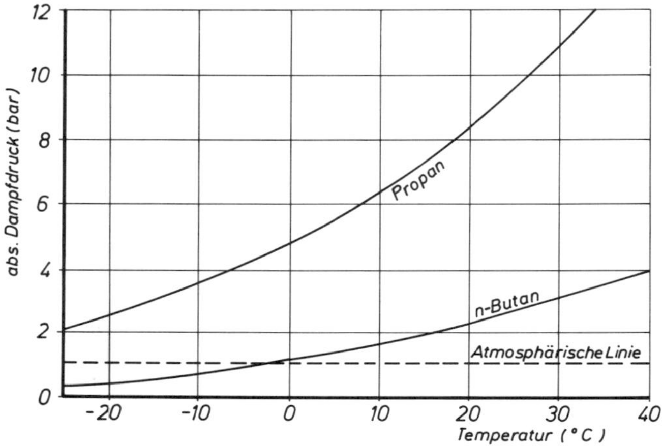

Abb. 72. Dampfdruck von Propan und Butan in Abhängigkeit von der Temperatur.

(Abb. 72) zuzüglich behördlicher Sicherheitszuschläge festgelegt. Daraus ergeben sich bei gleicher Behältergröße unterschiedliche Blechstärken und damit unterschiedliche Behälterpreise. Butan-Behälter sind preiswerter; sie dürfen wegen des höheren Dampfdruckes von Propan nicht mit Propan befüllt werden. Umgekehrt darf Butan in Propan-Behältern gelagert werden.

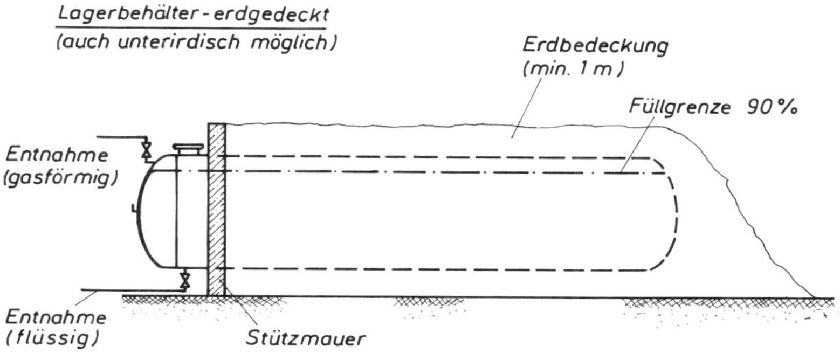

Abb. 73. Erdgedeckter Lagerbehälter für Flüssiggas.

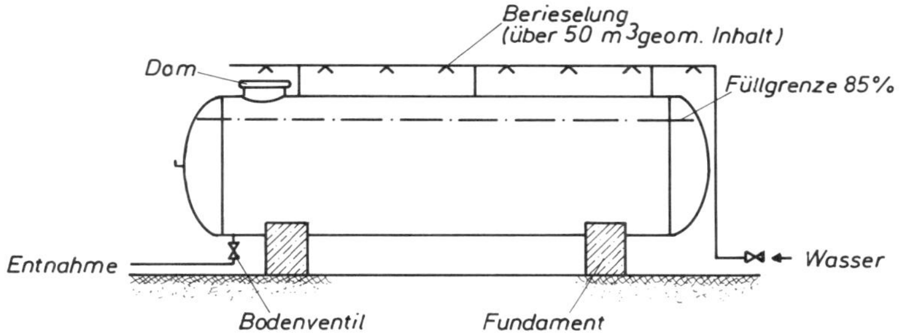

Abb. 74. Oberirdische Lagerung von Flüssiggas mit Berieselung.

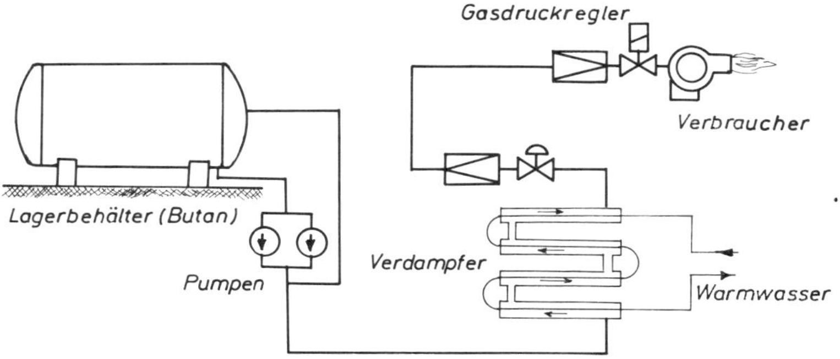

Abb. 75. Entnahme von Flüssiggas mit Druckerhöhungspumpen, Verdampfer und Gasdruckregler.

Erdgedeckte Behälter (Abb. 73) haben geringere Betriebsdrücke – auch Preisvorteil –, verlangen aber einen aufwendigeren Korrosionsschutz. Sie haben einen zulässigen Füllungsgrad von 90 Vol.-% gegenüber 85 Vol.-% bei oberirdischer Lagerung (Abb. 74).

Als Sicherheitsmaßnahme sind Schutzzonen vorgeschrieben. In diesem Bereich dürfen sich keine Zündquellen, Kellereingänge und keine brennbaren Gegenstände befinden. Die Größe der Schutzzone wird von der Behältergröße und der Art der Lagerung bestimmt.

Kleinere Mengen (z. B. zur CO_2-Begasung) können gasförmig entnommen werden. Für größere Entnahmemengen bietet die Flüssigentnahme Vorteile. Es ist dann ein Verdampfer (Abb. 75), der mit Warmwasser oder Strom beheizt wird, erforderlich. Beim Einsatz von Butan wird außerdem eine Druckerhöhungspumpe (Abb. 75) benötigt, da im Winter die Temperatur unter den Siedepunkt von Butan (Abb. 72) (0 °C) fällt, so daß sich kein Betriebsdruck für Verdampfer, Leitungen und Brenner aufbauen kann. Butan muß der Druckerhöhungspumpe mit natürlichem Gefälle zulaufen.

4.5 Sicherheitstechnische Ausrüstung von Warmwasserheizungen

Zu den physikalischen Eigenschaften des Wassers gehört die Wärmeausdehnung. So vergrößert sich das Wasservolumen in einer Heizungsanlage bei Erwärmung von 20 °C auf 90 °C um ca. 4 %. Außerdem steigt mit zunehmender Temperatur der Wasserdampfdruck. Bei 100 °C beträgt der Dampfdruck 1 bar; das Wasser fängt bei dieser Temperatur und Atmosphärendruck an zu sieden. Bei 110 °C wird bereits ein Dampfdruck von 1,5 bar erreicht, dies ist gleichzeitig die Obergrenze für Niederdruckheizungsanlagen.

Nach der Temperatur unterscheidet man Warmwasserheizungen mit Wassertemperaturen bis 100 °C und Heißwasserheizungen mit Temperaturen von über 100 °C. Weiterhin wird zwischen „offenen Anlagen", bei denen das Wasser eine Verbindung zur Atmosphäre hat, und „geschlossenen Anlagen" unterschieden.

4.5.1 **Offene Anlagen** (DIN 4751, Blatt 1, 1962)

Bei „offenen Anlagen" muß das zur Ausdehnung des Wassers erforderliche Ausdehnungsgefäß am höchsten Punkt der Heizungsanlage angebracht werden. Das Ausdehnungsgefäß hat in diesem Fall verschiedene Aufgaben. Es muß die Ausdehnung des Heizungswassers bei Erwärmung aufnehmen können. Gleichzeitig erfüllt es eine Sicherheitsfunktion, denn durch die Verbindung zur Atmosphäre beträgt der Druck im Ausdehnungsgefäß immer 1 bar (Atmosphärendruck). Steigt die Wassertemperatur auf über 100 °C, beginnt das Wasser im Ausdehnungsgefäß zu sieden. Durch die Verbindung zur Atmosphäre kann der sich bildende Dampf ungehindert abströmen. Es kann deshalb weder zur Überschreitung des Dampfdruckes von maximal 1 bar noch zur Überschreitung der Wassertemperatur von 100 °C kommen. Man bezeichnet diese Art der Begrenzung als physikalische Absicherung. Die angegebenen Werte gelten allerdings nur für das Ausdehnungsgefäß. Im Kessel sind bedingt durch den statischen Druck (Aufhängehöhe des Ausdehnungsgefäßes) der Wassersäule zumindest kurzfristig höhere Temperaturen als 100 °C möglich.

Die physikalische Absicherung über das offene Ausdehnungsgefäß erscheint zwar relativ sicher, hat aber einige entscheidende Nachteile. Durch die Verbindung zur Atmosphäre gelangt ständig Sauerstoff in das Heizungswasser, der zu erhöhter Korrosion im Heizungssystem führt. Diese Korrosion wird meistens zuerst an den Zuleitungen zum Ausdehnungsgefäß sichtbar. Bei größeren Heizungssystemen ergeben sich Probleme bei der Anbringung des Ausdehnungsgefäßes, das am höchsten Punkt angebracht werden muß. So ist bei Anbringung des Ausdehnungsgefäßes am Schornstein die Behältergröße aus statischen Gründen begrenzt.

Falls noch offene Heizungsanlagen gebaut werden, ist darauf zu achten, daß die Sauerstoffzufuhr zum Heizungswasser möglichst gering ist. Aus diesem Grunde sind stehende Gefäße mit kleiner Wasseroberfläche günstiger als liegende.

Abb. 76 gibt eine schematische Darstellung der günstigsten Anordnung eines offenen Ausdehnungsgefäßes. Damit das Ausdehnungsgefäß, nicht einfrieren kann, ist eine Zirkulationsleitung von 20 mm Durchmesser erforderlich. Diese Leitung sollte nicht zwischen Sicherheitsvorlauf und Ausdehnungsgefäß, sondern unterhalb zwischen Sicherheitsvorlauf und Sicherheitsrücklauf angebracht werden, um zu verhindern, daß ständig Heizungswasser durch das Gefäß zirkuliert und Sauerstoff aufnehmen kann. Außerdem sollte die Entlüftungsleitung nicht auf dem Ausdehnungsgefäß, sondern am Überlauf angeordnet sein, um zu verhindern, daß Luft durch den Überlauf, das Ausdehnungsgefäß und die Entlüftung zirkuliert und damit ständig Sauerstoff dem Wasser zugeführt wird. Werden diese Maßnahmen berücksichtigt, läßt sich die Sauerstoffzufuhr zum Heizungswasser wesentlich vermindern und damit die Haltbarkeit der Anlage, insbesondere der Zuleitungen zum Ausdehnungsgefäß, verlängern.

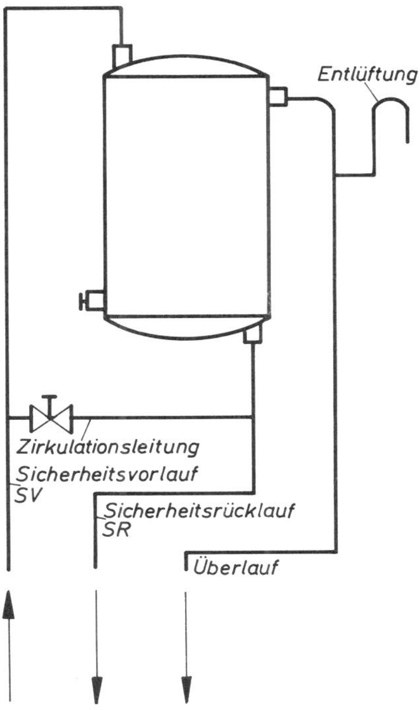

Abb. 76. Offenes Ausdehnungsgefäß (stehend) mit den erforderlichen Anschlüssen.

Jeder Kessel wird mit zwei Leitungen an das Ausdehnungsgefäß angeschlossen: dem Sicherheitsvor- und -rücklauf. Der Sicherheitsrücklauf mündet unten in das Gefäß (s. Abb. 76). Der Sicherheitsvorlauf dagegen wird von oben in das Gefäß geführt. Dabei muß der obere Bogen so hoch ausgeführt sein, daß unter keinen Bedingungen (z. B. Pumpendruck) Wasser aus dem Vorlauf in das Gefäß gelangen kann und dadurch eine Wasserzirkulation mit starker Sauerstoffaufnahme entsteht. Als weitere Anschlußleitung ist ein Überlauf erforderlich, der so in den Heizraum münden soll, daß er gut zu beobachten ist und keine Personen durch heißes Wasser oder Dampf gefährdet werden.

Für die einzelnen Anschlußleitungen sind in Abhängigkeit von der Kesselleistung Mindestrohrdurchmesser vorgeschrieben:
Sicherheitsvorlauf d_{SV}:

$$d_{SV} = 15 + 1{,}4 \cdot \sqrt{Q_K} \text{ (mm)}$$

Q_K = Kesselleistung in kW
Sicherheitsrücklauf d_{SR}:

$$d_{SR} = 15 + 0{,}9 \cdot \sqrt{Q_K} \text{ (mm)}$$

Sicherheitsvor- und -rücklauf dürfen nicht absperrbar sein. Eine Ausnahme bilden Sicherheitswechselventile, die durch geeignete Konstruktion einen Wasserverlust beim Umschalten nahezu vermeiden und im Betrieb dauernd dicht bleiben. Bei Verwendung von Sicherheitswechselventilen wird jeder Kessel mit Vor- und Rücklauf jeweils über ein solches Ventil an den Vorlauf- bzw. Rücklaufsammler der Heizungsanlage angeschlossen. Die Sicherheitswechselventile sind mit Ausblaslei-

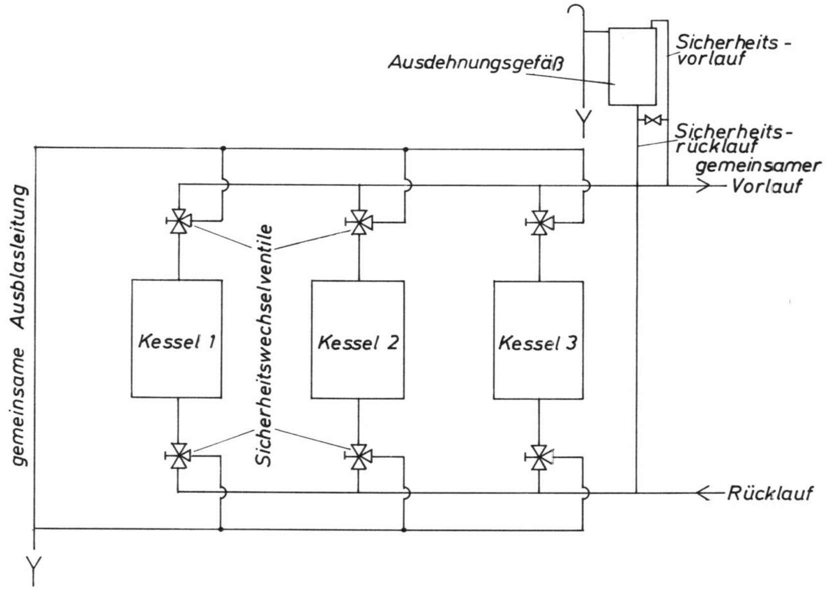

Abb. 77. Anschluß mehrerer Kessel mittels Sicherheitswechselventilen an den gemeinsamen Vor- und Rücklauf (offene Anlage) (DIN 4751, 1962).

tungen zu versehen, die zu einem Samelrohr vereinigt und in das Ausdehnungsgefäß geführt werden können (Abb. 77). Das Ausdehnungsgefäß wird in diesem Fall über je eine Leitung am gemeinsamen Vor- und Rücklauf der Heizungsanlage angeschlossen.

4.5.2 Geschlossene Anlagen

Zur Vermeidung der Korrosionsgefahr durch Sauerstoffzutritt werden in zunehmendem Maße geschlossene Heizungsanlagen eingesetzt. Dabei kann das Ausdehnungsgefäß unten im Heizraum angeordnet werden und erfüllt keine Sicherheitsfunktionen. Deshalb muß die geschlossene Heizungsanlage durch andere Maßnahmen abgesichert werden. Geschlossene Anlagen dürfen bisher in Heizungsanlagen mit direkter Beheizung durch schnell regelbare Energie (Öl, Gas) bis zu einer Leistung von 350 kW und statischen Drücken bis 1,5 bar und Membran-Sicherheitsventilen mit einem Ansprechdruck von 2,5 bar (DIN 4751, 1968) eingesetzt werden. Für Heizungsanlagen über 350 kW ist erst ein Richtlinienentwurf (DIN 4751, Bl. 4, 1978) vorhanden. Es empfiehlt sich, vor der Installation einer geschlossenen Heizungsanlage bei der zuständigen Behörde (TÜV) anzufragen und sich nach den erforderlichen Auflagen zu erkundigen (Faber, 1977).

Für geschlossene Heizungsanlagen benötigen die Kessel eine Bauartzulassung, wie sie neuere Kessel in der Regel haben. Ein Kessel ohne Bauartzulassung ist einer Prüfung der Bauausführung und einer Wasserdruckprüfung durch einen Sachverständigen (TÜV) zu unterziehen.

Als sicherheitstechnische Ausrüstung sind für jeden Kessel ein Temperaturbegrenzer und ein Membran-Sicherheitsventil erforderlich. Der Temperaturbegrenzer soll ein Überschreiten der maximal zulässigen Temperatur verhindern, indem er die Feuerungsanlage verriegelt. Eine Entriegelung darf nur durch Zuhilfenahme von Werkzeug (z. B. Schraubendreher) möglich sein. Der Temperaturbegrenzer ist so einzubauen, daß die höchste Temperatur bei allen Betriebsverhältnissen, auch bei Ausfall der Zirkulation, sicher erfaßt wird.

Membran-Sicherheitsventile müssen am höchsten Punkt des Kessels oder im Vorlauf angebracht werden. Die Verbindungsleitung darf maximal 1 m lang sein. Die Abblasleitung darf höchstens 2 Bögen haben und maximal 2 m lang sein, sonst ist sie eine Nennweite größer zu wählen (dann max. 3 Bögen und 4 m Länge). Die Mündung der Abblasleitung soll so angeordnet sein, daß sie beobachtbar ist und Personen beim Abblasen nicht gefährdet werden.

Die erforderliche Ventilgröße ist abhängig von der Wärmeleistung:

½ ″ bis 50 kW
¾ ″ bis 100 kW
1″ bis 200 kW
1¼ ″ bis 350 kW
1½ ″ bis 600 kW
2 ″ bis 900 kW

Die Austrittseite muß jeweils eine Nennweite größer sein.

Bei Heizungsanlagen mit einer Gesamtleistung über 150 kW ist eine Wassermangelsicherung (Abb. 78) erforderlich, die unabsperrbar am Kessel oder im Vorlauf einzubauen ist. Die Wassermangelsicherung muß bei Unterschreiten des Mindestwasserstandes den Brenner verriegeln. Zusätzlich wird ein Sicherheits-Druckbe-

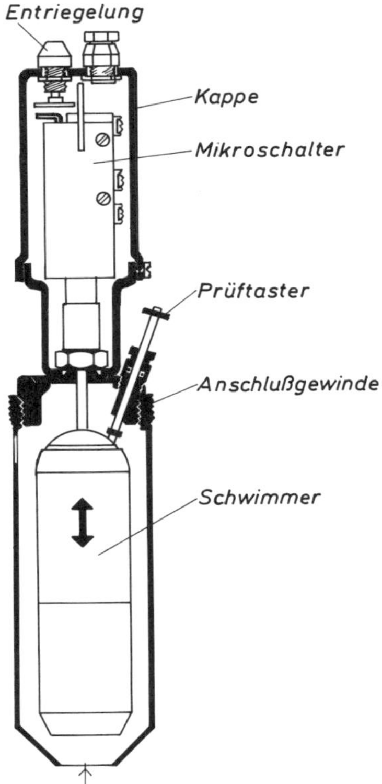

Abb. 78. Wassermangelsicherung (SYR).

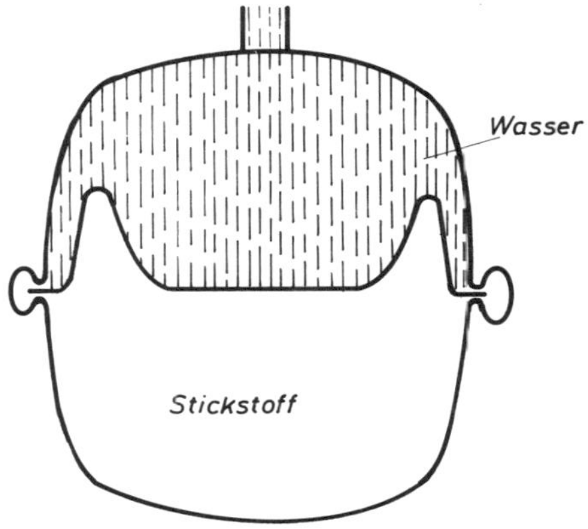

Abb. 79. Geschlossenes Ausdehnungsgefäß mit Membrane und Stickstoffpolster (Flexcon).

grenzer gefordert (Pressostat), der vor dem Ansprechen der Sicherheitsventile den Brenner abschalten soll (DIN 4751, Bl. 4, 1978).

Neben den sicherheitstechnischen Ausrüstungen sind einige Meß- und Kontrollinstrumente erforderlich: Ein Thermometer, im Vorlauf am Kessel installiert, soll die tatsächliche Vorlauftemperatur anzeigen. Ein Manometer an gut sichtbarer Stelle soll den Wasserdruck im Kessel anzeigen. Der höchstzulässige Anlagenbetriebsdruck ist durch eine Marke zu kennzeichnen.

Als Ausdehnungsgefäße werden für geschlossene Anlagen in der Regel Membrangefäße verwendet. Eine Bauartzulassung ist erforderlich. Die Auslegung der Größe sollte nach Herstellerunterlagen erfolgen. Membran-Ausdehnungsgefäße sind so aufgebaut, daß das Heizungswasser durch eine Membran von einem Gas getrennt ist, welches den erforderlichen Gegendruck erzeugt. Bei der einfachsten Ausführung wird die Gasmenge (meist Stickstoff) nicht verändert (Abb. 79). Wenn sich das Wasser durch Erwärmung ausdehnt, wird das Gas zusammengedrückt; das Volumen wird kleiner und Druck steigt. Die Volumenänderung des Wassers ist also immer mit einer Druckänderung in der Heizungsanlage verbunden. Dabei kann der Druck zwischen dem statischen Druck der Heizungsanlage, der abhängig ist von der Höhe des höchsten Heizkörpers, über dem Ausdehnungsgefäß und dem Ansprechdruck der Sicherheitsventile schwanken. Der maximale Druck in der Heizungsanlage sollte jedoch 0,5 bar unter dem Ansprechdruck der Sicherheitsventile liegen, um ein unnötiges Abblasen zu verhindern.

Eine solche Arbeitsweise des Membran-Ausdehnungsgefäßes bedingt Druckschwankungen in der Heizungsanlage und erfordert Gefäße, die größer sind als für die Aufnahme der Wasserausdehnung erforderlich, da das Gas beim Maximaldruck der Anlage immer noch ein nicht zu vernachlässigendes Volumen des Ausdehnungsgefäßes einnimmt. Diese Nachteile können durch eine Regelung des Gasdrukkes vermieden werden (Abb. 80). Dazu wird bei einer Abkühlung des Heizungswassers und entsprechend sinkendem Anlagendruck über einen kleinen Kompressor Luft in das Membranausdehnungsgefäß gedrückt, bis der eingestellte Druck wieder erreicht ist. Im umgekehrten Fall, bei steigendem Druck infolge Ausdehnung des Wassers, wird so lange Luft abgeblasen, bis der eingestellte Druck wieder erreicht ist. Dadurch können die Druckschwankungen in der Heizungsanlage verkleinert werden und das Volumen des Ausdehnungsgefäßes wird besser genutzt. Allerdings läßt sich die Wassermenge im Ausdehnungsgefäß nur noch gravimetrisch bestimmen. Dazu ist in einem der Füße eine Druckdose eingebaut, die das Gewicht des Behälters in eine Anzeige für den Wasserinhalt umwandelt.

In den Niederlanden wird ein abgewandeltes Verfahren eingesetzt. Dabei verzichtet man auf eine Membrane und damit auf die Trennung von Wasser und Gas. Dafür verwendet man Stickstoff, so daß auch in diesem Fall kein Sauerstoff in das Heizungswasser gelangen kann. Bei steigendem Druck (Ausdehnung des Wassers) wird Stickstoff mit einem kleinen Kompressor aus dem Ausdehnungsgefäß in einen Druckbehälter gepumpt. Im umgekehrten Fall strömt Stickstoff aus dem Druckbehälter über ein Magnetventil oder Druckreduzierventil in das Ausdehnungsgefäß. Die auftretenden geringen Verluste an Stickstoff müssen von Zeit zu Zeit aus einer handelsüblichen Stahlflasche ergänzt werden.

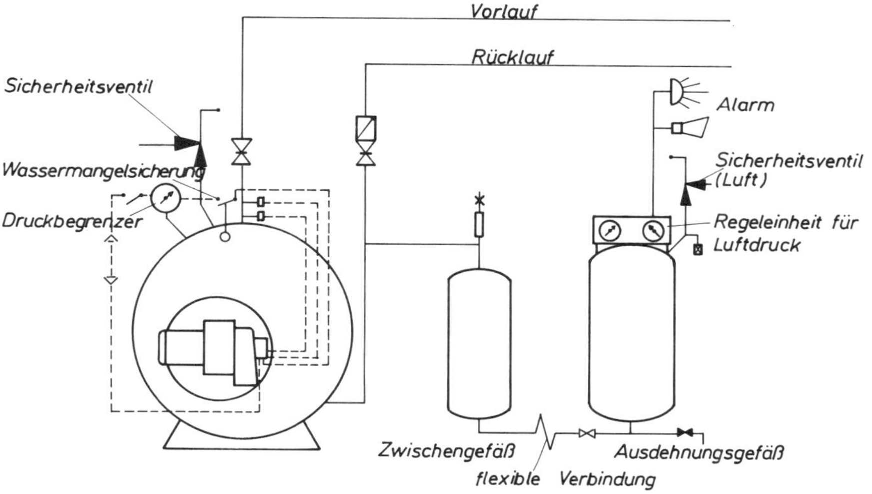

Abb. 80. Kesselanlage mit geschlossenem Ausdehnungsgefäß mit Membrane und geregeltem Luftdruck (Pneumatex).

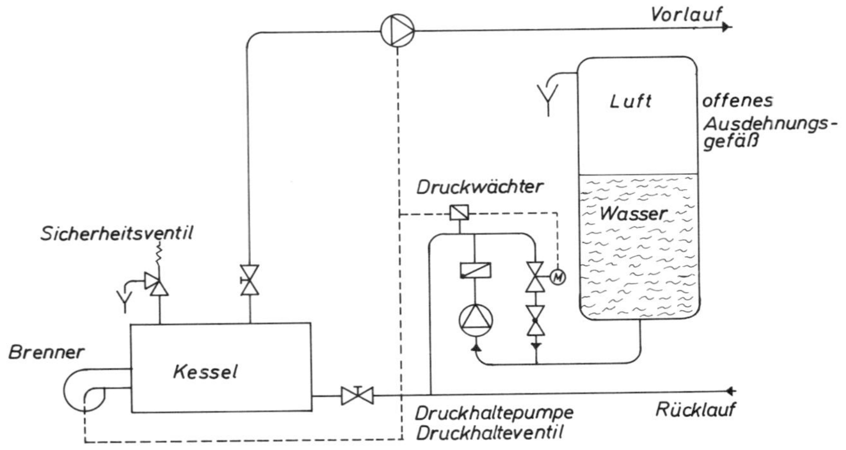

Abb. 81. Offenes Ausdehnungsgefäß mit Druckhaltepumpe und -ventil für eine geschlossene Heizungsanlage nach DIN 4751, Bl. 4 (1978).

Eine Möglichkeit zum Einsatz druckloser Ausdehnungsgefäße, die nicht vom TÜV abgenommen werden müssen, bietet die Verwendung von Druckhaltepumpen und Druckhalteventilen (DIN 4751, Bl. 4, 1978). Die Druckhaltepumpe wird in die Verbindungsleitung zwischen Heizungssystem und Ausdehnungsgefäß eingesetzt (Abb. 81). Die Förderhöhe der Pumpe (Pumpendruck) muß so bemessen sein, daß an der höchsten Stelle der Heizungsanlage ein ausreichender Druck (mindestens Atmosphärendruck) aufrechterhalten wird. Die Fördermenge der Pumpe muß mindestens 0,85 l je kW des maximal möglichen stündlichen Wärmeverbrauches der an die Anlage angeschlossenen Wärmeverbraucher (Heizungssysteme) betragen. Auf der Druckseite der Pumpe muß ein Rückflußverhinderer eingebaut werden, damit das Heizungswasser nicht über die Pumpe in das Ausdehnungsgefäß zurückfließen kann. Parallel zur Druckhaltepumpe ist eine zweite Leitung zwischen Heizungsanlage und Ausdehnungsgefäß mit einem Druckhalteventil erforderlich. Wenn sich das Wasser in der Heizungsanlage ausdehnt, kann es über das Druckhalteventil und ein steuerbares selbsttätiges Absperrventil in das Ausdehnungsgefäß zurückfließen. Dabei muß an der höchsten Stelle der Heizungsanlage ein ausreichender Druck gewährleistet sein. Für die Auslegung des Druckhalteventiles ist eine Ausdehnung des Heizungswassers von 1 l je kW Nennwärmeleistung der angeschlossenen Wärmeerzeuger zugrunde zu legen. Am Anschluß der Ausdehnungsleitung an das übrige Heizungssystem ist ein Druckbegrenzer einzubauen, der die Umwälzpumpe und die Brenner automatisch abschaltet und das Absperrventil vor dem Druckhalteventil schließt, wenn der erforderliche Arbeitsdruck der Heizungsanlage unterschritten wird.

Es muß an dieser Stelle darauf hingewiesen werden, daß geschlossene Anlagen melde- und abnahmepflichtig sind. Außerdem ist mit Auflagen zu rechnen, die eine regelmäßige Überprüfung der Anlage durch einen Sachverständigen vorschreiben.

4.6 Schornsteine

Die Schornsteine haben zwei Aufgaben. Bei Brennern ohne Gebläse (atmosphärische Brenner) ist der Schornsteinzug erforderlich, um die Verbrennungsluft anzusaugen und die Rauchgase durch den Kessel strömen zu lassen. Außerdem ist es Aufgabe der Schornsteine, schädliche Verbrennungsprodukte (z. B. SO_2) in ausreichender Höhe an die Luft abzugeben. Aus diesen beiden Aufgaben ergeben sich zwei verschiedene Auslegungsverfahren für die Schornsteinhöhe und den inneren Schornsteindurchmesser (DIN 1056, 1978; DIN 4705, 1971; DIN 18160, 1979).

4.6.1 Auslegung

Die Auslegung der Schornsteine richtet sich nach dem erforderlichen Schornsteinzug und dem Immissionsschutz.

4.6.1.1 Schornsteinzug

Der Schornsteinzug entsteht durch thermischen Auftrieb und ist deshalb u. a. abhängig von der Abgastemperatur und der Schornsteinhöhe. In Abhängigkeit von der Schornsteinhöhe und der Kesselleistung ist für atmosphärische Brenner ein Mindestschornsteinquerschnitt erforderlich, der sich nachfolgender Beziehung abschätzen läßt:

$$A_S \approx \frac{Q_K}{470 \cdot \sqrt{H_S}} \qquad (m^2).$$

Darin ist
A_S = Schornsteinquerschnittsfläche in m^2,
Q_K = Kesselnennleistung in kW
H_S = Schornsteinhöhe in m.

Die statische Zugstärke des Schornsteins P_H läßt sich folgendermaßen berechnen:

$$P_H = 0{,}098 \cdot H_S \cdot (\varrho_L - \varrho_A) \qquad (\text{mbar}).$$

Darin ist
H_S = Schornsteinhöhe in m,
ϱ_L = Dichte der Außenluft,
ϱ_A = Dichte der Rauchgase bei einer mittleren Temperatur in kg/m^3.

Für eine einwandfreie Funktion der Feuerungsanlage muß der Schornstein so ausgelegt sein, daß der Schornsteinzug den im Schornstein und im Abgaskanal (Fuchs), bei atmosphärischen Brennern auch den im Kessel auftretenden Strömungswiderstand überwindet.

$$P_H > P_K + P_A + P_E + P_L$$

P_H = Zugstärke des Schornsteins,
P_K = Zugbedarf des Kessels,
P_A = Zugverlust des Abgaskanals,
P_E = der Zugverlust des Schornsteins,
P_L = Zugverlust durch das Ansaugen der Verbrennungsluft.

Der Zugbedarf des Kessels wird vom Hersteller angegeben. Er beträgt bis 10 kW Kesselleistung etwa 0,15 mbar und steigt bis 1 MW Kesselleistung auf ca. 0,7 mbar. Diese Werte gelten für Kessel, die für den Betrieb mit atmosphärischen Brennern ausgelegt sind. Werden Gebläsebrenner eingesetzt, dann ist der Zugbedarf des Kessels für die Schornsteinauslegung ohne Bedeutung. Der Zugverlust des Abgaskanals läßt sich aus folgender Beziehung berechnen (s. Kapitel 2.3):

$$P_A = 1{,}5\,(\lambda \cdot \frac{L}{d} + \Sigma\zeta) \cdot \varrho_A/2 \cdot v^2 \qquad (\mathrm{N/m^2}).$$

Der Faktor 1,5 enthält einen 50%igen Sicherheitszuschlag.
λ = Reibungszahl (λ = 0,03 bis 0,08),
L = Länge des Abgaskanals in m,
d = hydraulischer Durchmesser ($d = A_A/U_A$) in m,
ϱ_A = spezifische Dichte der Abgase ($\varrho_A = 1{,}27 \cdot T_L/T_A$) in kg/m³,
T_L = Temperatur der Luft in K,
T_A = Abgastemperatur in K,
v = Strömungsgeschwindigkeit in m/s.

Der Zugverlust des Schornsteins P_E läßt sich entsprechend berechnen:

$$P_E = (\lambda \cdot \frac{H_S}{d} + \Sigma\zeta) \cdot \varrho_A/2 \cdot v^2 \qquad (\mathrm{N/m^2}).$$

Zur Vereinfachung der Schornsteinberechnung und -auslegung sind in der DIN 4705 (1971) die erforderlichen Diagramme angegeben. Vereinfachend wird mit folgenden Werten gerechnet: Abgastemperatur t_A = 190 °C und spezifische Dichte ϱ_A = 0,7 kg/m³.
Die mittlere Abgastemperatur t_A läßt sich aus folgender Beziehung berechnen:

$$t_A = t_L + \frac{t_e - t_L}{K}\,(1 - e^{-K}) \qquad (°\mathrm{C}).$$

Darin ist
t_L = Lufttemperatur in °C,
t_e = Abgaseintrittstemperatur in °C,
K = Schornsteinkennzahl für die Abkühlung.

$$K = \frac{H_S \cdot k \cdot U}{G \cdot c}$$

U = Umfang in m,
k = Wärmedurchgangskoeffizient in W/m² · K,
G = Abgasgewicht pro Zeiteinheit in kg/h,
c = Spezifische Wärmekapazität der Rauchgase in Wh/kg · K.

Der Wärmedurchgangskoeffizient beträgt:
k = 1,75 bis 3,0 W/m²K bei gemauerten Schornsteinen (25 cm Mauerwerk)
k = 2,3 bis 3,5 W/m²K bei gemauerten Schornsteinen (12,5 cm Mauerwerk)
k = 1,2 bis 1,75 W/m² · K bei Blechschornsteinen isoliert
k = 4,6 bis 7,0 W/m² · K bei Blechschornsteinen nicht isoliert.

Das Abgasgewicht G kann abgeschätzt werden:

Erdgas	$G \approx 2 \cdot Q$ (kg/h)	Kohle, Koks	$G \approx 3{,}5 \cdot Q$ (kg/h)
Heizöl EL	$G \approx 2{,}5 \cdot Q$ (kg/h)	(Q = Kesselleistung in kW)	

Die spezifische Wärme c der Abgase beträgt

$$c \approx 1{,}05 \text{ kJ/kgK } (0{,}292 \text{ Wh/kg} \cdot \text{K}).$$

Die Abgastemperatur am Schornsteinaustritt t_o ist von Bedeutung, um zu prüfen, ob eine Taupunktunterschreitung im Schornstein auftreten kann. Sie läßt sich folgendermaßen berechnen:

$$t_o = t_L + (t_e - t_L) \cdot e^{-K} \quad (°\,C).$$

Darin ist
t_L = Temperatur der Außenluft in °C,
t_e = Abgaseintrittstemperatur in °C,
K = Schornsteinkennzahl (s. o.).

Beispiel:

Kesselleistung Q = 1 MW
Schornsteinhöhe H_S = 18 m. Durchmesser d = 0,4 m
Wärmedurchgangskoeffizient k = 1,5 W/m^2K
Abgaseintrittstemperatur t_e = 190 °C
Abgasgewicht G = 2 · Q = 2000 kg/h

$$\text{Schornsteinkennzahl: } K = \frac{18 \cdot 1{,}5 \cdot 1{,}26}{2000 \cdot 0{,}292} = 0{,}058.$$

Dann beträgt die Abgastemperatur am Schornsteinkopf bei einer Lufttemperatur von t_L = 0 °C

$$t_o = 0 + (190\text{–}0) \cdot e^{-K} = 179\,°C$$

Bei diesem Beispiel kühlen sich die Rauchgase von t_e = 190 °C auf t_o = 179 °C um 11 °C ab (Blechschornstein mit k = 1,5 $W/m^2 \cdot K$).

Bei einem gemauerten Schornstein mit k = 2,0 $W/m^2 \cdot K$ beträgt unter gleichen Bedingungen die Abkühlung 17,6 °C also etwa 1 °C pro m.

4.6.1.2 Immissionsschutz

Immissionen im Sinne der TA-Luft (1974) sind „auf Menschen sowie Tiere, Pflanzen oder andere Sachen einwirkende Luftverunreinigungen". Als Einwirkungsbereich für Immissionen wird 1,5 m über dem Erdboden oder der oberen Begrenzung der Vegetation oder oberhalb der Oberfläche eines Bauwerkes angegeben. Zu den „Luftverunreinigungen" zählen alle Veränderungen der natürlichen Zusammensetzung der Luft, insbesondere durch Ruß, Rauch, Staub, Gase, Aerosole, Dämpfe oder Geruchsstoffe. Es ist für den Gartenbau von Bedeutung, daß Pflanzen (Vegetation) mit in den Immissionsschutz einbezogen sind. So ist z. B. das Schwefeldioxid (SO_2) in erster Linie ein Pflanzengift (ab ca. 0,5 mg/m^3). Für den Menschen wird SO_2 erst in höheren Konzentrationen gefährlich. Die maximale Arbeitsplatzkonzentration (MAK) beträgt 13 mg SO_2/m^3 (Brauer 1977).

Mit Emission wird die Menge der abgegebenen (emittierten) Schadstoffe bezeichnet. Schornsteine sollen diese Emissionen in ausreichender Höhe an die Luft abgeben, damit die zulässigen Immissionswerte unterhalb des Immissionsniveaus nicht überschritten werden. Das Immissionsniveau ist die Obergrenze des oben angegebenen Einwirkungsbereiches. Mit Immissionswert bezeichnet man die Konzentration luftverunreinigender Stoffe. Es wird unterschieden zwischen zulässigen

Tab. 22. Immissionswerte (BIMSCHG 1974)

Art der Immission	Massenkonzentration mg/m³ IW 1	mg/m³ IW 2
Kohlenmonoxid (CO)	10,0	30,0
Schwefeldioxid (SO_2)	0,140	0,40
Schwefelwasserstoff (H_2S)	0,005	0,010
Stickstoffdioxid (NO_2)	0,10	0,30
Stickstoffmonoxid (NO)	0,20	0,60
Staubkonzentration (Partikelgröße unter 10 μm)	0,10	0,20
Gesamt	0,20	0,40

Immissionswerten für Langzeiteinwirkung (IW 1) und Kurzzeiteinwirkung (IW 2). In Tab. 22 sind als Beispiel einige Werte angegeben. Kurzzeiteinwirkung bedeutet, daß die angegebenen Werte während einer Meßzeit von 30 Minuten im Mittel nicht überschritten werden.

Die Emission einer Feuerungsanlage läßt sich bei Kenntnis der Brennstoffzusammensetzung berechnen. In Tab. 23 ist für verschiedene Brennstoffe die SO_2-Emission angegeben.

Der Zusammenhang zwischen Emission und Immission ist von der Ausbreitung der Schadstoffe in der Atmosphäre und damit von einer Vielzahl Faktoren abhängig. Zur Berechnung der Mindestschornsteinhöhe muß deshalb von einem Ausbreitungsmodell ausgegangen werden, das stark vereinfacht in Abb. 82 dargestellt ist. Mit zunehmender Entfernung vom Schornstein verteilen sich die Emissionen kegelförmig auf ein immer größeres Luftvolumen und werden dadurch verdünnt, bevor sie das Immissionsniveau erreichen.

Für kleinere Feuerungsanlagen (bis 1,1 MW [4 GJ/h] bei Öl, Koks, Kohle und 2,2 MW [8 GJ/h] bei Gas) gilt zur Bestimmung der Mindestschornsteinhöhe die VDI 3781, Bl 4 (1980).

Unterhalb 0,28 MW (1 GJ/h) Feuerungswärmeleistung soll die Schornsteinmündung den höchsten Gebäudeteil um 1 m überragen. Bei Flachdächern wird ein Dach mit einer Neigung von 20° angesetzt. Bei größerer Feuerungswärmeleistung wird die Schornsteinmindesthöhe über Immissionsniveau nach Abb. 83 bestimmt. Der

Tab. 23. SO_2-Emmissionen von Feuerungen (1 MWh = 1000 kWh)

Brennstoff	Heizwert H_u kWh/kg	Schwefelgehalt Gew.-%	SO_2-Emmission kg/MWh
Steinkohle, Koks	8,06	1,0	2,5
Braunkohle, roh	2,3	0,7	6,0
Braunkohle-Briketts	5,6	0,4	1,4
Heizöl EL	11,7	0,3	0,51
Heizöl S	11,1	2,0	3,6
Erdgas	9,0	<0,01	<0,02

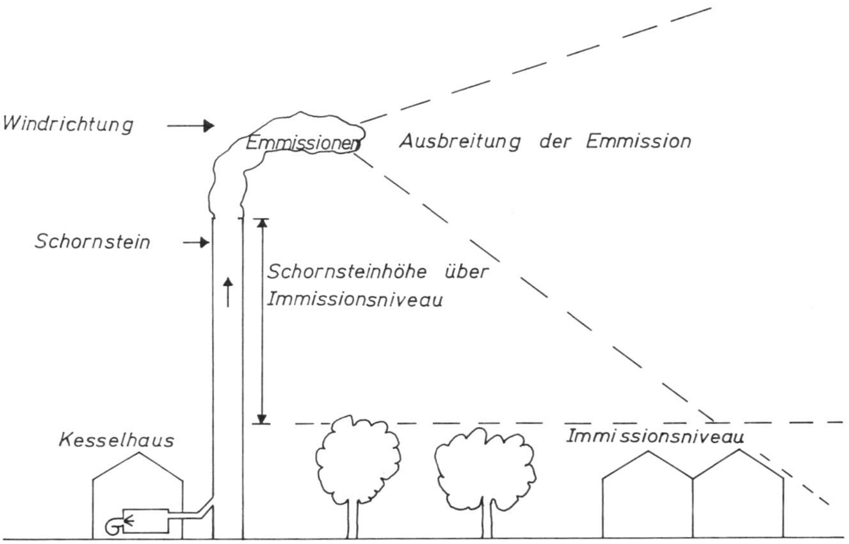

Abb. 82. Verteilung von Emissionen (schematisch).

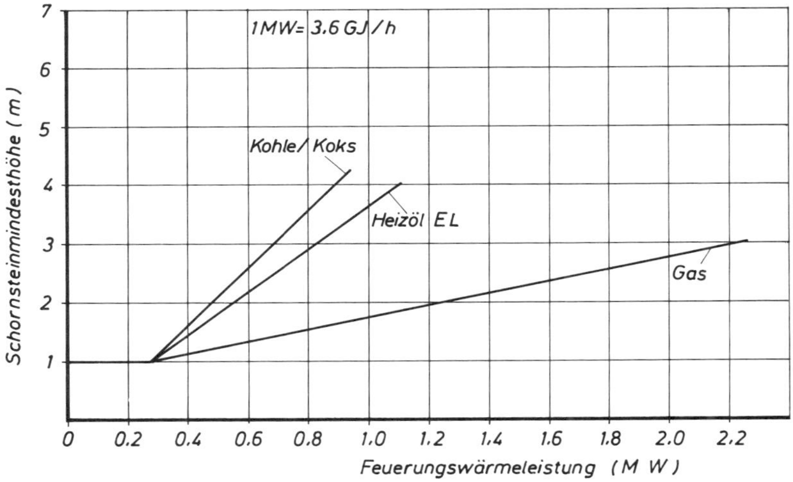

Abb. 83. Diagramm zur Bestimmung der Schornsteinmindesthöhe über Immissionsniveau (nach VDI 3781, Bl. 4, 1980).

Einwirkungsbereich einer Feuerungsanlage ist ebenfalls von der Feuerungswärmeleistung abhängig und kann nach Abb. 84 bestimmt werden. Das Immissionsniveau ist dann die „geschätzte mittlere Höhe der höchsten geschlossenen Bebauung oder des höchsten geschlossenen Bewuchses" (VDI 3781, Bl 4, 1980) in diesem Einwirkungsbereich. Überragt in einem Kreis von 0,5 · Rg (Abb. 84) ein Objekt das

Immissionsniveau, dann muß der Schornstein dieses Objekt um mindestens 1 m überragen. In Sonderfällen können auch größere Schornsteinhöhen erforderlich sein, wenn Bedenken wegen zu hoher Immissionskonzentrationen bestehen.

Bei der Auslegung ist im Schornstein eine Mindestabgasgeschwindigkeit von 4 m/s anzustreben. Für Anlagen mit einer installierten Feuerungswärmeleistung von über 1,1 MW (4 GJ/h) bei Öl oder Kohle und 2,2 MW (8 GJ/h) bei Gas muß die Mindestschornsteinhöhe nach der TA-Luft (1974) ermittelt werden.

Zur Bestimmung des Immissionsniveaus wird nach TA-Luft (1974) für Schornsteinhöhen bis 35 m ein Einwirkungsbereich mit einem Radius von 500 m um den Schornstein angenommen. Bei größeren Schornsteinhöhen beträgt der entsprechende Radius das 15fache der Mindestschornsteinhöhe.

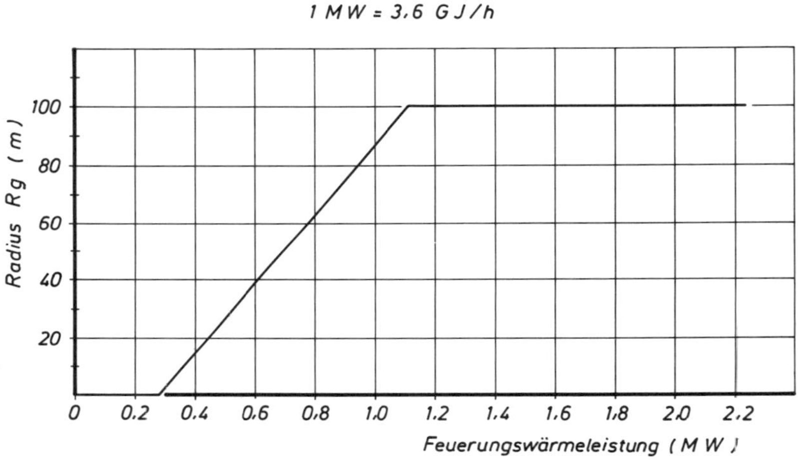

Abb. 84. Diagramm zur Ermittlung des Einwirkungsbereiches Rg einer Emissionsquelle (VDI 3781, Bl. 4, 1980).

Als Einflußgrößen auf die Mindestschornsteinhöhe sind zu nennen:

E = Menge an emittierten Schadstoffen in kg/h,

v_s = Ausblasgeschwindigkeit an der Schornsteinmündung in m/s,

t_o = Abgastemperatur an der Schornsteinmündung in °C,

S = zulässige Schadstoffkonzentration in mg/m³ (für S darf höchstens der Wert 0,5 · IW 2 eingesetzt werden, in Belastungsgebieten können geringere Werte vorgeschrieben werden),

$\bar{u}_M$ = mittlere Windgeschwindigkeit in einer Höhe von etwa 10 m am Ort des Emittenten in m/s,

d_s = Durchmesser des Schornsteins in m.

Die Menge E an emittierten Schadstoffen läßt sich aus der Brennstoffmenge B (Auslegungsfall) bestimmen:

$$B = \frac{Q_K}{H_u \cdot \eta_K} \quad \text{(kg/h)}$$

Q_K = Nennkesselleistung in kW

H_u = unterer Heizwert in kWh/kg, η_K = Kesselwirkungsgrad.

1 kg Schwefel ergibt bei der Verbrennung 2 kg Schwefeldioxid. Danach läßt sich die emittierte SO_2-Menge berechnen

$$E = 2 \cdot \frac{S_B}{100} \cdot B \qquad (kg/h)$$

S_B = Schwefelkonzentration im Brennstoff in Gew.-% (s. Tab. 23).

Die erforderliche Schornsteinhöhe läßt sich in gewissen Grenzen beeinflussen, da bei der Ermittlung gemäß BIMSCHG (1974) eine Überhöhung der Rauchgasfahne am Schornstein berücksichtigt wird. Diese Überhöhung ist um so größer je höher die Temperatur t_o und je größer die Ausblasgeschwindigkeit der Rauchgase v_s ist. Eine Erhöhung der Temperatur t_o an der Schornsteinmündung ist nicht zu empfehlen, da dadurch der Wirkungsgrad der Feuerungsanlage sinkt. Aber eine Erhöhung der Ausblasgeschwindigkeit, z. B. durch Anbringen einer Düse an der Schornsteinmündung, ist möglich.

Zur Ermittlung der erforderlichen Schornsteinhöhe sind in der TA-Luft (1974) Nomogramme angegeben (s. Abb. 85).

Zur Benutzung der Nomogramme müssen folgende Werte bekannt sein:
d_s = Innendurchmesser in m,
t_o = Abgastemperatur an der Schornsteinmündung in °C,
R = Volumenstrom des Abgases im Normzustand in m^3/h,
E = Massenstrom des einzelnen emittierten luftverunreinigenden Stoffes in kg/h,
S = zulässiger Immissionswert (für SO_2 darf höchstens der Wert $S = 0{,}5 \cdot IW\,2$ eingesetzt werden. In Belastungsgebieten kann die oberste Landesbehörde geringere Werte vorschreiben),
$\bar{u}_M$ = mittlere Windgeschwindigkeit.

Der Volumenstrom R des Abgases läßt sich aus der Brennstoffmenge B berechnen:

$$R_o = \frac{1{,}25 \cdot H_u - 3{,}55}{0{,}94} \qquad (m^3/kg)$$

H_u = Heizwert in kWh/kg

Bei Luftüberschuß λ

$$R_l = R_o + (\lambda - 1) \cdot V_{LO} \qquad (m^3/kg)$$

V_{LO} = Luftbedarf in m^3/kg.

$$V_{LO} = \frac{H_u - 1{,}297}{0{,}94} \qquad (m^3/kg)$$

Dann beträgt der Volumenstrom R:

$$R = R_l \cdot B \qquad (m^3/h)$$

B = Brennstoffmenge in kg/h.

Die Abgasmenge bei der Temperatur t_s beträgt:

$$R_S = \frac{(273 + t_s) \cdot R}{273} \qquad (m^3/h).$$

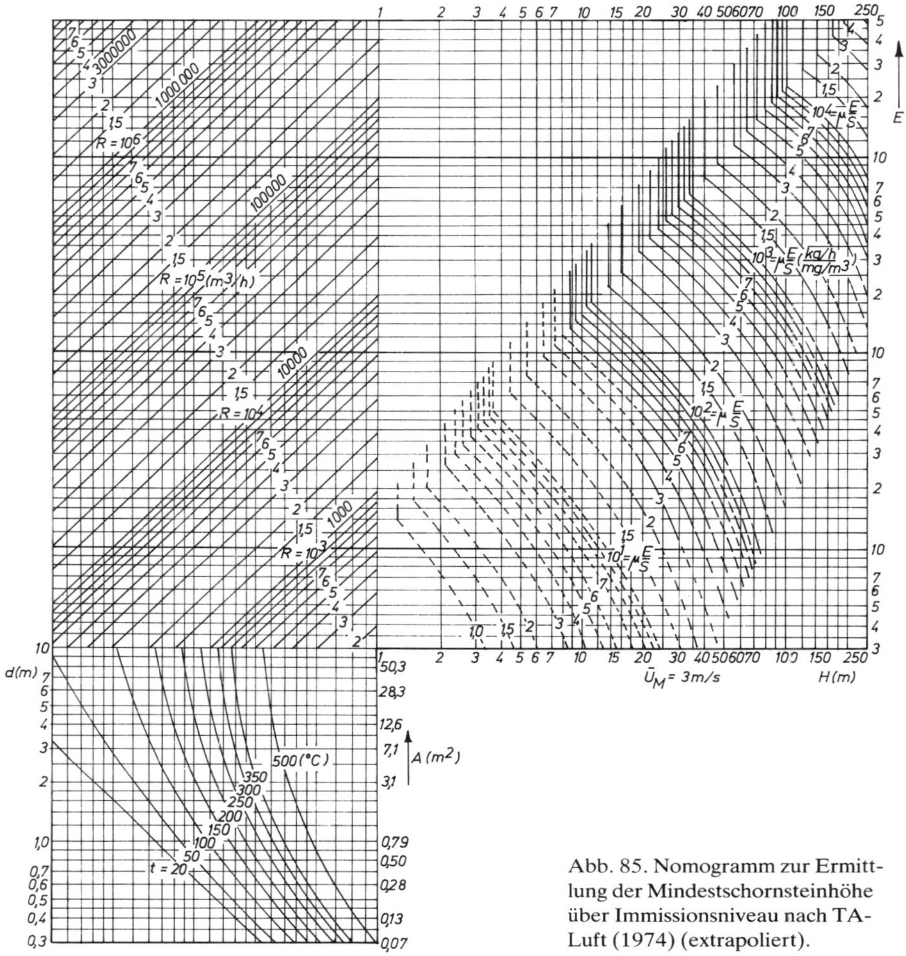

Abb. 85. Nomogramm zur Ermittlung der Mindestschornsteinhöhe über Immissionsniveau nach TA-Luft (1974) (extrapoliert).

Der Innendurchmesser des Schornsteins d_s ergibt sich zu

$$d_s = \sqrt{\frac{R_S \cdot 4}{v_s \cdot 3600 \cdot \pi}} = 0{,}0188 \cdot \sqrt{\frac{R_s}{v_s}} \quad \text{(m)}$$

v_s = Ausblasgeschwindigkeit an der Schornsteinmündung in m/s.

Beispiel:
installierte Kesselleistung Q = 2100 kW
Brennstoff: Heizöl EL
Dichte 0,86 kg/l
Schwefelgehalt 0,3 Gew.-%
Heizwert H_u 11,9 kWh/kg

Immissionswert für SO_2:	IW 2	$= 0{,}4\ mg/m^3$
Abgastemperatur am Schornsteinende	t_s	$= 180\,°C$
Strömungsgeschwindigkeit	v_s	$= 10\ m/s$
Feuerungswirkungsgrad	η	$= 0{,}85$
Luftüberschuß	λ	$= 1{,}2$
mittlere Windgeschwindigkeit	$\bar{u}_M$	$= 3\ m/s$

Berechnung: Brennstoffmenge

$$B = \frac{2100}{11{,}9 \cdot 0{,}85} = 208\ kg/h$$

$$R_o = \frac{1{,}25 \cdot 11{,}9 - 3{,}55}{0{,}94} = 12{,}0\ m^3/kg$$

$$V_{LO} = \frac{11{,}9 - 1{,}297}{0{,}94} = 11{,}28\ m^3/kg$$

$$R_1 = 12{,}0 + (1{,}2 - 1) \cdot 11{,}28 = 14{,}26\ m^3/kg$$

$$R = 14{,}26 \cdot 208 = 2966\ m^3/h$$

$$R_S = \frac{(273 + 180) \cdot 2966}{273} = 4922\ m^3/h$$

$$d_s = 0{,}0188 \cdot \sqrt{\frac{4922}{10}} = 0{,}417\ m$$

$$S = 0{,}5 \cdot IW_2 = 0{,}2\ mg/m^3$$

$$E = 2 \cdot \frac{0{,}3}{100} \cdot 208 = 1{,}25\ kg/h$$

$$E/S = 6{,}25\ \frac{kg/h}{mg/m^3}$$

Mit diesen Werten läßt sich aus dem Nomogramm (Abb. 85) die Mindestschornsteinhöhe über Immissionsniveau bestimmen: $H_{S1} = 5{,}0$ m.

Zu diesem Wert muß die Höhe des Immissionsniveaus, z. B. $H_{S2} = 8$ m, addiert werden, um die Mindestschornsteinhöhe H_S zu erhalten: $H_S = 13{,}0$ m.

Ergänzend zur Berechnung der Schornsteinmindesthöhe ist in der TA-Luft festgelegt, daß bei Gebäuden die Schornsteine das 2,5fache der Gebäudehöhe nicht überschreiten sollten und daß bei freistehenden Schornsteinen 250 m nicht überschritten werden sollten. Für den Gartenbau von größerer Bedeutung ist die Einschränkung, daß bei Schornsteinhöhen unter 30 m nur Heizöl mit einem Gehalt an Schwefel von unter 0,5 Gew.-% verwendet werden darf. Das bedeutet, daß für Heizöl S die Mindestschornsteinhöhe 30 m beträgt. Ab einer Feuerungsleistung von 11 MW (40 GJ/h) bis 1,1 GW (4 TJ/h) darf das Heizöl auch bei entsprechender Schornsteinhöhe nur einen Schwefelgehalt von max. 1,0 Gew.-% haben. Bei Versorgungsengpässen sind Ausnahmen durch die oberste Landesbehörde möglich, wenn dadurch die Grenzwerte für die SO_2-Immission nicht überschritten werden.

Zur Begrenzung von Emissionen an Staub und Ruß in den Abgasen von Ölfeuerungen darf bei Heizöl EL und L der Schwärzungsgrad 2 und bei Heizöl M und S der Schwärzungsgrad 3 (nach BACHARACH) nicht überschritten werden. Außerdem müssen die Abgase frei von Öl und den Zersetzungsprodukten sein. Ab einer Gesamtfeuerungsleistung von 4,2 MW (15 GJ/h) ist die Feuerungsanlage mit einem Meßgerät zur Überwachung der Rauchdichte (Rauchdichtemeßgerät) auszurüsten.

4.6.2 Schornsteinbauarten

Man unterscheidet gemauerte Schornsteine, Schornsteine aus Fertigteilen und Stahlblechschornsteine. Wichtig für eine einwandfreie Funktion und ausreichende Lebensdauer ist neben der richtigen Dimensionierung eine gute Wärmedämmung.

Gemauerte Schornsteine ohne zusätzliche Isolierung sollten, wenn überhaupt, nur noch in beheizten Gebäuden eingesetzt werden. Freistehende gemauerte Schornsteine mit schlechter Wärmedämmung neigen zur Versottung und damit zur Durchfeuchtung des Mauerwerks infolge von Taupunktunterschreitung. Von besonderer Bedeutung ist bei schwefelhaltigen Brennstoffen der Schwefelsäuretaupunkt, der je nach Schwefelgehalt des Brennstoffes bei ca. 120 bis 150 °C liegt. Die Schwefelsäure führt zur Zerstörung des Mauerwerks. Außerdem besteht die Gefahr, daß sich bei Taupunktunterschreitung saure Rußflocken bilden, die in der Umgebung des Schornsteins zu Schäden führen. Die Gefahr der Taupunktunter-

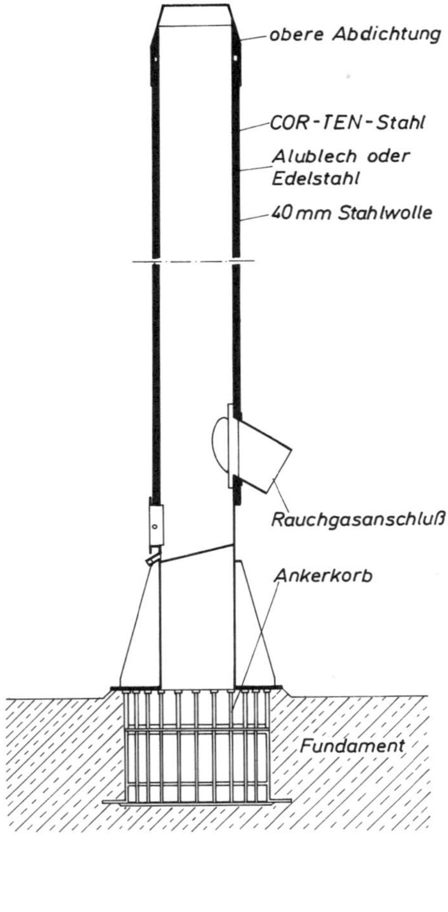

Abb. 86. Stahlschornstein mit Ankerkorb und Fundament (Blaschczok).

schreitung wird größer mit zunehmender Schornsteinhöhe, so daß eine Erhöhung des Schornsteins u. U. die Rußflockenbildung verstärkt oder gar erst hervorruft.

Aus diesem Grunde sollten auch gemauerte Schornsteine mehrschalig mit guter Isolierung ausgeführt werden. Das bedeutet, daß der äußere Mantel gemauert wird. Der innere Teil besteht dann aus Formstücken (Plewa, Schofer u. a.), die, falls erforderlich, aus säurefestem Material bestehen. Der innere Teil des Schornsteins kann sich bei dieser Bauweise frei ausdehnen. Dadurch werden Spannungsrisse vermieden. Für vorhandene Schornsteine besteht bei ausreichendem Querschnitt die Möglichkeit, nachträglich flexible Einsatzrohre aus Stahllegierungen einzubringen.

Die Stahlblechschornsteine, die in zunehmendem Maße für freistehende Schornsteine verwendet werden, sollten unbedingt aus korrosionsfestem Material bestehen und eine ausreichende Isolierung haben. Aus dieser Forderung ergibt sich eine mehrschalige Bauweise. Die innere Schale, das innere Rohr, besteht meist aus V4 A- oder Cor-Ten-Stahl (s. Abb. 86).

Cor-Ten-Stahl ist ein korrosionsfester legierter Stahl mit der mechanischen Festigkeit des St 52. Der Stahl bildet infolge von Korrosion eine dichte und porenfreie Oxidschicht, die den weiteren Zutritt von Sauerstoff und Feuchtigkeit verhindert und damit die Korrosion stoppt. Die Schutzschicht hat eine ähnliche Farbe wie Rost. Das Cor-Ten-Stahl-Rohr muß alle Kräfte aufnehmen. Es ist von einer 40 mm dicken Matte aus Stahlwolle als Wärmedämmung umgeben, die nach außen gegen Witterungseinflüsse durch eine äußere Verkleidung aus 1 mm starkem seewasserfesten Alublech oder Edelstahlblech geschützt ist.

Stahlblechschornsteine werden bis 20 m Höhe im Werk geschweißt. Höhere Schornsteine werden meist aus mehreren Teilen auf der Baustelle zusammengeschraubt. Es ist dabei unbedingt darauf zu achten, daß auch die Flanschverbindungen nach dem Zusammenbau isoliert werden. Auf der Baustelle wird in das Fundament ein Ankerkorb eingegossen, der dann mit der Bodenplatte des Schornsteins verschraubt wird. Vor dem Aufstellen des Schornsteins muß das Fundament ca. 2 Wochen aushärten (DIN 4133, 1973).

Der obere Schornsteinrand muß mit einer Abdichtung (z. B. Ring) umgeben sein, die die Isolierschicht vor eindringender Feuchtigkeit schützt und gleichzeitig eine Wärmedehnung des Innenrohres gegenüber der Außenverkleidung ermöglicht.

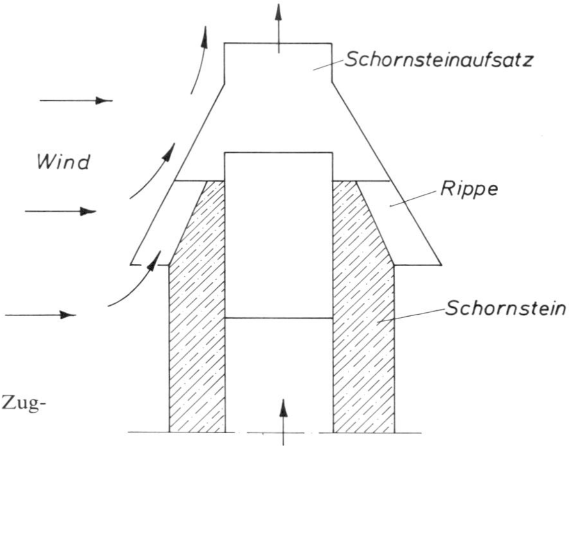

Abb. 87. Schornsteinaufsatz mit Zugverstärkung.

Zur Verbesserung der Rauchgasströmung an der Schornsteinkrone kann eine düsenartige Verengung oder ein spezieller Schornsteinaufsatz (Abb. 87) vorgesehen werden. Eine andere Möglichkeit bietet die spiralige Anordnung von Luftleitblechen im oberen Bereich des Schornsteins. Durch die Leitbleche wird der Wind am Schornstein nach oben abgelenkt und unterstützt so die Aufwärtsströmung der Abgase.

Zur Verringerung der Strömungsverluste sollte der Abgaskanal möglichst immer mit einem Winkel von 45 °C in den Schornstein geleitet werden. Bei gemauerten Schornsteinen sollten zur Einleitung Formstücke verwendet werden, da sonst das Mauerwerk an dieser Stelle zu sehr geschwächt wird (DIN 1298, 1978).

4.7 Wärmerückgewinnung aus den Abgasen

Wie bereits im Abschnitt 3.1.3 dargelegt, geht mit den Abgasen ein Teil der bei der Verbrennung erzeugten Wärme ungenutzt zum Schornstein hinaus. Da alle Wirkungsgradangaben auf den Heizwert H_u bezogen sind, berücksichtigen sie nur die Verluste durch fühlbare Wärme in den Abgasen. Zusätzlich enthalten die Abgase aber noch die Verdampfungswärme des bei der Verbrennung gebildeten Wasserdampfes. Gelingt es, bei der Abkühlung der Abgase auch den Wasserdampf zu kondensieren, so läßt sich die mit dem Brennwert angegebene Wärmemenge des Brennstoffes nutzen (Abb. 88).

4.7.1 Brennwertgerät

Geräte, die den Brennwert eines Brennstoffes durch Kondensation des Wasserdampfes der Abgase ausnutzen, werden als Brennwertgeräte bezeichnet. Aus Korrosionsgründen lassen sich Brennwertgeräte nur bei schwefelarmen Brennstoffen (z. B. Erdgas) einsetzen. Da der Wasserdampftaupunkt unterschritten werden muß, um die Verdampfungswärme zu nutzen, müssen die Brennwertgeräte und der Schornstein aus korrosionsbeständigen Materialien bestehen (z. B. Chrom-Nickel-Molybdän-Stahl). Bei den Brennwertgeräten unterscheidet man zwei Verfahren.

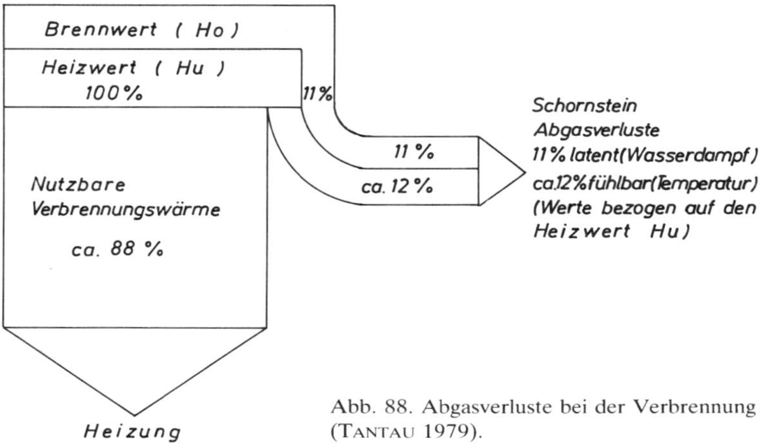

Abb. 88. Abgasverluste bei der Verbrennung von Erdgas (Tantau 1979).

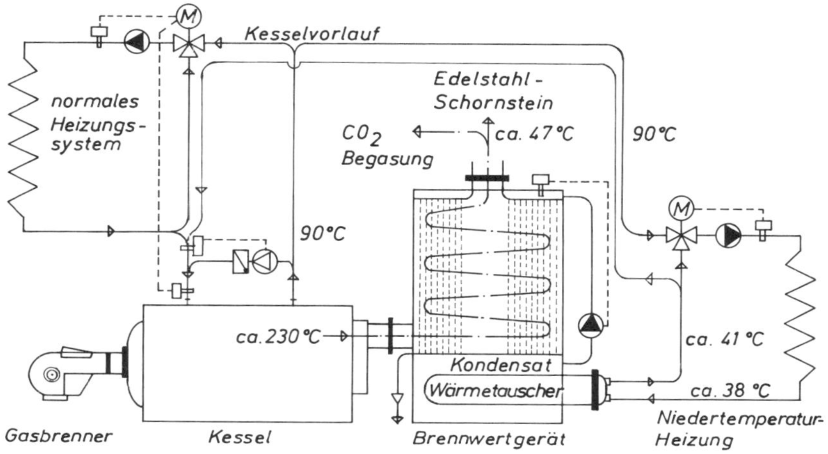

Abb. 89. Brennwertgerät (Abgaswäscher) (Fröhling) (TANTAU 1979).

Beim ersten Verfahren wird ein konventioneller Wärmetauscher verwendet, im zweiten Verfahren ein Abgaswäscher.

Der Abgaswäscher (Abb. 89) verwendet keine metallischen Flächen zur Wärmeübertragung, sondern die Oberfläche von Wassertropfen (RADO, WIEDEMANN, 1976).

Das Gerät besteht im wesentlichen aus einem großen stehenden zylindrischen Behälter. Die Abgase werden unten eingeleitet und strömen spiralförmig nach oben, wo sie das Gerät abgekühlt verlassen und in den Schornstein geleitet werden. Entgegengesetzt zur Strömungsrichtung der Abgase wird von oben über ein Lochblech Wasser verrieselt. Die Wassertropfen nehmen beim Kontakt mit den Abgasen Wärme auf. Außerdem kondensiert an den Tropfen Wasserdampf aus den Abgasen, so daß die Kondensationswärme frei wird. Die Tropfen werden unten im Gerät gesammelt, über einen eingebauten Wärmetauscher abgekühlt und wieder nach oben gepumpt. Durch die Kondensation von Wasserdampf vergrößert sich das Volumen des umgepumpten Wassers, so daß das überschüssige Wasser durch einen Überlauf geführt werden muß. Dieses anfallende Kondensat enthält durch den Kontakt mit dem CO_2 der Abgase Kohlensäure und ist deshalb sauer (pH-Wert etwa 3,5) und aggressiv. Vor dem Einleiten in die Kanalisation sollte das Wasser neutralisiert werden.

Ein Abgaswäscher hat gegenüber einem Wärmetauscher als Brennwertgerät den Vorteil, daß die wärmeübertragende Fläche regelbar ist. Wird der Wasserumlauf für die Verrieselung abgeschaltet, dann ist praktisch keine Fläche (Tropfenfläche) für die Wärmeübertragung vorhanden. Dadurch werden Abkühlungsverluste bei Brennerstillstand weitgehend vermieden. Außerdem lassen sich solche Geräte auch noch beim kombinierten Betrieb von Erdgas und Heizöl (abschaltbare Verträge) einsetzen, wenn beim Betrieb mit Heizöl die Wasserverrieselung abgeschaltet wird. Dann werden schwefelsäurehaltige Abgase nicht abgekühlt und Schwefelsäure kann nicht kondensieren und zu Korrosion führen. Bei einem konventionellen Abgas-Wärmetauscher ist für den Betrieb mit Heizöl eine Umgehung des Wärmetauschers erforderlich.

Im Brennwertgerät wird an den kalten Flächen des Wärmetauschers oder an den Tropfen des Abgaswäschers immer nur ein Teil der Abgase auf die Temperatur der jeweiligen Wärmetauscherfläche (ca. 33 bis 36 °C) abgekühlt. Dabei geben die Abgase entsprechend Wasserdampf durch Kondensation ab, so daß dieser Teil der Abgase mit Wasserdampf gesättigt ist. Betrachtet man die Abgase, die das Brennwertgerät verlassen, als eine Mischung partiell abgekühlter Abgase und nicht abgekühlter Abgase, so ergeben sich eine mittlere Temperatur und ein mittlerer Wassergehalt. Werden z. B. die Abgase in einem Brennwertgerät von 220 °C mit 56 °C Taupunkttemperatur auf 80 °C heruntergekühlt, dann beträgt infolge partieller Taupunktunterschreitung der Taupunkt der Abgase z. B. 42 °C. Erst wenn sich die Abgase im Schornstein auf diese Temperatur abkühlen, kommt es zur Kondensation (Versottung).

Die Wärmemenge, die mit einem Brennwertgerät aus den Abgasen zurückgewonnen werden kann, ist abhängig davon, wie weit die Abgase abgekühlt werden und wieviel Wasserdampf kondensiert. Der begrenzende Faktor ist dabei die Vorlauftemperatur des erforderlichen Niedertemperaturheizungssystems.

Eine Verminderung der Vorlauftemperatur vergrößert die erforderliche Fläche dieses Heizungssystems und erhöht damit die Investitionskosten für die Niedertemperaturheizung. Ein Kompromiß scheint in der Praxis mit einer Vorlauftemperatur von ca. 40 °C erreicht zu sein. Unter diesen Bedingungen lassen sich mit einem Brennwertgerät, bezogen auf den Heizwert H_u, etwa 15 % „Niedertemperaturwärme" aus den Abgasen zurückgewinnen (Abb. 90). Wenn sich daraus ein Gesamtwirkungsgrad der Anlage von über 100 % ergibt, dann liegt das daran, daß die Wirkungsgradangaben von Feuerungsanlagen immer auf den Heizwert bezogen werden. Bei Erdgas ist der Brennwert um ca. 10 % höher als der Heizwert. Bezogen auf den Brennwert ergibt sich ein Wirkungsgrad von 95 % beim Einsatz eines Brennwertgerätes.

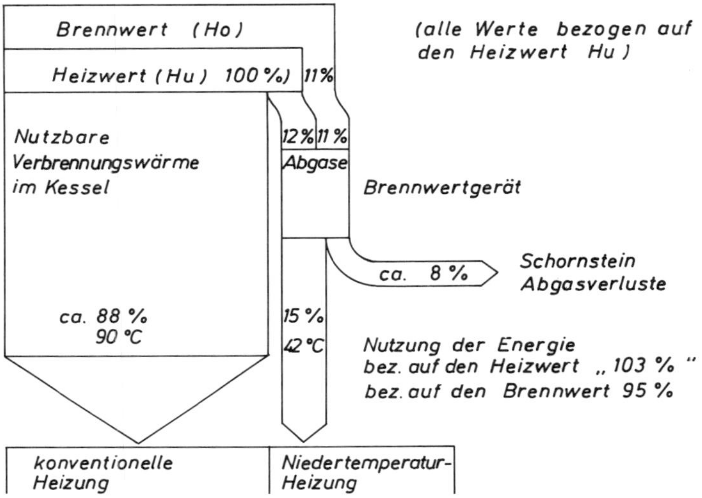

Abb. 90. Energiebilanz beim Einsatz eines Brennwertgerätes (Erdgas) (TANTAU 1979).

Der Einsatz eines Brennwertgerätes erfordert ein separates Heizungssystem für niedrige Vorlauftemperaturen. Dazu ist eine Bodenheizung oder eine Vegetationsheizung geeignet. Wichtig ist, daß dieses Heizungssystem die anfallenden 15 % Niedertemperaturwärme tatsächlich nutzen kann. Das Wasser sollte aus diesem Heizungssystem mit einer Temperatur von unter 38 °C zurückkommen, damit das Brennwertgerät optimal arbeiten kann. Bei höheren Rücklauftemperaturen verringert sich die Ausnutzung der Abgaswärme.

4.7.2 Heizwertgerät

Werden Brennstoffe verwendet, die Schwefel enthalten (z. B. Heizöl), dann ist der Einsatz von Brennwertgeräten nicht möglich, da es zumindest zur Zeit noch keine Materialien gibt, die gegen Schwefelsäure beständig sind und wirtschaftlich eingesetzt werden können. Deshalb muß man bei schwefelhaltigen Brennstoffen eine Kondensation des Wasserdampfes auf dem gesamten Abgasweg bis zum Schornsteinaustritt vermeiden. Es kann also nur der Heizwert des Brennstoffes besser ausgenutzt werden. Die dazu verwendeten Geräte bezeichnet man als Heizwertgeräte. Grundsätzlich könnte man die Kessel mit ausreichend großen Nachschaltheizflächen versehen, um eine möglichst niedrige Abgastemperatur oberhalb des Wassertaupunktes zu erreichen. Abgesehen von den im Kessel auftretenden Korrosionsproblemen ist ein solcher Weg nicht sinnvoll, weil dabei die Verhinderung der Taupunktunterschreitung nicht unter allen Bedingungen (z. B. bei Teillast) möglich ist. Günstiger ist ein dem Kessel nachgeschaltetes Heizwertgerät, das in Abhängigkeit von der Schornsteinaustrittstemperatur geregelt werden kann. Das Heizwertgerät muß zur Vermeidung von Taupunktunterschreitungen entweder wasserseitig (Abb. 91) oder rauchgasseitig (Abb. 92) geregelt werden. Damit ist es möglich, eine Mindestabgastemperatur auch bei unterschiedlichen Laststufen des Brenners einzuhalten.

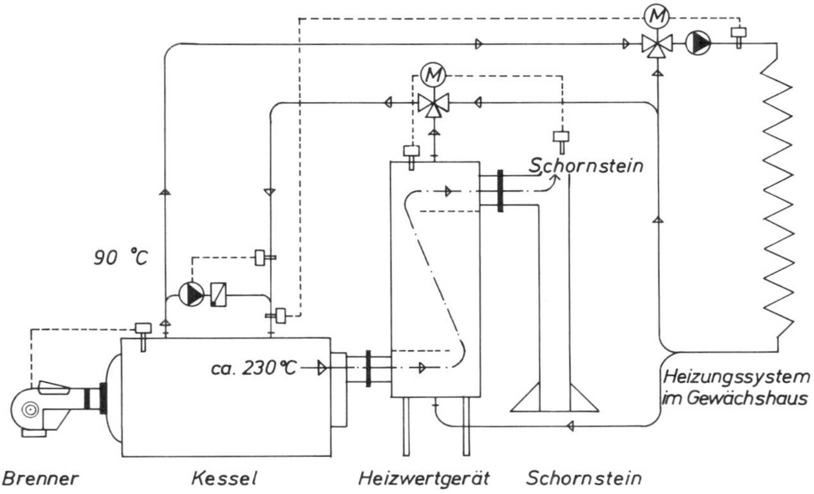

Abb. 91. Heizwertgerät mit wasserseitiger Regelung (TANTAU 1979).

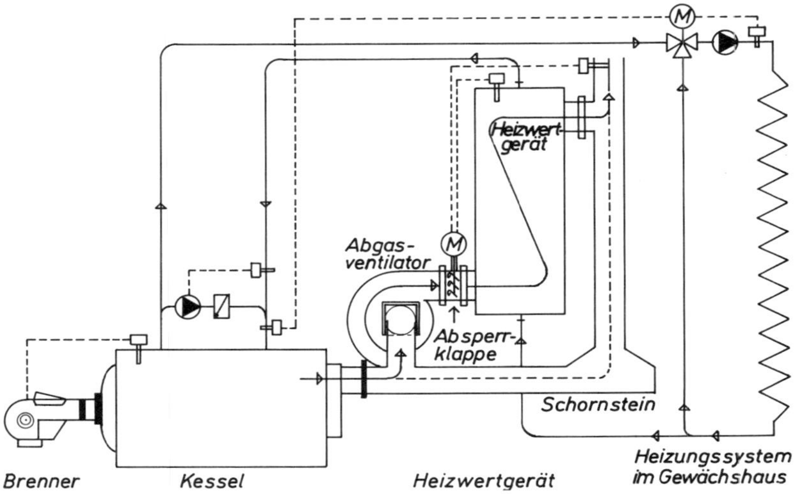

Abb. 92. Heizwertgerät mit rauchgasseitiger Regelung (TANTAU 1979).

Der rauchgasseitige Druckverlust des Heizwertgerätes muß auf die Kennlinie des vorhandenen Brennergebläses abgestimmt werden. Ist das nicht möglich, so ist ein Abgasventilator erforderlich. Zur Vermeidung von Betriebsbereitschaftsverlusten sollten Heizwertgeräte mit einer dichtschließenden Abgasklappe versehen werden.

Da bei Heizwertgeräten keine Kondensation auftreten darf, ist auch die Einhaltung einer niedrigen Vorlauftemperatur nicht erforderlich. Wenn das Heizwertgerät im Gegenstrom betrieben wird, ist jede gewünschte Vorlauftemperatur bis 90 °C möglich. Allerdings muß zur Vermeidung von Taupunktunterschreitungen die Rücklauftemperatur nach unten hin begrenzt werden (Minimalbegrenzung). Ein separates Heizungssystem ist für das Heizwertgerät nicht erforderlich.

Die Wärmemenge, die mit einem Heizwertgerät aus den Abgasen zurückgewonnen werden kann, ist geringer als beim Brennwertgerät. Um mit einem Heizwertgerät 1 % Brennstoff einzusparen, muß die Abgastemperatur um ca. 20 % abgesenkt werden. So bringt eine Abkühlung der Abgase von 220 °C auf 160 °C eine Einsparung von ca. 3 %.

4.8 Zubehör für Heizungsanlagen/Rohrnetz

Für die Funktion einer Heizungsanlage sind neben den beschriebenen Einrichtungen zur Wärmeerzeugung und Regelung zusätzliche Bauteile erforderlich.

4.8.1 Pumpen

Die Aufgabe von Heizungspumpen ist es, das Transportmedium für die Wärme vom Wärmeerzeuger (Kessel) zum Verbraucher (Gewächshaus) zu transportieren. Dazu muß die Pumpe einen Druck erzeugen (Förderhöhe), der dem Druckverlust des jeweiligen Rohrnetzes entspricht. Als Transportmedium wird in der Regel Wasser und nur in wenigen Fällen Thermalöl verwendet.

4.8.1.1 Pumpenbauarten

Die Heizungspumpen werden als Kreiselpumpen ausgeführt. Man unterscheidet zwei Bauarten: stopfbuchslose Kreiselpumpe und Kreiselpumpe mit Stopfbuchse.

Als Antrieb wird ein Elektromotor verwendet. Bei den stopfbuchslosen Kreiselpumpen (Abb. 93) bilden Antriebsmotor und Pumpe eine Einheit. Das Laufrad der Pumpe und der Rotor des Motors haben eine gemeinsame Welle. Alle drehenden Teile einschließlich der Lager liegen im Förderwasser der Pumpe. Das Wasser übernimmt gleichzeitig die Funktion der Schmierung. Der Stator und die Wicklung des Elektromotors sind durch ein Spaltrohr aus unmagnetischem Chromnickelstahl von dem Rotor getrennt und gegen Wasser abgedichtet.

Diese Bauart gewährleistet einen geräuscharmen und wartungsfreien Betrieb der Heizungspumpe. Außerdem ist das Gehäuse so konstruiert, daß die Pumpe direkt mittels Verschraubungen oder Flansche in die Rohrleitung eingebaut wird (Rohreinbaupumpen). Beim Einbau ist darauf zu achten, daß keine Spannungen vom Rohrnetz auf das Pumpengehäuse übertragen werden und die Welle immer eine genau horizontale Lage hat. Nachteilig ist bei dieser Bauweise, daß die Lager mit Heizungswasser geschmiert werden, da das Wasser sehr unterschiedliche Zusammensetzungen haben kann und eventuell Fremdkörper enthält, so daß die Lebensdauer der Lager u. U. verkürzt wird. Bei Lagerschäden ist ein Austausch der Pumpe (Austauschpumpe) erforderlich. Nach längeren Stillstandzeiten (z. B. im Sommer) können die Lager festsitzen. Die Pumpe muß dann von Hand gängig gemacht werden.

Außerdem bedingt das Spaltrohr eine konstruktive Vergrößerung des Spaltes zwischen Stator und Rotor des Motors. Dadurch verringert sich der mechanische Wirkungsgrad.

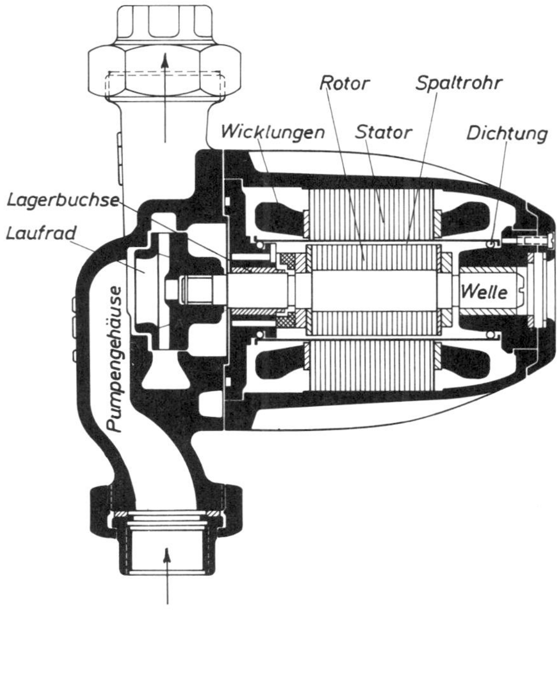

Abb. 93. Querschnitt durch eine stopfbuchslose Heizungspumpe (Wilo).

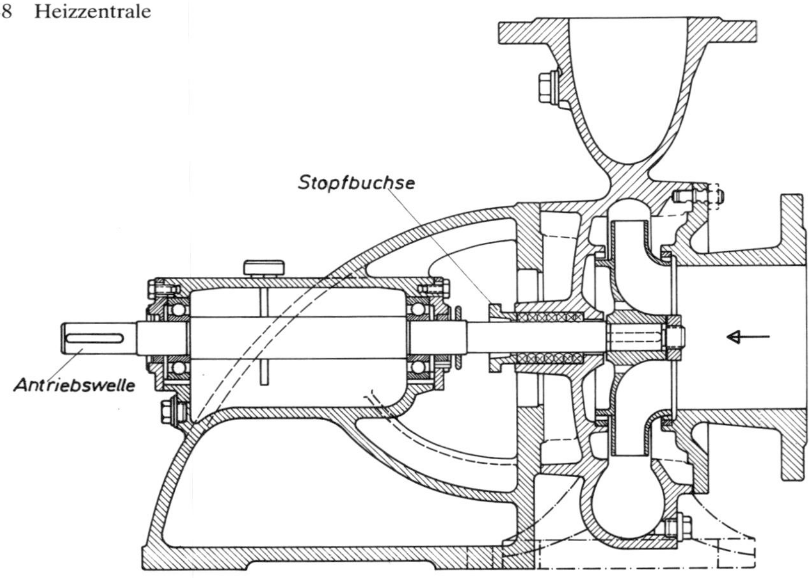

Abb. 94. Querschnitt durch eine Heizungspumpe (Kreiselpumpe) mit Stopfbuchse (Darstellung ohne Antriebsmotor) (KSB).

Heizungspumpen mit Stopfbuchse sind ähnlich aufgebaut wie Bewässerungspumpen. Pumpe und Antriebsmotor sind zwei Aggregate, die zu einer Einheit zusammengeflanscht werden (Abb. 94). Die Durchführung der Antriebswelle aus dem Pumpengehäuse nach außen muß abgedichtet werden. Dazu wird vielfach eine Stopfbuchse verwendet. Die Stopfbuchse wird mit einem speziellen Dichtmaterial gefüllt. Das Material wird mittels einer Überwurfmutter zusammengepreßt und dichtet dabei die Durchführung ab. Zur Schmierung der Stopfbuchse sollte immer etwas Wasser heraustropfen. Von Zeit zu Zeit muß die Überwurfmutter nachgezogen und das Dichtmaterial erneuert werden. Diese Arbeiten sollten vom Fachmann durchgeführt werden, da bei unsachgemäßer Handhabung die Antriebswelle beschädigt werden kann. Einige Firmen verwenden anstelle der Stopfbuchse bereits wartungsfreie Gleitringdichtungen.

Kleinere Stopfbuchspumpen werden als Rohreinbaupumpen konstruiert; größere Pumpen benötigen ein eigenes Fundament, da das Gewicht nicht mehr vom Rohrnetz getragen werden kann.

4.8.1.2 Pumpenkennlinien

Zur Auslegung der Heizungspumpen werden vom Hersteller Pumpenkennlinien angegeben. Als Kennlinie einer Pumpe bezeichnet man die Abhängigkeit der Förderhöhe H von dem Fördervolumen W. Durch die Konstruktion der Pumpe, insbesondere des Laufrades, lassen sich ganz bestimmte Pumpenkennlinien verwirklichen (Abb. 95). So unterscheidet man flache und steile Kennlinien. Bei einer flachen Kennlinie ändert sich die Förderhöhe H nur wenig mit zunehmendem Fördervolumen. Die Förderhöhe ist also relativ konstant. Eine steile Kennlinie

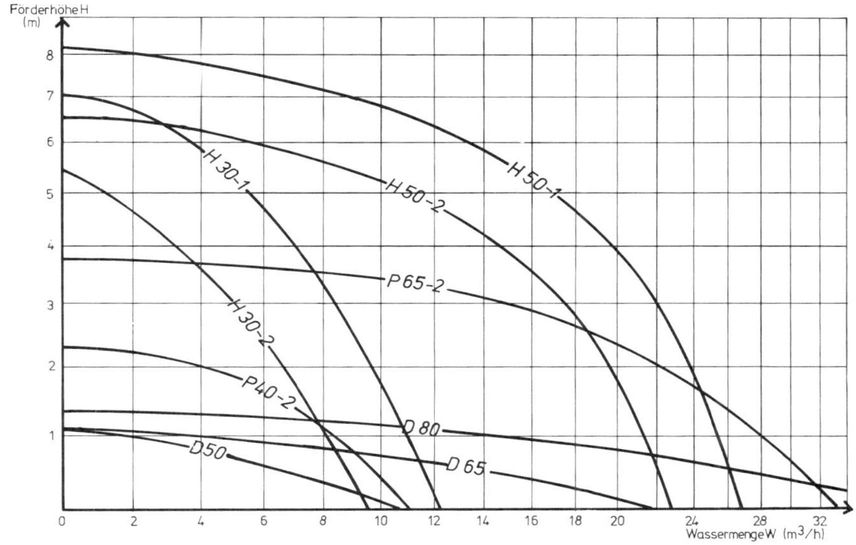

Abb. 95. Kennlinien von Heizungspumpen (Wilo).

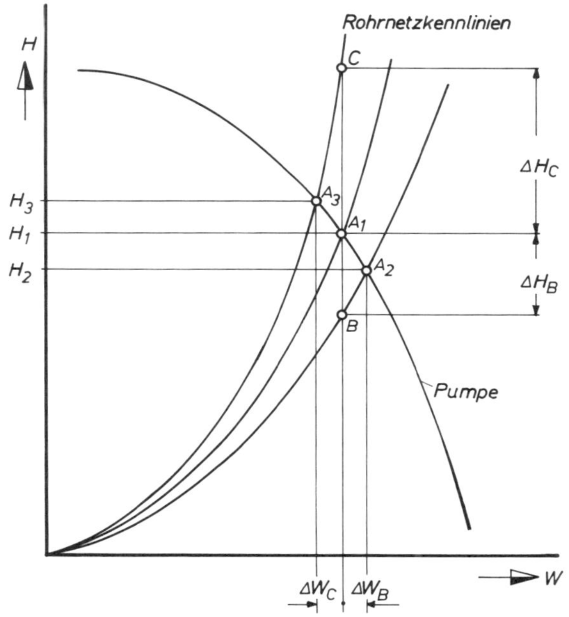

Abb. 96. Betriebspunkte einer Heizungspumpe bei verschiedenen Rohrnetzkennlinien. H = Förderhöhe, W = Wassermenge, A_1, A_2, A_3 = Betriebspunkte.

bedeutet, daß sich die Förderhöhe H stark ändert, während das Fördervolumen W relativ konstant bleibt. Zwischen diesen beiden Kennlinien gibt es alle Übergänge.

Für die Auslegung ist der Schnittpunkt zwischen Pumpen- und Rohrnetzkennlinie von Bedeutung. Dieser Schnittpunkt ist der Betriebspunkt der Pumpe. Die Rohrnetzkennlinie gibt für ein vorhandenes Rohrnetz die Beziehung zwischen Druckverlust $\triangle p$ und Durchflußmenge W an: $\triangle p \sim W^2$ (Abb. 96).

Parallelschaltung von Pumpen

Durch Parallelschaltung von Pumpen addieren sich die Fördervolumina (Abb. 97). Bei vorhandenem Rohrnetz wird aber durch die Parallelschaltung nicht das doppelte Volumen gefördert. Den Betriebspunkt für die Parallelschaltung $P_{1,2}$ erhält man durch den Schnittpunkt der Pumpenkennlinie $P_{1,2}$ mit der Rohrnetzkennlinie. Im Rohrnetz werden Druckverlust und Durchflußmenge erhöht (Abb. 97). Interessant ist die Parallelschaltung von Pumpen zur Leistungsregelung. Wenn bei geringerem Wärmebedarf eine Pumpe abgeschaltet wird, dann können z. B. mit 50 % der im Auslegungsfall erforderlichen Pumpenleistung ca. 80 % der Auslegungswassermenge gefördert werden. Damit ist eine beachtliche Senkung der Stromkosten möglich.

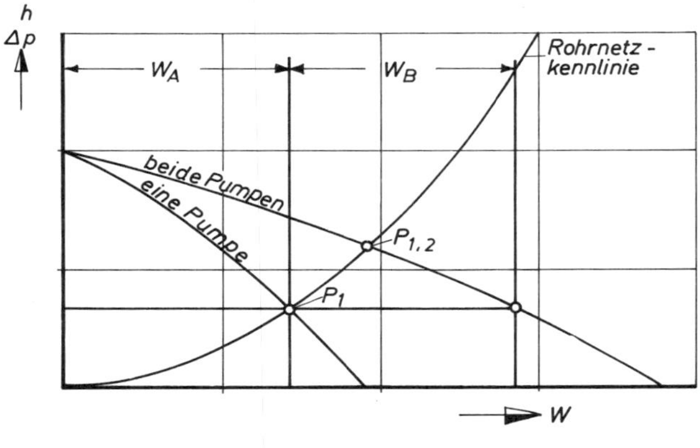

Abb. 97. Parallelschaltung zweier Pumpen. h = Förderhöhe, W = Wassermenge.

Es werden Pumpen in Parallelschaltung als Zwillingspumpen (Abb. 98) von den Herstellerfirmen komplett mit Rückschlagklappe angeboten. Die Zwillingspumpen gibt es als stopfbuchslose Pumpen und als Pumpen mit Stopfbuchse. Außer zur Leistungsregelung werden Zwillingspumpen häufig auch als Reservepumpen eingesetzt. Es ist dann jeweils eine Pumpe in Betrieb. Über eine Zeitschaltuhr werden die Pumpen regelmäßig umgeschaltet.

Hintereinanderschaltung von Pumpen

Durch Hintereinanderschaltung von Pumpen addieren sich die Förderhöhen (Abb. 99). Die tatsächliche Erhöhung von Förderhöhe und Fördervolumen läßt sich bei einem vorhandenen Rohrnetz nur mit Hilfe der neuen Pumpenkennlinie $P_{1,2}$ und der Rohrnetzkennlinie ermitteln. Der neue Betriebspunkt ist der Schnittpunkt beider Kurven (Abb. 99).

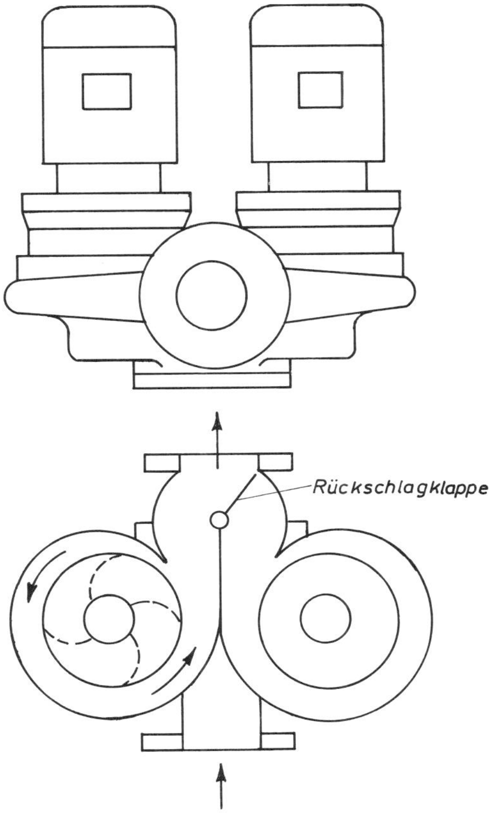

Abb. 98. Zwillingspumpe (Loewe).

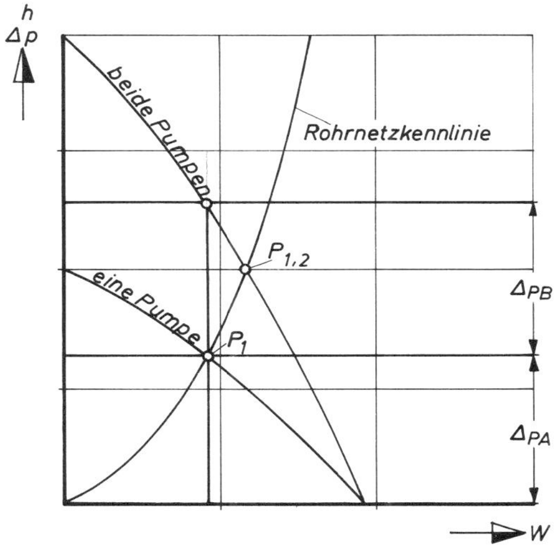

Abb. 99. Hintereinanderschaltung zweier Pumpen. h = Förderhöhe, W = Wassermenge.

4.8.1.3 Pumpenwirkungsgrad

Um eine bestimmte Wassermenge durch ein Rohrnetz zu fördern, ist je nach Druckverlust eine bestimmte elektrische Antriebsleistung N erforderlich.

$$N = \frac{W \cdot H \cdot \varrho \cdot g}{\eta} \qquad (W) \left(1\ W = 1\ \frac{Nm}{s}\right).$$

Darin ist
W = Fördervolumen in m^3/s,
H = Förderhöhe in m,
ϱ = Dichte des Fördermediums in kg/m^3,
η = Wirkungsgrad der Pumpe,
g = Erdbeschleunigung.

Nach der Definition ist der Druck

$$\text{Druck} = \text{Förderhöhe} \cdot \text{Dichte}$$
$$\Delta p = H \cdot \varrho \cdot g.$$

Bei Wasser als Fördermedium sind deshalb Druckverlust Δp und die Förderhöhe H zahlenmäßig fast identisch (Dezimalstelle beachten). Der Wirkungsgrad η gibt an, wieviel der zugeführten elektrischen Energie in mechanische Energie (Pumparbeit) umgewandelt wird. Bezogen auf den Wirkungsgrad gibt es bei Heizungspumpen charakteristische Unterschiede. Der maximale Wirkungsgrad beträgt
bei kleinen stopfbuchslosen Pumpen $\eta_{max} \approx 0{,}3$,
bei Stopfbuchspumpen
kleinerer Leistung $\eta_{max} \approx 0{,}4$ bis $0{,}6$,
mittlerer Leistung $\eta_{max} \approx 0{,}6$ bis $0{,}75$,
großer Leistung $\eta_{max} \approx 0{,}75$ bis $0{,}85$.

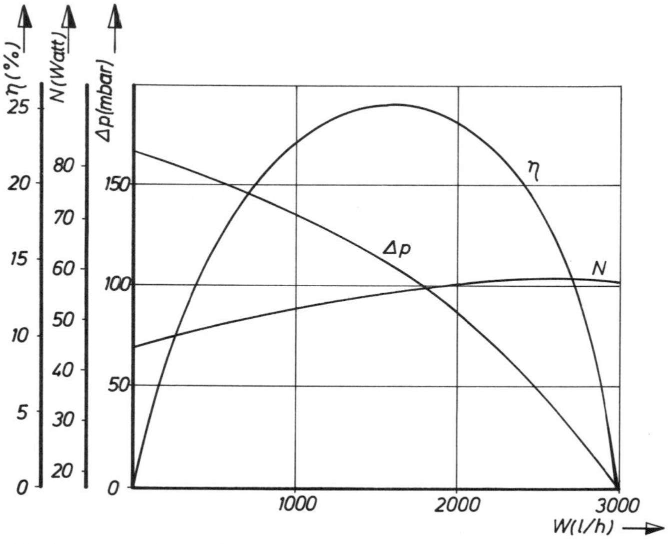

Abb. 100. Förderdruck Δp, Leistung N und Wirkungsgrad η einer Heizungspumpe in Abhängigkeit von der Fördermenge W.

Die Werte zeigen, daß es günstiger ist, eine große Pumpe mit höherem Wirkungsgrad einzusetzen als mehrere kleine Pumpen. Die oben angegebenen Werte gelten nur für einen Punkt der Pumpenkennlinie (Abb. 100). Wird die Fördermenge verringert, steigt zwar die Förderhöhe und die elektrische Leistungsaufnahme N wird etwas geringer, aber das Produkt aus Förderhöhe und Fördervolumen wird kleiner. Das gleiche gilt, wenn das Fördervolumen steigt, aber die Förderhöhe kleiner wird. Deshalb hat die Kurve für den Wirkungsgrad den in Abb. 100 dargestellten Verlauf. Der größte Wirkungsgrad η_{max} ergibt sich etwa bei der Hälfte des maximalen Fördervolumens. Deshalb sollte bei der Auslegung der Betriebspunkt der Pumpe möglichst bei maximalem Wirkungsgrad, d. h. bei etwa 50 % des maximalen Fördervolumens, liegen.

4.8.1.4 Pumpenleistung

Die Ermittlung der erforderlichen Pumpenleistung ist nur nach sorgfältiger Berechnung des gesamten Rohrnetzes einschließlich Armaturen und Regelventilen möglich. Wird bei gegebener Heizleistung ein Rohrnetz mit kleinen Rohrdurchmessern berechnet, dann ist der Druckverlust relativ hoch. Es ergibt sich für die Pumpenauslegung eine große Förderhöhe und damit eine große erforderliche Pumpenleistung mit hohen Anschlußwerten und hohem jährlichem Stromverbrauch. Im umgekehrten Fall, bei Verwendung großer Rohrdurchmesser, wird das Rohrnetz relativ teuer, die erforderliche Pumpenleistung und die Stromkosten sind geringer. Für die optimale Auslegung von Rohrnetz und Pumpen müßte deshalb jedesmal eine wirtschaftliche Optimierung durchgeführt werden. Da eine solche Optimierung sehr arbeitsaufwendig ist, wird häufig mit Richtwerten gearbeitet.

Einer dieser Richtwerte ist die Angabe des Druckverlustes pro m Rohr:

$$\Delta p \approx 1 \text{ mbar/m}.$$

Aus diesem Wert ergeben sich bei gegebener Fördermenge dann der erforderliche Rohrquerschnitt und die Strömungsgeschwindigkeit. Abweichend von o. a. Richtwert sind in einigen Fällen kleinere Rohrdurchmesser, höhere Strömungsgeschwindigkeiten und damit größere Pumpenleistungen sinnvoll. So sind Thermalöl und Frostschutzmittel so teuer, daß man bei der Auslegung des Rohrnetzes auf einen möglichst kleinen Inhalt der gesamten Heizungsanlage achten muß und deshalb kleine Rohrquerschnitte wählt. Thermalöl oder Wasser mit Frostschutzmittel kommen dann in Betracht, wenn Gewächshäuser im Winter zeitweise stillgelegt werden sollen.

Ausgehend von dem Richtwert $\Delta p \approx 1$ mbar/m lassen sich überschlägig Pumpenleistungen angeben. In Tab. 24 sind für ein Rohrnetz mit 100, 500 und 1000 m die erforderlichen Förderhöhen und die Pumpenleistung, bezogen auf die Heizleistung, angegeben. Da in Tab. 24 nur das Rohrnetz berücksichtigt wurde, ist zu erwarten, daß sich die Pumpenleistung durch Armaturen und Regelventile etwa verdoppelt bis verdreifacht. Für ein Rohrnetz mit 1000 m Rohr wäre dann eine Pumpenleistung von etwa 10 kW/MW Heizleistung erforderlich. Das bedeutet, daß, bezogen auf die installierte Heizleistung, etwa 1 % als elektrische Antriebsleistung für die Heizpumpen erforderlich ist.

Daran ist zu erkennen, wie wichtig die richtige Auslegung der Pumpe ist. Wenn in einer Heizungsanlage statt der geplanten Temperaturdifferenz von 20 K zwischen Vor- und Rücklauf nur eine Temperaturdifferenz von 10 K auftritt, wird doppelt so viel Wasser wie erforderlich umgepumpt. Dafür ist aber die achtfache elektrische Energie notwendig.

Tab. 24. Erforderliche Pumpenleistung für $\Delta p = 1$ mbar/m in Abhängigkeit vom Rohrnetz (elektrische Leistung der Pumpe in kW, bezogen auf die Heizleistung in MW)

Rohrnetz Länge in m	Förderhöhe der Pumpe in mWS	Pumpenleistung in kW/MW
100	1	0,38
500	5	1,9
1000	10	3,8

4.8.1.5 Einbauhinweise

Zum Einbau der Heizungspumpen ist zu bemerken, daß grundsätzlich vor und hinter einer Pumpe ein Absperrventil vorgesehen werden sollte, um die Pumpe ausbauen zu können, ohne die gesamte Anlage zu entleeren.

Die Pumpe muß im Rohrnetz so eingebaut werden, daß am Ansaug der Pumpe immer ein ausreichender statischer Druck vorhanden ist, damit es nicht zur Kavitation (Dampfblasenbildung) durch Unterdruck kommt, was zu einer starken Belastung der Pumpe und zu Schäden führen kann. Außerdem entstehen unangenehme Strömungsgeräusche.

Prinzipiell ist der Einbau der Pumpe im Vor- oder im Rücklauf möglich. Ein Einbau im Vorlauf erhöht den statischen Druck im Rohrnetz, ein Einbau im Rücklauf erniedrigt den statischen Druck im Rohrnetz entsprechend der Förderhöhe der Pumpe. Damit im Rohrnetz kein Unterdruck entsteht, ist deshalb der Einbau im Vorlauf günstiger. Zum Schutz der Heizungspumpen vor Fremdkörpern sind Filter vorzusehen. Hinter der Heizungspumpe sollte eine Rückschlagklappe installiert werden, um während des Stillstands der Pumpe ungewollte Zirkulationen (z. B. Schwerkraftzirkulation) zu verhindern.

4.8.1.6 Störungen

Eine einwandfreie Funktion der Pumpen ist in modernen Heizungsanlagen unbedingt erforderlich. Besonders im Gartenbaubetrieb können durch den Ausfall einer Heizungspumpe innerhalb kurzer Zeit größere Schäden entstehen. Ist die erforderliche Wasserzirkulation im Heizungssystem oder in Teilen davon nicht vorhanden, dann sollten folgende Punkte überprüft werden:

1. Ist die Pumpe eingeschaltet? (Wichtig bei Pumpenschaltung über Thermostat oder Endschalter eines Stellventiles), (eventuell zur Kontrolle auf „Hand" schalten)
2. Sind die Sicherungen in Ordnung? (Möglichst nur einmal erneuern)
3. Hat der Motorschutz ausgelöst? (Punkt 4, dann entriegeln; zeigt diese Überprüfung einen Defekt, muß von einem Fachmann der elektrische Teil [insbesondere die Wicklungen] überprüft werden).
4. Dreht sich die Welle der Pumpe? (Dazu ist bei einigen stopfbuchslosen Pumpen eine Verschlußschraube zu entfernen. Falls sich die Welle nicht dreht, ist bei abgeschalteter Pumpe zu prüfen, ob die Welle blockiert ist, dann eventuell deblockieren durch Drehen der Welle von Hand.)
5. Falls sich die Welle der Pumpe dreht, muß überprüft werden, ob in dem zugehörigen Rohrnetz alle Schieber oder Ventile geöffnet sind, ob sich Luft angesammelt hat (entlüften). Wichtig ist, daß das Pumpengehäuse einwandfrei

entlüftet wird. (Deshalb sollten Pumpen möglichst nur in senkrechte Rohrleitungen eingebaut werden.)

6. Als nächstes ist der Schmutzfänger zu reinigen (danach alle Schieber wieder öffnen!).

Sollten diese Maßnahmen nicht zum Erfolg führen, muß der Kundendienst gerufen werden. Beim Austausch der Pumpe ist darauf zu achten, daß die Dichtungsflächen gereinigt und neue Dichtungen verwendet werden.

4.8.2 Rohrleitungsarmaturen

Zusätzlich zu den Pumpen und Regelventilen sind in einem Rohrnetz verschiedene Armaturen erforderlich. Wichtige Kenngrößen der Armaturen sind neben dem Material die Nennweite DN und der Nenndruck PN. Armaturen kleinerer Nennweiten haben meist Muffen-, größere Nennweiten Flanschverbindungen. Je nach Nenndruck haben die Flansche unterschiedliche Lochkreisdurchmesser und Lochanzahl. Deshalb kann z. B. ein Schieber mit Nenndruck PN 6 nicht direkt mit einem Regelventil mit Nenndruck PN 16 verbunden werden, gleiche Nennweite vorausgesetzt.

4.8.2.1 Absperrorgane

Pumpen, Kessel, Regelventile u. ä. sollten durch Absperrorgane von dem übrigen Rohrnetz abgetrennt werden können, damit nicht im Falle einer Reparatur oder Wartung das gesamte Rohrnetz entleert werden muß. Nach der Konstruktion unterscheidet man Ventile, Schieber und Hähne.

Ventile

In Abb. 101 ist schematisch ein Ventil mit geradem Sitz dargestellt. Beim Schließen des Ventils wird der Ventilteller auf den Ventilsitz gepreßt. Mittels einer temperaturbeständigen Dichtung ist eine einwandfreie Abdichtung möglich. Für den Einsatz in Heizungsanlagen hat diese Bauform den Nachteil, daß der Druckverlust relativ groß ist ($\zeta = 3{,}0$ bis $4{,}5$). Dagegen ist ein Schrägsitzventil (Abb. 102) mit $\zeta = 1{,}5$

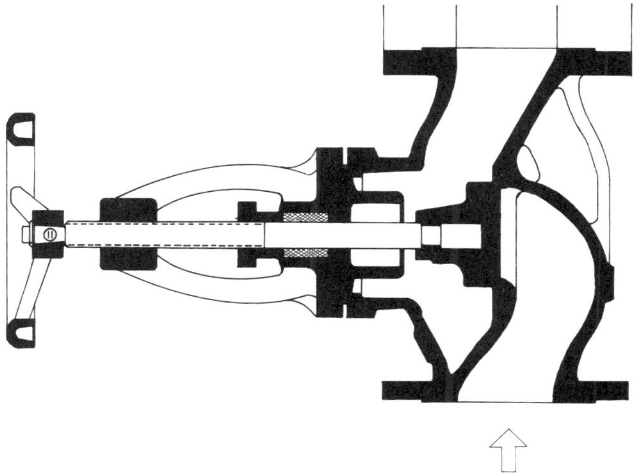

Abb. 101. Absperrventil (Gradsitzventil).

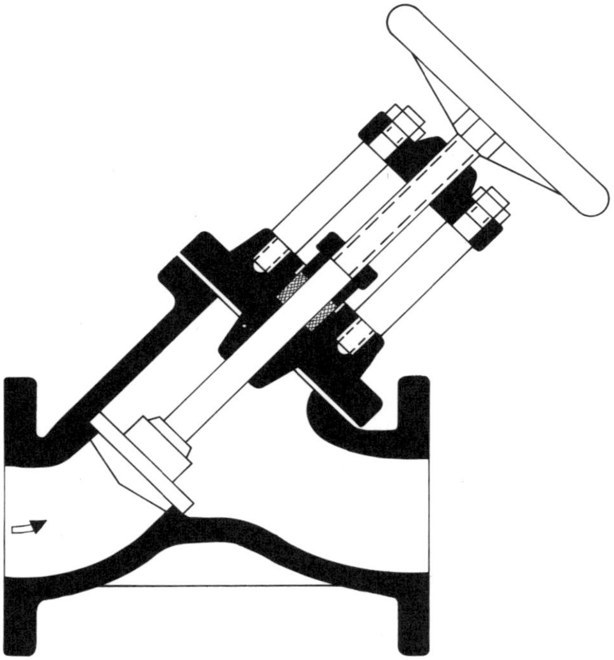

Abb. 102. Schrägsitzventil (Koswa).

bis 3,0 günstiger, da das Wasser in diesem Ventil nicht so stark umgelenkt werden muß. Fast ohne Umlenkung kann das Wasser durch ein Freiflußventil strömen, das mit $\zeta = 0{,}5$ bis 1,0 den geringsten Druckverlust hat.

Ventile haben meistens eine außenliegende Spindel, so daß der Ventilteller von außen über die Ventilwelle auf und ab bewegt wird. Die Abdichtung der Welle erfolgt mit einer Stopfbuchse. Das bedeutet, daß die Ventile in regelmäßigen Abständen gewartet werden müssen. Dazu gehört neben dem Einfetten der Welle und der Spindel das Nachziehen der Stopfbuchse, um zu verhindern, daß Wasser aus dem Ventil austritt. Aufgrund der hohen Temperatur führt ausgetretenes Heizungswasser in Verbindung mit Luftsauerstoff zu starken Korrosionserscheinungen. Dadurch kann das Ventil in kurzer Zeit unbrauchbar werden. Beim Einbau der Ventile muß die auf dem Gehäuse angegebene Durchflußrichtung beachtet werden.

Schieber

Je nach Anschluß unterscheidet man Muffen und Flanschenschieber. In Abb. 103 ist ein Keilflachschieber (Flanschenschieber) dargestellt. Beim Schieber wird zur Absperrung der Leitung ein keilförmiges bewegliches Teil in die entsprechende Aussparung des Gehäuses „geschoben“. Dabei erfolgt die Abdichtung, indem Metall auf Metall gepreßt wird. Aus diesem Grunde sind Schieber empfindlicher gegen Fremdkörper und Schmutz als Ventile. Die Folge ist, daß Schieber oft nicht dicht schließen. Kleinere Beschädigungen der Dichtflächen lassen sich durch „Einschleifen“ beheben. Das ist eine Präzisionsarbeit, die nur ein Spezialbetrieb durchführen kann.

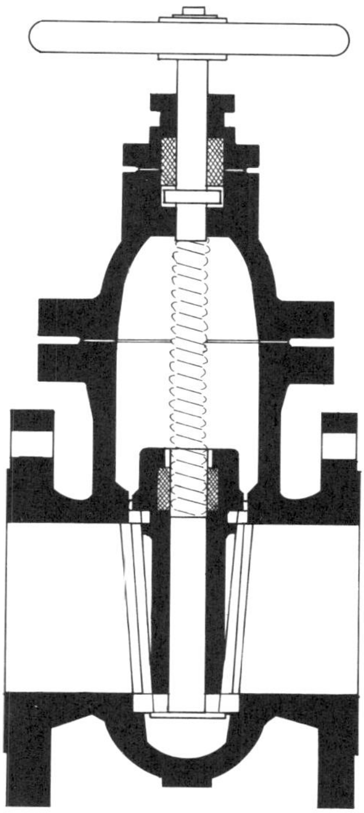

Abb. 103. Keilflachschieber mit innen liegender Spindel.

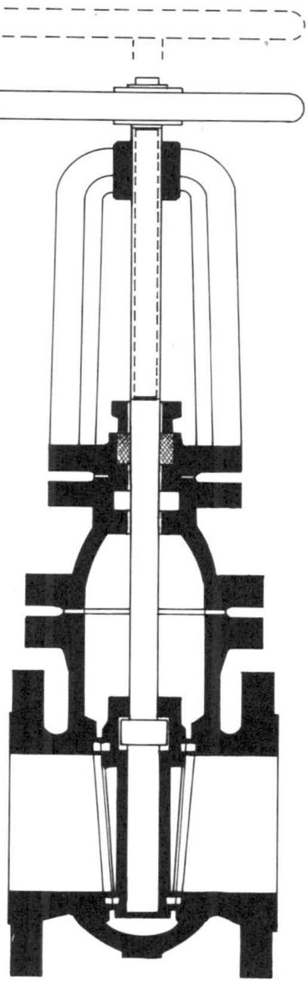

Abb. 104. Keilflachschieber mit außen liegender Spindel.

Schieber werden mit äußerem (Abb. 104) und innerem Gewinde gebaut. Das äußere Gewinde hat den Vorteil, daß die Stellung des Schiebers (auf oder zu) von außen sichtbar ist. Nachteilig ist die erforderliche Pflege des äußeren Gewindes (Fetten).

Schieber werden in Heizungsanlagen häufig eingesetzt, da sie preiswerter sind als Ventile und mit $\zeta = 0{,}15$ bis 0,3 einen sehr geringen Druckverlust verursachen.

Auch bei den Schiebern ist eine regelmäßige Wartung der Stopfbuchse erforderlich.

Hähne

In Abb. 105 ist ein Hahn im Querschnitt dargestellt. Im Gegensatz zu den Ventilen und Schiebern erfolgt die Absperrung beim Hahn durch ein drehbares konisches Teil, das als „Küken" bezeichnet wird.

Der Druckverlust ($\zeta = 1$) ist vergleichbar mit dem Freiflußventil. Meistens werden Hähne für kleine Nennweiten bis DN 50 eingesetzt (z. B. Entlüftungshähne und Kesselentleerungshähne). In einigen Fällen werden sie auch als Absperrorgan in Rohrleitungen (z. B. Gasleitungen) eingesetzt. Sie benötigen zur Abdichtung und

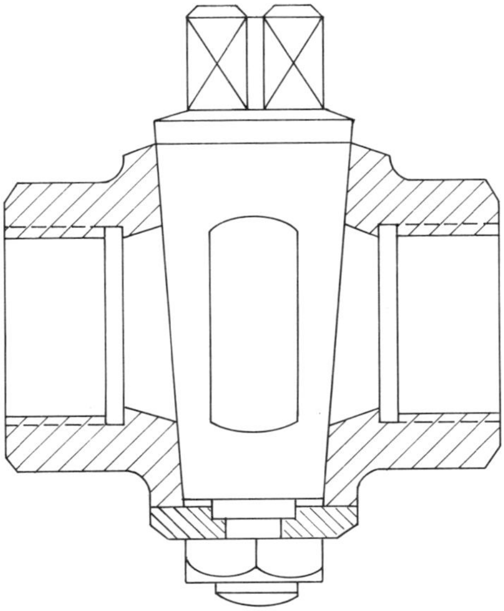

Abb. 105. Muffenhahn.

Schmierung ein spezielles wasserbeständiges Fett und sind von Zeit zu Zeit auf Dichtheit zu prüfen. Gegebenenfalls muß die Überwurfmutter (modernere Bauweise) oder die Schraube an der Unterseite (Abb. 105) leicht nachgezogen werden. Falls ein Hahn sich nicht drehen läßt, ist die Schraube etwas zu lösen und anschließend wieder leicht anzuziehen.

Sicherheitswechselventile

Wird bei einer offenen Heizungsanlage das Ausdehnungsgefäß an den Vorlaufverteiler und Rücklaufsammler angeschlossen, dann müssen in die Vor- und Rückläufe der Kessel Sicherheitswechselventile eingebaut werden. Dabei handelt es sich im Prinzip um 3-Wege-Ventile mit zwei Anschlüssen großer Nennweite und einem Anschluß kleinerer Nennweite. Zur Absperrung des Kessels werden die Sicherheitsventile geschlossen und eine Verbindung zwischen dem Kessel und dem kleineren Abgang hergestellt, dessen Anschluß ins Freie führt (s. Abb. 77). Es bleibt beim Schließen immer ein ausreichender Sicherheitsquerschnitt offen. Damit die Heizungsanlage nicht leer läuft, müssen beide Sicherheitswechselventile möglichst gleichzeitig geschlossen werden. Für geschlossene Heizungsanlagen sind Sicherheitswechselventile nicht erforderlich.

Drosselklappe

Sollen einzelne Heizkreise oder einzelne Heizungsrohre gedrosselt oder parallele Leitungen abgeglichen werden, dann lassen sich dazu Drosselklappen (Abb. 106)

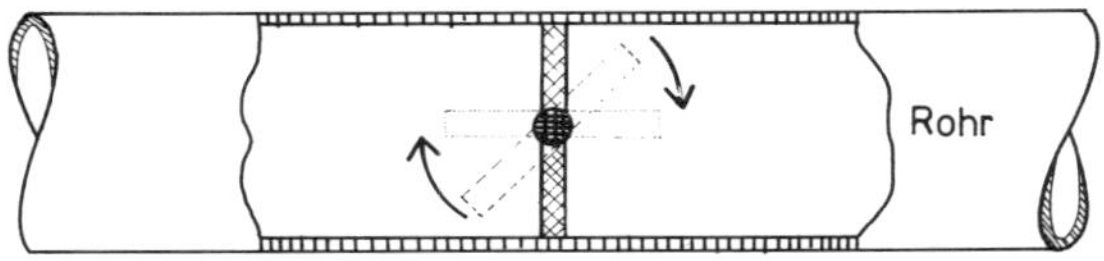

Abb. 106. Drosselklappe.

einsetzen. Dabei handelt es sich im Prinzip um ein Rohrstück, in dem eine Klappe mit der Querschnittsform des Rohres gedreht werden kann. So läßt sich der Querschnitt des Rohres und damit der Durchfluß beliebig verkleinern.

Rückschlagventile

In Abb. 107 ist ein Rückschlagventil mit geradem Sitz dargestellt. Der Ventilteller kann entweder durch Schwerkraft oder durch eine Feder heruntergedrückt werden. Eine Feder macht zwar den Einbau lageunabhängig, erhöht aber den Druckverlust, der ohnehin bei einem Ventil dieser Bauart relativ groß ist (s. o.). Deshalb werden als Rückschlagventile meistens Schrägsitzventile eingebaut.

Rückschlagklappen

Rückschlagklappen haben einen geringeren Druckverlust als Rückschlagventile. In Abb. 108 ist eine Rückschlagklappe schematisch dargestellt. Es werden meistens federbelastete Rückschlagklappen verwendet, die sich außerdem durch eine sehr flache Bauweise auszeichnen und zwischen zwei Flanschen eingebaut werden können (z. B. zwischen Pumpe und Schieber).

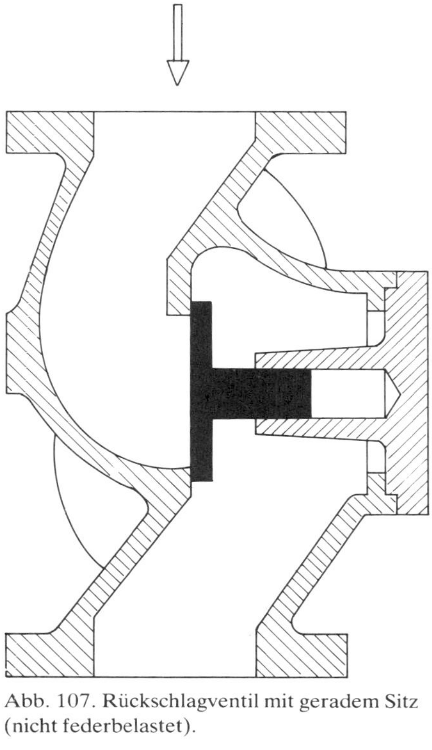

Abb. 107. Rückschlagventil mit geradem Sitz (nicht federbelastet).

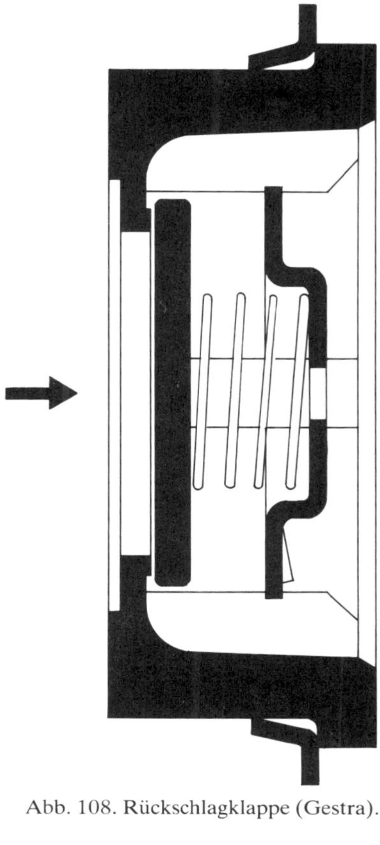

Abb. 108. Rückschlagklappe (Gestra).

Die Druckverluste sind abhängig von der Stärke der verwendeten Feder. Entsprechende Daten sind den Angaben der Hersteller zu entnehmen.

Wichtig für die Rohrnetzkennlinie ist, daß erst ab einem bestimmten Differenzdruck Wasser durch die Rückschlagklappe strömen kann. Dieser Differenzdruck ist erforderlich, um die Klappe oder den Ventilteller gegen den Federdruck zu öffnen. Aus diesem Grunde werden Rückschlagklappen auch als „Schwerkraftbremse" eingesetzt. Um zu verhindern, daß in einzelnen Heizkreisen das Wasser rückwärts fließt, sollte hinter jeder Heizungspumpe eine Rückschlagklappe eingebaut werden.

4.8.2.2 Schmutzfänger

Schmutzfänger haben die Aufgabe, Fremdkörper aus dem Heizungswasser herauszufiltern. Sie sind zum Schutze von Pumpen, Regelventilen und Armaturen unbedingt zu empfehlen. In Abb. 109 ist ein Schmutzfänger im Querschnitt dargestellt. Da der Schmutz im Inneren des zylinderförmigen Filterelements aufgefangen wird, ist der Einbau lageabhängig. Außerdem ist auf die Durchflußrichtung zu achten.

Der Druckverlust von Schmutzfängern ist den Herstellerunterlagen zu entnehmen. Er ist abhängig von der Maschenweite und vergrößert sich mit zunehmender Verschmutzung. Deshalb ist eine Anzeige des Differenzdruckes eine sinnvolle Ergänzung, um eine Verschmutzung rechtzeitig erkennen zu können. Eine Reinigung ist besonders nach der erstmaligen Inbetriebnahme einer Heizungsanlage in kurzen Zeitabständen erforderlich, um Störungen durch verschmutzte Filter zu vermeiden.

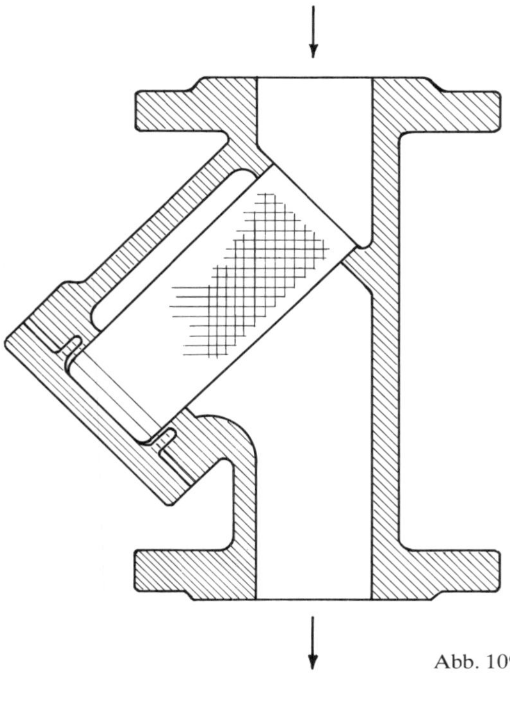

Abb. 109. Schmutzfänger mit Flanschanschluß.

4.8.2.3 Be- und Entlüftungseinrichtungen

Entlüfter sind erforderlich, um beim Füllen der Heizungsanlage die Luft entweichen zu lassen und um anschließend beim Betrieb Luft, die aus dem Wasser ausgast, abzulassen. Zum Ablassen des Wassers sind die gleichen Armaturen zur Belüftung erforderlich, damit sich das Wasser nicht „aufhängt“. Eine sorgfältige Entlüftung ist nach dem Auffüllen der Heizungsanlage wichtig, weil Luftblasen oder Luftsäcke den Durchfluß behindern oder sogar unterbinden. Außerdem verursacht Luft unangenehme Geräusche in der Heizungsanlage.

Man unterscheidet manuelle und selbsttätige Entlüfter. Als manuelle Entlüfter (oder Belüfter) werden Ventile, Hähne und Schieber verwendet. Die Nennweite richtet sich nach der zu erwartenden Luftmenge (bis ½″). Selbsttätige Entlüfter arbeiten entweder mit einem Schwimmer und einem Ventil (Abb. 110 und 111) oder mit hygroskopischen Scheiben (Abb. 112). Die Anordnung mit Schwimmer hat sich weitgehend durchgesetzt, da ein solcher Entlüfter schneller reagiert als ein Entlüfter mit hygroskopischen Scheiben. Die selbsttätigen Entlüfter wirken bei Unterdruck als Belüfter. Dadurch kann ungewollt Luft in die Heizungsanlage gelangen. Für eine weitgehende Entlüftung des Heizungswassers ist die richtige Anbringung der Entlüfter von Bedeutung. So sollte in jedem Heizkreis an der jeweils höchsten Stelle ein Entlüfter vorgesehen werden. Damit die Luft besser abgeblasen werden kann, sollte ein kleiner Auffangbehälter zwischen Rohr und Entlüfter oder sogar ein Luftabscheider (Abb. 113) eingebaut werden. In der Regel reicht ein sorgfältiges Entlüften der Heizungsanlage nach dem Füllen. Danach wird das Wasser immer nur beim Erhitzen im Kessel Luft oder Gas ausscheiden. Der Kessel und (oder) der Vorlaufverteiler sollten deshalb unbedingt selbsttätige Entlüfter erhalten, wenn die Luft nicht über das Ausdehnungsgefäß abgegeben werden kann. Wird das Wasser im Kessel ausreichend entgast und das entstehende Gas abgeführt, dann dürfte es im restlichen Teil der Heizungsanlage keine Luftprobleme geben.

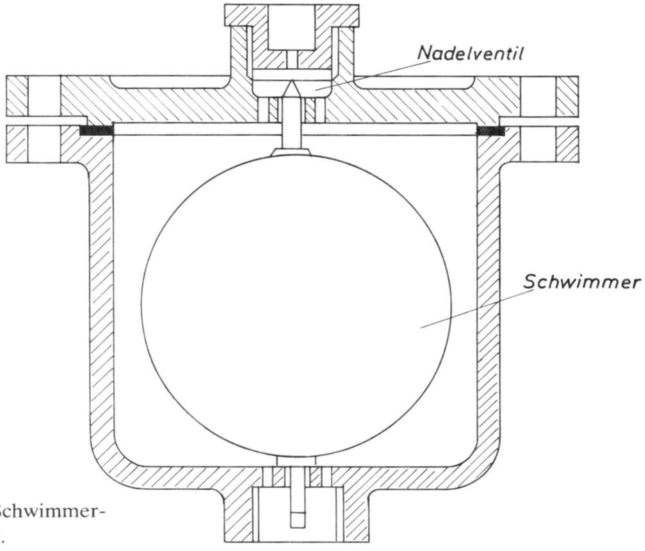

Abb. 110. Selbsttätiger Schwimmerentlüfter mit Nadelventil.

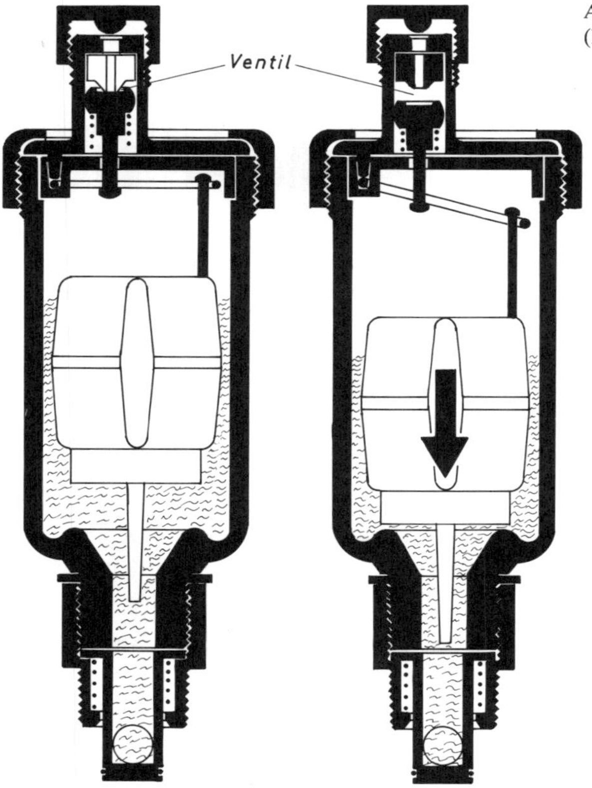

Abb. 111. Schwimmerentlüfter (Flamvent, Flamco).

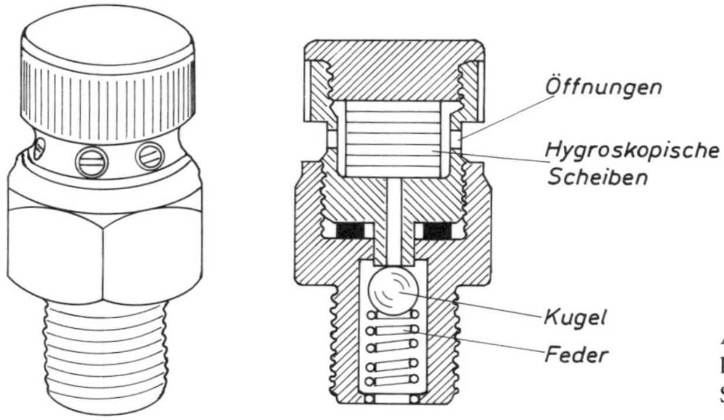

Abb. 112. Selbsttätiger Entlüfter mit hygroskopischen Scheiben.

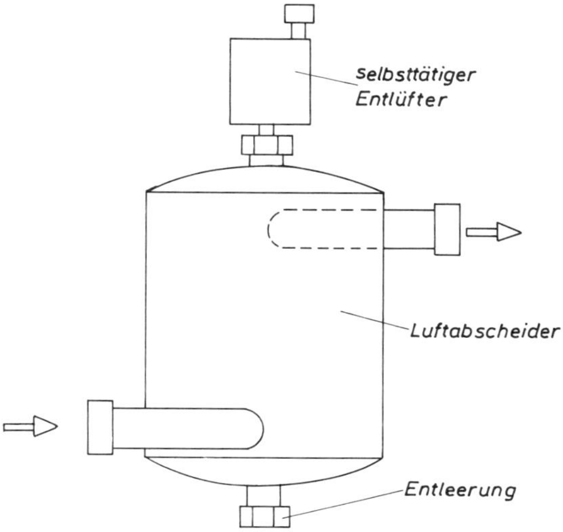

Abb. 113. Selbsttätiger Entlüfter mit Luftabscheider.

4.8.2.4 Dehnungsausgleicher

Zum Ausgleich der Rohrdehnung bei Erwärmung (ca. 1 mm/m) muß eine Ausdehnungsmöglichkeit geschaffen werden. Falls ausreichend Platz vorhanden ist, kann ein Dehnbogen in die Rohrleitung eingefügt werden (Abb. 114). Ist dafür kein Platz, dann können Metallschlauchausgleicher (Abb. 115) oder Stopfbuchsenausgleicher verwendet werden. Hinter oder vor einem Dehnungsausgleicher ist das Rohrstück jeweils einseitig zu fixieren, um ein „Wandern" zu verhindern. Die

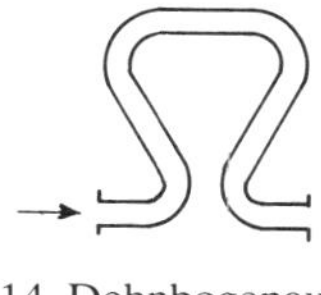

Abb. 114. Dehnbogenausgleicher.

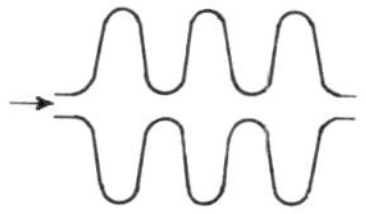

Abb. 115. Metallschlauchausgleicher.

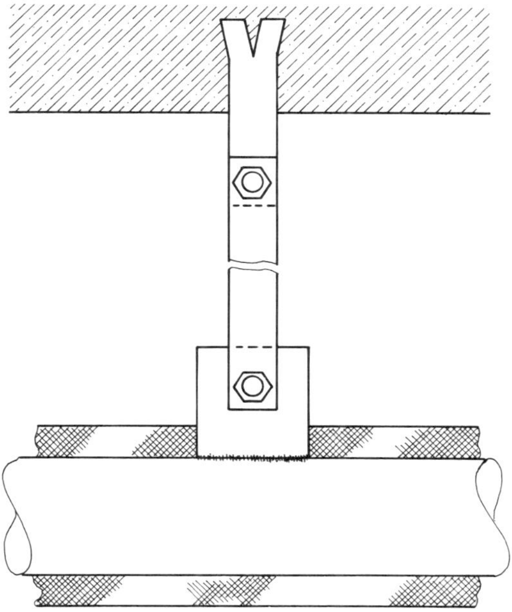

Abb. 116. Bewegliche Aufhängung von Rohren mittels Pendel.

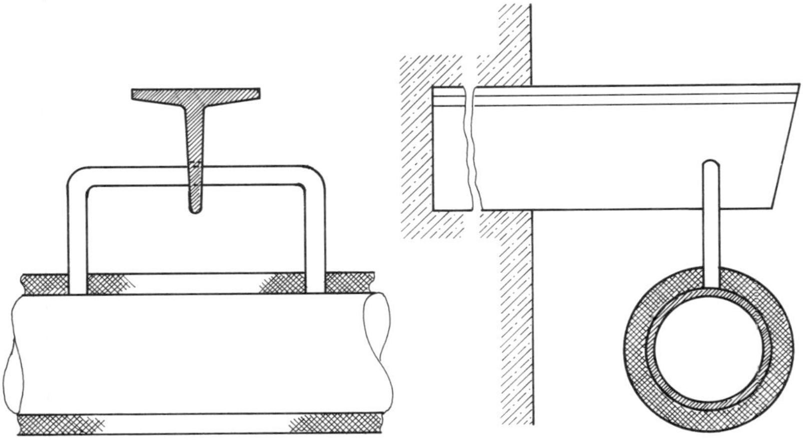

Abb. 117. Bewegliche Aufhängung von Rohren mittels Bügel.

Ausdehnung muß bei Abgängen berücksichtigt werden, sonst besteht die Gefahr, daß sich Spannungsrisse bilden. Heizungsrohre müssen beweglich aufgehängt werden, damit es bei der Ausdehnung nicht zu Spannungen an den Aufhängungen kommt. In Abb. 116 und Abb. 117 sind als Beispiel zwei Möglichkeiten für eine bewegliche Aufhängung der Rohre angegeben. Auf keinen Fall dürfen nebeneinander liegende Rohre (z. B. Vor- und Rücklauf) starr miteinander verbunden werden, weil es dann zu Spannungsrissen und Leckstellen kommen kann.

4.9 Regelung in der Heizzentrale

Im Kesselhaus bestehen im wesentlichen zwei Temperaturregelkreise; den einen Regelkreis bildet der Kessel mit Brenner; der andere Regelkreis ist die Vorregelung des Heizungswassers für die Gewächshäuser. Beide Regelkreise sind weitgehend voneinander unabhängig.

4.9.1 Kessel und Brenner

Zur Vermeidung von rauchgasseitiger Korrosion durch Taupunktunterschreitung ist es erforderlich, die Kesselvorlauftemperatur in Grenzen konstant zu halten. Für die Kesselrücklauftemperatur ergibt sich je nach Taupunkt der Abgase eine Mindesttemperatur, die nicht unterschritten werden darf. Eine Ausnahme bilden Gasspezialkessel aus korrosionsbeständigem Material. Neben der Einhaltung einer konstanten Kesselvorlauftemperatur muß versucht werden, die Feuerungsanlage in der Leistung dem Wärmebedarf anzupassen, um die Laufzeiten der Brenner zu verlängern und dadurch die Betriebsbereitschaftsverluste zu senken und den Jahresbetriebswirkungsgrad der Heizungsanlage zu verbessern (s. Abschnitt 3.1.3.3).

Bei Einkesselanlagen kleinerer Leistung sind die Möglichkeiten der Anpassung der Brennerleistung an den Wärmebedarf begrenzt. Brenner mit kleiner Leistung können häufig nur einstufig gefahren werden. Es ergibt sich ein einfacher Regelkreis. Der Thermostat im Kesselvorlauf oder an geeigneter Stelle im Kessel schaltet bei Unterschreiten einer bestimmten Temperatur den Brenner ein und bei Überschreiten der eingestellten Temperatur den Brenner aus. Bei Dampferzeugern (z. B. Dämpfgerät) wird anstelle des Thermostaten ein Pressostat verwendet. Der Thermostat enthält häufig im gleichen Gehäuse auch den Temperaturbegrenzer. Es handelt sich trotz des gemeinsamen Gehäuses um zwei völlig getrennte Geräte mit getrennten Temperaturfühlern in einer gemeinsamen Tauchhülse (Abb. 118). Vom elektrischen Anschluß her können Thermostat und Begrenzer hintereinandergeschaltet sein. Beim Ansprechen des Temperaturbegrenzers sollte ein akustischer Alarm ausgelöst werden, da in diesem Fall der Brenner nicht wieder allein startet. Der Begrenzer muß von Hand nach Öffnen des Gehäusedeckels entriegelt werden. Falls der Begrenzer ausgelöst hat, ist der Thermostat auf Funktionsfähigkeit zu überprüfen. Eventuell war die Temperatur zu hoch eingestellt, so daß durch das Nachheizen der Ausmauerungen im Kessel die Temperatur zu weit angestiegen ist.

Der Regelthermostat sollte eine ausreichend große Schaltdifferenz haben, um zu verhindern, daß der Brenner zu häufig gestartet wird. Beim Start des Brenners können ungünstige Betriebsbedingungen (z. B. Anfahrstoß) mit erhöhter Emission unverbrannter Brennstoffe (z. B. Ruß) auftreten. Bei einstufigen Brennern sollte die Schaltdifferenz etwa 10 °C betragen. Die Vorlauftemperatur würde dann z. B. zwischen 80 °C und 90 °C schwanken, was normalerweise keine Nachteile für die Heizungsregelung hat.

Ist zur Verminderung der Nachströmverluste eine Abgasklappe hinter dem Kessel eingebaut, dann muß aus Sicherheitsgründen der Schaltkreis geändert wer-

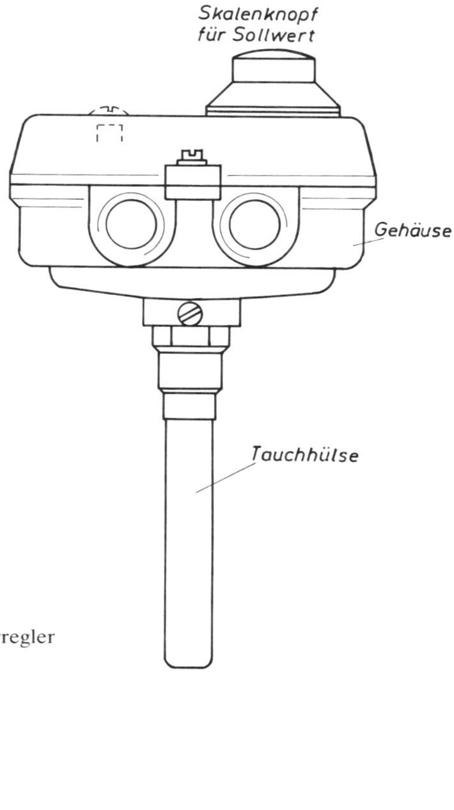

Abb. 118. Kesselthermostat mit Temperaturregler und -begrenzer.

den. In diesem Falle öffnet der Regelthermostat die Abgasklappe. Erst wenn diese ganz geöffnet ist, wird über einen Endschalter der Brenner gestartet. Beim Abschalten wird zuerst der Brenner abgeschaltet und erst dann über eine Verzögerung die Abgasklappe zugefahren.

Bei zweistufigen Brennern, die die erste Stufe nicht nur zum Starten benutzen, wird über einen zusätzlichen Thermostaten die zweite Stufe ein- und ausgeschaltet. Dieser Thermostat muß eine kleinere, möglichst einstellbare, Schaltdifferenz haben. Eine exakte Abstimmung mit dem Regelthermostaten ist erforderlich.

Nach dem Start des Brenners und Zündung der ersten Stufe gibt das Brennersteuergerät die zweite Stufe frei. Steigt die Kesselvorlauftemperatur, schaltet der Zusatzthermostat die zweite Stufe wieder ab und der Brenner läuft mit der ersten Stufe weiter. Reicht die erste Stufe nicht zur Deckung des Wärmebedarfes, dann fällt die Kesselvorlauftemperatur und die zweite Stufe wird wieder zugeschaltet. So lang der Wärmebedarf größer ist als die Leistung der ersten Stufe des Brenners, läuft der Brenner durch. Es entstehen keine Betriebsbereitschaftsverluste. Außerdem ist aufgrund der geringeren Leistung des Brenners die Abgastemperatur niedriger und dadurch der Feuerungswirkungsgrad höher, obgleich in der ersten Stufe häufig mit höherem Luftüberschuß gefahren werden muß.

Für Kesselanlagen größerer Leistung kann der Einsatz modulierender Brenner wirtschaftlich sinnvoll sein. Je nach Regelbereich des Brenners läßt sich die Brennerleistung im Bereich von 6:1 bis 10:1 stufenlos regeln. Auch bei den modulierenden Brennern ist wie bei einstufigen Brennern ein Regelthermostat mit Begrenzer erforderlich. Nach dem Start des Brenners und Zündung der kleinsten Stufe wird der Brenner zunächst auf volle Leistung oder eine von Hand einstellbare begrenzte Leistung hochgefahren. Steigt die Temperatur im Kesselvorlauf, dann wird entsprechend dem Temperaturanstieg die Leistung des Brenners vermindert, bis die Vorlauftemperatur konstant bleibt (Abb. 119). Dadurch ist innerhalb des Regelbereiches des Brenners eine kontinuierliche Anpassung der Brennerleistung an den Wärmebedarf möglich.

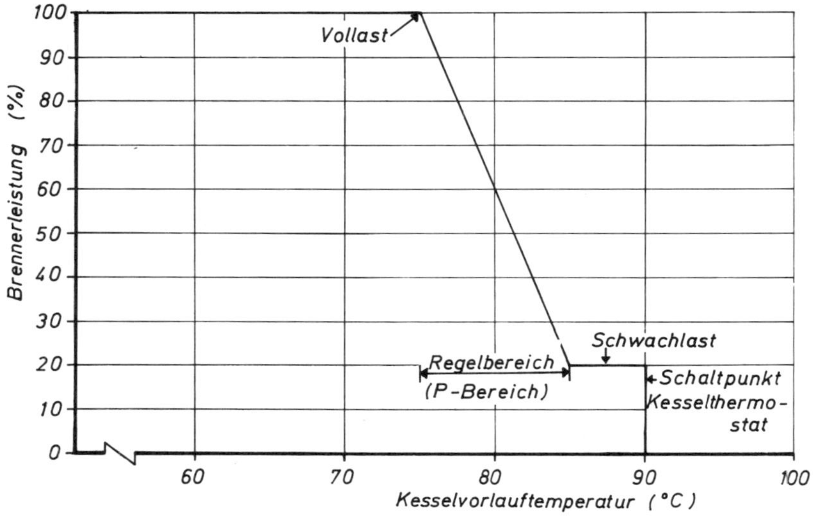

Abb. 119. Regelverhalten modulierender Brenner (schematisch).

Für Heizungsanlagen größerer Leistung sollten immer mehrere Kessel vorgesehen werden. Durch diese Maßnahme erhöhen sich zwar die Investitionskosten, gleichzeitig steigt aber die Betriebssicherheit der Heizungsanlage, da bei Ausfall eines Kessels immer noch ein Notbetrieb aufrechterhalten werden kann. Außerdem besteht durch die Abstufung der Kessel die Möglichkeit, den Regelbereich der Feuerungsanlage zu vergrößern und Betriebsbereitschaftsverluste weitgehend zu vermeiden. Aus Sicherheitsgründen wird auf eine Abstufung der Kessel häufig verzichtet und alle Kessel werden mit etwa gleicher Leistung ausgelegt.

Sollen die einzelnen Kessel nicht von Hand zur Anpassung an den Wärmebedarf zu- oder abgeschaltet werden, gibt es mehrere Möglichkeiten für die automatische Schaltung der Kessel. Voraussetzung sind in jedem Fall motorisch angetriebene Absperreinrichtungen im Vor- oder Rücklauf des Kessels, damit nicht unnötig Wasser durch den abgeschalteten Kessel zirkuliert und zu Verlusten führt. Am günstigsten sind Motordurchgangsventile, es können aber auch dicht schließende Motordrosselklappen verwendet werden. Die Schaltung der einzelnen Kessel mit Brenner kann über die Temperatur des gemeinsamen Vorlaufes erfolgen. Schafft der eingeschaltete Kessel die erforderliche Wärmeleistung nicht, sinkt die Vorlauftemperatur, und der nächste Kessel wird zugeschaltet. Dadurch kann es zum kurzfristigen Zuschalten eines Kessels kommen, wenn Lastspitzen auftreten (z. B. Anheizen abends). Da dabei das Wasser im Kessel jeweils aufgeheizt werden muß, erhöhen sich die Verluste. Günstiger ist es, die Kessel über die Außentemperatur zu schalten, die im wesentlichen den Wärmebedarf der Gewächshäuser bestimmt. Da die Außentemperatur sich in der Regel nur langsam ändert, wird nicht bei jeder Lastspitze der nächste Kessel zugeschaltet.

Zur Verbesserung des feuerungstechnischen Wirkungsgrades durch Herabsetzung des Luftüberschusses ist es möglich, die Luftklappe am Brenner zu regeln. Dazu wird der Sauerstoffgehalt der Abgase, der ein Maß für den Luftüberschuß ist, gemessen und dann die Luftklappe langsam so lange verstellt, bis der gewünschte Sauerstoffgehalt der Abgase bzw. der entsprechende Luftüberschuß erreicht ist. Bei modulierenden Brennern muß außerdem der Luftüberschuß entsprechend der Brennerleistung verändert werden. Bei kleiner Leistung ist ein etwas größerer Luftüberschuß und damit ein höherer Sauerstoffgehalt der Abgase erforderlich. Dieses Regelverfahren wird als Aufschaltung des Restsauerstoffgehaltes bezeichnet. Die Luftmenge wird zunächst mit dem Brennstoffdurchsatz verändert (feste Kopplung), und erst dann erfolgt über den Restsauerstoffgehalt eine Feinregulierung.

4.9.2 Vorregelung

Da die beschriebene Regelung von Kessel und Brenner die Vorlauftemperatur unabhängig vom Wärmebedarf der Gewächshäuser in Grenzen konstant hält, ist eine Anpassung der Vorlauftemperatur an den Wärmebedarf der Gewächshäuser zu empfehlen, um die Wärmeverluste der Zuleitungen möglichst gering zu halten. Dazu wird die Vorlauftemperatur außentemperaturabhängig verändert. Bei der niedrigsten Außentemperatur, für die die Heizungsanlage ausgelegt wurde (z. B. −14 °C), werden z. B. 90 °C gehalten. Steigt die Außentemperatur, dann wird die Vorlauftemperatur vermindert.

Eine solche außentemperaturabhängige Vorregelung ist für Gebäude sogar gesetzlich vorgeschrieben (HeizAnlV 1978).

4.9.2.1 4-Wege-Mischer

Bei kleinen Heizungsanlagen mit einem Kessel kann dazu ein 4-Wege-Mischer eingesetzt werden (Abb. 120). Ist der Mischer geöffnet, strömt das Wasser aus dem Kesselvorlauf mit unveränderter Temperatur in den Heizungsvorlauf; entsprechend das Wasser aus dem Heizungsrücklauf in den Kesselrücklauf. Ist der 4-Wege-Mischer geschlossen, bestehen zwei unabhängige Kreisläufe. Das Kesselwasser strömt vom Kesselvorlauf in den Kesselrücklauf (Kesselkreis) und das Heizungswasser vom Heizungsrücklauf in den Heizungsvorlauf (Heizkreis). Damit das Wasser im Kesselkreis durch Schwerkraft zirkulieren kann, muß der 4-Wege-Mischer in ausreichender Höhe über dem Kessel installiert werden, um den erforderlichen thermischen Auftrieb zu gewährleisten.

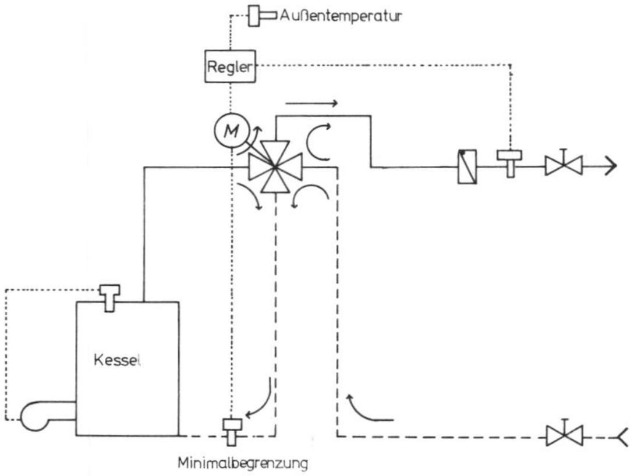

Abb. 120. Außentemperaturabhängige Vorlauftemperaturregelung mit 4-Wege-Mischer und Minimalbegrenzung der Kesselrücklauftemperatur (TANTAU 1974).

4.9.2.2 3-Wege-Mischer oder -Mischventil

Bei Anlagen mit mehreren Kesseln und gemeinsamem Vorlauf ist die Schwerkraftzirkulation im Kesselkreis nicht mehr möglich. In diesen Fällen werden zur Vorregelung 3-Wege-Mischer oder 3-Wege-Mischventile eingesetzt (Abb. 121).

Ist der 3-Wege-Mischer geöffnet, fließt das Wasser aus dem Kesselvorlauf in den Heizungsvorlauf und das Wasser aus dem Heizungsrücklauf in den Kesselrücklauf. Bei geschlossenem 3-Wege-Mischer fließt im Kesselkreis kein Wasser. Das Wasser fließt aus dem Heizungsrücklauf in den Heizungsvorlauf.

Damit ein 3-Wege-Mischer oder 3-Wege-Mischventil einwandfrei arbeitet, d. h. entsprechend der Ventilstellung sich die zugeführte Wärmemenge möglichst linear verändert, ist eine richtige Auslegung des 3-Wege-Mischers oder -Ventils erforderlich. Entsprechend den in Abb. 122 dargestellten Strecken müssen die Druckverluste folgende Bedingung erfüllen. Der Druckverlust im geöffneten Mischer (Strecke A–AB) soll genau so groß sein wie im Kesselkreis (Strecke C–A) und genauso groß wie im Beimischkreis (Strecke C–B). Zur Erfüllung dieser Bedingung ist zunächst der Druckverlust im Kesselkreis zu ermitteln und danach ein Mischer aus Firmenunterlagen auszuwählen, der bei der entsprechenden Durchflußmenge den gleichen (oder einen ähnlichen) Druckverlust hat. Der Druckverlust im Beimischkreis ist an den Druckverlust des Mischers anzugleichen. Diese Auslegungsvorschrift ist streng genommen nur für Einkesselanlagen gültig, denn bei Mehrkesselanlagen vergrößert

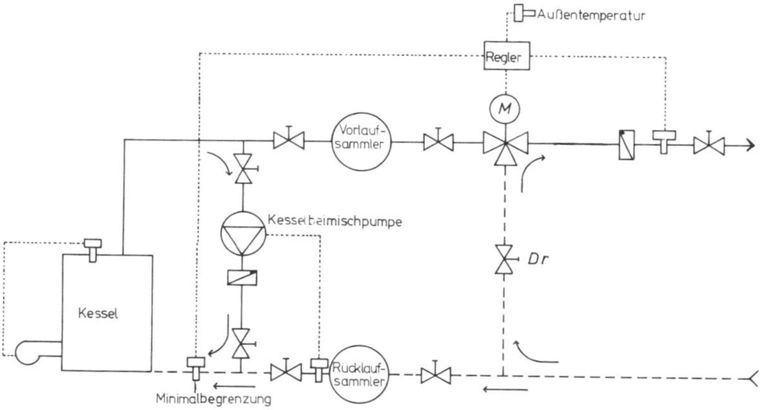

Abb. 121. Außentemperaturabhängige Vorlauftemperaturregelung mit 3-Wege-Mischer, Kesselbeimischpumpe und Minimalbegrenzung der Kesselrücklauftemperatur (Dr = Drossel) (TANTAU 1974).

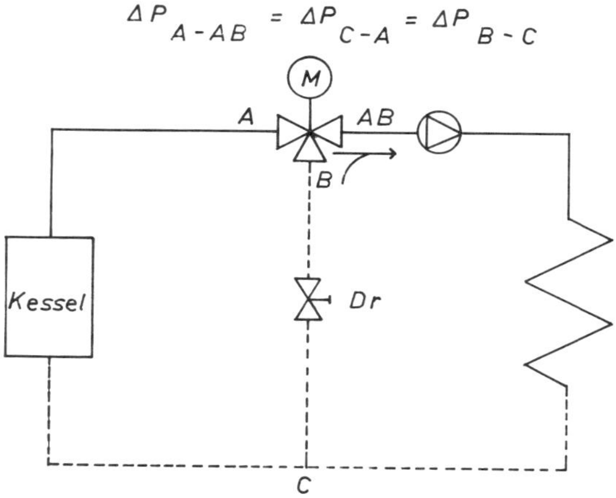

Abb. 122. Auslegung eines 3-Wege-Mischers oder -Mischventils (TANTAU 1974).

sich der Druckverlust im Kesselkreis durch das Abschalten einzelner Kessel. Das wirkt sich allerdings auf die Regelcharakteristik des 3-Wege-Mischers oder -Ventils nicht negativ aus, während ein zu groß dimensionierter Mischer die Regelung verschlechtert. Bei richtiger Dimensionierung muß der Mischer häufig eine Nennweite kleiner als das zugehörige Rohrnetz gewählt werden.

4.9.2.3 Anhebung der Kesselrücklauftemperatur

Die Forderung nach Einhaltung einer Mindestkesselrücklauftemperatur läßt sich beim Einsatz eines 3-Wege-Mischers zur Vorregelung nicht erfüllen, da die Rücklauftemperatur nicht verändert wird. Bei geringem Wärmebedarf der Gewächshäuser durch hohe Außentemperatur oder Sonneneinstrahlung sinken die Temperaturen im Heizungssystem unter die für den Kesselrücklauf zulässige Mindesttemperatur. Zur Anhebung der Rücklauftemperatur ist bei einer Vorregelung mit 3-Wege-Mischern eine Kesselbeimischpumpe erforderlich, die heißes Wasser aus dem Kesselvorlauf mit ca. 90 °C in den Rücklauf pumpt und dadurch die Rücklauftemperatur anhebt (Abb. 121). Im ungünstigsten Fall kommt das Wasser aus den Gewächshäusern mit einer Temperatur von ca. 15 bis 20 °C zurück. Dieses kalte Rücklaufwasser muß durch eine entsprechende Menge heißes Vorlaufwasser auf die erforderliche Kesselrücklauftemperatur gebracht werden. Die erforderliche Wassermenge W_B, die von der Kesselbeimischpumpe gefördert werden muß, läßt sich nach folgender Beziehung berechnen:

$$W_B = \frac{\Delta t_k^* \, (t_{KR} - t_{SR})}{(t_{KV} - t_{KR}) \cdot (t_{KV} - t_{SR})} \cdot W_S \qquad (m^3/h).$$

Darin ist

Δt_k^* = Auslegungstemperaturdifferenz des Kessels in K (z. B. bei Auslegung 90/70 $\Delta t_k^* = 20$ K),

t_{KV} = Kesselvorlauftemperatur in °C (z. B. 90 °C),

t_{KR} = Mindestkesselrücklauftemperatur in °C (z. B. 55 °C),

t_{SR} = niedrigste Rücklauftemperatur des Heizungssystems in °C (z. B. 20 °C),

W_S = nach Auslegung zum Transport der Wärme erforderliche Wassermenge in m^3/h.

Setzt man die als Beispiel angegebenen Werte in die Gleichung ein, dann erhält man

$$W_B = 0{,}29 \cdot W_S$$

Die Kesselbeimischpumpe muß also etwa 30 % der Auslegungswassermenge W_S der Kesselanlage fördern. Die Kesselbeimischpumpe wird eingeschaltet, wenn die Heizungsrücklauftemperatur den zulässigen Mindestwert der Kesselrücklauftemperatur mit einem Sicherheitszuschlag unterschreitet. Der Thermostat zum Schalten der Kesselbeimischpumpe sollte im Heizungsrücklauf vor der Temperaturerhöhung durch die Kesselbeimischpumpe angeordnet werden (Abb. 121). Dadurch wird verhindert, daß die Pumpe dauernd ein- und ausschaltet und schubweise heißes und kaltes Wasser in den Kessel gelangt.

4.9.2.4 Minimalbegrenzung der Kesselrücklauftemperatur

Der Einsatz einer Kesselbeimischpumpe kann als alleinige Maßnahme nicht verhindern, daß die Kesselrücklauftemperatur zu weit abfällt. Wenn z. B. die volle Wassermenge mit 20 °C aus dem Heizungssystem zurückkommt, kann der Kessel entsprechend der Auslegung ($\Delta t_k^* = 20$ K) diese Wassermenge nur um 20 K, d. h. auf 40 °C, erwärmen. In diesem Fall ist eine Anhebung der Kesselrücklauftemperatur auf z. B. 55 °C unmöglich. Es muß deshalb die kalte Wassermenge, die aus dem Heizungssystem zurückkommt, begrenzt werden. Dazu wird im Kesselrücklauf ein zusätzlicher Thermostat eingebaut, der die Mischer zulaufen läßt, bis die Kesselrücklauftemperatur wieder über dem eingestellten Wert liegt. Diese Minimalbegrenzung der Kesselrücklauftemperatur ist beim 3-Wege- und beim 4-Wege-Mischer erforderlich, um den Kessel vor Niedertemperaturkorrosion zu schützen. Die Aufheizzeit der Gewächshäuser wird durch diese Schaltung praktisch nicht verlängert. Bei richtiger Auslegung der Beimischpumpe bzw. ausreichender Schwerkraftzirkulation des Kesselkreises beim 4-Wege-Mischer laufen die Brenner durch; d. h., es wird die maximal mögliche Wärmemenge erzeugt und abgegeben. Die Aufheizzeit der Gewächshäuser wird durch die begrenzte Kesselleistung bestimmt und nicht durch die Minimalbegrenzung der Kesselrücklauftemperatur.

Zu beachten ist, daß bei Ausfall der Kesselbeimischpumpe die Mischer u. U. geschlossen werden, wenn die Kesselrücklauftemperatur zu niedrig ist. In diesem Fall werden die Gewächshäuser nicht mehr mit Wärme versorgt. Muß die Kesselbeimischpumpe gewechselt werden, hilft als Notmaßnahme nur das Öffnen der Mischer von Hand oder Herunterstellen der Begrenzungsthermostaten auf eine niedrige Temperatur.

5 Zuleitung zu den Gewächshäusern

Für den Wärmetransport vom Kesselhaus zu den Gewächshäusern bestehen zwei Möglichkeiten. Es kann jedes Gewächshaus über getrennte Leitungen vom Kesselhaus aus versorgt werden, oder aber es werden alle Gewächshäuser an eine gemeinsame Leitung angeschlossen. Die erste Möglichkeit wird heute kaum noch angewendet, da die Installationskosten für viele einzelne Leitungen höher sind als für eine gemeinsame Leitung. Außerdem ist die Installation der Mischer im Kesselhaus zur Regelung der Gewächshaustemperatur regelungstechnisch äußerst ungünstig, da das warme Wasser nach einer Verstellung des Mischers im Kesselhaus immer einige Zeit benötigt, bis es im Gewächshaus ankommt. Solche Transportzeiten können die Regelung wesentlich verschlechtern.

Aus diesen Gründen ist die zweite Möglichkeit, die Gewächshäuser über eine gemeinsame Leitung mit Wärme zu versorgen, günstiger. Die Mischer oder Mischventile zur Regelung der Gewächshaustemperatur werden in Unterverteilungen im Verbinder oder direkt im Gewächshaus installiert. Dadurch ergeben sich kurze Verbindungsleitungen vom Mischer zum Heizungssystem im Gewächshaus und damit eine Verbesserung der Regelung.

Für die Ausführung der gemeinsamen Zuleitung ist die Wahl einer Ring- oder einer Verteilerleitung möglich.

5.1 Ringleitung

Für eine Ringleitung werden Rohre mit konstantem Querschnitt vom Kesselhaus bis zum letzten Gewächshaus und zurück verlegt (Abb. 123). In der Ringleitung wird durch Ringleitungspumpen immer eine konstante oder in Grenzen regelbare Wassermenge umgepumpt. Durch die außentemperaturabhängige Vorlauftemperaturregelung hat das umgepumpte Wasser eine Temperatur, die dem Wärmebedarf der Gewächshäuser entspricht. Der Nachteil der Ringleitung ist, daß die Rohre mit vollem Querschnitt durch den gesamten Betrieb laufen und deshalb die Investitionskosten gegenüber einer Verteilerleitung relativ hoch sind.

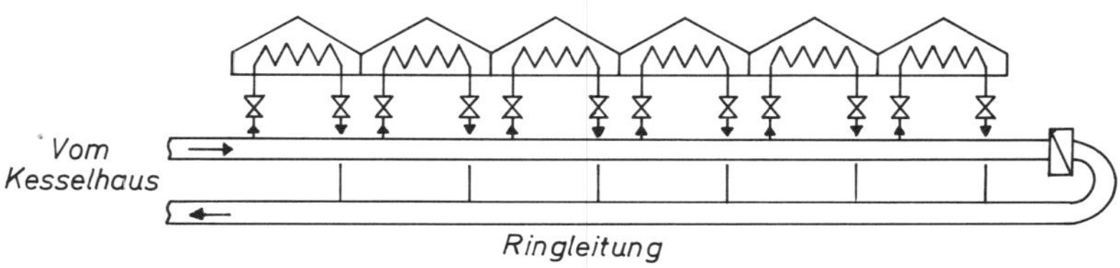

Abb. 123. Anschluß der Gewächshäuser an eine Ringleitung (schematisch).

5.2 Verteilerleitung

Mit einer Verteilerleitung wird das Wasser auf die einzelnen Gewächshäuser verteilt. Das bedeutet für die Auslegung, daß nach jedem Abzweig zu einem Gewächshaus die Wassermenge reduziert ist und entsprechend kleinere Rohrquerschnitte gewählt werden können (Abb. 124). Durch diese Abstufung ist nur zu Anfang für die Zuleitung vom Kesselhaus zum ersten Gewächshaus der volle Leitungsquerschnitt erforderlich. Anschließend reduziert sich der Rohrquerschnitt in Stufen bis zum letzten Gewächshaus. Dadurch verringern sich die Leitungskosten. Es sollte darauf geachtet werden, daß auch in der Verteilerleitung immer Wasser zirkuliert, um zu verhindern, daß sich an Tagen ohne Wärmebedarf (Sonne) das Wasser in der Leitung abkühlt und es abends, wenn wieder Wärmebedarf vorhanden ist, zu lange dauert, bis warmes Wasser vom Kesselhaus am letzten Gewächshaus ankommt. Dazu empfiehlt sich der Einbau einer kleinen Zirkulationspumpe am Ende der Verteilerleitung (Abb. 124). Diese Pumpe kann so ausgelegt werden, daß das Wasser der Verteilerleitung einmal pro Stunde umgepumpt wird.

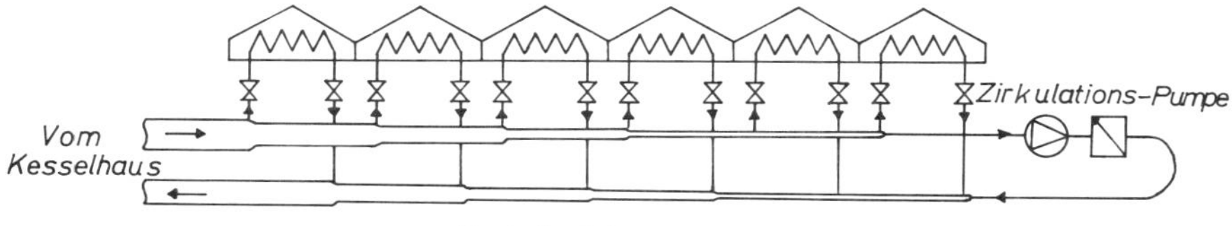

Abb. 124. Anschluß der Gewächshäuser an eine Verteilerleitung mit Zirkulationspumpe.

5.3 Isolierung von Rohren

Um die Wärmeverluste der Zuleitungen zu vermindern, ist eine ausreichende Isolierung erforderlich. Das gilt besonders, wenn die Rohre im Freien verlegt werden müssen. In der Heizungsanlagenverordnung (HeizAnlV 1978) werden genaue Angaben über die erforderliche Wärmedämmung von Rohrleitungen gemacht. Ausgehend von einer Wärmeleitfähigkeit des Wärmedämmaterials von $\lambda = 0{,}035$ W/m·K sind Rohre bis DN 100 mit einer Dämmschicht auszurüsten, deren Stärke mindestens $^2/_3$ der Nennweite entspricht. Bei größeren Nennweiten ist mindestens die Dämmschichtdicke für DN 100 einzuhalten. Für Dämmaterialien mit abweichender Wärmeleitfähigkeit kann man die erforderliche Dicke der Dämmschicht umrechnen. Der angegebene Wert gilt für die Wärmeleitfähigkeit von gebundenen Glasfasern (Glaswolle) und für Polyäthylenschaum. Polyurethan-Hartschaum liegt mit $\lambda = 0{,}023$ W/m·K günstiger. Die angegebenen Werte gelten für eine mittlere Temperatur von 50 °C (Fritsch, 1978).

Um Korrosionen an den isolierten Rohrleitungen zu vermeiden, ist es wichtig, daß die Isolierung ausreichend vor Feuchtigkeit geschützt wird. Es besteht zusätzlich die Möglichkeit, Dämmstoffe zu verwenden, die antikorrosive Mittel enthalten, um auch bei eingedrungener Feuchtigkeit Korrosion zu verhindern.

Dienen die Zuleitungen gleichzeitig zur Heizung des Gewächshauses oder des Verbinders und wurde diese Wärmemenge bei der Auslegung berücksichtigt, so kann die Isolation entfallen.

5.4 Verlegung von Rohren

Die Rohrleitungen vom Kesselhaus zu den Gewächshäusern sollten möglichst oberirdisch verlegt werden. Die oberirdische Verlegung ist preiswerter als die unterirdische und bietet außerdem die Möglichkeit, auftretende Undichtigkeiten sofort zu erkennen und zu beheben.

Nur wenn die oberirdische Verlegung nicht möglich ist, z. B. bei der Unterführung von Wegen und Hofflächen, sollten Heizungsrohre unterirdisch verlegt werden.

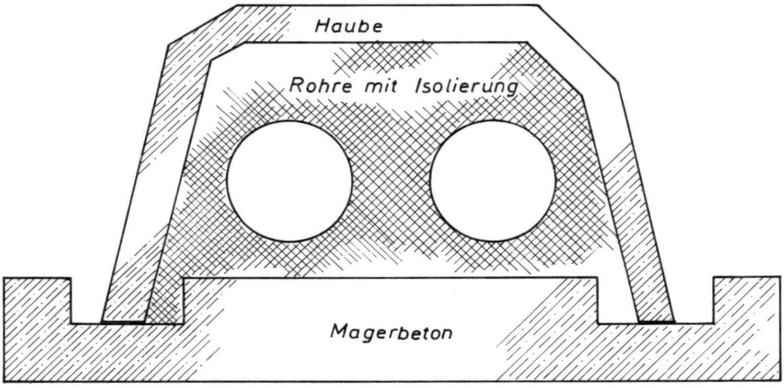

Abb. 125. Verlegung der Zuleitungsrohre im Beton-Haubenkanal.

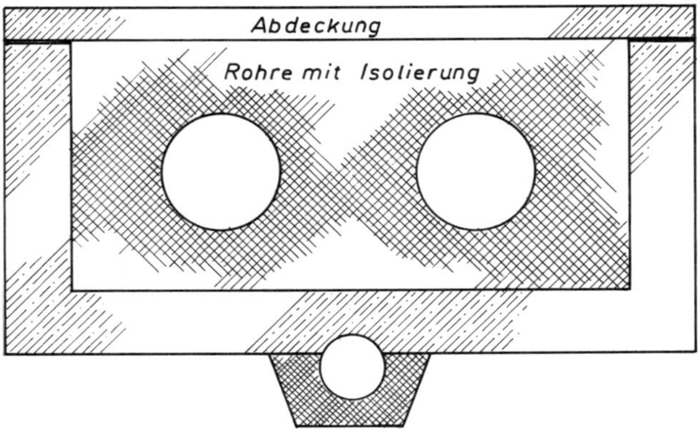

Abb. 126. Verlegung der Zuleitungsrohre im Beton-Kanal mit Abdeckung.

Die Verlegung von Heizungsrohren in Beton-Haubenkanälen ist ein relativ teures Verfahren (Abb. 125). Abb. 126 zeigt die Verlegung in einem Betonkanal. Die Rohre werden mit Glaswolle ausreichender Dicke isoliert. Der Kanal wird mit einem Deckel abgedeckt, der mit der Geländeoberkante abschließen sollte, damit der Kanal jederzeit von außen zugänglich ist. Für eine ausreichende Entwässerung des Kanals muß besonders bei hohem Grundwasserstand gesorgt werden. Die Entwässerung sollte möglichst nicht an die Regenwasserleitungen angeschlossen werden, da durch einen Rückstau bei Starkregen der Kanal geflutet werden könnte. Dabei saugt sich die Isolierung voll Wasser, wird unwirksam, und die Feuchtigkeit führt zu einer starken Zunahme der Korrosion.

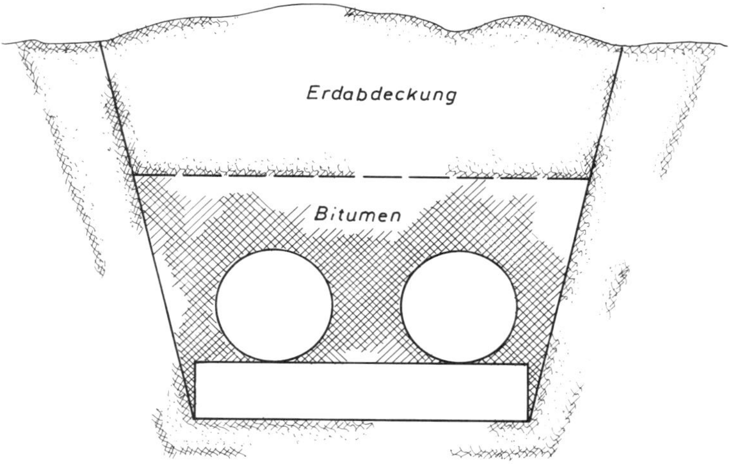

Abb. 127. Erdverlegte Rohre mit Isolierung aus Bitumen.

Eine relativ preiswerte Verlegung der Heizungsrohre ist in Abb. 127 dargestellt. Es wird ein Graben ausgehoben. Die Heizungsrohre werden isoliert auf Betonstützrollen gelegt und mit Naturbitumen vergossen. Der obere Teil des Grabens wird wieder mit Erde angefüllt. Der Nachteil dieser Verlegung ist, daß die Rohre nachträglich nicht mehr zugänglich sind. Die Suche eines Lecks kann es erforderlich machen, daß das gesamte Rohrnetz aufgegraben und freigelegt werden muß.

6 Heizungssysteme im Gewächshaus

Die Aufgabe der Heizungssysteme ist es, im Gewächshaus die für die jeweilige Pflanzenproduktion erforderliche Temperatur zu halten. Dazu müssen die an der Außenhülle des Gewächshauses auftretenden Wärmeverluste durch das Heizungssystem gedeckt werden.

6.1 Wärmebedarf

Der Wärmebedarf eines Gewächshauses ist von verschiedenen Faktoren abhängig. Er läßt sich aus folgender Beziehung berechnen (s. hierzu v. ZABELTITZ, 1978):

$$Q = k' \cdot A_G \cdot (t_i - t_a) \quad (W).$$

Darin ist
Q = Wärmebedarf in W,
k' = Wärmebedarfskoeffizient in $W/m^2 \cdot K$,
A_G = Gewächshausoberfläche in m^2,
t_i = Innentemperatur im Auslegungsfall (z. B. bei Berücksichtigung einer Nachtabsenkung) in °C,
t_a = Außentemperatur nach Klimakarte der DIN 4701 (1978).

Der Wärmebedarfskoeffizient beträgt für Einfachverglasung und ein gemischtes Heizungssystem $k' = 7{,}6\ W/m^2 \cdot K$. In allen anderen Fällen muß der Wärmebedarf nach DIN 4701 (1978) ermittelt werden.

Danach wird der Wärmebedarf aufgeteilt in einen Transmissionswärmebedarf durch das Bedachungsmaterial und einen Lüftungswärmebedarf infolge Luftwechsel durch Undichtigkeiten des Gewächshauses. Für den Lüftungswärmebedarf gilt:

$$Q_L = \frac{A_G}{R_L} \cdot (t_i - t_a) \quad (W)$$

R_L ist ein Wärmedurchgangswiderstand für Luftwechsel. Die DIN 4701 gibt folgende Werte an (Tab. 25):

Tab. 25. R_L-Werte (DIN 4701, 1978)

Bedachung	R_L ($m^2 \cdot K/W$)
Eingeschobene Scheiben	0,5
Verkittete Scheiben	1,0
Foliengewächshaus	2,0
Kittlose Verglasung im Metallrahmen mit Dichtstreifen abgedeckt	1,0

Für den Transmissionswärmebedarf gilt:

$$Q_T = \frac{A_G}{R_T} \cdot (t_i - t_a) \qquad (W).$$

R_T = Wärmedurchgangswiderstand für Transmission. Er läßt sich folgendermaßen ermitteln:

$$R_T = R_i + R_\lambda + R_a.$$

Darin ist
R_i = innerer Wärmeübergangswiderstand in $m^2 \cdot K/W$,
R_λ = Wärmeleitwiderstand für das Bedachungsmaterial in $m^2 \cdot K/W$,
R_a = äußerer Wärmeübergangswiderstand in $m^2 \cdot K/W$.

Für R_a wird in der DIN 4701 $R_a = 0{,}05\ m^2 \cdot K/W$ angegeben. Dieser Wert gilt für eine mittlere Windgeschwindigkeit von $v = 4\ m/s$.

Der innere Wärmeübergangswiderstand R_i ist abhängig vom verwendeten Heizungssystem. In Tab. 26 sind für verschiedene Heizungssysteme die inneren Wärmeübergangswiderstände angegeben.

Tab. 26. Innere Wärmeübergangswiderstände für verschiedene Heizungssysteme (DIN 4701, 1978)

Heizungssystem	$R_{i\ Glas}$ ($m^2 \cdot K/W$)
Heizrohre im Dachraum	0,09
Heizrohre an der Stehwand	0,09
Heizrohre unter den Tischen	0,10
Heizrohre auf dem Boden	0,12
Deckenluftheizer	0,09
Strahlluftheizung	0,10
Konvektoren	0,09
Gemischtes Heizungssystem (Rohre und Luftheizung)	0,10

Der Wärmeleitwiderstand R_λ ist abhängig vom verwendeten Bedachungsmaterial. In Tab. 27 sind Werte angegeben.

Mit Hilfe der angegebenen Werte läßt sich für das eingesetzte Heizungssystem und das verwendete Bedachungsmaterial der Wärmedurchgangswiderstand R_T für Transmission berechnen.

Die Berechnung der Gewächshausoberfläche A_G läßt sich aufteilen in Dach-, Stehwand- und Giebelfläche.

Dachfläche A_D:

$$A_D = L \cdot B \cdot n_1 \qquad (m^2).$$

Darin ist
L = Länge des Gewächshauses in m,
B = Breite der Dachfläche in m,
n_1 = Anzahl der Dachflächen.

Tab. 27. Wärmeleitwiderstände für verschiedene Bedachungsmaterialien (DIN 4701, 1978)

Bedachung	$R_{\lambda\ Glas}$ ($m^2 \cdot K/W$)
Einfachglas	0,01
Kunststoffplatten gewellt, GFK 1 mm (auf Ansichtsfläche bezogen)	0,01
Doppelverglasung in Stahlrahmen	
Abstand 15 mm	0,14
Abstand 12 mm	0,11
Abstand 6 mm	0,09
Kunststoffdoppelplatten, selbsttragend (ohne Stahlrahmen)	
Abstand 12 mm	0,15
Abstand 5 mm	0,08
Doppelfolie Abstand 10 mm	0,10
Einfachfolie 0,2 mm (PVC, PE)	0,01

Stehwandfläche A_{St}:

$$A_{St} = L \cdot H_{St} \cdot n_2 \qquad (m^2)$$

H_{St} = Höhe der Stehwand in m,
n_2 = Anzahl der Stehwände.

Giebelfläche A_{Gi}:

$$A_{Gi} = \left(b \cdot H_{St} + \frac{b^2}{8}\right) \cdot n_3 \qquad (m^2)$$

(für Dachneigung 1:2 oder 26,5°)
b = Breite des Gewächshauses,
n_3 = Anzahl der Giebel.

Die Gewächshausoberfläche ergibt sich dann zu

$$A_G = A_D + A_{St} + A_{Gi} \qquad (m^2).$$

Für die Innentemperatur t_i sollte die Temperatur eingesetzt werden, die im Auslegungsfall (z. B. $t_a = -14\,°C$) erforderlich ist. Dabei sollte eine mögliche Nachtabsenkung berücksichtigt werden. Die richtige Wahl der Innentemperatur ist für die Auslegung von großer Bedeutung, weil dadurch die Größe und damit die Kosten des Heizungssystems im Gewächshaus sowie aller Einrichtungen im Kesselhaus einschließlich Schornsteinhöhe bestimmt werden. t_i sollte aber auch nicht zu niedrig angesetzt werden, da sonst die Einsatzmöglichkeiten der Gewächshäuser eventuell auf wenige Kulturen begrenzt werden.

Die Außentemperatur t_a wird für die Auslegung durch die DIN 4701 (1978) festgelegt. Man muß berücksichtigen, daß es sich bei diesen Werten um das tiefste Zweitagesmittel der Außentemperatur handelt, das in 20 Jahren (1951–1970) zehnmal aufgetreten ist. Deshalb können auch niedrigere Außentemperaturen auftreten. Es ist aber nicht sinnvoll, eine Heizungsanlage für die niedrigste auftre-

Tab. 28. Norm-Außentemperaturen nach DIN 4701, 1978 (begrenzte Auswahl; tiefstes Zweitagesmittel der Lufttemperatur, das 10mal in 20 Jahren erreicht oder unterschritten wird)

Stadt	Norm-Außentemp. °C	Stadt	Norm-Außentemp. °C
Aachen	−12	Gilserberg	−14
Alzey	−12	Göttingen	−16
Augsburg	−14	Gechwend	−16
Aulendorf	−16	Gütersloh	−12
Baden-Baden	−12	Hamburg	−12
Badenweiler	−14	Hameln	−12
Bamberg	−16	Hannover	−14
Bayreuth	−16	Heidelberg	−10
Bensheim-Auerbach	−10	Heidenheim/Brenz	−16
Berchtesgaden	−16	Herchenhain	−14
Bergzabern, Bad	−12	Herford	−12
Berlin	−14	Herrenalb, Bad	−14
Bernkastel-Kues	−10	Hersfeld, Bad	−14
Birkenfeld	−14	Hilgenroth	−12
Blankenrath	−14	Hof/Saale	−18
Bonn-Friesdorf	−10	Homburg, Bad	−12
Borkum	−10	Husum	−10
Braunschweig	−14	Ingolstadt/Donau	−16
Bremen	−12	Iserlohn	−12
Bremerhaven	−10	Kaiserslautern	−12
Brilon	−14	Karlshuld	−16
Buchen	−14	Karlsruhe	−12
Burghaslach	−16	Kassel	−12
Clausthal	−14	Kiel	−10
Coburg	−14	Kirchheim/Teck	−16
Cuxhaven	−10	Kissingen, Bad	−14
Darmstadt	−12	Kleve	−10
Dillenburg	−12	Klippeneck	−16
Dortmund	−12	Koblenz	−12
Düsseldorf	−10	Köln	−10
Duisburg	−10	Kohlgrub, Bad	−16
Elsdorf	−12	Kreuznach, Bad	−12
Emden	−10	Lingen/Ems	−10
Ems, Bad	−12	List, Sylt	−10
Erlangen	−16	Lübeck	−10
Essen	−10	Lüdenscheid	−12
Flensburg	−10	Mainz	−12
Frankfurt/Main	−12	Mannheim	−12
Freiburg i. Br.	−12	Mittelberg	−18
Freudenstadt	−16	Mittenwald	−16
Friedrichshafen	−12	Mühlheim/Ruhr	−10
Garmisch-Partenkirchen	−18	München	−16
Gelnhausen	−12	Münsingen	−16
Gießen	−12	Münster	−12

Tab. 28. Fortsetzung

Stadt	Norm-Außentemp. °C	Stadt	Norm-Außentemp. °C
Nauheim, Bad	−14	Rothenburg o. d. T.	−14
Neumünster	−12	Saarbrücken	−12
Neustadt/Weinstr.	−10	Salzgitter	−14
Neuwied-Oberbieber	−12	St. Blasien	−16
Nördlingen	−16	Schleswig	−10
Norderney	−10	Stuttgart	−12
Nürburg	−14	Trier	−10
Nürnberg	−16	Tübingen	−16
Oberaudorf	−18	Ulm	−14
Oberstdorf	−20	Villingen	−16
Öhringen	−14	Weiden, Oberpf.	−16
Oldenburg	−10	Weilburg	−12
Osnabrück	−12	Wertheim	−14
Passau	−14	Wiesbaden	−10
Pforzheim	−12	Wildbad-Sommerb.	−14
Pirmasens	−12	Witzenhausen	−14
Pommelsbrunn	−14	Worms	−12
Ravensburg	−14	Würzburg	−12
Regensburg	−16	Wuppertal	−12
Rosenheim	−16		

tende Außentemperatur auszulegen. In Tab. 28 sind für eine begrenzte Zahl von Städten die Normaußentemperaturen angegeben.

Zur Berechnung des Transmissionswärmebedarfes ist zu ergänzen, daß die angegebene Gleichung streng genommen nur für Einfachverglasung gilt. Bei Isolierverglasungen müssen größere Wärmebrücken (z. B. unisolierte Rinne) und die Sockel getrennt gerechnet werden.

Für den Wärmedurchgang durch die Sockel gilt:

$$Q_{TS} = \frac{1}{R_{TS}} \cdot h_s \cdot \left[(n_2 \cdot L) + (n_3 \cdot b)\right] \cdot (t_i - t_a). \quad \text{(W)}$$

Darin ist

R_{TS} = Wärmedurchgangswiderstand für den verwendeten Sockel in $m^2 \cdot K/W$ (nach DIN 4701 ermitteln),

h_s = mittlere Höhe des Sockels über dem Erdboden in m,

n_2 = Anzahl der Stehwände,

L = Länge des Gewächshauses in m,

n_3 = Anzahl der Giebel,

b = Breite des Gewächshauses in m.

6.2 Arten von Heizungssystemen

Der im Abschnitt 6.1 berechnete Wärmebedarf muß im Auslegungsfall durch das Heizungssystem dem Gewächshaus zugeführt werden. Dabei hat Tab. 26 bereits gezeigt, daß der Wärmebedarf auch vom Heizungssystem beeinflußt wird. Außerdem ist es erforderlich, daß das Heizungssystem die Wärme im Gewächshaus möglichst gleichmäßig verteilt, um eine gleichmäßige Temperatur im Pflanzenbereich zu erreichen.

Nach der Art der Wärmeabgabe unterscheidet man zwischen Rohr- und Luftheizungen.

6.2.1 Rohrheizungen

Rohrheizungen geben die Wärme etwa zur Hälfte durch Strahlung und zur Hälfte durch freie Konvektion ab. Die Wärmestrahlung wird, wenn nicht besondere Reflexionsschirme verwendet werden, in alle Richtungen abgegeben. Die warme Luft kann bei freier Konvektion immer nur nach oben in den Dachraum aufsteigen. Der Anteil der Strahlungswärme an der Gesamtwärmeabgabe eines Heizungsrohres ist durch die Oberflächenbeschaffenheit und Vorlauftemperatur beeinflußbar. So wird die Strahlungswärmeabgabe durch eine verzinkte Oberfläche um ca. 75 % vermindert. Die Gesamtwärmeabgabe des Heizungsrohres vermindert sich dadurch um ca. 35 %. Diese Werte gelten allerdings nur für eine neue Verzinkung. Eine Oxidation der Oberfläche steigert die Wärmeabgabe durch Strahlung (TANTAU, 1981).

Eine Erhöhung der Vorlauftemperatur erhöht die Wärmeabgabe des Heizungsrohres durch Strahlung stärker als die durch Konvektion. Bei Vorlauftemperaturen von 250 °C (Thermalölheizung) werden etwa 70 % der Wärme durch Strahlung abgegeben.

Als Heizungsrohre werden häufig Bandstahlrohre mit 2 mm Wandstärke verwendet, die gegenüber Siederohren wesentlich preiswerter sind. Daneben werden Kunststoffrohre aus Polyäthylen (PE) oder Polypropylen (PP) verwendet.

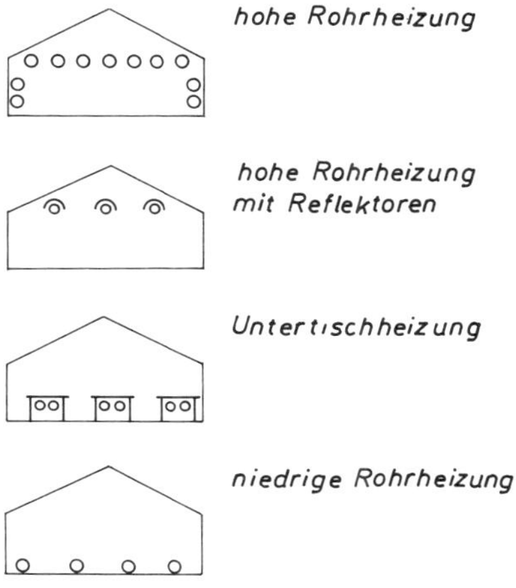

Abb. 128. Anordnung von Heizungsrohren im Gewächshaus (Rohrheizungen schematisch).

Je nach Anordnung der Heizungsrohre unterscheidet man verschiedene Systeme (Abb. 128). Heizungsrohre an der Stehwand bezeichnet man als Stehwand- oder Wandrohrheizung, Heizungsrohre im Dachraum als hohe Rohrheizung, Heizungsrohre unter den Tischen als Untertischheizung, Heizungsrohre in Bodennähe als niedrige Rohrheizung, Heizungsrohre im Pflanzenbereich als Vegetationsheizung und Heizungsrohre im Boden als Bodenheizung.

6.2.1.1 Hohe Rohrheizung

Die hohe Rohrheizung ist in der Bundesrepublik Deutschland das zur Zeit am häufigsten verwendete Heizungssystem, in den Nachbarländern ist es dagegen selten anzutreffen. Durch die Anordnung der Heizungsrohre im Dachraum des Gewächshauses wird etwa die Hälfte der Wärmestrahlung durch die Rohroberseiten an das Bedachungsmaterial abgegeben und ist für die Beheizung des Gewächshauses verloren. Auch die durch Konvektion abgegebene Wärme kann nur oberhalb der Heizungsrohre wirksam werden, da die erwärmte Luft leichter ist und nach oben steigt. Das heißt, daß durch die konvektive Wärmeabgabe der hohen Rohrheizung nur der Dachraum des Gewächshauses geheizt wird. Es ergibt sich ein charakteristischer Temperaturverlauf über die Gewächshaushöhe. Vom Boden des Gewächshauses bis zur Höhe der Heizungsrohre steigt die Temperatur an. Oberhalb der Heizungsrohre ist dann die Temperatur annähernd konstant. Diese für die Beheizung des Gewächshauses ungünstige Temperaturverteilung läßt sich auch durch Bündelung der Heizungsrohre nicht verbessern.

Den Pflanzen kommt bei hoher Rohrheizung nur die nach unten abgegebene Strahlungswärme zugute. Dadurch wird der Wärmeverlust der Pflanzen durch Strahlung an das kalte Dach z. T. ausgeglichen und die Blattemperatur gegenüber anderen Heizungssystemen etwas angehoben. Damit bewirkt die hohe Rohrheizung eine gute Abschirmung der Dachflächen. Gleichzeitig verursachen Heizungsrohre im Dachraum eine Minderung der Lichtdurchlässigkeit des Gewächshauses. Aufgrund der Wärmestrahlung an das kalte Dach und der konvektiven Wärmeabgabe in den Dachraum liegt der Wärmeverbrauch bei hoher Rohrheizung relativ hoch (s. Tab. 29). Zur Verminderung des Wärmeverbrauches muß die Wärmestrahlung an das Dach möglichst unterbunden werden. Das läßt sich durch Anbringen von Reflektoren oberhalb der Heizungsrohre erreichen. Allerdings wird die Lichtminderung durch die Reflektoren erhöht. Günstiger ist ein Anstrich der Rohroberseiten mit Aluminium-Bronze, die die Wärmeabgabe durch Strahlung um 50 bis 75 % vermindert. Durch diese Maßnahme ist eine Energieeinsparung von ca. 10 % möglich.

6.2.1.2 Stehwandheizung

Eine Abschirmung der Stehwände und Giebel gegen Kaltlufteinfall ist unbedingt erforderlich. Dazu werden Heizungsrohre an den Stehwänden und Giebeln angebracht. Auch die Heizungsrohre an der Stehwand geben etwa 50 % der Wärmestrahlung an die Stehwand ab. Deshalb sollten die Heizungsrohre möglichst in der unteren Hälfte der Stehwand angebracht und gegen die Stehwand durch ca. 2 cm starkes Styropor mit Folienabdeckung isoliert werden. Die Anzahl der Rohre an der Stehwand richtet sich nach dem Wärmeverlust der Stehwand, der Rinne und dem unteren Teil (ca. 1 m) des Daches. Dieser Wärmeverlust muß durch die Stehwandheizung gedeckt werden, um einen Kälteeinfall zu verhindern.

6.2.1.3 Untertischheizung

Die Anordnung der Heizungsrohre unter dem Tisch bewirkt gegenüber hoher Rohrheizung eine Verminderung des Wärmeverbrauchs um ca. 10 %, da durch die darüberliegende Tischfläche die Heizungsrohre keine Wärme durch Strahlung an das kalte Gewächshaus abgeben. Die Untertischheizung erhöht auch die Topftemperatur, was kulturtechnische Vorteile haben kann. Die Erhöhung der Topftemperatur ist aber nur bei Tischen ohne Styroporauflage möglich, da Styropor so stark isoliert, daß kaum Wärme durch die Tischfläche gelangt.

Nachteilig wirkt sich bei Untertischheizung eine verdunstende Tischoberfläche aus, wie sie durch Matten- oder Sandbewässerung gegeben ist. Eine feuchte Tischoberfläche gibt einen relativ großen Teil der von unten zugeführten Wärme durch Verdunstung, d. h. in Form von Verdampfungswärme (latente Wärme), ab; dadurch wird der Wärmeverbrauch des Gewächshauses erhöht. Außerdem steigt durch die Verdunstung der feuchten Tischfläche die Luftfeuchtigkeit im Pflanzenbereich, und es besteht die Gefahr, daß Feuchtigkeit auf den Blättern kondensiert (Niederschlag). Deshalb ist in Kombination mit Untertischheizung eine Tropfbewässerung vorzusehen. Durch die Einführung der Roll- und Mobiltische entstehen im Gewächshaus größere zusammenhängende Tischflächen. Untersuchungen (MEYER, 1980) haben gezeigt, daß bei geschlossenen Tischflächen die Temperaturverteilung im Pflanzenbereich gleichmäßiger ist, als wenn zwischen jedem Tisch ein Weg vorhanden ist. In diesem Fall ist die Temperatur an den Tischrändern etwas höher als in der Tischmitte.

6.2.1.4 Niedrige Rohrheizung

Die niedrige Rohrheizung ist vom Energieverbrauch her betrachtet eines der günstigsten Heizungssysteme, da die gesamte abgegebene Wärme im Pflanzenbereich wirksam wird. Gegenüber hoher Rohrheizung ist der Wärmeverbrauch um 18 % vermindert (s. Tab. 29). Die Temperaturverteilung im Gewächshaus ist sehr gleichmäßig, und es ist keine Lichtminderung vorhanden. Nachteilig ist, daß die Heizungsrohre im Pflanzenbereich bestimmte Kulturarbeiten stören und dadurch den Arbeitsaufwand eventuell erhöhen. Deshalb sollten die Heizungsrohre möglichst beweglich, z. B. mit Schläuchen, angeschlossen werden, damit sie zur Bodenbearbeitung hochgehängt werden können.

6.2.1.5 Vegetationsheizung

Die Vegetationsheizung wird ähnlich wie die niedrige Rohrheizung im Pflanzenbereich verlegt. Die Heizungsrohre bestehen in der Regel aus Polyäthylen (PE). Polyvinylchlorid (PVC) sollte möglichst nicht verwendet werden, da die Gefahr besteht, daß das PVC pflanzenschädliche Weichmacher enthält, die bei höheren Rohrtemperaturen zu Pflanzenschäden führen können. Bei Verwendung von Polyäthylen sollte die Vorlauftemperatur 60 °C nicht überschreiten, da oberhalb dieser Temperatur die Festigkeit von PE vermindert wird und es zu Versprödungen des Materials kommen kann. Außerdem besteht die Gefahr der mechanischen Beschädigung. Deshalb sollten Heizungssysteme mit PE-Rohren möglichst durch Wärmetauscher von der übrigen Heizungsanlage getrennt werden.

Die Polyäthylenrohre haben gegenüber Stahlrohren den Vorteil, daß sie korrosionsbeständig sind. Das ist gerade im Pflanzenbereich von Bedeutung. Allerdings ist durch die Begrenzung der Vorlauftemperatur auf 60 °C und durch die verwendeten kleinen Rohrdurchmesser (½″, ¾″ und 1″) die Wärmeabgabe der Polyäthylenrohre wesentlich geringer als die der verwendeten Stahlrohre. Neben glatten PE-Rohren werden als Vegetationsheizung gewellte PE-Rohre eingesetzt. Durch die trapezförmige Wellung wird die Oberfläche der Rohre gegenüber glatten Rohren etwa verdoppelt. Messungen (TANTAU 1980) haben aber gezeigt, daß die Wärmeabgabe nur um 7 % höher ist als bei glatten Rohren mit gleichem äußeren Durchmesser. Die Wellung ist zu fein und liegt deshalb innerhalb der Grenzschicht, so daß die Verdoppelung der Oberfläche die Wärmeabgabe nur geringfügig erhöht. Die gewellten Rohre sind flexibler und lassen sich besser verlegen. Die Wandstärke konnte gegenüber glatten Rohren wesentlich vermindert werden; dadurch wurden der Materialbedarf pro m Rohr und die Kosten vermindert. Wegen der geringen Wandstärken sind die gewellten Rohre empfindlicher gegen mechanische Beschädigungen. Gegenüber Polyäthylen hat Polypropylen (PP) als Material für Kunststoffrohre einige Vorteile. PP hat eine höhere mechanische Festigkeit und kann mit Vorlauftemperaturen bis 90 °C betrieben werden. PP ist allerdings teurer als PE.

Tab. 29. Wärmeverbrauchskoeffizienten verschiedener Heizungssysteme und relativer Wärmeverbrauch bezogen auf hohe Rohrheizung = 100 (TANTAU 1974)

Heizungssystem	k'-Wert ($W/m^2 \cdot K$)	k'-Wert relativ
Hohe Rohrheizung	8,2	100
Untertischheizung	7,4	90
Stehwandheizung	8,1	99
Niedrige Rohrheizung	6,7	82
Luftheizung 1. Stufe	9,9	121
Luftheizung 2. Stufe	7,1	87
Luftheizung 3. Stufe	8,0	97
Strahlluftheizung	7,7	94
Konvektoren	7,8	95
Luftheizer mit Folienschlauch	7,0	85

Bei Vegetationsheizungen sollten die Rohre möglichst nicht auf dem Boden aufliegen, da sonst die Wärmeabgabe vermindert wird. Der Teil des Rohres, der auf dem Boden aufliegt, gibt nur noch Wärme durch Leitung in den Boden ab.

6.2.1.6 Bodenheizung

Für die Bodenheizung werden aus Korrosionsgründen in der Regel Kunststoffrohre (meist PE-Rohre) verwendet. Die Wärmeabgabe erfolgt durch Wärmeleitung und teilweise auch durch Verdunstung. Die Verdunstung führt zur Bildung einer trockenen Zone um das Heizungsrohr, die isolierend wirkt. Die Bodenheizung dient zur Erhöhung der Bodentemperatur im Wurzelbereich und ist damit unabhängig von allen anderen Heizungssystemen, da sie praktisch nicht zur Deckung des Wärmebedarfes des Gewächshauses beiträgt. Die dem Boden zugeführte Wärme wird, soweit sie nicht in tiefere Bodenschichten gelangt, an der Bodenoberfläche im wesentlichen durch Verdunstung abgegeben. Deshalb ist eine Erhöhung der Lufttemperatur über die Bodenheizung – zumindest bei feuchter Bodenoberfläche – kaum möglich.

6.2.2 Luftheizungssysteme

Die Luftheizungssysteme geben die Wärme größtenteils (zu über 90 %) durch Konvektion ab. Mit Ausnahme der Konvektoren erfolgt die Wärmeabgabe durch erzwungene Konvektion. Dazu ist ein Gebläse erforderlich. Als Kennzahl zur Auslegung einer Luftheizung kann die Luftumwälzzahl angegeben werden. Dieser Wert gibt an, wie oft pro Zeiteinheit (Stunde) das Luftvolumen des Gewächshauses durch die Förderleistung des Gebläses umgewälzt wird. Bei der Beurteilung von Luftumwälzzahlen ist die Art der Luftverteilung zu berücksichtigen. Bei Auslegung der Luftheizgeräte für eine Vorlauftemperatur von 90 °C und richtiger Luftführung ist die Luftumwälzzahl von untergeordneter Bedeutung. Erst bei Auslegung für niedrige Vorlauftemperaturen (z. B. Niedertemperaturheizung) können aufgrund großer Luftumwälzzahlen zu hohe Strömungsgeschwindigkeiten im Pflanzenbestand auftreten.

6.2.2.1 Konvektoren

Konvektoren bestehen aus Rippenrohren, die zur Verbesserung der freien Konvektion in einem Schacht eingebaut sind. Dieser Schacht wirkt wie ein Schornstein und erhöht die Wärmeabgabe der Rippenrohre beträchtlich. So gibt 1 m Konvektor je nach Bauart so viel Wärme ab wie etwa 9 bis 20 m Heizungsrohr. Die Konvektoren werden an den Stehwänden und Giebeln des Gewächshauses angeordnet und ermöglichen aufgrund der relativ hohen Wärmeleistung eine gute Abschirmung der Stehwände, Giebel und Dachflächen. Sie können bei entsprechender Auslegung als einziges Heizungssystem im Gewächshaus eingesetzt werden. Nachteilig für den Wärmeverbrauch ist, daß die Luftströmung aus dem Konvektor zunächst an den kalten Außenflächen entlang erfolgt und erst dann die bereits abgekühlte Luft nach unten in den Pflanzenbereich gelangt. Deshalb liegt der Wärmeverbrauch einer Konvektorenheizung nur 5 % niedriger als bei hoher Rohrheizung (s. Tab. 29).

6.2.2.2 Strahlluftheizung

Bei der Strahlluftheizung wird die Luft in einem zentralen Wärmetauscher erwärmt, eventuell befeuchtet und dann durch einen Ventilator über Düsenrohre verteilt. Die

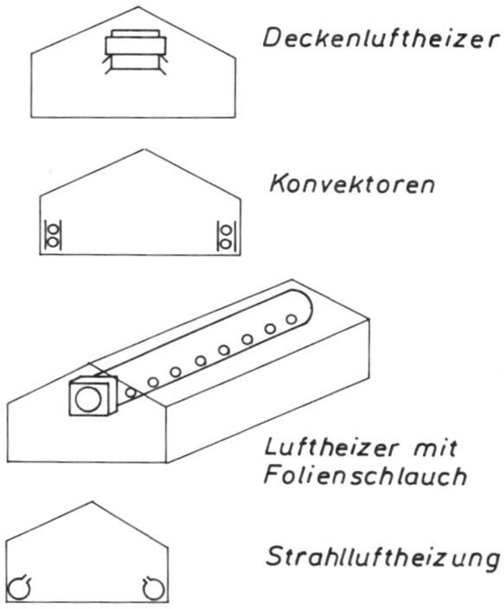

Abb. 129. Luftheizungssysteme (schematisch).

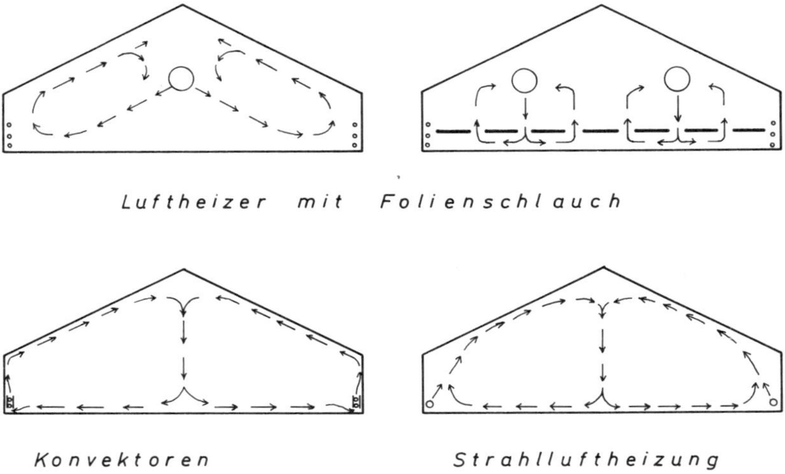

Abb. 130. Luftströmungen bei verschiedenen Heizungssystemen (schematisch) (TANTAU 1976).

Düsenrohre werden an den Stehwänden und Giebeln des Gewächshauses installiert. Die Luft wird aus den schlitzförmigen Düsen mit hoher Geschwindigkeit (ca. 20 m/s) schräg nach oben ausgeblasen (Abb. 129 und 130). Durch die hohe Ausblasgeschwindigkeit wird kältere Gewächshausluft angesaugt und eine Sekundärströmung induziert, die ähnlich wie bei den Konvektoren verläuft. Gegenüber den Konvektoren herrschen bei der Strahlluftheizung im Gewächshaus höhere Luftgeschwindigkeiten. Die Luftbewegung ist vorhanden, solange das Gebläse läuft und nicht wie beim Konvektor abhängig von der Heizleistung bzw. Vorlauftemperatur. Die Temperaturverteilung ist bei diesem Heizungssystem sehr gleichmäßig. Der Wärmeverbrauch ist genau so groß wie bei der Konvektorenheizung (s. Tab. 29).

6.2.2.3 Deckenluftheizer mit vierseitigem Ausblas

Der Luftheizer wird bei dieser Anordnung in der Mitte des Gewächshauses so aufgehängt, daß die Luft in vier Richtungen ausgeblasen wird (Abb. 129). Der Ausblaswinkel gegen die Horizontale ist durch Klappen für jede der vier Richtungen getrennt einstellbar. Bei dieser Aufhängungsart des Luftheizers ist es schwierig, die ausgeblasene Luft gleichmäßig im Gewächshaus zu verteilen. Es sind Bereiche mit stärkerer Luftbewegung und Bereiche ohne Luftbewegung vorhanden. Durch die Erwärmung hat die ausgeblasene Luft das Bestreben, nach oben aufzusteigen (thermischer Auftrieb). Dadurch ändert sich die Richtung der ausgeblasenen Luft in Abhängigkeit von der Ausblasgeschwindigkeit und der Temperatur der Luft. Bei kleiner Ventilatorstufe ist die Ausblasgeschwindigkeit so klein, daß die warme Luft in den Dachraum aufsteigt und nicht in den Pflanzenbereich gelangt. Es wird nur der Dachraum des Gewächshauses geheizt. Entsprechend erhöht sich der Wärmeverbrauch des Gewächshauses. Nach Tab. 29 liegt er bei kleiner Gebläsestufe um 21 % höher als bei hoher Rohrheizung. In der mittleren Gebläsestufe liegt der Wärmeverbrauch bei diesem Heizungssystem um 13 % niedriger als bei hoher

Rohrheizung. Mit der größten Gebläsestufe steigt der Wärmeverbrauch durch die höhere Strömungsgeschwindigkeit am Dach wieder an.

6.2.2.4 Luftheizer mit Folienschlauch

Zur gleichmäßigen Verteilung der warmen Luft werden die Luftheizer in der Nähe des Giebels angebracht und mit einem gelochten horizontalen Folienschlauch versehen. Durch die Löcher des Folienschlauches wird die Luft an beiden Seiten schräg nach unten ausgeblasen (Abb. 129 und 130). Der Ausblaswinkel beträgt ca. 30° gegen die Horizontale. Durch den gelochten Folienschlauch ist es möglich, die warme Luft relativ gleichmäßig in Längsrichtung des Gewächshauses zu verteilen. Der Folienschlauch sollte möglichst nicht höher als 2 m aufgehängt werden, damit die warme Luft trotz des thermischen Auftriebes nach unten in den Pflanzenbereich gelangt. Bei einer Aufhängehöhe von 2 m läßt sich durch dieses Heizungssystem der Wärmeverbrauch des Gewächshauses um 15 % gegenüber hoher Rohrheizung senken. Bei größerer Aufhängehöhe (z. B. 3 m) ist es mit dieser Anordnung nicht mehr möglich, die warme Luft nach unten in den Pflanzenbereich zu bringen. Es ist nur noch eine Abschirmung der Dachflächen möglich.

Einzige Möglichkeit, die warme Luft nach unten zu drücken, bietet die Lochung des Schlauches an der Unterseite, so daß die warme Luft senkrecht nach unten ausgeblasen wird (Abb. 130).

6.2.2.5 Niedrig verlegte Folienschläuche

Die Anordnung der Folienschläuche in Bodennähe hat den großen Vorteil, daß die warme Luft nicht gegen den thermischen Auftrieb nach unten gedrückt werden muß, sondern unten im Pflanzenbereich oder unter den Tischen verteilt wird. Die Anordnung von Folienschläuchen im Pflanzenbereich ist nur bei wenigen Kulturen, die in Reihen angepflanzt werden – z. B. bei Tomaten und Gurken – möglich. Der Reihenabstand begrenzt den Durchmesser des Folienschlauches, so daß möglichst viele Schläuche zwischen den Reihen angeordnet werden müssen. Die Folienschläuche lassen sich, falls erforderlich, leicht zusammenrollen und stören dann nicht bei den Kulturarbeiten.

Bei der Anordnung von Folienschläuchen unter den Tischen können größere Durchmesser verwendet werden. Die Luft wird horizontal ausgeblasen und kann sich gleichmäßig unter den Tischen verteilen. Es entfällt die Lichtminderung, wie sie ein im Dachraum angeordneter Folienschlauch – besonders wenn er verschmutzt ist – verursacht.

6.2.2.6 Direkt befeuerte Luftheizer

Die direkt befeuerten Luftheizer nehmen innerhalb der Heizungssysteme des Gewächshauses eine Sonderstellung ein, da sie nicht auf Wärme aus dem Kesselhaus angewiesen sind. Interessant ist ihr Einsatz, wenn kein oder noch kein Kesselhaus vorhanden ist oder die Gewächshäuser nur kurzfristig beheizt werden müssen und bei einem Warmwasserheizungssystem die Gefahr des Einfrierens besteht. Eine größere Bedeutung direkt befeuerter Luftheizer ist in Zukunft angesichts der Energieverteuerung dann zu erwarten, wenn Gewächshäuser extensiver genutzt und in den Monaten mit dem höchsten Wärmeverbrauch stillgelegt werden.

Direkt befeuerte Luftheizer enthalten alle zur Wärmeerzeugung durch Verbrennung notwendigen Einrichtungen (s. Abb. 131 und 132), (DIN 4794, 1979). Sie bestehen aus einem Brenner mit Brennkammer, einem Wärmetauscher, durch den die Wärme der Verbrennungsgase direkt an die Luft übertragen wird, und einem Ventilator, der die Gewächshausluft durch den Wärmetauscher drückt. Die Abgase werden mit einem Blechrohr durch das Gewächshausdach nach außen geleitet. Als Brennstoff wird Heizöl EL oder Erdgas verwendet. Die Brenner sind in der Regel Gebläsebrenner üblicher Bauart. Über einen Regelthermostaten wird die Temperatur der Gewächshausluft gemessen und bei Unterschreiten der eingestellten Temperatur der Brenner gestartet. Ein zweiter Thermostat in der Wandung der Brennkammer schaltet bei Erreichen der erforderlichen Verbrennungstemperatur das Gebläse ein. Ein Sicherheitsthermostat in der Brennkammerwandung schaltet bei Überschreiten der zulässigen Temperatur, z. B. durch Ausfall des Gebläses, den Brenner ab, um eine Überhitzung zu vermeiden. Schwierigkeiten kann bei diesem Heizungssystem die Verteilung der warmen Luft im Gewächshaus bereiten. Eine Abschirmung der Stehwände und Giebel ist nicht möglich. Eine Temperaturverteilung durch gelochte Folienschläuche ist wegen der hohen Ausblastemperaturen nicht ohne weiteres möglich. Eventuell ist eine Vermischung mit kälterer Gewächshausluft erforderlich.

Bei erdgasbefeuerten Luftheizgeräten werden z. T. auch die Abgase in das Gewächshaus geblasen. Dadurch entfällt der sonst erforderliche Wärmetauscher,

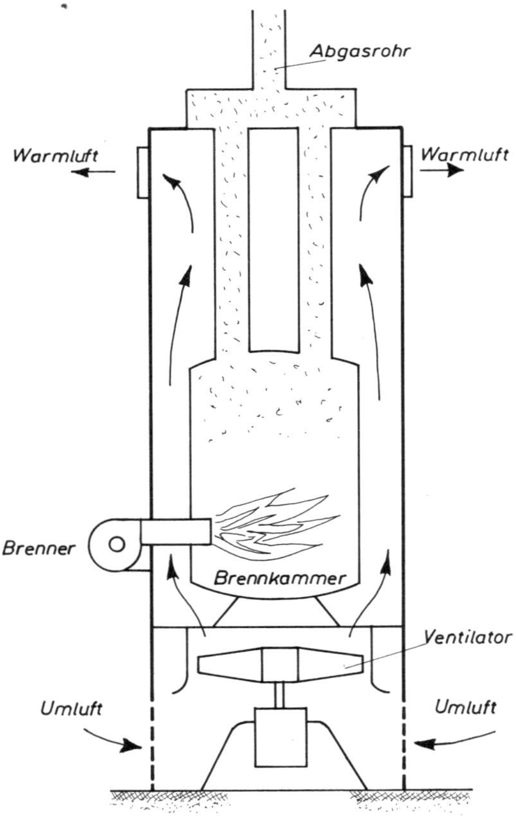

Abb. 131. Direkt befeuerter Luftheizer.

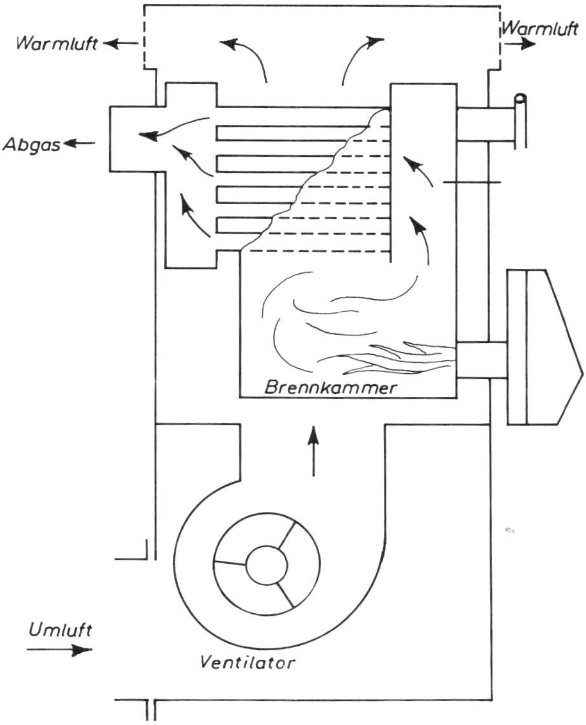

Abb. 132. Direkt befeuerter Luftheizer mit Umkehrflamme.

die Geräte werden preiswerter. Gleichzeitig kann das CO_2 der Abgase genutzt werden. Mit diesen Geräten läßt sich eine optimale Nutzung des Erdgases erreichen.

Es muß aber noch geklärt werden, ob die erforderliche Sicherheit gegeben ist. Das bedeutet, daß sich bei der Verbrennung kein Kohlenmonoxid (CO) oder andere giftige Gase (z. B. Stickoxide) bilden dürfen. Es dürfen weder Schäden an Pflanzen auftreten, noch dürfen Personen gefährdet werden. Bis diese Fragen geklärt sind, ist Vorsicht geboten. Es erscheint sinnvoll, die zulässige Heizleistung pro Flächeneinheit oder bezogen auf ein bestimmtes Luftvolumen zu begrenzen, um das Auftreten unzulässiger Schadstoffkonzentrationen zu verhindern.

6.3 Kombinationsmöglichkeiten von Heizungssystemen

Es gibt eine ganze Reihe von Kombinationsmöglichkeiten zwischen den verschiedenen Heizungssystemen, die hier nicht alle aufgeführt werden können.

Grundsätzlich sollte man beachten, daß bei allen Kombinationen eine ausreichende Stehwandabschirmung durch Stehwandheizung, Konvektoren oder Strahlluftheizung vorhanden ist. Zusätzlich sollte – falls möglich – ein Heizungssystem im Pflanzenbereich angeordnet werden (z. B. Vegetationsheizung oder niedrige Rohrheizung). Der Rest des Wärmebedarfes ist dann durch ein im Dachraum angeordnetes Heizungssystem wie Luftheizer mit Folienschlauch oder hohe Rohrheizung zu decken. Da die unten im Gewächshaus angeordneten Heizungssysteme den Wärmeverbrauch des Gewächshauses vermindern, also Energie einsparen, ist eine Aufteilung der Heizungssysteme z. B. in Ober- und Unterheizung mit einer getrennten Regelung sinnvoll. Den größten Teil des Jahres könnte dann das Heizungssystem mit dem geringsten Wärmeverbrauch benutzt werden (z. B. Vegetationsheizung), und nur, wenn dieses System nicht mehr ausreicht, wird das andere Heizungssystem zugeschaltet. Eine solche Aufteilung hat zusätzliche Vorteile, da z. B. eine Vegetationsheizung die Luftfeuchtigkeit im Pflanzenbereich durch Erwärmung der Luft und Luftzirkulation senkt. Diese Wirkung ist besonders wichtig, wenn wenig geheizt werden muß, wie im Frühjahr und Herbst, weil dann Probleme mit zu hoher Luftfeuchtigkeit auftreten können. Durch die Aufteilung in Unter- und Oberheizung läßt sich die Luftfeuchtigkeit im Pflanzenbereich günstig beeinflussen.

6.4 Auslegung einer Gewächshausheizung

Vor der Auslegung der Gewächshausheizung ist zunächst zu überlegen, welches Heizungssystem oder welche Kombination von Heizungssystemen sich für die vorgesehene Kultur und bei den geplanten Inneneinrichtungen am besten eignet. Nach der Ermittlung des Wärmebedarfes (s. Abschnitt 6.1) ist dann zunächst das Heizungssystem auszulegen, das durch die Abmessungen des Gewächshauses oder der Inneneinrichtungen festzulegen ist, wie z. B. Stehwandheizung und Konvektoren durch die Länge der Stehwände oder z. B. die Untertischheizung durch die Länge der Tische.

Aufgrund der vorgegebenen Abmessungen wird die Länge der Heizungsrohre oder der Konvektoren an der Stehwand ermittelt. Die Wärmeleistung dieser Heizungssysteme erhält man dann nach folgender Beziehung:

$$Q_H = Q_E \cdot n \qquad (W)$$

Q_H = Wärmeleistung des jeweiligen Heizungssystems in W,
Q_E = Wärmeleistung einer Einheit in W (z. B. 1 m Rohr),
n = Anzahl der Einheiten.

Für Heizungsrohre kann man den Wert für Q_E den Tabellen 36 bis 57 (Anhang) entnehmen. Für Konvektoren sind die Angaben der Herstellerfirma für den entsprechenden Typ zu verwenden. Es ist dabei zu beachten, daß die Wärmeleistung Q_E von der mittleren Wassertemperatur t_m und der Gewächshausinnentemperatur t_i abhängig ist. Bei Heizungsrohren ist zusätzlich zu beachten, daß die Wärmeabgabe größer ist, wenn das Rohr Wärme durch Strahlung an das kalte Bedachungsmaterial abgibt (z. B. Stehwandheizung), bzw. kleiner, wenn das Rohr mit Flächen im Strahlungsaustausch steht, die Lufttemperatur haben (z. B. bei Untertischheizung).

Der verbleibende Wärmebedarf Q_{HR} ergibt sich aus folgender Beziehung:

$$Q_{HR} = Q - Q_{H1} - Q_{H2} - Q_{Hn} \qquad (W)$$

Q = Gesamtwärmebedarf (s. Abschnitt 6.1) in W.

Aus der Beziehung

$$n = \frac{Q_{HR}}{Q_E}$$

erhält man die noch erforderlichen Einheiten (z. B. m Rohr) des zusätzlichen Heizungssystems. Q_E ist die Wärmeleistung pro Einheit.

6.5 Berechnung der Druckverluste

Bevor die Druckverluste der einzelnen Heizungssysteme und Zuleitungen ermittelt werden können, ist die gesamte Rohrführung mit allen Anschlüssen festzulegen. Dazu muß vorab geprüft werden, wieviel Meter Konvektor oder Heizungsrohr jeweils zu einer Einheit zusammengefaßt und getrennt angeschlossen werden können. Die Länge der hintereinandergeschalteten Konvektoren wird durch den zulässigen Druckverlust begrenzt. Die zum Wärmetransport erforderliche Durchflußmenge nimmt linear mit der Länge eines Heizregisters zu, der Druckverlust steigt dagegen mit der dritten Potenz der Länge eines Heizregisters

$$W = W_E \cdot L \qquad (m^3/h)$$

Darin ist
W = Durchflußmenge pro Zeiteinheit in m^3/h,
W_E = Durchflußmenge in m^3/h pro m,
L = Länge des Heizregisters in m.

$$W_E = \frac{Q_E}{1163 \cdot \Delta t} \quad \left(\frac{m^3}{h \cdot m}\right)$$

Q_E = Heizleistung einer Einheit in W/m,
Δt = Auslegungstemperaturdifferenz zwischen Vor- und Rücklauf in K (bei 90/70 $\Delta t = 20$ K).

$$\Delta p = \Delta p_E \cdot L^3$$

Δp_E = Druckverlust einer Einheit, wenn das Heizregister nur eine Länge von $L = 1$ m hat.

Bei Heizungsrohren ist der Druckverlust meist nicht der begrenzende Faktor für die Länge einer Rohrschleife. Häufig wird ein Heizungsrohr im Gewächshaus in Längsrichtung hin- und zurückgeführt. Es ist zu beachten, daß sich die Durchlaufzeit des Heizungswassers durch eine Rohrschleife mit der Rohrlänge nicht ändert. Das liegt daran, daß bei richtiger Auslegung für eine Temperaturdifferenz von $\Delta t = 20$ K das Wasser immer die gleiche Zeit benötigt, um sich z. B. von 90 °C auf 70 °C abzukühlen. In Tab. 30 sind als Beispiel einige solcher „Abkühlungszeiten" bzw. Durchlaufzeiten für verschiedene Rohrdurchmesser angegeben. Angesichts der relativ großen Zeiten von ca. 15–20 min ist zu überlegen, ob die Auslegungstemperaturdifferenz des Heizungssystems nicht verkleinert werden sollte, denn diese Zeiten sind unabhängig davon, ob ein Heizungsrohr 1 m oder 100 m lang ist. Bei gegebener Auslegungstemperaturdifferenz (Vorlauf–Rücklauf) läßt sich die Durchlaufzeit nur durch die Verwendung kleinerer Rohrdurchmesser verkleinern.

Zur Ermittlung der maximalen Länge einer Rohrschleife kann man aus Abb. 8 (Abschnitt 2.3.1) die maximale Wärmemenge entnehmen, die bei entsprechender Temperaturdifferenz durch ein Heizungsrohr transportiert werden kann. Dividiert man diese Wärmemenge durch die Heizleistung pro m Rohr (Q_E), dann erhält man

Tab. 30. Durchlaufzeiten des Heizungswassers durch Heizungsrohre (mittlere Wassertemperatur t_m = 80 °C; Lufttemperatur t_i = 20 °C; Temperaturdifferenz Vorlauf – Rücklauf Δt = 20 K)

Äußerer Durchmesser d_a (mm)	Innerer Durchmesser d_i (mm)	Durchlaufzeit (min)
21,3	16,0	4,5
26,9	21,6	6,6
30,0	24,8	7,9
33,7	27,2	8,6
38,0	32,8	11,2
44,5	39,3	14,0
48,3	41,8	14,7
51,0	47,0	17,7
57,0	51,2	19,0
60,3	54,5	20,5
76,1	70,3	27,5

die maximale Rohrlänge einer Rohrschleife (für Δp = 1 mbar/m Rohr). In Tab. 31 sind als Beispiel einige Werte angegeben. Diese Angaben sind nur für kleinere Rohrdurchmesser (z. B. Vegetationsheizung) von Bedeutung.

Da bei einer Rohrheizung viele einzelne Rohrleitungen oder Rohrschleifen zu einem Heizregister parallel angeschlossen werden, ist darauf zu achten, daß durch alle Rohre die gleiche Wassermenge fließt. Nur so ist eine gleichmäßige Wärmeabgabe und -verteilung im Gewächshaus möglich. Bei der Auslegung der Heizung ist darauf zu achten, daß die Wegstrecken, die das Wasser durch parallele Heizrohrstränge zurücklegt, gleich lang sind. Das wird erreicht durch einen Anschluß der parallelen Rohre nach TICHELMANN (Abb. 133). Außerdem ist sicherzustellen, daß der Druckverlust in den einzelnen parallelen Leitungen größer ist als in den Zuleitungen zu den Heizrohrsträngen. Diese Forderung läßt sich bei Heizungsrohren mit größerem Durchmesser (≧ DN 40) nur durch eine Drosselung in den einzelnen Heizrohrsträngen erfüllen. Eine solche Drosselung läßt sich durch eine zwischengeschweißte Verengung beim Anschluß der parallelen Rohre an die Zuleitung erreichen (Abb. 134). Eine andere Möglichkeit besteht darin, in das Vorlaufrohr ein kleineres Loch zu bohren (Durchmesser etwa 8–10 mm) und dann das Heizungsrohr mit vollem Querschnitt anzuschweißen (Abb. 134). Die Drosselung

Tab. 31. Maximale Länge einer Rohrschleife (Rohrheizung) für eine mittlere Rohrtemperatur t_m = 80 °, eine Innentemperatur t_i = 20 °C und einen Druckverlust Δp = 1 mbar/m Rohr

Rohrinnendurchmesser (mm)	maximale Rohrlänge (m) für eine Temperaturdifferenz von Δt = 20 K	Δt = 10 K	Δt = 5 K
16,0	73	36,5	18,3
21,6	139	69	35
24,8	184	92	46
32,8	310	155	78
39,3	432	216	108
51,2	709	354	177

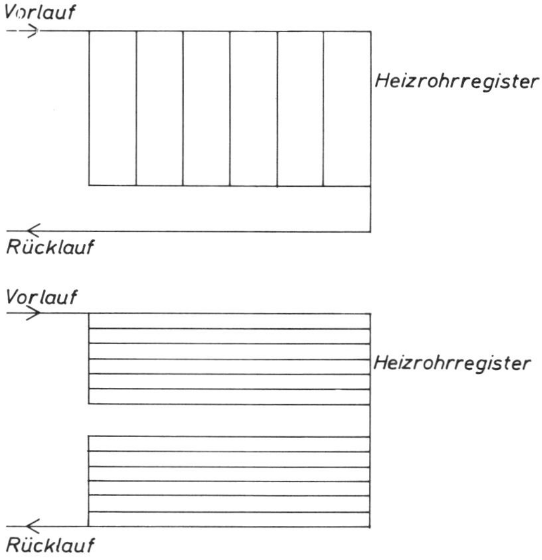

Abb. 133. Anschluß paralleler Heizrohrstränge nach Tichelmann.

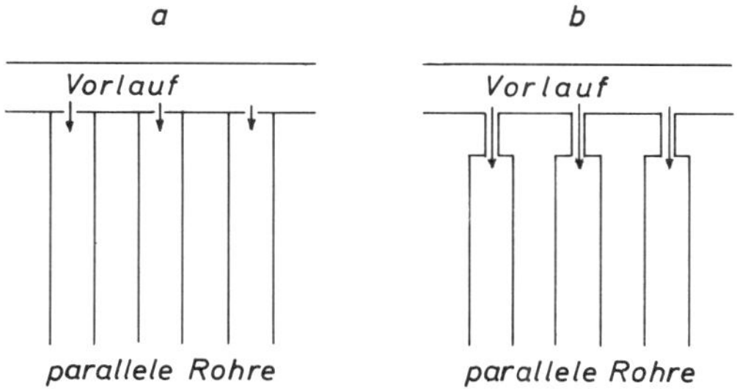

Abb. 134. Drosselung am Anschluß der parallelen Heizrohrstränge. a = durch Anbohren des Vorlaufs, b = durch eine Verengung.

mittels Verengung hat Vorteile, wenn in die Verengung gleichzeitig Absperrschieber mit eingebaut werden (z. B. Untertischheizung). Die Absperrschieber haben dann eine kleinere Nennweite (DN 20–DN 25) und sind preiswerter. Das gleiche gilt auch für den Anschluß niedrig verlegter Heizungsrohre mit Schläuchen.

6.6 Heizungsregelung

Aufgabe der Heizungsregelung ist es, die Wärmezufuhr durch das Heizungssystem dem sich ändernden Wärmebedarf des Gewächshauses anzupassen. Wenn man bedenkt, daß eine Temperaturerhöhung um 1 °C den Wärmeverbrauch eines Gewächshauses um über 10 % erhöht, erkennt man die Bedeutung einer möglichst genauen Einhaltung der erforderlichen Temperatur. Dabei werden an die Heizungsregelung besondere Anforderungen gestellt, da die verwendeten Rohrheizungssysteme sehr träge reagieren, die Temperatur im Gewächshaus sich aber z. B. durch Sonneneinstrahlung schnell ändern kann. Die Anpassung der Wärmezufuhr an den sich ändernden Bedarf muß also möglichst frühzeitig erfolgen.

Zur Veränderung der Wärmezufuhr sind Stelleinrichtungen erforderlich, die selbsttätig arbeiten. Sie werden als Stellglieder bezeichnet.

6.6.1 Stellglieder zur Heizungsregelung

Bezogen auf den Verbraucher (Gewächshaus) unterscheidet man zwei Verfahren zur Heizungsregelung:
- Mengenregelung
- Mischregelung.

Bei der Mengenregelung wird die Wassermenge, die durch das Heizungssystem fließt, verändert. Die Vorlauftemperatur bleibt dabei konstant, d. h., sie wird durch die Regelung nicht verändert.

Im Gegensatz dazu wird bei der Mischregelung die Vorlauftemperatur verändert, um die Wärmeabgabe des Heizungssystems dem Wärmebedarf anzupassen. Die im Verbraucherkreis umgepumpte Wassermenge bleibt dabei annähernd konstant. Eine Mischregelung erfordert im Verbraucherkreis immer eine Umwälzpumpe.

6.6.1.1 Bauarten

Die für die verschiedenen Regelverfahren eingesetzten Stellglieder kann man nach verschiedenen Kriterien einordnen:
- nach dem Material des Gehäuses: Grauguß, Rotguß
- nach der Anschlußart: Flanschen oder Verschraubungen
- nach dem Nenndruck: PN 6 (bis 6 bar), PN 10 (bis 10 bar) und PN 16 (bis 16 bar)
- nach der Bauart: Ventile oder Mischer und Drosselklappen.

Diese Einteilungskriterien sind für Warmwasserheizungen von untergeordneter Bedeutung, weil weder die auftretenden Temperaturen, noch die auftretenden Drücke besondere Anforderungen an die Stellglieder stellen. So reicht in der Regel als Material Grauguß und als Nenndruck PN 6. Ob Flanschen oder Verschraubungen verwendet werden, ist abhängig von der Nennweite. Die Entscheidung, ob

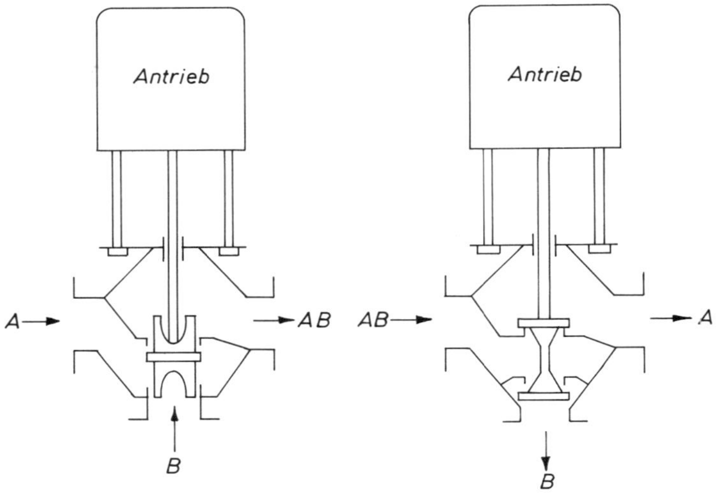

Abb. 135. 3-Wege-Mischventil (links) und 3-Wege-Verteilerventil (rechts).

Mischer oder Ventil, wird aus Preisgründen meistens zugunsten des Mischers ausfallen, da bei kleinen Differenzdrücken der Einsatz von Ventilen nicht erforderlich ist.

Wichtigstes konstruktives Kennzeichen des Ventils ist der Ventilsitz mit dem Ventilkegel. Der Ventilkegel wird im Ventil auf und ab bewegt (Abb. 135). Beim Schließen des Ventils wird der Kegel auf den Sitz gepreßt. Dadurch schließt das Ventil sehr dicht.

Das normalerweise als Mischer bezeichnete Stellorgan ist von der Konstruktion her ein Mischhahn. Zum Öffnen und Schließen des Mischers wird im Mischergehäuse ein „Küken" gedreht (Abb. 136). Die Drehbewegung erfordert zwischen Gehäuse und „Küken" einen Mindestspalt. Dadurch kann ein Mischer oder eine Drosselklappe nicht so dicht schließen wie ein Ventil. Außerdem besteht bei einem Mischer die Gefahr, daß durch Fremdkörper oder Ablagerungen das „Küken" blockiert und erst wieder gängig gemacht werden muß.

Als Antrieb wird für die verschiedenen Stellglieder meistens ein Kondensatormotor für Rechts- und Linkslauf (auf und zu) mit der entsprechenden Untersetzung verwendet. Für kleine Durchmesser können auch Magnetventile eingesetzt werden.

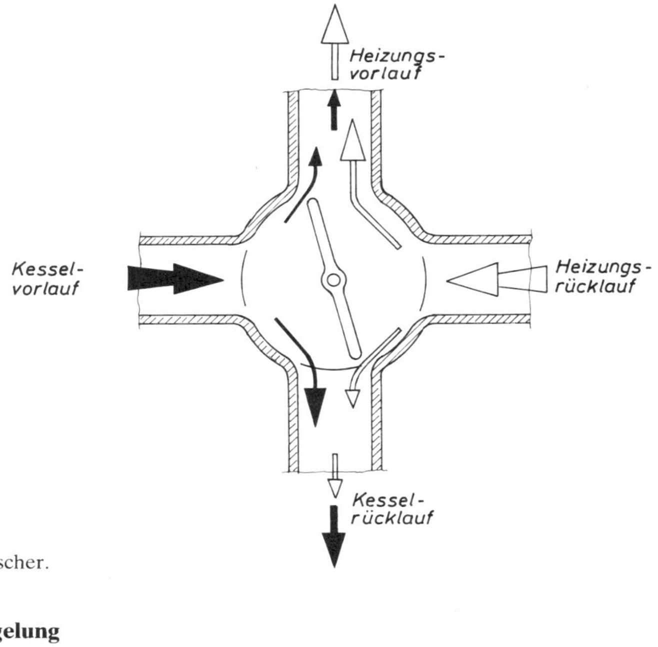

Abb. 136. 4-Wege-Mischer.

6.6.1.2 Mengenregelung

In Abb. 137 ist ein Heizkreis mit Durchgangsventil oder Drosselklappe schematisch dargestellt. Bei dieser Anordnung ist es ohne Bedeutung, ob die Heizungspumpe vor oder hinter dem Stellglied eingebaut ist. Nur wenn eine Pumpe mehrere Heizkreise versorgt, muß sie vor dem Stellglied angeordnet werden. Da die Vorlauftemperatur bei dieser Regelung konstant bleibt, wird bei kleinerem Durchfluß im Heizungssystem die Rücklauftemperatur immer niedriger und dadurch die Spreizung immer größer. Aus diesem Grunde ist eine Mengenregelung ohne Vorregelung im Kesselhaus zur Heizungsregelung im Gewächshaus nicht geeignet.

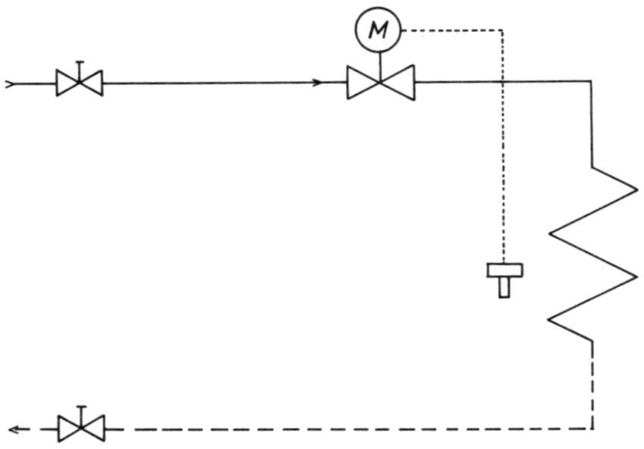

Abb. 137. Nachregelung mit Durchgangsventil oder Drosselklappe (Mengenregelung) (TANTAU 1974).

Nur wenn die Vorlauftemperatur außentemperaturabhängig vorgeregelt wird, ist die Mengenregelung zur Nachregelung einsetzbar.

Soll mit einem Durchgangsventil eine stetige Regelung durchgeführt werden (kein „Auf-zu"-Betrieb), muß bei geöffnetem Ventil der Druckverlust im Ventil genau so groß sein, wie der Druckverlust in der gesamten Anlage.

In allen anderen Fällen, z. B. Zu- und Abschalten von Kesseln u. a., ist das Durchgangsventil oder die Drosselklappe so auszulegen, daß ein möglichst geringer Druckverlust entsteht. Zur Verminderung des Druckverlustes ist eine Drosselklappe günstiger als ein Durchgangsventil. Aus diesem Grunde werden auch zur Nachregelung mit Zwei-Punkt-Reglern (auf–zu) in Gewächshäusern häufig Drosselklappen eingebaut.

In Abb. 138 ist eine Mengenregelung mit 3-Wege-Verteilerventil schematisch dargestellt. Im Unterschied zum Durchgangsventil ist bei dieser Anordnung die im Kesselkreis umgepumpte Wassermenge annähernd konstant. Die Umwälzpumpe muß vor dem Stellglied eingebaut werden. Die Rücklauftemperatur des Kessels wird bei dieser Schaltung automatisch angehoben. Bei geschlossenem Ventil sind Vor- und Rücklauftemperatur des Kessels etwa gleich. Die Rücklauftemperaturanhebung ist wichtig zur Vermeidung von rauchgasseitiger Korrosion durch Taupunktunterschreitung im Kessel (s. Abschnitt 2.4.2).

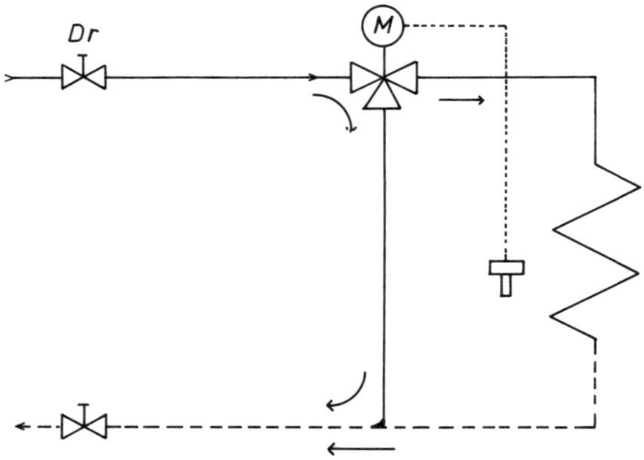

Abb. 138. Nachregelung mit 3-Wege-Verteilerventil (Mengenregelung) (TANTAU 1974).

Abb. 139. Auslegung eines 3-Wege-Verteilerventils (TANTAU 1974).

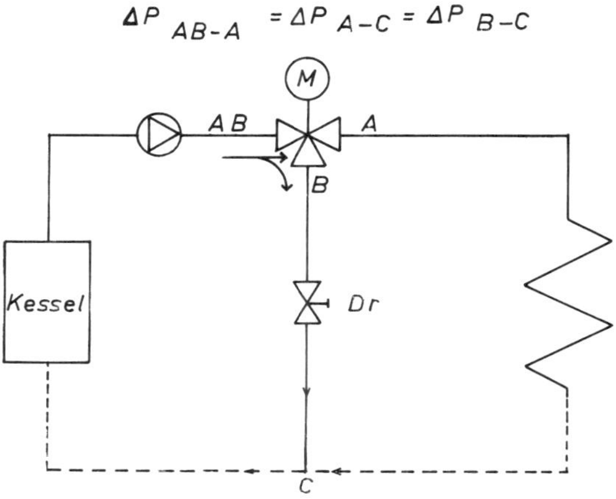

Für den Heizkreis hat diese Schaltung die gleichen Nachteile wie beim Durchgangsventil bereits angegeben.

Soll das 3-Wege-Verteilerventil zur stetigen Regelung eingesetzt werden, so muß bei der Auslegung folgende Bedingung erfüllt sein (Abb. 139):

$$\Delta P_{AB-A} = \Delta P_{A-C} = \Delta P_{C-B} \; .$$

Das heißt, der Druckverlust des geöffneten Ventils (Strecke AB – A) muß genau so groß sein wie der Druckverlust der Strecke A – C (Heizungssystem) und genau so groß wie der Druckverlust der Strecke C – B. Der Druckverlust der Strecke C – B muß in der Regel durch Drosselung (z. B. Schieber) erhöht werden.

6.6.1.3 Mischregelung

Abb. 140 zeigt den Einsatz eines 3-Wege-Mischventils oder -Mischers zur Regelung eines Heizungssystems. In Abb. 141 sind Vorlauf- und Rücklauftemperatur hinter dem Mischer in Abhängigkeit von der Außentemperatur dargestellt. Bei steigender Außentemperatur wird der Wärmebedarf geringer. Die Vorlauftemperatur wird im Heizungskreis durch Zumischen von kälterem Rücklaufwasser abgesenkt. Die

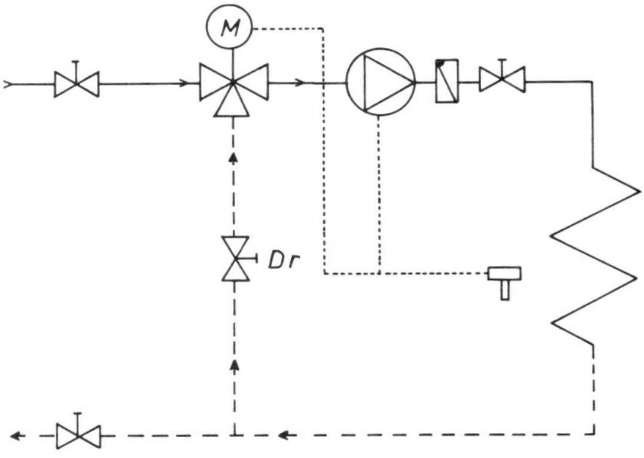

Abb. 140. Nachregelung mit 3-Wege-Mischventil oder -Mischer (Mischregelung) (Dr = Drossel) (TANTAU 1974).

Pumpe muß hinter dem Stellglied eingebaut werden. Die Mischregelung hat gegenüber der Mengenregelung den großen Vorteil, daß im Heizungssystem bei abnehmendem Wärmebedarf die Temperaturspreizung immer kleiner wird. Dadurch wird die Temperaturverteilung im Gewächshaus besser. Eine Mischregelung ist deshalb einer Mengenregelung vorzuziehen.

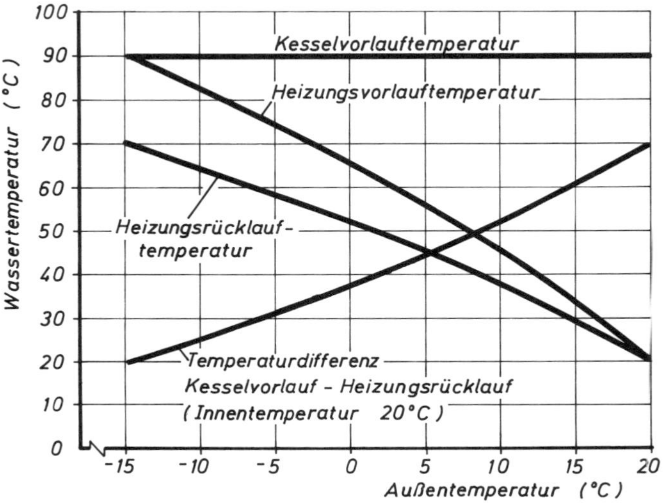

Abb. 141. Kesselvorlauf-, Heizungsvorlauf- und Heizungsrücklauftemperaturen bei einer Mischregelung in Abhängigkeit von der Außentemperatur.

Für die Auslegung eines Mischventils oder Mischers muß folgende Bedingung erfüllt sein (s. Abb. 122):

$$\Delta P_{A-AB} = \Delta P_{C-A} = \Delta P_{C-B}$$

Der Druckverlust bei geöffnetem Mischer (Strecke A–AB) soll genau so groß sein wie der Druckverlust in der Strecke C–A (Kesselkreis) und in der Strecke C–B (Beimischkreis). Der Druckverlust der Strecke C–B ist durch Drosselung anzugleichen (s. Abschnitt 4.9.2.2).

Der Nachteil einer Beimischregelung mit 3-Wege-Mischventil oder -Mischer besteht darin, daß im Kesselkreis die Durchflußmenge nicht konstant ist und die einzelnen Mischkreise sich deshalb gegenseitig beeinflussen können.

Dieser Nachteil besteht nicht bei einer Einspritzregelung, wie sie in Abb. 142 dargestellt ist. Das 3-Wege-Verteilerventil sorgt im Kesselkreis für eine konstante Durchflußmenge. Je nach Stellung des Ventils wird eine bestimmte Wassermenge aus dem Kesselkreis in den Heizkreis „eingespritzt". Im Heizkreis ist die umgewälzte Wassermenge ebenfalls konstant. Die Einspritzregelung erfordert eine Pumpe im Kesselkreis und eine Pumpe im Heizungskreis. Die Anlage muß nach der Inbetriebnahme sorgfältig abgeglichen werden, damit nicht Wasser in der Strecke B–C oder E–D rückwärts fließt (Abb. 143).

Ein Einsatzgebiet ergibt sich für die Einspritzregelung bei allen Heizungssystemen, die nicht mit voller Vorlauftemperatur betrieben werden sollen (z. B. Vegeta-

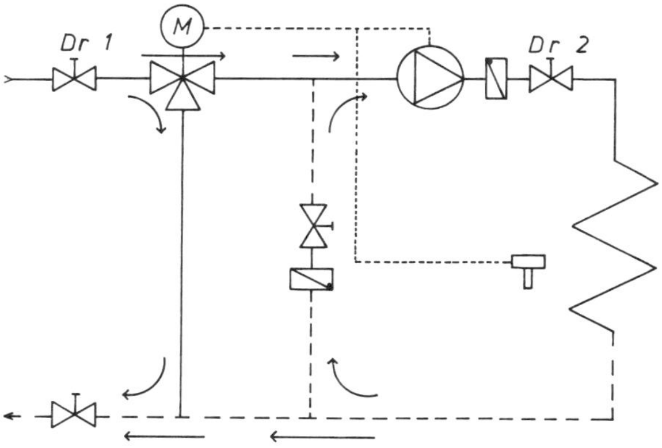

Abb. 142. Einspritzregelung (Mischregelung) mit 3-Wege-Verteilerventil (Dr = Drossel) (TANTAU 1974).

$$\Delta P_{AB-A} = \Delta P_{A-D} + \Delta P_{E-C} = \Delta P_{B-C}$$

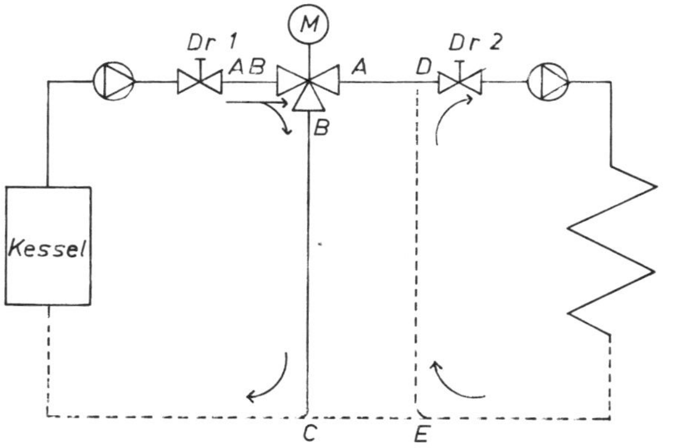

Abb. 143. Auslegung des 3-Wege-Verteilerventils für eine Einspritzregelung (TANTAU 1974).

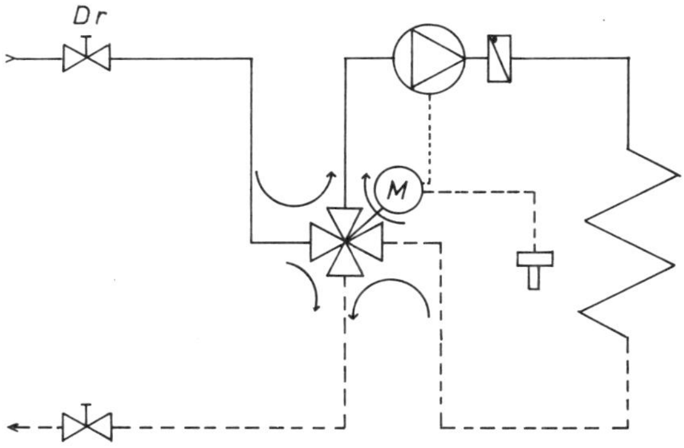

Abb. 144. Nachregelung mit 4-Wege-Mischer (TANTAU 1974).

tionsheizung). In diesen Fällen wird das 3-Wege-Verteilerventil kleiner dimensioniert, so daß auch bei geöffnetem Ventil die zulässige Vorlauftemperatur nicht überschritten wird.

Wird anstelle der Einspritzregelung ein 4-Wege-Mischer (Abb. 144) verwendet, dann ist ein Abgleich nicht erforderlich. Ist der 4-Wege-Mischer geschlossen, dann bestehen zwei unabhängige Kreise: Kesselkreis und Heizungskreis.

In kleinen Heizungsanlagen kann der 4-Wege-Mischer über dem Kessel installiert werden. Dann zirkuliert das Wasser im Kesselkreis durch Schwerkraft. Wird der 4-Wege-Mischer zur Nachregelung im Gewächshaus eingesetzt, dann ist auch im Kesselkreis eine Pumpe erforderlich.

Zur Auslegung von 4-Wege-Mischern wird von den Herstellern der Bereich angegeben, in dem der Druckverlust des Mischers liegen sollte (etwa 20 bis 35 mbar).

6.6.1.4 Kennlinien

Die o. a. Auslegungsbedingungen gelten jeweils für ein geöffnetes Ventil oder einen geöffneten Mischer. Für eine stetige Regelung ist von Bedeutung, wie sich z. B. der Durchfluß in Abhängigkeit von der Öffnung des Ventils ändert. Die Ventilöffnung wird auch als Hub h bezeichnet.

Die Aufgabe der Heizungsregelung ist die Anpassung der Wärmezufuhr an den Wärmebedarf. Deshalb sollte sich bei allen Stellgliedern die zugeführte Wärmemenge linear mit dem Hub des Ventils oder Mischers ändern. Da der Wärmebedarf linear von der Außentemperatur abhängig ist, ergibt sich der in Abb. 145 dargestellte Zusammenhang. Bei der Mischregelung bleibt die Kesselvorlauftemperatur t_{KV} konstant ($t_{KV} = 90\,°C$). Die Kesselrücklauftemperatur t_{KR} ergibt sich aus der Heizungsrücklauftemperatur t_{HR}: $t_{KR} = t_{HR}$.

Die Wärmemenge Q, die aus dem Kesselkreis durch den Mischer in den Heizungskreis gelangt, ist dann

$$Q = W_K \cdot \varrho \cdot c \cdot (t_{KV} - t_{KR}) \quad (W)$$

Darin ist

W_K = Wassermenge, die durch den Mischer in den Heizungskreis gelangt, in m^3/h,
ϱ = spezifische Dichte des Wassers in kg/m^3,
c = spezifische Wärmekapazität des Wassers in $Wh/kg \cdot K$,
t_{KV} = Kesselvorlauftemperatur in °C,
t_{KR} = Kesselrücklauftemperatur in °C.

Bezieht man alle Größen auf den Auslegungsfall, dann erhält man:

$$\frac{Q}{Q_{Ausl.}} = \frac{W_K}{W_{Ausl.}} \cdot \frac{(t_{KV} - t_{KR})}{(t_{KV} - t_{KR\,Ausl.})}$$

Wenn die relative Wärmemenge $Q/Q_{Ausl.}$ bekannt ist, läßt sich die relative Wassermenge $W_K/W_{Ausl.}$ berechnen:

$$\frac{W_K}{W_{Ausl.}} = \frac{Q}{Q_{Ausl.}} \cdot \frac{(t_{KV} - t_{KR\,Ausl.})}{(t_{KV} - t_{KR})}$$

Wenn die Temperaturdifferenz $t_{KV} - t_{KR\,Ausl.}$ 20 °C beträgt, dann erhält man:

$$\frac{W_K}{W_{Ausl.}} = \frac{Q}{Q_{Ausl.}} \cdot \frac{20}{(t_{KV} - t_{KR})}$$

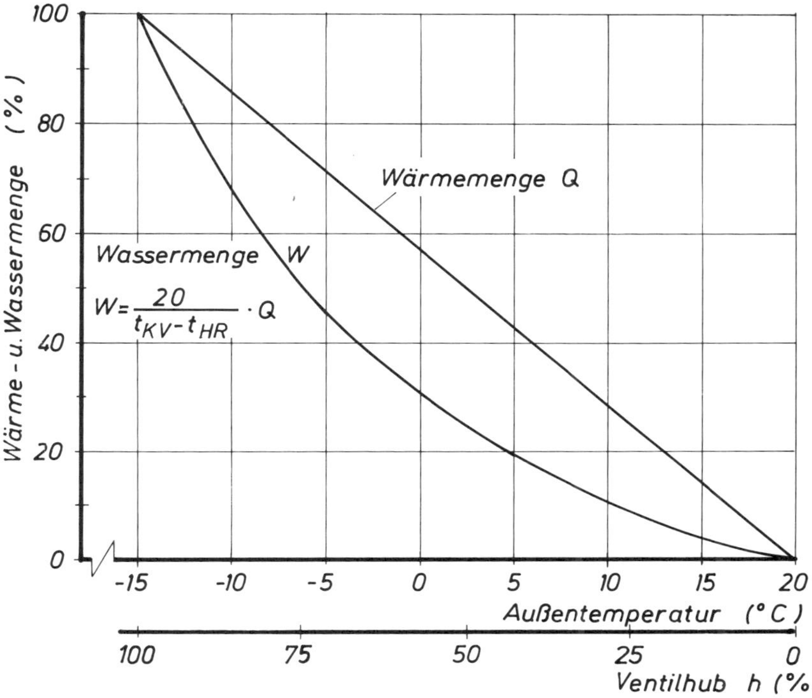

Abb. 145. Wärmemenge Q und Wassermenge W in Abhnängigkeit vom Ventilhub h (Außentemperatur) bei einer Mischregelung.

Je geringer der Wärmebedarf ist, desto größer wird die Temperaturdifferenz ($t_{KV}-t_{KR}$) (Abb. 141). Nach obiger Gleichung ergibt sich daraus der in Abb. 145 dargestellte Kurvenverlauf zwischen Ventilhub h und Wassermenge $W_K/W_{Ausl.}$, wenn eine lineare Beziehung zwischen Wärmemenge und Ventilhub gefordert wird. Dieser Zusammenhang zwischen Ventilhub und Wassermenge ist bei der Konstruktion der Ventile und Mischer unbedingt zu berücksichtigen.

Von den Herstellern wird als Ventil-Kennlinie die Abhängigkeit des k_v-Wertes vom Ventilhub angegeben (s. Abschnitt 2.3.3):

$$k_v = W \cdot \sqrt{\frac{\varrho}{\Delta P}}$$

Bei konstantem Druck Δp ist die Wassermenge proportional zum k_v-Wert. In Abb. 146 ist der Wert k_v/k_{vs} in Abhängigkeit von dem Ventilhub dargestellt. Eine solche gekrümmte Ventilkennlinie wird als gleichprozentige Kennlinie bezeichnet. Bei einer 1%igen Hubänderung ändert sich der k_v-Wert jeweils um n %. Übliche Werte für n sind n = 3 bis 5. Eine 4%ige Kennlinie bedeutet also, daß sich bei 1 % Hubänderung der k_v-Wert um 4 % ändert. Wenn der Hub um 10 % vergrößert wird, erhöht sich der k_v-Wert an jeder Stelle um 38 %. Theoretisch kann eine gleichprozentige Kennlinie nicht durch den Nullpunkt gehen. Das würde bedeuten,

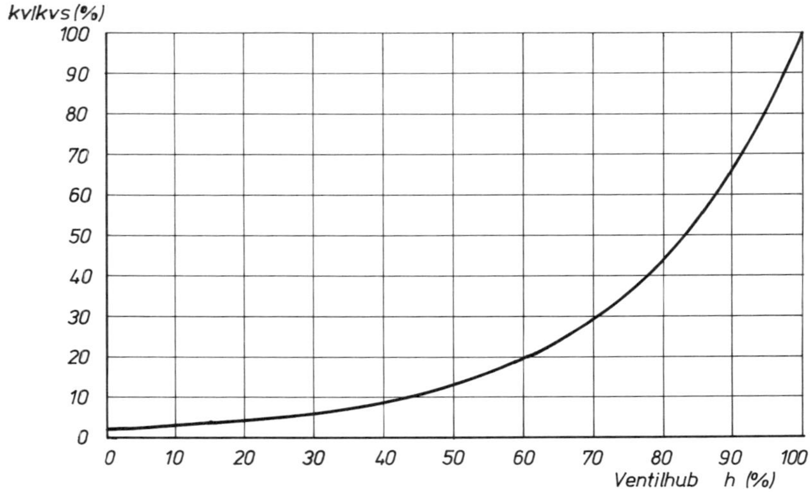

Abb. 146. Ventilkennlinie (k_v/k_{vs} als Funktion des Ventilhubes; 4%ige Kennlinie).

daß das Ventil nicht schließt. Deshalb verläuft die Kurve unterhalb von h = 10 % nicht mehr gleichprozentig, sondern geht durch den Nullpunkt.

Gleichprozentige Kennlinien lassen sich durch die Gestaltung des Kegels bei Ventilen und durch die Gestaltung des „Kükens" bei Mischern verwirklichen. In Abb. 135 ist als Beispiel ein Ventilkegel für eine gleichprozentige Kennlinie dargestellt.

Für eine einwandfreie Funktion von Mischventilen und Mischern ist es erforderlich, bei der Auslegung darauf zu achten, daß ein ausreichender Druckabfall am Stellglied vorhanden ist und daß Mischer und Ventile mit gleichprozentiger Kennlinie verwendet werden. Außerdem muß der Mischer bzw. das Mischventil richtig angeschlossen werden, da nur dann die Kennlinie wirksam ist. Verteil- und Misch-

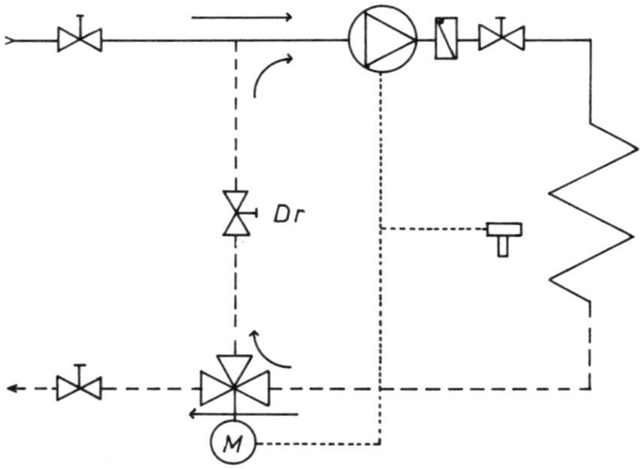

Abb. 147. Mischregelung mit 3-Wege-Verteilerventil im Rücklauf (TANTAU 1974).

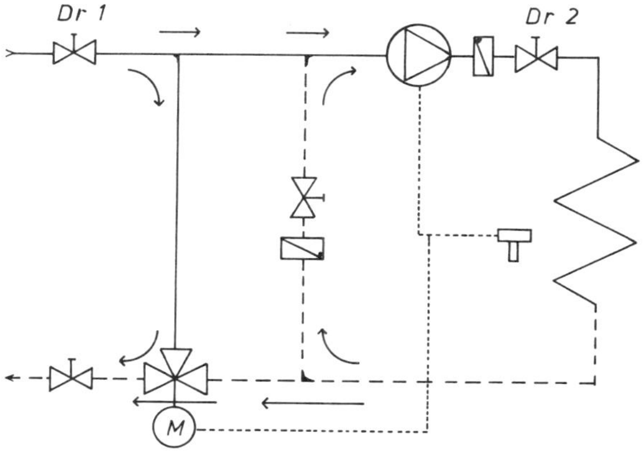

Abb. 148. Einspritzregelung mit 3-Wege-Mischventil oder -Mischer im Rücklauf (TANTAU 1974).

ventile dürfen wegen der unterschiedlichen Konstruktion nicht verwechselt werden (s. Abb. 135).

Ein 3-Wege-Verteilerventil kann aber bei einer Mischregelung im Rücklauf eingesetzt werden (Abb. 147) und ein 3-Wege-Mischventil kann bei einer Einspritzregelung im Rücklauf eingesetzt werden (Abb. 148).

6.6.1.5 Pumpen

In einigen Fällen werden Heizungspumpen zur wasserseitigen Regelung von Heizungsanlagen verwendet. Dabei ist die Pumpe immer in Kombination mit einer Rückschlagklappe oder einem Rückschlagventil einzusetzen, um während des Stillstands der Pumpe ungewollte Zirkulationen zu verhindern (Abb. 149). Normalerweise ist eine Pumpe als Stellglied nur für eine Zweipunktregelung geeignet (Betriebsweise: ein – aus). Bei einigen Pumpen kleinerer Leistung (Regelpumpen) besteht zusätzlich die Möglichkeit, die Fördermenge von Hand zu variieren (wasserseitige Regelung) und/oder die elektrische Leistungsaufnahme des Motors in Stufen zu verändern. Damit soll eine Anpassung der Pumpenleistung an das jeweilige Rohrnetz ermöglicht werden. Für Pumpen größerer Leistung (z. B. Ringleitungspumpen) können spezielle Leistungsregler eingesetzt werden. Es handelt sich dabei um die Phasenanschnittssteuerung, mit der es möglich ist, die Leistung der Pumpe nahezu verlustlos in einem bestimmten Regelbereich zu verändern. Die Phasenan-

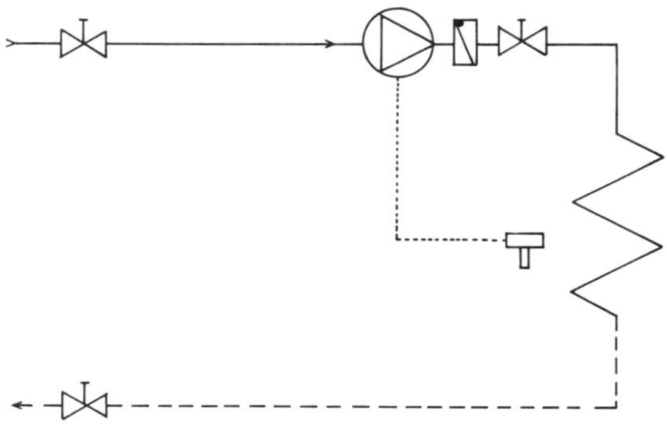

Abb. 149. Nachregelung mit Heizungspumpe (TANTAU 1974).

schnittssteuerung soll den Stromverbrauch der Pumpen vermindern; gleichzeitig wird damit die Wassermenge verändert, die durch die Heizungsanlage gefördert wird.

6.6.1.6 Kombination von Vor- und Nachregelung

Für eine einwandfreie Funktion der Heizungsregelung im Gewächshaus ohne Beeinflussung durch andere Regelkreise ist zu beachten, daß in Abhängigkeit von der Vorregelung im Kesselhaus nur bestimmte Systeme zur Nachregelung im Gewächshaus eingesetzt werden dürfen.

Ohne Vorregelung

Falls im Kesselhaus die Ring- oder Verteilerleitung nicht außentemperaturabhängig vorgeregelt wird, sollte zur Nachregelung in den Gewächshäusern eine Mischregelung vorgesehen werden. Dazu sollten bei einer Umwälzpumpe im Kesselhaus (z. B. Ringleitungspumpe) nur 4-Wege-Mischer (Abb. 144) eingesetzt werden, um eine gegenseitige Beeinflussung der einzelnen Regelungen untereinander zu vermeiden. Ist im Kesselhaus keine Pumpe vorhanden (meist kleinere Gewächshausanlagen), können zur Nachregelung nur 3-Wege-Mischer oder -Mischventile eingesetzt werden. Wichtig ist dann, daß die Pumpe im Mischkreis den gesamten Druckverlust einschließlich Zuleitung und Kesselhaus überwinden muß.

Zweipunktregelungen sollten ohne Vorregelung nicht eingesetzt werden, da die Temperaturschwankungen im Gewächshaus zu groß werden.

Mit Vorregelung

Ist im Kesselhaus eine außentemperaturabhängige Vorlauftemperaturregelung vorhanden, wie sie nach der HeizAnlV (1978) für feste Gebäude (nicht Gewächshäuser) inzwischen gesetzlich vorgeschrieben ist, sind zur Nachregelung im Gewächshaus folgende Systeme möglich (TANTAU, 1976):

Ohne Pumpe im Kesselhaus (kleine Anlagen):

- Pumpe im Gewächshaus nur 2-Punkt-Regelung (ein – aus) (Abb. 149),
- Mischregelung mit 3-Wege-Mischventil (Abb. 140).

Mit Pumpe im Kesselhaus für die Ring- oder Verteilerleitung:

- Motorventil oder Drosselklappe zur 2-Punkt-Regelung (auf – zu) (Abb. 137),
- Mischregelung mit 4-Wege-Mischer (Abb. 144) oder
- Einspritzregelung mit 3-Wege-Verteilerventil (Abb. 142) zur stetigen Regelung.

3-Wege-Mischer sollten nicht eingesetzt werden, da sich dann die einzelnen Regelkreise gegenseitig beeinflussen und die Regelung sich verschlechtert. Wenn die 3-Wege-Mischer bei sinkendem Wärmebedarf schließen, wird die Wassermenge, die aus der Zuleitung vom Kesselhaus in den Mischkreis gelangt, entsprechend der Mischerkennlinie verringert. Eine Verkleinerung der Wassermenge bewirkt aber, daß die Förderhöhe der Pumpe im Kesselhaus entsprechend der Pumpenkennlinie steigt. Durch den höheren Druck fließt jetzt eine größere Wassermenge durch den 3-Wege-Mischer (Strecke A – AB). Dadurch gelangt eine zu große Wärmemenge in das Gewächshaus.

Die stetige Regelung der Heizung bewirkt gegenüber der 2-Punkt-Regelung eine gleichmäßigere Temperaturführung im Gewächshaus. Die Entscheidung, ob 2-Punkt-Regelung oder stetige Regelung, ist eine Frage der Wirtschaftlichkeit, die im Einzelfall überprüft werden muß. Bei kleinen Gewächshauseinheiten wird aus Kostengründen eine 2-Punkt-Regelung mit den entsprechenden Stellgliedern bevorzugt eingesetzt werden, während bei größeren Einheiten eine stetige Regelung wirtschaftlich einsetzbar ist.

6.6.2 Regelgeräte

Regelgeräte zur Heizungsregelung werden von zahlreichen Firmen in verschiedensten Ausführungen angeboten. Es kann nicht auf alle Ausführungen eingegangen werden. Bei der Auswahl eines Reglers ist folgendes zu beachten:
- Für welches Stellglied soll der Regler eingesetzt werden (s. Abschnitt 6.6.1)?
- Welche Zusatzfunktionen sind erforderlich (z. B. Nachtabsenkung)?
- Welche Größen müssen am Regler einstellbar sein oder können fest vorgegeben werden?
- Ist ein Regler „reparaturfreundlich"; wie ist der Kundendienst?
- Hat der Regler die erforderliche Schutzart (im Gewächshaus mindestens tropfwassergeschützt)?

Nach dem Regelverhalten kann man die Regler in zwei Gruppen einteilen (s. auch v. ZABELTITZ, 1978):
- Zweipunktregler (unstetige Regler),
- stetige Regler.

6.6.2.1 Zweipunktregler

Zweipunktregler sind aufgrund ihrer Arbeitsweise nicht besonders zur Heizungsregelung im Gewächshaus geeignet. Bedingt durch die relativ ungünstigen Kenndaten

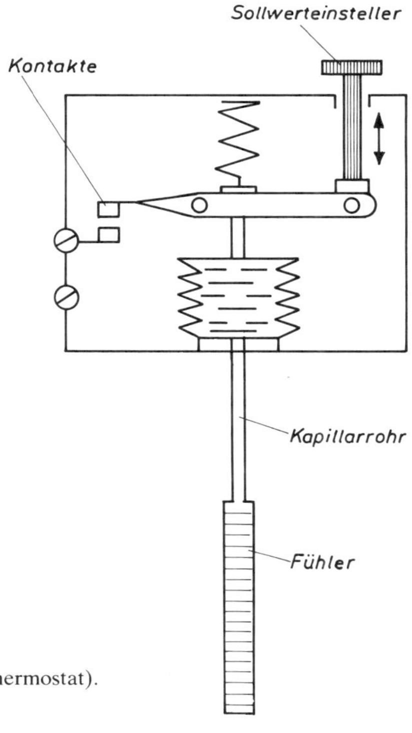

Abb. 150. Zweipunktregler (Thermostat).

des Gewächshauses (z. B. Totzeit) muß man beim Einsatz von Zweipunktreglern größere Schwankungen der Temperatur in Kauf nehmen. Sie sollten deshalb nur dort eingesetzt werden, wo aus Kostengründen stetige Regelungen nicht wirtschaftlich einsetzbar sind; also vorwiegend bei sehr kleinen Gewächshauseinheiten.

Als Zweipunktregler können Thermostaten (Abb. 150), Kontaktthermometer und elektronische Regler eingesetzt werden. Da zwischen den einzelnen Geräten keine größeren Preisunterschiede vorhanden sind, sollten elektronische Zweipunktregler bevorzugt verwendet werden. Die Verwendung von NTC- oder PTC-Widerständen gestattet den Bau von relativ kleinen Fühlern mit geringer Trägheit. Die Trennung von Regler und Fühler begünstigt eine variable Aufhängung des Fühlers, damit die Fühlerhöhe der Kulturhöhe angepaßt werden kann. Außerdem kann der Sollwert des Reglers an zentraler Stelle im Gewächshaus (z. B. Schaltschrank) eingestellt und jederzeit überprüft werden. Eine Nachtabsenkung ist bei einem elektronischen Regler ohne größeren Aufwand möglich.

6.6.2.2 Stetige Regler

Für den Einsatz stetiger Regler ist es wichtig, daß die entsprechenden Stellglieder wie z. B. 3- oder 4-Wege-Mischer vorhanden sind. Beim Einsatz moderner Regelgeräte läßt sich die Heizungsregelung nicht immer von der Lüftungsregelung trennen. In vielen Fällen werden bereits kombinierte Heizungs-Lüftungsregler als Sequenzregler (Folgeregler) eingesetzt. Trotz des relativ hohen finanziellen Aufwandes für eine stetige Regelung wird häufig nicht die gewünschte Regelgüte erreicht. Die Auswahl eines geeigneten Reglers und die richtige Einstellung sind deshalb besonders wichtig.

Integralregler

Die Integralregler, wie sie zur Heizungsregelung angeboten werden, arbeiten als Schrittregler mit veränderlicher Schrittlänge oder Pausenlänge. Je größer die Regelabweichung ist, desto größer wird die Schrittlänge und desto schneller wird das Heizungsventil verstellt. Integralregler sind zur Heizungsregelung von Gewächshäusern nicht geeignet. (TANTAU, 1980). Um eine stabile Regelung ohne Überschwingen zu erreichen, müßten die Schrittweiten sehr klein oder die Pausen sehr groß eingestellt werden. Dadurch wird die Regelung so träge, daß eine ausreichend schnelle Reaktion auf Witterungsänderungen (Störgrößen) nicht mehr möglich ist.

Dreipunktregler

Dreipunktregler gehören zu den I-artigen Reglern. Die Arbeitsweise ist vergleichbar mit der des Integralreglers. Der Dreipunktregler hat aber fest einstellbare Schritt- und Pausenlängen. Für das Regelverhalten gilt das gleiche wie für den Integralregler.

Fünfpunktregler

Der Fünfpunktregler ist eine Verbesserung des Dreipunktreglers. In Abb. 151 ist das Regelverhalten schematisch dargestellt. Gegenüber den drei Stufen (Arbeitspunkten) des 3-Punkte-Reglers hat der Fünfpunktregler zwei zusätzliche Arbeitspunkte für unverzögertes Öffnen oder Schließen des Heizungsventils bei entsprechend großer Unter- oder Übertemperatur im Gewächshaus. Dadurch wird der Nachteil des Dreipunktreglers, die zu langsame Reaktion durch die schrittweise

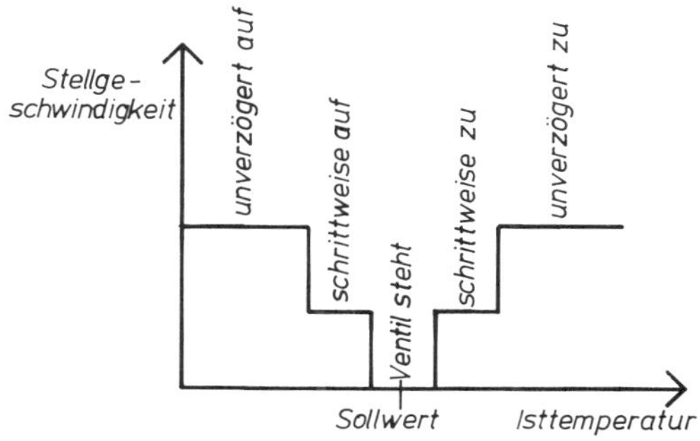

Abb. 151. Funktionsschema eines Fünfpunktreglers.

Verstellung des Ventiles, beim Fünfpunktregler aufgehoben. Das in Abb. 151 dargestellte Schaltverhalten bedingt aber eine relativ aufwendige Schaltung des Reglers und damit verbunden einen entsprechend hohen Preis.

Proportional-Regler

Der Proportional-Regler (P-Regler) ist verglichen mit dem Integralregler wesentlich besser zur Heizungsregelung im Gewächshaus geeignet. Das Regelverhalten des P-Reglers ist dadurch gekennzeichnet, daß das Ventil in Abhängigkeit von der Regelabweichung geöffnet wird (Abb. 152). Die Ventilstellung ist proportional der Regelabweichung. Damit dieses Regelverhalten in der Praxis verwirklicht werden kann, muß im Stellglied (Ventil) ein Rückführpotentiometer eingebaut sein. Das Potentiometer meldet dem Regler die Stellung des Ventils (Stellungsrückmelder), so daß der Regler das Ventil entsprechend verstellen kann. Obwohl mit dem Proportionalregler eine stetige Regelung der Gewächshausheizung ohne große Regelschwingungen möglich ist, hat er doch einen entscheidenden Fehler. Bedingt durch das in Abb. 152 dargestellte Regelverhalten kann ein P-Regler eine vorhandene Regelabweichung nicht ausregeln. Wenn z. B. in einem Gewächshaus bei niedriger Außentemperatur (z. B. −14 °C) der größte Wärmebedarf vorhanden ist (Auslegungsfall), müßte das Heizungsventil ganz geöffnet sein. Entsprechend Abb. 152 öffnet der P-Regler das Ventil aber nur dann, wenn die Temperatur um 5 °C (P-Bereich) unter dem eingestellten Sollwert liegt. Wenn dann die Temperatur im Gewächshaus etwas ansteigt (z. B. 1 °C), wird das Ventil bereits wieder etwas geschlossen, obgleich der Sollwert noch nicht erreicht ist.

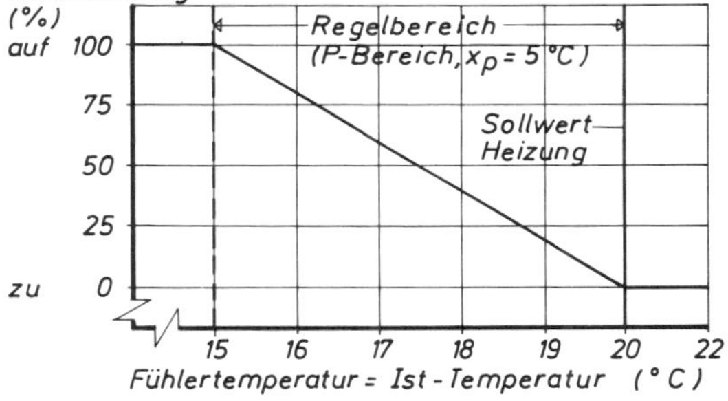

Abb. 152. Regelverhalten eines Proportionalreglers (Heizungsregelung).

Aus diesem Grunde hat ein P-Regler immer eine bleibende Regelabweichung, die nicht ausgeregelt wird. Da diese Abweichung um so größer ist, je größer die Heizlast oder der Wärmebedarf ist, bezeichnet man sie auch als lastabhängige Regelabweichung. Das ist ein charakteristischer Nachteil des P-Reglers, der durch das Regelverhalten (s. Abb. 152) bedingt ist und nicht durch das verwendete Fabrikat. Da die Regelabweichung vom Wärmebedarf (Heizlast) abhängig ist, und dieser wieder von der Außentemperatur, ist es möglich, durch eine entsprechende Aufschaltung der Außentemperatur auf den Regler die bleibende Regelabweichung entscheidend zu verkleinern. In Abhängigkeit von der Außentemperatur als Störgröße wird der Sollwert intern im Regler verschoben. Bei −14 °C Außentemperatur muß der Sollwert des P-Reglers z. B. um den vollen Regelbereich (P-Bereich) angehoben werden. Durch diese Maßnahme, die auch als Witterungsaufschaltung oder Störgrößenaufschaltung bezeichnet wird, ist es möglich, das Regelverhalten des P-Reglers so weit zu verbessern, daß nur noch geringe Abweichungen auftreten. Außerdem ermöglicht eine Störgrößenaufschaltung einen fest eingestellten, ausreichend großen P-Bereich. Der Betreiber muß den P-Bereich des Reglers dann nicht mehr entsprechend dem Heizungssystem und den Witterungsbedingungen einstellen (Tantau, 1980).

Eine weitere Verbesserung des Regelverhaltens bewirkt die Verwendung einer Kaskadenregelung. Das bedeutet, daß in einem Hilfsregelkreis die Vorlauftemperatur des Heizungssystems geregelt wird. Der Sollwert für die Vorlauftemperaturregelung wird dann, wie in Abb. 153 dargestellt, in Abhängigkeit von der Regelabweichung des Hauptregelkreises (Raumtemperaturregelung) verändert. Für eine solche Regelung ist statt des Rückführpotentiometers im Ventilantrieb ein Vorlauffühler erforderlich. Durch den Hilfsregelkreis (Vorlauftemperatur) werden alle störenden Einflüsse durch das Regelventil selbst oder durch die Vorlauftemperatur der Zuleitung ausgeregelt, bevor sie sich auf die Temperatur im Gewächshaus auswirken können. Auch für die Kaskadenregelung ist eine Witterungsaufschaltung zur Vermeidung bleibender Regelabweichungen erforderlich.

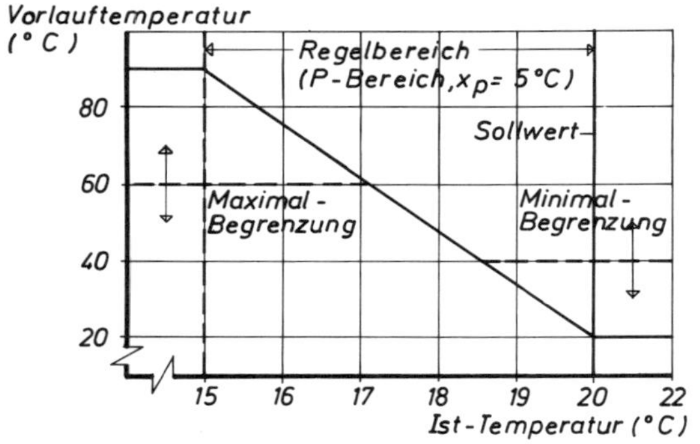

Abb. 153. Kaskadenregelung mit Proportionalregler.

Proportional-Integral-Regler

Der Proportional-Integral-Regler (PI-Regler) vereinigt in sich die Vorteile des P-Reglers (schnelle Reaktion) mit den Vorteilen des I-Reglers (keine bleibende Regelabweichung). Aus diesem Grunde scheint der PI-Regler ideal zur Heizungsregelung einsetzbar zu sein. Leider ist das bei handelsüblichen PI-Reglern nicht der

Fall. Diese Regler arbeiten ähnlich wie Schrittregler. Der P-Anteil wird durch einen langen Schritt und der I-Anteil durch eine entsprechende Zahl kleiner Schritte verwirklicht. Bei langsamen Änderungen der Regelgröße (Lufttemperatur) wird nur der I-Anteil wirksam. Der Regler verhält sich wie ein I-Regler und ist deshalb zur Heizungsregelung im Gewächshaus nicht geeignet.

Anders verhält es sich beim Einsatz von Mikrocomputern zur Klimaregelung im Gewächshaus. Mit dem Computer ist es möglich, eine PI-Regelcharakteristik so zu verwirklichen, daß die oben angegebenen Vorteile des PI-Reglers tatsächlich genutzt werden können. Vom Mikrocomputer wird jede Minute der P- und I-Anteil berechnet und das Ventil dann entsprechend verstellt.

6.6.2.3 Zusatzfunktionen

Für eine komplette Heizungsregelung sind je nach Kultur und Heizungssystem einige Zusatzfunktionen erforderlich.

Nachtabsenkung

Die Nachtabsenkung ist eine wichtige Zusatzfunktion zur Energieeinsparung. Da etwa 70 % des Heizbedarfes auf die Nachtstunden entfallen, ist die Absenkung der Nachttemperatur eine wirksame Maßnahme zur Senkung der Heizkosten. Voraussetzung ist aber, daß sich eine Nachtabsenkung nicht negativ auf das Pflanzenwachstum auswirkt (z. B. durch eine Verlängerung der Kulturzeit oder mindere Qualitäten).

Bei allen elektronischen Reglern ist die Nachtabsenkung relativ einfach durchführbar. Falls eine Nachtabsenkung nicht bereits im Regler vorgesehen war, ist sie durch ein zweites Sollwertpotentiometer, auf das dann nachts umgeschaltet wird, möglich. Bei Thermostaten (Zweipunktregelung) muß entweder auf einen zweiten Thermostaten umgeschaltet werden oder man verwendet einen kleinen elektrischen Widerstand, der nachts den Fühler aufheizt und so dem Thermostaten eine höhere Temperatur vortäuscht; dann wird im Gewächshaus eine niedrigere Temperatur geregelt. Die Umschaltung von Tag auf Nacht kann über eine Zeitschaltuhr oder mittels Dämmerungsschalter erfolgen. Der Dämmerungsschalter hat den Vorteil, daß sich die Schaltzeiten selbsttätig an die wechselnde Tageslänge anpassen. Man kann jeden einzelnen Regler mit einem Dämmerungsschalter ausrüsten oder mit nur einem Dämmerungsschalter alle Regler von Tag auf Nacht umschalten. Letztere Möglichkeit hat den Nachteil, daß morgens nach der Umschaltung von Nacht auf Tag alle Gewächshäuser zur gleichen Zeit Wärme anfordern und die Kessel diesen plötzlichen Wärmebedarf nicht decken können.

Lichtabhängige Temperaturregelung

Bei der lichtabhängigen Temperaturregelung geht man davon aus, daß sich die erforderliche Lufttemperatur im Gewächshaus in Abhängigkeit von der Lichtintensität ändert. An trüben Tagen mit geringen Lichtintensitäten wird im Gewächshaus eine geringere Temperatur gehalten als an sonnigen Tagen. Eine solche lichtabhängige Temperaturerhöhung erfolgt im Gewächshaus bereits ohne zusätzliche Maßnahmen. Die Sonneneinstrahlung bewirkt im Gewächshaus eine Temperaturerhöhung. Bei steigenden Temperaturen wird dann von der Regelung zunächst das Heizungsventil geschlossen, nach weiterem Temperaturanstieg um die Kühllücke die Lüftung geöffnet. Durch den P-Bereich des Lüftungsreglers wird die Lüftung um so weiter geöffnet, je weiter die Temperatur ansteigt (Abb. 154). Aus diesem

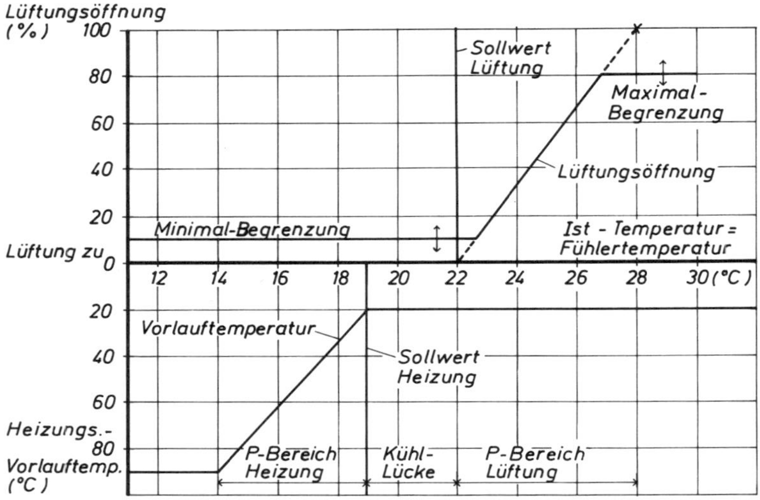

Abb. 154. Regelfunktion eines Folge-(Sequenz-)Reglers (Heizungs- und Lüftungsregelung) (TANTAU 1980).

Grunde kann eine lichtabhängige Temperaturregelung nur bei geringen Lichtintensitäten, die noch keine Temperaturerhöhung bewirken, sinnvoll sein.

Das ist etwa der Bereich von 0–10 klx. Am Regler sind entweder für verschiedene Lichtintensitäten die gewünschten Temperaturen einstellbar oder man kann einstellen, bis zu welcher Lichtintensität eine Anhebung der Temperatur erfolgen soll.

Die lichtabhängige Temperaturregelung erscheint als kulturtechnische Maßnahme nur in den Wintermonaten sinnvoll. In der übrigen Zeit bewirkt diese Maßnahme, daß morgens bei steigender Lichtintensität das Heizungsventil zunächst öffnet (lichtabhängige Temperaturanhebung) und heißes Wasser in das Heizungssystem gelangt. Nach einiger Zeit steigt dann die Temperatur im Gewächshaus durch die Sonneneinstrahlung, und die im Heizungssystem gespeicherte Wärme geht verloren. Deshalb erscheint es günstiger, die in Abb. 155 dargestellte Lichtaufschaltung durchzuführen. Im Winter wird die Temperatur lichtabhängig angehoben und im Sommer bei zunehmender Einstrahlung abgesenkt. Dadurch werden die Hei-

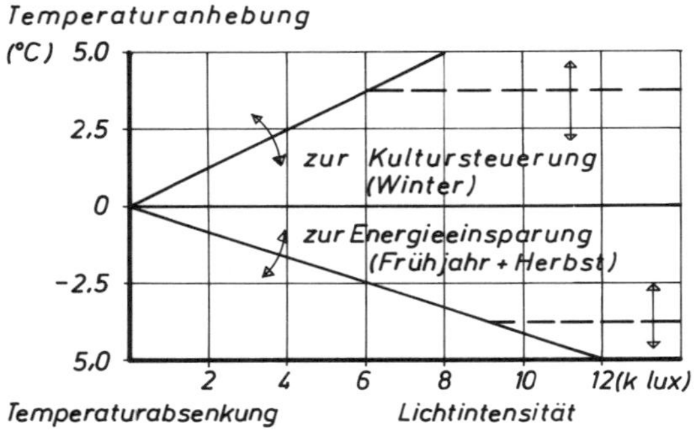

Abb. 155. Lichtabhängige Temperaturregelung (TANTAU 1980).

zungsventile rechtzeitig geschlossen und ein unnötiges Aufheizen des Wassers im Heizungssystem vermieden. Energieeinsparungen durch die lichtabhängige Temperaturregelung von ca. 30 %, wie sie in der Presse genannt wurden, erscheinen wenig realistisch, wenn man bedenkt, daß der Wärmebedarf am Tage nur ca. 30 % des Gesamtwärmebedarfes ausmacht.

Minimal-Maximal-Begrenzung der Vorlauftemperatur
Bei einigen Heizungssystemen (z. B. Vegetationsheizung) darf die Vorlauftemperatur einen Maximalwert (z. B. 60 °C) nicht überschreiten. Zur Entfeuchtung des Pflanzenbestandes ist es eventuell erforderlich, im Heizungssystem eine Mindesttemperatur zu fahren, damit durch die Erwärmung der Luft und die entstehende Luftzirkulation feuchte Luft aus dem Planzenbereich abgeführt wird. Minimal- und Maximalbegrenzung der Vorlauftemperatur sind nur bei einer Kaskadenregelung (s. o.) ohne größeren Aufwand als Zusatzfunktion möglich, da im Hilfsregelkreis die Vorlauftemperatur bereits geregelt wird.

Sequenzregler
Sollen in einem Gewächshaus mehrere Heizungssysteme (z. B. Ober- und Unterheizung) getrennt geregelt werden, empfiehlt sich der Einsatz eines Sequenzreglers. Ein Sequenzregler hat einen Fühler für die Regelgröße (Raumtemperatur) und für jede Sequenz einen Regler. Es wird ein Sollwert eingestellt und für jede Sequenz die Abweichung vom eingestellten Sollwert. Beträgt z. B. der eingestellte Sollwert 18 °C, dann kann man für die Unterheizung eine Abweichung von 0 °C und für die Oberheizung − 2 °C einstellen. Die Unterheizung wird dann auf einen Sollwert von 18 °C geregelt. Erst wenn der Sollwert um 2 °C unterschritten wird, schaltet der Regler die Oberheizung dazu. In einem Sequenzregler können verschiedene Reglertypen kombiniert werden, z. B. ein P-Regler für die Mischregelung und ein Zweipunktregler für die Ventilatoren der Luftheizer.

6.6.2.4 Alarmanlage

Eine Alarmanlage zur Überwachung der Heizungsanlage ist in einem Gartenbaubetrieb unbedingt erforderlich. Da die Versicherungen das Vorhandensein einer Alarmanlage mit herabgesetzten Prämien honorieren, ist sogar eine Berechnung der Wirtschaftlichkeit möglich.

Der technische Aufwand für eine Alarmanlage kann von Betrieb zu Betrieb sehr unterschiedlich sein. Zur Überprüfung der Funktion der Heizungsanlage muß in jedem Gewächshaus die Lufttemperatur überwacht werden. Dazu können alle Zweipunktregler (Thermostate, Kontaktthermometer und elektronische Regler) eingesetzt werden. Als relativ preiswerte Lösung bietet sich die Verwendung von Kontaktthermometern mit eingeschmolzenen Kontakten an, deren Einstellung nach der Fertigung nicht verändert werden kann. Da die Lufttemperatur im Gewächshaus das letzte Glied in einer Kette möglicher Störungen an der Heizungsanlage ist, sollten zur frühzeitigen Erkennung von Störungen zusätzlich möglichst viele Funktionen überwacht werden. Dazu gehören:
- Überwachung der Netzspannung (alle drei Phasen)
- Brennerstörung
- Wassermangel im Heizungssystem und die
- Überwachung der Motorschutzschalter aller wichtigen Motoren (z. B. Umwälzpumpen).

Zur Absicherung gegen Netzausfall muß die Alarmanlage mit einer Batterie versehen sein, die selbsttätig aufgeladen und überwacht wird.

Zur Anzeige einer Störung kann von jeder Überwachungsstelle eine Leitung zu einer Zentrale verlegt werden. Im Störungsfall wird dann der Ort der Störung sofort angezeigt. Zur Verminderung des erforderlichen Leitungsaufwandes kann man aber auch Überwachungsstellen zu Gruppen zusammenfassen. Es ist dann aber nur noch eine Anzeige möglich, in welchem Bereich (z. B. Kesselhaus) die Störung aufgetreten ist. Im einfachsten Fall kann man alle Überwachungsstellen mit einer Leitung verbinden. Tritt eine Störung auf, wird der Stromfluß in dieser Leitung unterbrochen und es wird ein Alarm ausgelöst. Es sollten möglichst ein akustisches Signal (Klingel oder Hupe) und ein optisches Signal gegeben werden. Das optische Signal darf nicht abschaltbar sein. Das akustische Signal kann über eine Selbsthaltevorrichtung mit Druckknopf (Taster) abgeschaltet werden. Wenn der Alarm behoben ist, muß es sich selbsttätig wieder einschalten. Für die Überwachung darf nur Schwachstrom (z. B. 24 V) verwendet werden. Steht z. B. bei einer Brennerstörung Netzspannung mit 220 V an, muß ein Relais zwischengeschaltet werden. Jede Alarmanlage sollte zur Selbstüberwachung eine Prüftaste haben.

7 Abwärmenutzung

Bei allen Primärenergieverbrauchern wird jeweils nur ein Teil der zugeführten Wärme nutzbringend verwendet. So können z. B. bei der Stromerzeugung nur ca. 25 bis 35 % der Primärenergie in Strom umgewandelt werden. Der Rest wird oft ungenutzt an die Umwelt abgegeben. Theoretisch könnte mit der Abwärme von Kraftwerken und industriellen Prozessen der größte Teil des Wärmebedarfs für die Gebäudebeheizung gedeckt werden. Damit wäre eine bedeutende Primärenergieeinsparung möglich (ÜBEL, 1979).

7.1 Abwärmequellen

7.1.1 Abwärme von Kraftwerken

In der Kraftwerken wird in der Regel der Strom mittels Dampfturbinen erzeugt. Dazu wird das Wasser in einem Dampfkessel auf ca. 500 °C erwärmt und verdampft. Es ergibt sich ein Dampfdruck von ca. 125 bar. Der Dampf wird nacheinander verschiedenen Turbinen zugeführt. Hinter der letzten Turbine wird der Dampf im Kondensator kondensiert. Zur Erzielung eines hohen Wirkungsgrades (ca. 32 %) für die Stromerzeugung muß die Kondensationstemperatur möglichst niedrig liegen (ca. 25–30 °C). Aufgrund der niedrigen Kondensationstemperatur herrscht im Kondensator ein Unterdruck (Vakuum). Deshalb ist es nicht sinnvoll, den Dampf direkt für Heizzwecke zu verwenden. Es müßte im gesamten Heizungssystem der Unterdruck aufrecht erhalten werden können. Eine Möglichkeit zur Nutzung dieser Abwärme bietet aber die Verwendung des Kühlwassers, das gegenüber dem Kondensat etwa das 60fache Volumen hat. Allerdings begrenzt die niedrige Wassertemperatur von ca. 28 °C die Einsatzmöglichkeiten. Es sind Heizungssysteme mit sehr großen Oberflächen erforderlich. Außerdem ist es wirtschaftlich nicht sinnvoll, das Kühlwasser über größere Entfernungen zu transportieren.

Eine weitere Möglichkeit zur besseren Primärenergienutzung bietet sich in Heizkraftwerken durch den Einsatz von Gegendruck- und Entnahmeturbinen. Dadurch läßt sich Dampf mit Temperaturen von über 100 °C zu Heizzwecken entnehmen. Die Dampfentnahme bewirkt aber gleichzeitig eine Verminderung des Wirkungsgrades bei der Stromerzeugung. Deshalb wird diese Wärme nicht kostenlos abgegeben. Heizkraftwerke werden in Ballungsgebieten zur Fernwärmeversorgung eingesetzt. Berücksichtigt man Strom- und Wärmeerzeugung, erreichen sie eine Ausnutzung der Primärenergie von über 80 %. Aufgrund der relativ hohen Kosten für das Rohrnetz sind Heizkraftwerke bisher nur in Ballungszentren zur Beheizung von Wohn- und Bürogebäuden wirtschaftlich einsetzbar und deshalb für den Gartenbau meist nicht nutzbar.

Da der Transport von elektrischer Energie einfacher und billiger ist als der Transport von Wärme, stellt sich die Frage, ob es nicht sinnvoller ist, die Stromerzeugung zu dezentralisieren und auf viele kleine Kraftwerke zu verteilen. Die Kraftwerke müßten dort erstellt werden, wo der entsprechende Bedarf an Abwärme vorhanden ist. Dadurch kann die Abwärme in unmittelbarer Nähe ohne große Transportstrecken genutzt werden. Der erzeugte Strom kann in das Versorgungsnetz eingespeist werden. Die Dezentralisierung könnte so weit gehen, daß anstelle von Kesselanlagen Generatoren mit Verbrennungsmotor (Blockheizkraftwerke) eingesetzt werden, die die erforderliche Wärme liefern und gleichzeitig Strom erzeugen. Eine solche Kombination ist dann sinnvoll, wenn Wärme und Strom in einem Betrieb gleichzeitig im anfallenden Verhältnis benötigt werden. Das ist im Gartenbaubetrieb leider nur selten der Fall. Denkbar wäre eine solche Anwendung z. B. für eine Zusatzbelichtung im Winter. Das bedeutet, daß zumindest ein Teil des erzeugten Stromes in das öffentliche Netz eingespeist werden muß. Abgesehen von rechtlichen Problemen, die zur Zeit noch bestehen, wird für diesen Strom ein relativ niedriger Preis gezahlt. Deshalb ist es fraglich, ob in den Fällen, in denen die Wärmeerzeugung vorrangig ist, eine solche kombinierte Strom-Wärme-Erzeugung wirtschaftlich sinnvoll ist.

7.1.2 Nutzung von Abgaswärme

Heiße Rauchgase von industriellen Feuerungen (Brennöfen, Glühöfen) sowie auch Abgase von Verbrennungsmotoren können zur Erzeugung von Warmwasser für Heizzwecke verwendet werden. Da die Temperatur der Rauchgase relativ hoch ist (s. Tab. 32), bereitet die Nutzung der Abgaswärme keine großen Schwierigkeiten. Es kann Wasser mit ausreichender Vorlauftemperatur und sogar Dampf erzeugt werden. Das bedeutet aber auch, daß Abgaswärme in zunehmendem Maße von dem Industriebetrieb selbst genutzt und deshalb wahrscheinlich nur in Einzelfällen zur Beheizung von Gewächshausanlagen zur Verfügung gestellt wird.

Tab. 32. Abgastemperaturen bei Öfen und Feuerungen (RECKNAGEL-SPRENGER 1974)

Ofenart	Ofentemperatur °C	Abgastemperatur °C
Hochöfen	1600–1800	200– 400
Schmelzöfen	1700–1800	400– 700
Siemens-Martin-Gasöfen	1300–1500	600– 800
Wärmöfen		
Stoß- und Rollöfen	1200–1600	300– 600
Schmiedeöfen	1150–1300	400– 600
Brennöfen keram. Ind.	800–1200	150– 200 Vorfeuer 500–1000 Scharffeuer
Drehrohröfen für Zement	1300–1400	400– 600
Glühöfen	800–1100	600– 700

7.1.3 Nutzung von Kühlwasserwärme

Bei zahlreichen industriellen Prozessen und bei Verbrennungskraftmaschinen fällt Abwärme in Form von Kühlwasser mit unterschiedlichen Temperaturen an. So beträgt z. B. bei Gasmotoren (Ottomotor) die Kühlwassertemperatur 50 bis 90 °C, bei Dieselmotoren ca. 50 bis 75 °C. Die Kühlwassermenge beträgt ca. 20 bis 50 l/kWh. Das Kühlwasser ist ohne weiteres für Heizzwecke zu verwenden. Falls die Wassertemperatur nicht ausreicht, ist eine weitere Anhebung der Vorlauftemperatur durch Abgaswärme möglich.

7.2 Abwärmenutzung zur Gewächshausbeheizung

Ob Abwärme zur Gewächshausbeheizung wirtschaftlich eingesetzt werden kann, ist von verschiedenen Faktoren abhängig. Es ist zu erwarten, daß der Preis für Abwärme nach der verfügbaren Vorlauftemperatur gestaffelt wird. So wird wahrscheinlich Kraftwerksabwärme mit ca. 28 °C kostenlos abgegeben werden, wenn nicht zusätzliche Investitionen im Kraftwerk erforderlich sind; für Abwärme mit „normaler“ Vorlauftemperatur dagegen wird der Fernwärmepreis berechnet werden. Das bedeutet für den Abnehmer, daß die Heizflächen möglichst groß ausgelegt werden sollten, damit Abwärme mit niedriger Vorlauftemperatur und entsprechend niedrigen Kosten genutzt werden kann. In Abb. 156 ist für verschiedene Heizungssysteme die spezifische Heizfläche als Funktion der Heizwassertemperatur aufgetragen. Dabei wurde die Heizfläche für 80 °C (90 °–70 °C) gleich eins gesetzt. Bei einer Temperatur von 60 °C muß die Heizfläche gegenüber 80 °C, bereits verdoppelt, bei 40 °C verdreifacht werden. Solch große Heizflächen lassen sich nicht mehr durch Rohrheizungssysteme verwirklichen. Es müssen spezielle Heizungssysteme entwikkelt werden (LABOWSKY, 1980).

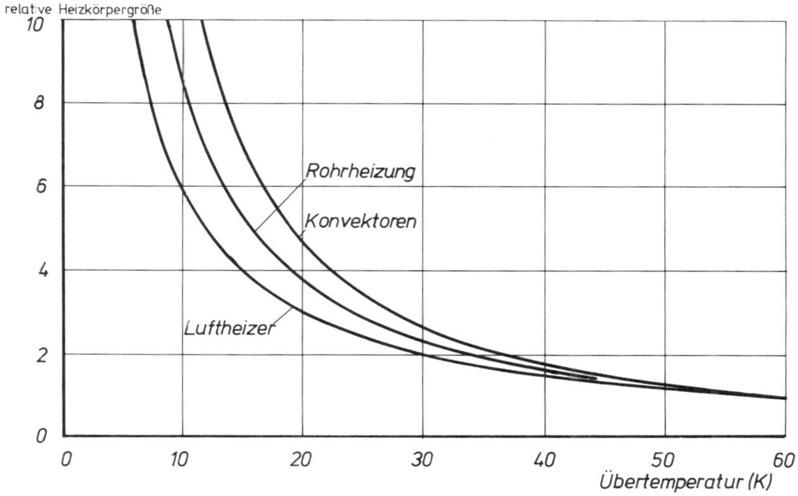

Abb. 156. Vergrößerung der Heizfläche bei Verringerung der Vorlauftemperatur. Konventionelle Heizung mit einer Wassertemperatur t_m = 80 °C (90/70 °C) wurde gleich 1 gesetzt; Übertemperatur 60 °C bei t_i = 20 °C.

7.2.1 Luftheizer

Von der Industrie werden Luftheizgeräte für niedrige Vorlauftemperaturen angeboten. Bedingt durch die niedrige Vorlauftemperatur steigt der erforderliche Luftdurchsatz gegenüber 80 °C Wassertemperatur um ein Vielfaches an. Das bedeutet, daß im Gewächshaus große Luftmengen umgewälzt werden. Dadurch steigt die Luftgeschwindigkeit auch im Pflanzenbereich an. Außerdem erhöhen sich der elektrische Anschlußwert und der Stromverbrauch der Luftheizer und damit die Kosten für elektrische Energie. Bei einer Vorlauftemperatur von 28 °C beträgt der erforderliche Strombedarf ca. 5–10 % des Wärmebedarfes (HELFERT, 1980).

7.2.2 Konvektoren

Bei einer Konvektorenheizung erfolgt die Luftströmung im Konvektor durch freie Konvektion und ist damit abhängig von der Temperaturdifferenz der warmen Luft im Schacht und der kälteren Umgebungsluft. Aus diesem Grunde steigt in Abb. 156 die spezifische Heizfläche beim Konvektor mit abnehmender Wassertemperatur stärker als bei anderen Heizungssystemen. Das bedeutet, daß ein Konvektor für niedrige Vorlauftemperaturen weniger geeignet ist.

Deshalb wurde in Hannover ein Niedertemperatur-Konvektor (v. ELSNER 1980) entwickelt und untersucht, bei dem zusätzlich Luft über einen gelochten Folienschlauch durch den Konvektor geblasen wird (Abb. 157), um eine stärkere Luftströmung im Konvektor zu induzieren. Durch diese Maßnahme läßt sich die Wärmeabgabe des Konvektors bei Bedarf beachtlich steigern. Der Vorteil dieses Konvektors gegenüber einem Luftheizer besteht darin, daß der Ventilator nur in Zeiten mit großem Wärmebedarf benötigt wird und die erforderliche Ventilatorleistung wesentlich geringer ist.

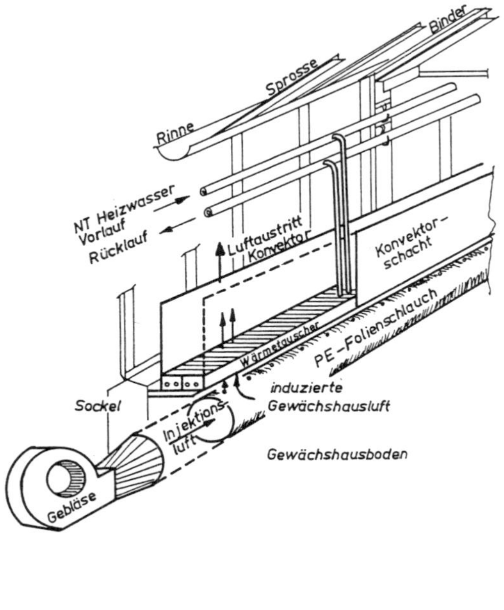

Abb. 157. Niedertemperatur-Konvektor (v. ELSNER 1980).

7.2.3 Heizmatten

Um im Gewächshaus große Heizflächen zu erhalten, wurden spezielle Heizmatten entwickelt (SCHOCKERT 1979). Die Heizmatten bestehen aus zwei Folien, die mittels eines Gewebes mit einem Abstand von 2 mm zusammengehalten werden. Dadurch entsteht eine flexible Heizfläche (Abb. 158), die an den Stehwänden und Giebeln des Gewächshauses installiert wird. Die Heizmatten können am Tage zusammengefaltet werden und vermindern dadurch nicht die Lichtdurchlässigkeit.

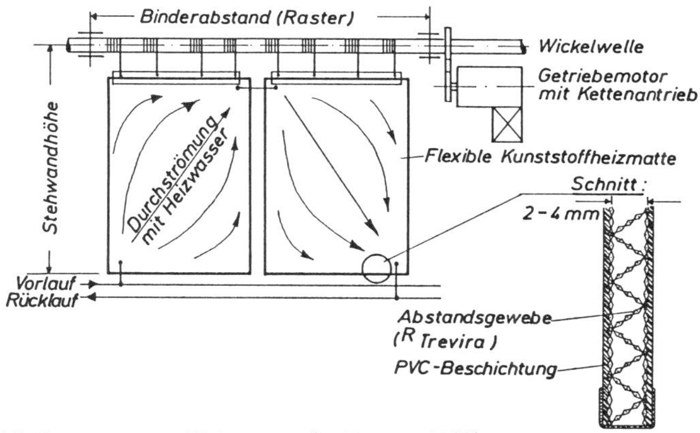

Abb. 158. Niedertemperatur-Heizmatten (v. ELSNER 1980).

In Frankreich wurden Folienschläuche als Heizmatten auf dem Gewächshausboden untersucht. Die Folienschläuche werden zwischen den Kulturen verlegt. Das Heizungswasser läuft durch die Folienschläuche, die die Wärme an die Luft und den Boden abgeben. Die Messungen haben aber gezeigt, daß bei diesem System die Oberfläche nicht ausreicht, um das Gewächshaus zu beheizen und daß die Wärmeabgabe an den Boden die Bodentemperatur zu stark erhöht.

7.2.4 Gewächshausdach als Heizfläche

Für die Nutzung von Kraftwerksabwärme mit ca. 28 °C Vorlauftemperatur (im Winter) reichen die beschriebenen Heizungssysteme nicht aus. In diesem Fall bleibt als Möglichkeit die Verwendung der Gewächshausbedachung als Heizfläche. Dazu wird das Kraftwerkskühlwasser über das Gewächshausdach verrieselt. Wenn das Dach die Temperatur des Kühlwassers annimmt, kann der Gewächshausinnenraum keine Wärme nach außen abgeben. Es ist im Gewächshaus keine zusätzliche Heizung erforderlich.

Da bei diesem System das Gewächshausdach beheizt wird, ist der Wärmebedarf wesentlich höher als bei konventioneller Beheizung. Das braucht kein Nachteil zu sein, wenn die Abwärme kostenlos abgegeben wird. Nachteilig an dem System ist aber die auftretende Verschmutzung des Gewächshausdaches und die damit verbundene Lichtminderung. Außerdem wird sich im Gewächshaus eine hohe Luftfeuchtigkeit einstellen, da an dem warmen Dach kein Wasserdampf kondensieren kann. Es besteht die Gefahr, daß Wasserdampf auf den Pflanzen kondensiert

(Niederschlag). Es ist deshalb bei diesem Heizungssystem erforderlich, eine Luftentfeuchtung vorzusehen. Aus diesem Grunde wurde bei dem in Hannover entwikkelten Gewächshaus darauf verzichtet, die Lüftungsklappen im Dach zu beheizen; es stehen somit kalte Kondensationsflächen zur Verfügung, außerdem ist eine Feuchteabfuhr durch Lüften möglich.

8 Ermittlung des Brennstoffbedarfes

Zur Überprüfung der Wirtschaftlichkeit bestimmter Kulturen oder Kulturfolgen ist es erforderlich, den Brennstoffbedarf der Gewächshäuser für verschiedene Kulturperioden zu ermitteln.

8.1 Berechnungsverfahren

Eine Berechnung des Heizbedarfs von Gewächshäusern ist mit folgender Gleichung möglich:

$$q_H = \frac{A_G}{A_B} \cdot k' \cdot (t_i - t_a) - q_S \cdot D \cdot \eta \qquad (W/m^2)$$

Darin ist

$\frac{A_G}{A_B}$ = Verhältnis von Oberfläche zu Grundfläche des Gewächshauses,
k' = Wärmebedarfskoeffizient in $W/m^2 \cdot K$,
t_i = gewünschte Innentemperatur in °C,
t_a = jeweilige Außentemperatur in °C,
q_S = Sonnenstrahlung in W/m^2,
D = Lichtdurchlässigkeit der Gewächshausbedachung,
η = Faktor für die Umwandlung der eingestrahlten Energie in sensible Wärme.

Anhand der Klimadaten von Hannover aus 20 Jahren (DAMRATH 1980) wurde der Heizbedarf von Gewächshäusern für verschiedene Innentemperaturen berechnet (s. Tab. 58 bis Tab. 63 im Anhang). Dazu wurden folgende Annahmen gemacht:

Das Verhältnis Oberfläche zu Grundfläche beträgt bei 1000 m^2 großen Gewächshäusern $A_G/A_B \approx 1{,}5$. Der Wärmebedarfskoeffizient k' ist abhängig vom Bedachungsmaterial und von der Windgeschwindigkeit v in m/s. Für Einfachglas wurde mit

$$k'_E = 6{,}2 + 0{,}35 \cdot v \quad (W/m^2 \cdot K)$$

und für Isolierverglasung mit

$$k'_D = 3{,}4 + 0{,}3 \cdot v \text{ gerechnet.}$$

Diese Beziehungen gelten jeweils für ein gemischtes Heizungssystem. Für eine mittlere Windgeschwindigkeit von v = 4 m/s ergeben sich folgende Werte:

$k'_E = 7{,}6\ W/m^2 \cdot K$ für Einfachglas,
$k'_D = 4{,}6\ W/m^2 \cdot K$ für Isolierverglasung.

Die Lichtdurchlässigkeit wurde für Einfachverglasung konstant mit $D_E = 0{,}6$ und für Isolierverglasung mit $D_D = 0{,}5$ eingesetzt. Diese Werte gelten für Gewächshäuser in Nord-Süd-Aufstellung. Der Umwandlungsfaktor η wurde nach Messungen von DAMRATH (1980) mit $\eta = 0{,}7$ eingesetzt.

Anhand der meteorologischen Daten wurde mit den angegebenen Gleichungen (für verschiedene Innentemperaturen s. o.) der Wärmebedarf eines Gewächshauses über 20 Jahre jede Stunde des Tages berechnet.

Es wurde zwischen Tages- und Nachtanteil unterschieden. Als Tag wurde die Zeit definiert, in der Sonneneinstrahlung vorhanden ist ($q_S > 0$). Das entspricht in der Praxis einer Tag-Nacht-Umschaltung mit Dämmerungsschalter.

Zur Ermittlung des Wärmebedarfs in einem bestimmten Zeitraum (z. B. Kulturperiode) wurden die berechneten Stundenwerte aufsummiert. In Tab. 58 bis Tab. 63 (Anhang) sind die Summen für jede Woche des Jahres angegeben. Bei diesem Verfahren entspricht der Wert der 52. Woche gleichzeitig dem Jahreswärmebedarf. Soll z. B. der Heizbedarf der 5. Woche angegeben werden, dann ist von dem Tabellenwert der 5. Woche der Wert der 4. Woche abzuziehen. Ähnlich verfährt man, wenn man den Heizbedarf für die Zeit von der 5. Woche bis zur 10. Woche (incl.) benötigt. In diesem Fall zieht man vom Tabellenwert für die 10. Woche den Tabellenwert der 4. Woche ab und erhält den Heizbedarf für den gewünschten Zeitraum. Werden unterschiedliche Tag- und Nachttemperaturen gefahren, dann ist der Wärmebedarf für die Tag- und für die Nachttemperatur getrennt zu ermitteln. Anschließend müssen die Werte addiert werden.

Bei bisherigen Berechnungen des Heizbedarfes von Gewächshäusern (VICKERMANN 1974) wurde mit Mittelwerten der einzelnen Wetterelemente gerechnet. Das ergibt insbesondere bei niedrigeren Innentemperaturen ($t_i < 18\,°C$) nennenswerte Fehler. Beträgt z. B. in einem bestimmten Monat um 8.00 Uhr die mittlere Außentemperatur (Mittelwert über 20 Jahre) 15 °C, dann ist für eine Innentemperatur von $t_i = 15\,°C$ mit einer Berechnung nach Mittelwerten kein Heizbedarf festzustellen. In Wirklichkeit treten in den 20 Jahren jedoch Außentemperaturen von beispielsweise 20 °C ebenso auf, wie Temperaturen von 10 °C. Im letzten Fall ist eine Beheizung erforderlich. Da das verwendete Rechenverfahren alle Extremwerte der Witterung mit berücksichtigt, liefert es auch in dem o. a. Fall genaue Ergebnisse. Der Fehler bei der Berechnung nach Mittelwerten wächst mit abnehmender Gewächshausinnentemperatur und mit steigender Außentemperatur.

Da in den Tab. 58 bis 63 (Anhang) der Wärmebedarf des Gewächshauses in kWh/m^2 angegeben wurde, muß zur Ermittlung des Brennstoffbedarfs für den verwendeten Brennstoff ein Umrechnungsfaktor f_{Br} bestimmt werden.

Anhand des Heizwertes und des Wirkungsgrades der Heizungsanlage läßt sich für jeden Brennstoff ein entsprechender Faktor berechnen. Die Heizwerte H_u sind für die verschiedenen Brennstoffe in Abschnitt 3.1.1 angegeben. Der Wirkungsgrad der Heizungsanlage η_{ges} setzt sich aus dem Jahresbetriebswirkungsgrad η_a der Kesselanlage und dem Verteilwirkungsgrad η_v zusammen:

$$\eta_{ges} = \eta_a \cdot \eta_v$$

Der Jahresbetriebswirkungsgrad η_a ist im Einzelfall für die Kesselanlage zu ermitteln. Nach VDI 2067 Bl. 1 (1979) wurde mit folgenden Werten für η_a gerechnet:

feste Brennstoffe	$\eta_a = 0{,}77$,
flüssige Brennstoffe	$\eta_a = 0{,}80$,
gasförmige Brennstoffe	$\eta_a = 0{,}81$,

Diese Werte gelten für eine Kesselleistung von 0,58 bis 1,16 MW. Sie sind allerdings nur als Anhaltswerte gedacht. Im Einzelfall sind Korrekturen erforderlich.

Der Verteilwirkungsgrad η_v berücksichtigt die Transportverluste in den Zuleitungen vom Kesselhaus bis zum Gewächshaus. Es wurde mit $\eta_v = 0{,}97$ gerechnet.

Damit erhält man folgende Wirkungsgrade für die Heizungsanlage:

feste Brennstoffe $\eta_{ges} = 0{,}75$,
flüssige Brennstoffe $\eta_{ges} = 0{,}78$,
gasförmige Brennstoffe $\eta_{ges} = 0{,}79$.

Nach der Beziehung

$$f_{Br} = \frac{1}{H_u \cdot \eta_{ges}}$$

(H_u = Heizungswert in kWh pro Brennstoffeinheit) wurden die in Tab. 33 angegebenen Faktoren f_{Br} zur Umrechnung des Wärmebedarfs der Tab. 58 bis 63 (Anhang) in die entsprechenden Brennstoffeinheiten ermittelt.

Beträgt z. B. der Gesamtwärmebedarf eines einfachverglasten Gewächshauses bei einer Innentemperatur von $t_i = 16\,°C$ nach Tab. 58 (Anhang) $q_H = 711{,}9$ kWh/m², dann errechnet sich die Brennstoffmenge B nach

$$B = f_{Br} \cdot q_H$$

$B = 0{,}129 \cdot 711{,}9 = 92$ l Heizöl EL pro m² Gewächshausgrundfläche.

8.2 Übertragbarkeit

Diese Werte gelten aufgrund der meteorologischen Ausgangsdaten nur für Hannover. Da für andere Standorte (Ausnahme München, DAMRATH 1981) entsprechende Berechnungen leider noch nicht vorliegen, müssen zur Berücksichtigung der meteorologischen Bedingungen anderer Standorte Korrekturfaktoren verwendet werden. In Tab. 34 sind für verschiedene Orte die Korrekturfaktoren f_{St} für den entsprechenden Standort angegeben. Diese Faktoren wurden anhand von Gradtagzahlen für die Heizzeit nach VDI 2067 Bl. 1 (1979) ermittelt.

Die Gradtagzahlen werden neuerdings nach folgender Beziehung berechnet:

$$G_t = \sum_{n=1}^{Z} (20 - t_{zn})$$

Darin ist

G_t = Gradtagszahl für die Heizzeit,
Z = Anzahl der Heiztage,
t_{zn} = mittlere Außentemperatur des jeweiligen Heiztages.

Die Zahl „20“ bedeutet einen Innentemperatur von 20 °C. Als Heizgrenztemperatur wird eine mittlere Außentemperatur von $t_z = 15\,°C$ angesetzt. Bei höheren Außentemperaturen besteht kein Wärmebedarf. Früher (z. B. RIETSCHEL/RAISS 1962) wurden die Gradtagzahlen folgendermaßen berechnet:

$$G_t = Z \cdot (20 - t_{zm})$$

Darin ist Z die Zahl der Heiztage, t_{zm} die mittlere Außentemperatur über die Heizperiode.

Tab. 33. Brennstoff-Faktor f_{Br} (Heizwert H_u nach VDI 2067 Bl. 1, 1979)

Brennstoffart	Brennstoffsorte	Korngrößen mm	Brennstoff-Faktor f_{Br}	Einheit
Feste Brennstoffe				
Koks	Brechkoks 1	80–60	0,171	kg/kWh
	Brechkoks 2	60–40	0,176	kg/kWh
	Brechkoks 3	40–20	0,184	kg/kWh
	Brechkoks 4	20–10	0,190	kg/kWh
Steinkohlen				
Gasflammkohle	Nuß 3	30–18	0,163	kg/kWh
	Nuß 4	18–10	0,163	kg/kWh
	Nuß 5	10– 6	0,166	kg/kWh
Fettkohle	Nuß 3	30–18	0,155	kg/kWh
	Nuß 4	18–10	0,155	kg/kWh
	Nuß 5	10– 6	0,157	kg/kWh
Eßkohle	Nuß 3	30–18	0,153	kg/kWh
	Nuß 4	18–10	0,153	kg/kWh
	Nuß 5	10– 6	0,155	kg/kWh
Magerkohle	Nuß 3	30–18	0,153	kg/kWh
	Nuß 4	18–10	0,153	kg/kWh
	Nuß 5	10– 6	0,155	kg/kWh
Anthrazit	Nuß 3	30–18	0,153	kg/kWh
	Nuß 4	18–10	0,153	kg/kWh
	Nuß 5	10– 6	0,155	kg/kWh
Braunkohlen				
Rheinische Braunkohlenbrikett			0,251	kg/kWh
Helmstädter Braunkohlenbrikett			0,236	kg/kWh
Flüssige Brennstoffe				
Heizöl EL (Dichte 0,86 kg/dm^3)			0,129	l/kWh
Heizöl S schwefelarm (S_{max} = 1,0 Gew.-%)			0,114	kg/kWh
Heizöl S normal (S_{max} = 2,0 Gew.-%)			0,115	kg/kWh
Gasförmige Brennstoffe				
Stadtgas			0,309–0,265	m^3/kWh
Ferngas			0,294–0,248	m^3/kWh
Erdgas Gruppe L			0,164–0,129	m^3/kWh
Erdgas Gruppe H			0,138–0,110	m^3/kWh
Propan, Butan			0,103–0,101	kg/kWh

Alle Volumenangaben für Gase sind bezogen auf 0 °C und 1013 mbar; für abweichende Temperaturen und Drücke siehe Abschnitt 3.1.1.3.

Die in Tab. 34 angegebenen Korrekturfaktoren berücksichtigen nicht Einflüsse durch unterschiedliche Einstrahlung und Windgeschwindigkeit. Die Fehler, die dadurch entstehen, sind aber klein im Vergleich zu mikroklimatischen Einflüssen auf den Wärmeverbrauch eines Gewächshauses. Je nachdem, ob die Gewächshäuser frei oder windgeschützt stehen, kann der ermittelte Wärmeverbrauch um etwa 10 % über- oder 20 % unterschritten werden.

Hinzu kommen zahlreiche betriebsspezifische Einflußgrößen, die nicht alle berücksichtigt werden können. Im folgenden werden für die wichtigsten Größen Korrekturfaktoren angegeben.

Verhältnis Oberfläche zu Grundfläche

Das Verhältnis von Oberfläche A_G zu Grundfläche A_B, das für die Berechnungen mit $A_G/A_B = 1{,}5$ angesetzt wurde, ist abhängig von der Bauweise der Gewächshäuser. Kleine, einzelnstehende Gewächshäuser haben eine relativ große Oberfläche. Dadurch erhöht sich der spezifische Wärmebedarf. Das Verhältnis A_G/A_B muß jeweils aus den Abmessungen der Gewächshäuser ermittelt werden. Aus Abb. 159 kann dann für das entsprechende Verhältnis A_G/A_B der Korrekturfaktor f_O ermittelt werden. Das Verhältnis A_G/A_B kann den Wärmebedarf einer Heizungsanlage maßgeblich beeinflussen.

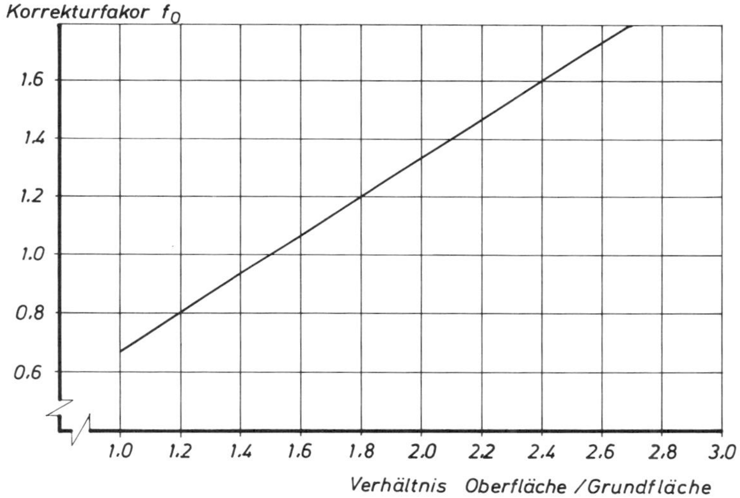

Abb. 159. Korrekturfaktor f_o für andere Oberflächen – zu Grundflächenverhältnisse als $A_G/A_B = 1{,}5$.

Heizungssystem

In Abschnitt 6.2 wurde bereits dargelegt, in welchem Maße das verwendete Heizungssystem den Wärmebedarf eines Gewächshauses beeinflußt. Der für die Berechnungen verwendete Wärmebedarfskoeffizient von $k'_E = 7{,}6\ W/m^2 \cdot K$ (bei 4 m/s Windgeschwindigkeit) gilt für ein gemischtes Heizungssystem. In Tab. 35 sind für die verschiedenen Heizungssysteme Korrekturfaktoren f_H angegeben. Durch den Korrekturfaktor f_H wird z. B. berücksichtigt, daß ein Gewächshaus mit niedriger Rohrheizung oder Vegetationsheizung einen verminderten Wärmeverbrauch hat.

Energiesparende Maßnahmen

Zur Berücksichtigung energiesparender Maßnahmen, wie sie in vielen Betrieben zur Senkung der Heizkosten durchgeführt werden, lassen sich nach folgender

Gleichung die Korrekturfaktoren f_{SP} berechnen:

$$f_{Sp} = 1 - \frac{E_{Sp}}{100}$$

Darin ist
E_{Sp} = prozentuale Energieeinsparung.

Wirkungsgrad der Heizungsanlage

Da der zur Ermittlung des Faktors f_{Br} angenommene Wirkungsgrad η_{ges} der Heizungsanlage nur als Richtwert gedacht ist, muß im Einzelfall der entsprechende Wirkungsgrad η_{ges} ermittelt werden. Dazu ist der Kesselwirkungsgrad η_k zu bestimmen und nach Abschnitt 3.1.3.3 der Jahresbetriebswirkungsgrad η_a zu berechnen. Der Verteilwirkungsgrad η_v muß abgeschätzt oder anhand der Länge der Zuleitungen ermittelt werden. Ist der Wirkungsgrad η_{ges} der Heizungsanlage bekannt, kann man in Abb. 160 den Korrekturfaktor f_W ablesen. Dabei ist zwischen festen, flüssigen und gasförmigen Brennstoffen zu unterscheiden. Sind alle Korrekturfaktoren ermittelt, so läßt sich ein Faktor f_{ges} berechnen.

$$f_{ges} = f_{Br} \cdot f_{St} \cdot f_o \cdot f_H \cdot f_{Sp} \cdot f_W$$

Dieser Faktor ist für den Betrieb oder für ein bestimmtes Gewächshaus einmal zu ermitteln. Anschließend kann dann mit Hilfe dieses Faktors und dem Wärmebedarf q_H aus Tab. 58 bis 63 (Anhang) der Brennstoffbedarf B nach $B = f_{ges} \cdot q_H$ berechnet werden. (B in Brennstoffeinheiten pro m^2 Gewächshausgrundfläche.)

Bei Vergleichen des berechneten Brennstoffbedarfes mit dem tatsächlichen Brennstoffverbrauch des Betriebes muß berücksichtigt werden, daß gegenüber den 20jährigen meteorologischen Daten, auf denen diese Berechnungen basieren, besonders in kürzeren Zeiträumen größere Abweichungen nach oben oder unten möglich sind. Selbst über ein Jahr können größere Abweichungen von langjährigen Mittelwerten auftreten.

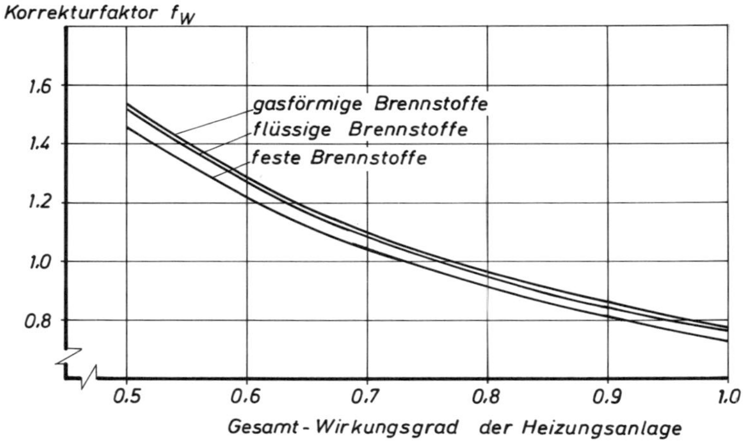

Abb. 160. Korrekturfaktor f_w für abweichende Gesamtwirkungsgrade der Heizungsanlage.

Für die Betriebsplanung sollte man diese Abweichungen zunächst nicht berücksichtigen, da der Witterungsverlauf im Planungszeitraum nicht bekannt ist. Bei der Nachkalkulation des Brennstoffverbrauches sind Abweichungen zwischen dem berechneten und dem tatsächlichen Brennstoffverbrauch genauer zu untersuchen. Dabei ist zu berücksichtigen, daß auch die Temperaturführung in den Gewächshäusern den Brennstoffverbrauch entscheidend beeinflussen kann. Wird die Temperatur im Gewächshaus nur um 1 °C zu hoch gefahren, steigt dadurch der Brennstoffverbrauch um über 10 % an.

Tab. 34. Korrekturfaktoren zur Berücksichtigung meteorologischer Bedingungen unterschiedlicher Standorte (Hannover = 1,0)

Ort	Faktor	Ort	Faktor
Aachen	0,92	Frankfurt-Flughafen	0,95
Alzey	0,96	Frankfurt-Stadt	0,90
Augsburg	1,05	Freiburg i. Br.	0,87
Aulendorf	1,10	Freudenstadt	1,15
Baden-Baden	0,92	Friedrichshafen	0,98
Badenweiler	0,93	Garmisch-Partenkirchen	1,12
Bamberg	1,04	Geisenheim	0,91
Bayreuth	1,08	Gelnhausen	0,94
Bensheim-Auerbach	0,89	Gießen	0,98
Berchtesgaden	1,13	Gilserberg	1,10
Bergzabern	0,92	Göttingen	1,01
Berlin-Dahlem	1,01	Gschwend	1,09
Berlin-Tempelhof	0,98	Gütersloh	0,95
Bernkastel-Kues	0,90	Hamburg-Fuhlsbüttel	1,01
Birkenfeld	1,08	Hamburg-Wandsbek	0,98
Blankenrath	1,04	Hameln	0,97
Bonn-Friesdorf	0,88	Hannover-Flughafen	1,00
Borkum	0,95	Heidelberg	0,85
Braunschweig	1,00	Heidenheim	1,11
Bremen-Flughafen	0,98	Herchenhain	1,16
Bremerhaven	0,98	Herford	0,95
Brilon	1,09	Herrenalb, Bad	1,05
Buchen	1,07	Hersfeld, Bad	1,04
Burghaslach	1,06	Hilgenroth	1,00
Clausthal	1,18	Hof-Hohens.	1,20
Coburg	1,06	Hüll	1,11
Cuxhaven	0,98	Husum	1,04
Darmstadt	0,96	Iserlohn	0,97
Dillenburg	1,02	Isny	1,17
Dortmund	0,92	Kaiserslautern	0,98
Düsseldorf	0,87	Karlshuld	1,10
Duisburg	0,84	Karlsruhe	0,90
Elsdorf	0,91	Kassel	0,98
Emden	0,99	Kiel	1,01
Ems, Bad	0,92	Kirchheim/Teck	1,01
Erlangen	1,03	Kissingen, Bad	1,03
Essen	0,92	Kleve	0,90
Flensburg	1,07	Klippeneck	1,18

Tab. 34. Fortsetzung

Ort	Faktor	Ort	Faktor
Koblenz	0,85	Pirmasens	0,99
Köln	0,85	Pommelsbrunn	1,08
Kohlgrub, Bad	1,14	Ravensburg	1,03
Kreuznach, Bad	0,94	Regensburg	1,08
Lingen, Ems	0,95	Rosenheim	1,06
List auf Sylt	1,01	Rothenburg o. d. T.	1,06
Lübeck	1,01	Saarbr.-Ensheim	0,97
Lüdenscheid	1,05	Saarbr.-St. Arnual	0,92
Mainz	0,89	Salzuflen, Bad	0,96
Mannheim	0,90	St. Blasien	1,21
Mittelberg	1,15	St. Peter	1,02
Mittenwald	1,15	Schleswig	1,05
Mühldorf	1,08	Stuttgart (Stadt)	0,91
München-Riem	1,07	Travemünde	1,03
Münsingen	1,17	Trier (Stadt)	0,91
Münster	0,94	Trochtelfingen	1,22
Nauheim, Bad	0,97	Trostberg	1,07
Neumünster	1,03	Tübingen	1,01
Neustadt/Weinstraße	0,90	Ulm	1,07
Neuwied-Oberbieber	0,96	Villingen	1,16
Nördlingen	1,07	Weiden	1,12
Norderney	0,96	Weihenstephan	1,10
Nürburg	1,14	Weilburg	1,00
Nürnberg-Buchenb.	1,04	Wertheim	0,98
Oberaudorf a. Inn	1,11	Wiesbaden	0,93
Oberstdorf	1,21	Wildbad-Sommerberg	1,10
Öhringen	0,98	Witzenhausen	1,01
Oldenburg	0,98	Worms	0,89
Passau	1,08	Würzburg	0,99
Pforzheim	1,00	Wuppertal	0,95

Tab. 35. Korrekturfaktoren f_H für das verwendete Heizungssystem ($k' = 7{,}6 \rightarrow f_H = 1{,}0$)

Heizungssystem	Korrekturfaktor f_H
Hohe Rohrheizung	1,08
Untertischrohrheizung	0,97
Stehwandrohrheizung	1,07
Niedrige Rohrheizung	0,88
Vegetationsheizung	0,88
Deckenluftheizer	
1. Ventilatorstufe	1,30
2. Ventilatorstufe	0,93
3. Ventilatorstufe	1,05
Strahlluftheizung	1,01
Konvektoren	1,03
Luftheizer mit Folienschlauch	0,92

Anhang

Tabellen zur Wärmeabgabe von Heizungsrohren

Tab. 36. Wärmeabgabe von Kunststoffrohren in W/m; Rohraußendurchmesser d_a = 20 mm

	Innentemperaturen (° C)										
t_{Rohr} (° C)	2	4	6	8	10	12	14	16	18	20	22
40	27	26	24	23	21	20	18	17	15	14	12
60	46	44	43	41	40	38	36	35	33	31	30
80	67	65	64	62	60	58	57	55	53	51	50
100	90	89	87	85	83	81	79	78	76	74	72

Tab. 37. Wärmeabgabe von Kunststoffrohren in W/m; Rohraußendurchmesser d_a = 25 mm

	Innentemperaturen (° C)										
t_{Rohr} (° C)	2	4	6	8	10	12	14	16	18	20	22
40	33	31	30	28	26	24	22	20	18	17	15
60	56	54	52	50	48	46	44	42	40	38	36
80	82	80	78	75	73	71	69	67	65	63	61
100	110	108	106	104	101	99	97	95	93	90	88

Tab. 38. Wärmeabgabe von Kunststoffrohren in W/m; Rohraußendurchmesser d_a = 32 mm

	Innentemperaturen (° C)										
t_{Rohr} (° C)	2	4	6	8	10	12	14	16	18	20	22
40	41	39	37	35	32	30	28	25	23	21	19
60	70	67	65	62	60	58	55	53	50	48	45
80	102	99	97	94	91	89	86	84	81	78	76
100	137	134	132	129	126	124	121	118	115	113	110

Tab. 39. Wärmeabgabe von Kunststoffrohren in W/m; Rohraußendurchmesser d_a = 40 mm

	Innentemperaturen (° C)										
t_{Rohr} (° C)	2	4	6	8	10	12	14	16	18	20	22
40	51	48	45	42	39	37	34	31	28	26	23
60	85	82	79	76	73	70	67	64	61	58	55
80	124	121	118	115	112	108	105	102	99	96	93
100	167	164	161	157	154	151	148	144	141	138	135

Tab. 40. Wärmeabgabe von Kunststoffrohren in W/m; Rohraußendurchmesser d_a = 50 mm

t_{Rohr} (°C)	Innentemperaturen (°C) 2	4	6	8	10	12	14	16	18	20	22
40	62	58	55	52	48	45	41	38	35	31	28
60	104	100	97	93	89	86	82	78	75	71	68
80	151	147	144	140	136	132	129	125	121	117	113
100	204	200	196	192	188	184	180	176	172	169	165

Tab. 41. Wärmeabgabe von Kunststoffrohren in W/m; Rohraußendurchmesser d_a = 63 mm

t_{Rohr} (°C)	Innentemperaturen (°C) 2	4	6	8	10	12	14	16	18	20	22
40	76	72	68	63	59	55	51	47	43	39	35
60	128	123	119	114	110	106	101	97	92	88	83
80	186	181	177	172	167	163	158	154	149	144	139
100	251	246	241	237	232	227	222	217	213	208	203

Tab. 42. Wärmeabgabe von Stahlrohren in W/m; Rohraußendurchmesser d_a = 21,3 mm

t_{Rohr} (°C)	Innentemperaturen (°C) 2	4	6	8	10	12	14	16	18	20	22
	Rohre im Dachraum und an den Stehwänden										
40	32	30	29	27	26	24	23	21	20	18	17
60	53	52	50	48	47	45	43	42	40	38	37
80	77	75	74	72	70	68	67	65	63	61	60
100	104	102	100	98	97	95	93	91	89	87	86
	Rohre unter den Tischen										
40	31	29	27	25	24	22	20	18	17	15	13
60	52	50	48	46	44	43	41	39	37	35	33
80	76	74	72	70	68	66	64	62	60	58	56
100	103	101	99	97	94	92	90	88	86	84	82

Tab. 43. Wärmeabgabe von Stahlrohren in W/m; Rohraußendurchmesser d_a = 26,9 mm

	Innentemperaturen (°C)										
t_{Rohr} (°C)	2	4	6	8	10	12	14	16	18	20	22
	Rohre im Dachraum und an den Stehwänden										
40	39	37	35	34	32	30	28	26	25	23	21
60	65	63	61	59	57	55	53	51	49	47	45
80	95	93	90	88	86	84	82	80	78	76	74
100	128	125	123	121	119	116	114	112	110	108	105
	Rohre unter den Tischen										
40	37	35	33	31	29	27	25	23	21	19	17
60	64	61	59	57	54	52	50	48	45	43	41
80	93	91	88	86	83	81	79	76	74	71	69
100	126	123	121	118	116	113	111	108	106	103	101

Tab. 44. Wärmeabgabe von Stahlrohren in W/m; Rohraußendurchmesser d_a = 30 mm

	Innentemperaturen (°C)										
t_{Rohr} (°C)	2	4	6	8	10	12	14	16	18	20	22
	Rohre im Dachraum und an den Stehwänden										
40	43	41	39	37	35	33	31	29	27	25	23
60	72	70	67	65	63	61	59	56	54	52	50
80	104	102	100	97	95	93	90	88	86	83	81
100	140	138	136	133	131	128	126	123	121	119	116
	Rohre unter den Tischen										
40	41	39	37	34	32	30	27	25	23	21	18
60	70	67	65	62	60	57	55	52	50	48	45
80	102	100	97	94	92	89	87	84	81	79	76
100	139	136	133	130	128	125	122	119	117	114	111

Tab. 45. Wärmeabgabe von Stahlrohren in W/m; Rohraußendurchmesser d_a = 33,7 mm

	Innentemperaturen (°C)										
t_{Rohr} (°C)	2	4	6	8	10	12	14	16	18	20	22
	Rohre im Dachraum und an den Stehwänden										
40	48	46	43	41	39	37	35	32	30	28	26
60	79	77	75	72	70	67	65	63	60	58	56
80	115	113	110	108	105	103	100	98	95	92	90
100	155	153	150	147	145	142	139	137	134	132	129
	Rohre unter den Tischen										
40	46	43	41	38	35	33	30	28	25	23	20
60	77	75	72	69	66	64	61	58	55	53	50
80	113	110	108	105	102	99	96	93	90	87	84
100	153	150	147	144	141	138	135	132	129	126	123

Tab. 46. Wärmeabgabe von Stahlrohren in W/m; Rohraußendurchmesser d_a = 38 mm

t_{Rohr} (°C)	Innentemperaturen (°C) 2	4	6	8	10	12	14	16	18	20	22
	Rohre im Dachraum und an den Stehwänden										
40	53	51	48	46	43	41	38	36	34	31	29
60	88	86	83	80	78	75	72	70	67	65	62
80	128	125	123	120	117	114	111	109	106	103	100
100	173	170	167	164	161	158	155	152	149	146	143
	Rohre unter den Tischen										
40	51	48	45	42	39	37	34	31	28	25	23
60	86	83	80	77	74	71	68	65	62	59	56
80	126	123	119	116	113	110	107	103	100	97	94
100	170	167	164	161	157	154	151	147	144	140	137

Tab. 47. Wärmeabgabe von Stahlrohren in W/m; Rohraußendurchmesser d_a = 42,4 mm

t_{Rohr} (°C)	Innentemperaturen (°C) 2	4	6	8	10	12	14	16	18	20	22
	Rohre im Dachraum und an den Stehwänden										
40	59	56	53	50	48	45	42	40	37	35	32
60	97	94	91	89	86	83	80	77	74	71	68
80	141	138	135	132	129	126	123	120	117	114	111
100	190	187	184	181	177	174	171	168	165	161	158
	Rohre unter den Tischen										
40	56	53	50	47	43	40	37	34	31	28	25
60	95	91	88	85	81	78	75	71	68	65	61
80	139	135	132	128	125	121	118	114	111	107	103
100	188	184	180	177	173	170	166	162	159	155	151

Tab. 48. Wärmeabgabe von Stahlrohren in W/m; Rohraußendurchmesser d_a = 44,5 mm

t_{Rohr} (°C)	Innentemperaturen (°C) 2	4	6	8	10	12	14	16	18	20	22
	Rohre im Dachraum und an den Stehwänden										
40	61	58	55	53	50	47	44	42	39	36	34
60	102	98	95	92	89	86	83	80	77	74	71
80	147	144	141	138	135	131	128	125	122	119	115
100	199	195	192	189	185	182	179	175	172	169	165
	Rohre unter den Tischen										
40	58	55	52	49	45	42	39	36	33	29	26
60	99	95	92	88	85	81	78	74	71	67	64
80	145	141	137	134	130	126	123	119	115	112	108
100	196	192	188	185	181	177	173	169	166	162	158

Tab. 49. Wärmeabgabe von Stahlrohren in W/m; Rohraußendurchmesser d_a = 48,3 mm

	Innentemperaturen (° C)										
t_{Rohr} (° C)	2	4	6	8	10	12	14	16	18	20	22
	Rohre im Dachraum und an den Stehwänden										
40	66	63	60	57	54	51	48	45	42	39	36
60	109	106	103	99	96	93	90	86	83	80	77
80	158	155	152	148	145	141	138	134	131	128	124
100	214	210	206	203	199	196	192	189	185	181	178
	Rohre unter den Tischen										
40	63	59	56	52	49	45	42	38	35	32	28
60	106	102	99	95	91	88	84	80	76	73	69
80	155	151	148	144	140	136	132	128	124	120	116
100	211	207	203	198	194	190	186	182	178	174	170

Tab. 50. Wärmeabgabe von Stahlrohren in W/m; Rohraußendurchmesser d_a = 51 mm

	Innentemperaturen (° C)										
t_{Rohr} (° C)	2	4	6	8	10	12	14	16	18	20	22
	Rohre im Dachraum und an den Stehwänden										
40	69	66	63	59	56	53	50	47	44	41	38
60	114	111	108	104	101	98	94	91	87	84	81
80	166	163	159	155	152	148	145	141	138	134	130
100	224	220	217	213	209	205	202	198	194	190	187
	Rohre unter den Tischen										
40	66	62	58	55	51	48	44	40	37	33	30
60	111	107	104	100	96	92	88	84	80	76	72
80	163	159	155	151	147	143	138	134	130	126	122
100	221	217	212	208	204	200	195	191	187	183	178

Tab. 51. Wärmeabgabe von Stahlrohren in W/m; Rohraußendurchmesser d_a = 57 mm

	Innentemperaturen (° C)										
t_{Rohr} (° C)	2	4	6	8	10	12	14	16	18	20	22
	Rohre im Dachraum und an den Stehwänden										
40	76	73	69	66	62	59	56	52	49	46	42
60	126	123	119	115	111	108	104	100	97	93	89
80	183	179	175	172	168	164	160	156	152	148	144
100	247	243	239	235	231	227	223	219	215	210	206
	Rohre unter den Tischen										
40	73	69	65	61	57	53	49	45	41	37	33
60	123	118	114	110	106	101	97	93	88	84	80
80	180	175	171	166	162	157	153	148	144	139	135
100	244	239	235	230	225	220	216	211	206	202	197

Tab. 52. Wärmeabgabe von Stahlrohren in W/m; Rohraußendurchmesser d_a = 60,3 mm

	Innentemperaturen (°C)										
t_{Rohr} (°C)	2	4	6	8	10	12	14	16	18	20	22
	Rohre im Dachraum und an den Stehwänden										
40	80	76	73	69	66	62	58	55	52	48	45
60	133	129	125	121	117	113	109	106	102	98	94
80	193	189	184	180	176	172	168	164	160	156	152
100	260	256	251	247	243	239	234	230	226	221	217
	Rohre unter den Tischen										
40	76	72	68	64	59	55	51	47	43	39	35
60	129	125	120	116	111	107	102	98	93	89	84
80	189	184	180	175	170	165	161	156	151	146	142
100	256	251	247	242	237	232	227	222	217	212	207

Tab. 53. Wärmeabgabe von Stahlrohren in W/m; Rohraußendurchmesser d_a = 70 mm

	Innentemperaturen (°C)										
t_{Rohr} (°C)	2	4	6	8	10	12	14	16	18	20	22
	Rohre im Dachraum und an den Stehwänden										
40	91	87	83	79	75	71	67	63	59	55	51
60	152	147	143	138	134	129	125	121	116	112	108
80	220	215	211	206	201	197	192	187	183	178	174
100	297	292	287	282	277	273	268	263	258	253	248
	Rohre unter den Tischen										
40	87	82	77	73	68	63	58	54	49	44	40
60	147	142	137	132	127	122	117	111	106	101	96
80	216	210	205	200	194	189	184	178	173	167	162
100	292	287	281	276	270	265	259	254	248	242	237

Tab. 54. Wärmeabgabe von Stahlrohren in W/m; Rohraußendurchmesser d_a = 76,1 mm

	Innentemperaturen (°C)										
t_{Rohr} (°C)	2	4	6	8	10	12	14	16	18	20	22
	Rohre im Dachraum und an den Stehwänden										
40	98	94	90	85	81	77	72	68	64	60	56
60	163	158	154	149	144	140	135	130	126	121	116
80	237	232	227	222	217	212	207	202	197	192	187
100	320	315	309	304	299	294	289	283	278	273	268
	Rohre unter den Tischen										
40	94	89	83	78	73	68	63	58	53	48	43
60	158	153	148	142	137	131	126	120	115	109	104
80	232	226	221	215	209	204	198	192	186	180	174
100	315	309	303	297	291	285	279	273	267	261	255

Tab. 55. Wärmeabgabe von Stahlrohren in W/m; Rohraußendurchmesser d_a = 80 mm

t_{Rohr} (°C)	Innentemperaturen (°C) 2	4	6	8	10	12	14	16	18	20	22
	Rohre im Dachraum und an den Stehwänden										
40	103	98	94	89	85	80	76	71	67	62	58
60	171	166	161	156	151	146	141	136	131	127	122
80	248	242	237	232	227	222	217	211	206	201	196
100	334	329	323	318	313	307	302	296	291	286	280
	Rohre unter den Tischen										
40	98	93	87	82	77	71	66	61	55	50	45
60	166	160	154	149	143	137	131	126	120	114	108
80	243	237	231	225	219	213	207	201	195	189	182
100	329	323	317	311	305	298	292	286	279	273	267

Tab. 56. Wärmeabgabe von Stahlrohren in W/m; Rohraußendurchmesser d_a = 88,9 mm

t_{Rohr} (°C)	Innentemperaturen (°C) 2	4	6	8	10	12	14	16	18	20	22
	Rohre im Dachraum und an den Stehwänden										
40	113	108	103	98	93	88	83	78	74	69	64
60	187	182	177	171	166	160	155	150	145	139	134
80	272	266	261	255	249	244	238	232	227	221	216
100	367	361	355	350	344	338	332	326	320	314	308
	Rohre unter den Tischen										
40	107	102	96	90	84	78	72	67	61	55	49
60	182	176	169	163	157	151	144	138	132	125	119
80	266	260	253	247	240	234	227	221	214	207	201
100	362	355	348	342	335	328	321	314	307	300	293

Tab. 57. Wärmeabgabe von Stahlrohren in W/m; Rohraußendurchmesser d_a = 114,3 mm

t_{Rohr} (°C)	Innentemperaturen (°C) 2	4	6	8	10	12	14	16	18	20	22
	Rohre im Dachraum und an den Stehwänden										
40	142	135	129	123	117	111	105	99	93	87	81
60	234	228	221	215	208	201	195	188	182	175	169
80	340	333	326	319	312	306	299	292	285	278	271
100	460	453	445	438	431	424	416	409	402	395	387
	Rohre unter den Tischen										
40	134	127	120	113	105	98	91	84	76	69	62
60	227	220	212	204	196	189	181	173	165	157	149
80	333	325	317	309	301	293	285	276	268	260	252
100	453	444	436	428	419	411	402	394	385	377	368

Tabellen für den Wärmebedarf von Gewächshäusern

Tab. 58. Gesamtwärmebedarf (Tag und Nacht) für ein einfachverglastes Gewächshaus in kWh/m^2 (n. DAMRATH 1980)

	t_i (°C)										
Woche	0	2	4	6	8	10	12	14	16	18	20
1	3,6	5,6	8,2	11,4	15,0	18,8	22,7	26,7	30,7	34,6	38,6
2	8,2	12,1	17,3	23,6	30,6	38,1	45,9	53,7	61,6	69,5	77,4
3	12,7	18,4	26,0	35,2	45,6	56,7	68,3	80,0	91,9	103,8	115,6
4	14,6	21,8	31,5	43,5	57,2	71,9	87,3	103,0	118,8	134,7	150,6
5	18,0	26,8	38,8	53,6	70,5	88,8	107,9	127,5	147,2	167,0	186,9
6	21,0	31,5	45,8	63,6	83,8	105,7	128,6	152,1	175,7	199,5	223,3
7	24,6	37,2	54,1	74,8	98,4	123,8	150,4	177,5	205,0	232,6	260,2
8	27,1	41,1	60,2	83,5	110,1	138,7	168,8	199,5	230,7	262,0	293,5
9	29,4	44,9	65,7	91,3	120,4	152,1	185,3	219,4	254,1	289,0	324,2
10	31,3	47,9	70,4	98,0	129,7	164,2	200,4	237,8	275,9	314,5	353,3
11	32,4	50,1	74,2	104,0	138,2	175,6	215,1	255,8	297,5	339,7	382,3
12	33,0	51,5	76,9	108,5	144,9	184,9	227,2	271,1	316,0	361,6	407,8
13	33,3	52,3	78,8	111,9	150,5	192,9	238,0	284,8	332,9	381,8	431,5
14	33,4	52,7	79,9	114,3	154,5	199,0	246,3	295,7	346,4	398,3	451,0
15	33,5	53,1	81,0	116,4	158,1	204,4	253,8	305,4	358,6	413,0	468,5
16	33,6	53,4	81,8	118,0	160,8	208,5	259,8	313,4	368,9	425,8	483,9
17	33,7	53,7	82,4	119,3	163,2	212,4	265,4	321,1	378,9	438,2	498,9
18	33,7	53,8	82,7	120,0	164,7	215,0	269,5	327,0	386,7	448,2	511,3
19	33,7	53,8	82,8	120,3	165,4	216,4	272,1	331,1	392,7	456,2	521,4
20	33,7	53,8	82,9	120,6	166,2	218,1	275,0	335,5	398,7	464,2	531,5
21	33,7	53,8	82,9	120,8	166,8	219,4	277,4	339,5	404,5	471,9	541,4
22	33,7	53,8	83,0	121,0	167,3	220,6	279,6	343,0	409,7	479,0	550,5
23	33,7	53,8	83,0	121,1	167,5	221,1	280,8	345,1	413,1	483,8	557,0
24	33,7	53,8	83,0	121,1	167,6	221,6	281,8	347,1	416,2	488,5	563,3
25	33,7	53,8	83,0	121,1	167,7	221,8	282,6	348,6	419,0	492,7	569,2
26	33,7	53,8	83,0	121,1	167,8	222,1	283,3	350,2	421,8	497,0	575,3
27	33,7	53,8	83,0	121,1	167,8	222,3	284,0	351,8	424,6	501,4	581,5
28	33,7	53,8	83,0	121,1	167,8	222,4	284,4	353,0	426,8	505,0	586,7
29	33,7	53,8	83,0	121,1	167,9	222,6	284,9	354,0	428,9	508,5	591,8
30	33,7	53,8	83,0	121,1	167,9	222,7	285,3	355,1	431,0	511,9	596,9
31	33,7	53,8	83,0	121,1	167,9	222,8	285,6	356,0	433,0	515,3	601,8
32	33,7	53,8	83,0	121,1	167,9	222,9	286,0	357,0	435,0	518,7	607,0
33	33,7	53,8	83,0	121,1	168,0	223,0	286,5	358,3	437,6	522,9	613,0
34	33,7	53,8	83,0	121,2	168,0	223,3	287,2	359,9	440,5	527,5	619,5
35	33,7	53,8	83,0	121,2	168,1	223,6	288,1	361,7	443,7	532,5	626,5
36	33,7	53,8	83,0	121,2	168,2	224,0	289,2	363,9	447,6	538,2	634,4
37	33,7	53,8	83,0	121,3	168,5	224,7	290,7	366,7	452,1	544,7	643,1
38	33,7	53,8	83,1	121,5	169,0	225,9	292,9	370,6	457,8	552,7	653,5
39	33,7	53,8	83,1	121,6	169,6	227,2	295,5	374,8	464,1	561,4	664,8
40	33,7	53,9	83,3	122,1	170,5	229,0	298,6	379,8	471,5	571,3	677,6
41	33,7	54,0	83,6	122,8	171,9	231,4	302,7	386,0	480,1	582,8	692,0
42	33,8	54,1	84,0	123,8	174,0	235,3	308,8	394,7	491,7	597,4	709,9
43	33,8	54,2	84,4	124,8	176,1	239,1	314,9	403,5	503,6	612,5	728,5

Tab. 58. Fortsetzung

	t_i (°C)										
Woche	0	2	4	6	8	10	12	14	16	18	20
44	33,9	54,6	85,3	126,7	179,5	244,6	323,1	414,8	518,2	630,7	750,3
45	34,2	55,3	86,7	129,5	184,4	252,2	333,7	428,8	535,7	651,9	775,3
46	34,7	56,4	88,9	133,5	191,0	261,8	346,8	445,5	556,3	676,5	803,9
47	35,7	58,3	92,3	138,9	199,1	273,0	361,5	464,0	578,6	702,7	834,1
48	36,7	60,1	95,5	144,4	207,5	284,9	377,0	483,3	601,9	729,9	865,2
49	38,2	62,9	100,2	151,8	218,0	299,0	395,0	505,3	627,8	759,9	899,3
50	40,3	66,4	105,8	159,9	229,3	313,8	413,6	527,8	654,3	790,2	933,5
51	43,5	71,3	113,0	170,0	242,7	330,9	434,4	552,4	682,7	822,6	969,7
52	47,2	76,6	120,6	180,4	256,4	348,2	455,6	577,5	711,9	855,7	1006,8

Tab. 59. Nachtanteil des Wärmebedarfes für ein einfachverglastes Gewächshaus in kWh/m^2 (n. DAMRATH 1980)

	t_i (°C)										
Woche	0	2	4	6	8	10	12	14	16	18	20
1	3,1	4,7	6,8	9,2	11,8	14,4	17,0	19,6	22,3	24,9	27,5
2	7,1	10,2	14,3	19,0	24,0	29,3	34,5	39,7	45,0	50,2	55,5
3	10,9	15,5	21,5	28,5	36,0	43,8	51,6	59,5	67,4	75,3	83,2
4	12,7	18,5	26,2	35,4	45,4	55,9	66,4	77,0	87,5	98,1	108,6
5	15,6	22,7	32,1	43,4	55,7	68,6	81,5	94,5	107,5	120,5	133,4
6	18,0	26,4	37,7	51,0	65,6	80,7	96,0	111,2	126,5	141,8	157,0
7	21,1	31,2	44,3	59,8	76,6	94,0	111,5	129,0	146,5	164,0	181,5
8	23,2	34,6	49,4	66,9	85,9	105,4	125,2	144,9	164,7	184,5	204,2
9	25,3	37,7	54,0	73,0	93,8	115,3	137,1	158,9	180,7	202,5	224,3
10	26,9	40,3	57,8	78,4	101,0	124,4	148,1	171,8	195,5	219,2	242,9
11	27,9	42,1	60,9	83,1	107,4	132,8	158,4	184,1	209,8	235,5	261,2
12	28,4	43,4	63,3	86,9	113,0	140,3	167,9	195,5	223,2	250,8	278,5
13	28,6	44,1	64,9	89,9	117,6	146,7	176,2	205,7	235,3	264,8	294,4
14	28,7	44,4	65,9	91,9	120,9	151,4	182,4	213,6	244,7	275,8	307,0
15	28,9	44,8	66,8	93,7	123,9	155,8	188,3	221,0	253,7	286,4	319,1
16	28,9	45,1	67,5	95,1	126,2	159,3	193,1	227,3	261,5	295,7	330,0
17	29,0	45,3	68,1	96,2	128,3	162,5	197,8	233,5	269,2	305,0	340,8
18	29,0	45,4	68,3	96,8	129,4	164,5	200,9	237,7	274,8	311,8	348,9
19	29,0	45,4	68,4	97,0	130,0	165,7	202,9	240,8	279,0	317,3	355,6
20	29,0	45,4	68,5	97,3	130,7	167,0	205,1	244,1	283,4	322,8	362,4
21	29,0	45,4	68,5	97,4	131,1	168,1	207,1	247,2	287,7	328,4	369,1
22	29,0	45,4	68,5	97,6	131,5	169,0	208,9	249,9	291,6	333,5	375,4
23	29,0	45,4	68,6	97,7	131,7	169,5	209,9	251,7	294,3	337,3	380,5
24	29,0	45,4	68,6	97,7	131,9	169,9	210,8	253,4	297,0	341,1	385,4
25	29,0	45,4	68,6	97,7	131,9	170,2	211,4	254,7	299,3	344,5	390,0
26	29,0	45,4	68,6	97,7	132,0	170,4	212,0	256,1	301,6	347,9	394,6
27	29,0	45,4	68,6	97,7	132,0	170,6	212,6	257,4	303,8	351,3	399,2
28	29,0	45,4	68,6	97,7	132,1	170,7	213,0	258,3	305,7	354,2	403,3
29	29,0	45,4	68,6	97,7	132,1	170,8	213,4	259,2	307,4	357,0	407,2
30	29,0	45,4	68,6	97,7	132,1	170,9	213,7	260,1	309,1	359,7	411,1
31	29,0	45,4	68,6	97,7	132,1	171,0	214,0	260,9	310,7	362,3	414,7
32	29,0	45,4	68,6	97,7	132,1	171,1	214,3	261,6	312,2	364,9	418,5
33	29,0	45,4	68,6	97,7	132,1	171,2	214,7	262,6	314,2	368,0	422,8
34	29,0	45,4	68,6	97,7	132,2	171,4	215,2	263,9	316,4	371,3	427,3
35	29,0	45,4	68,6	97,7	132,3	171,6	215,9	265,3	318,9	375,0	432,3
36	29,0	45,4	68,6	97,8	132,4	171,9	216,8	267,1	322,0	379,6	438,4
37	29,0	45,4	68,6	97,8	132,6	172,5	218,0	269,4	325,6	384,6	444,9
38	29,0	45,4	68,6	98,0	133,0	173,5	219,9	272,4	330,0	390,6	452,4
39	29,0	45,4	68,7	98,1	133,4	174,5	221,9	275,8	334,9	396,9	460,3
40	29,0	45,5	68,8	98,5	134,2	176,0	224,6	280,0	340,8	404,7	469,9
41	29,0	45,6	69,1	99,1	135,4	178,1	227,9	284,8	347,3	413,1	480,1
42	29,1	45,7	69,4	100,0	137,2	181,3	232,7	291,5	355,9	423,5	492,4
43	29,1	45,8	69,7	100,8	138,9	184,3	237,5	298,0	364,3	433,8	504,7
44	29,2	46,1	70,5	102,4	141,8	188,8	243,9	306,5	374,9	446,5	519,5
45	29,4	46,7	71,8	104,9	145,9	194,9	252,2	317,1	387,7	461,6	536,8
46	29,9	47,6	73,6	108,1	151,0	202,3	261,8	329,1	402,1	478,3	555,9
47	30,8	49,2	76,3	112,4	157,3	210,7	272,6	342,1	417,5	496,0	575,9
48	31,6	50,8	79,1	116,9	163,9	219,6	283,9	355,9	433,6	514,5	596,8
49	33,0	53,3	83,2	123,0	172,5	230,8	297,7	372,4	452,8	536,4	621,4
50	34,9	56,3	87,8	129,7	181,5	242,3	311,9	389,1	472,1	558,3	645,9
51	37,7	60,4	93,8	137,9	192,1	255,4	327,5	407,4	492,9	581,8	671,9
52	40,8	64,9	100,1	146,3	202,9	268,9	343,6	426,0	514,3	605,7	698,5

Tab. 60. Tagesanteil des Wärmebedarfes für ein einfachverglastes Gewächshaus in kWh/m^2 (n. DAMRATH 1980)

Woche	t_i (°C) 0	2	4	6	8	10	12	14	16	18	20
1	0,5	0,9	1,4	2,2	3,2	4,4	5,7	7,1	8,4	9,7	11,1
2	1,1	1,9	3,0	4,6	6,6	8,9	11,4	14,0	16,6	19,3	22,0
3	1,7	2,9	4,5	6,7	9,6	12,9	16,6	20,5	24,5	28,4	32,4
4	2,0	3,3	5,3	8,1	11,7	16,0	20,9	26,0	31,3	36,6	42,0
5	2,5	4,1	6,7	10,2	14,8	20,2	26,4	33,0	39,7	46,5	53,4
6	3,0	5,0	8,1	12,5	18,2	25,0	32,7	40,8	49,2	57,7	66,2
7	3,5	6,0	9,8	15,0	21,8	29,8	38,9	48,6	58,5	68,6	78,7
8	3,8	6,6	10,7	16,6	24,2	33,3	43,6	54,6	66,0	77,6	89,3
9	4,1	7,1	11,8	18,2	26,6	36,7	48,2	60,5	73,4	86,5	99,9
10	4,4	7,6	12,6	19,6	28,7	39,8	52,4	66,1	80,4	95,3	110,4
11	4,6	8,0	13,3	20,9	30,8	42,8	56,6	71,7	87,7	104,2	121,1
12	4,6	8,1	13,6	21,5	31,9	44,6	59,4	75,6	92,8	110,8	129,3
13	4,6	8,2	13,9	22,0	32,9	46,2	61,8	79,1	97,6	117,0	137,1
14	4,6	8,3	14,0	22,4	33,6	47,5	63,9	82,1	101,7	122,4	144,0
15	4,7	8,3	14,2	22,7	34,2	48,6	65,4	84,4	104,9	126,6	149,4
16	4,7	8,3	14,3	22,9	34,6	49,3	66,6	86,2	107,4	130,1	154,0
17	4,7	8,4	14,3	23,1	35,0	49,9	67,6	87,7	109,7	133,2	158,1
18	4,7	8,4	14,4	23,2	35,3	50,4	68,6	89,2	112,0	136,4	162,3
19	4,7	8,4	14,4	23,3	35,4	50,7	69,2	90,3	113,7	138,9	165,8
20	4,7	8,4	14,4	23,3	35,6	51,1	69,8	91,4	115,3	141,3	169,2
21	4,7	8,4	14,4	23,4	35,7	51,3	70,3	92,3	116,8	143,5	172,3
22	4,7	8,4	14,4	23,4	35,7	51,5	70,8	93,1	118,1	145,5	175,1
23	4,7	8,4	14,4	23,4	35,8	51,6	70,9	93,4	118,7	146,5	176,6
24	4,7	8,4	14,4	23,4	35,8	51,6	71,1	93,7	119,2	147,4	178,0
25	4,7	8,4	14,4	23,4	35,8	51,7	71,1	93,9	119,7	148,2	179,2
26	4,7	8,4	14,4	23,4	35,8	51,7	71,2	94,2	120,2	149,1	180,7
27	4,7	8,4	14,4	23,4	35,8	51,7	71,3	94,4	120,7	150,1	182,3
28	4,7	8,4	14,4	23,4	35,8	51,7	71,4	94,6	121,1	150,8	183,4
29	4,7	8,4	14,4	23,4	35,8	51,8	71,5	94,8	121,5	151,5	184,6
30	4,7	8,4	14,4	23,4	35,8	51,8	71,5	94,9	121,9	152,2	185,8
31	4,7	8,4	14,4	23,4	35,8	51,8	71,6	95,1	122,3	153,0	187,1
32	4,7	8,4	14,4	23,4	35,8	51,8	71,7	95,4	122,7	153,8	188,5
33	4,7	8,4	14,4	23,4	35,8	51,9	71,8	95,7	123,4	154,9	190,2
34	4,7	8,4	14,4	23,4	35,8	51,9	72,0	96,0	124,1	156,2	192,2
35	4,7	8,4	14,4	23,4	35,9	52,0	72,2	96,4	124,9	157,5	194,2
36	4,7	8,4	14,4	23,4	35,9	52,1	72,4	96,8	125,6	158,7	196,0
37	4,7	8,4	14,5	23,4	35,9	52,2	72,6	97,4	126,5	160,1	198,2
38	4,7	8,4	14,5	23,5	36,0	52,4	73,1	98,1	127,8	162,1	201,2
39	4,7	8,4	14,5	23,5	36,1	52,7	73,5	99,0	129,3	164,4	204,5
40	4,7	8,4	14,5	23,6	36,3	52,9	74,0	99,9	130,7	166,7	207,7
41	4,7	8,4	14,5	23,7	36,5	53,3	74,8	101,2	132,8	169,7	211,9
42	4,7	8,4	14,6	23,8	36,8	54,0	76,0	103,2	135,8	173,9	217,5
43	4,7	8,4	14,6	24,0	37,2	54,8	77,4	105,5	139,2	178,7	223,8
44	4,7	8,5	14,8	24,2	37,7	55,8	79,2	108,3	143,3	184,2	230,9
45	4,7	8,5	14,9	24,7	38,6	57,3	81,5	111,7	148,0	190,3	238,5
46	4,8	8,7	15,3	25,4	39,9	59,5	84,9	116,4	154,2	198,1	248,0
47	5,0	9,0	15,9	26,5	41,7	62,3	88,9	121,9	161,2	206,7	258,2
48	5,1	9,3	16,4	27,5	43,6	65,2	93,1	127,5	168,3	215,4	268,4
49	5,2	9,6	17,1	28,7	45,5	68,2	97,2	132,9	175,0	223,5	277,9
50	5,4	10,1	18,0	30,2	47,9	71,5	101,8	138,7	182,1	231,9	287,6
51	5,9	10,8	19,2	32,2	50,7	75,4	106,8	145,0	189,8	240,8	297,9
52	6,4	11,7	20,6	34,1	53,6	79,3	112,0	151,5	197,6	250,0	308,3

Tab. 61. Gesamtwärmebedarf (Tag und Nacht) für ein isolierverglastes Gewächshaus in kWh/m^2 (n. DAMRATH 1980)

	t_i (°C)										
Woche	0	2	4	6	8	10	12	14	16	18	20
1	2,1	3,3	4,9	6,8	8,9	11,2	13,6	16,0	18,5	20,9	23,4
2	4,9	7,2	10,2	14,0	18,2	22,7	27,4	32,2	37,0	41,8	46,7
3	7,5	10,8	15,3	20,8	27,0	33,7	40,7	47,8	55,1	62,3	69,6
4	8,6	12,8	18,6	25,8	33,9	42,8	52,1	61,6	71,3	81,0	90,8
5	10,6	15,7	22,8	31,6	41,7	52,7	64,2	76,1	88,1	100,2	112,4
6	12,3	18,5	27,0	37,5	49,6	62,6	76,4	90,6	105,0	119,5	134,1
7	14,4	21,8	31,8	44,1	58,0	73,2	89,1	105,5	122,2	139,0	155,9
8	15,9	24,1	35,3	49,1	64,8	81,9	99,8	118,3	137,1	156,2	175,3
9	17,3	26,3	38,6	53,6	70,8	89,6	109,4	129,8	150,7	171,8	193,1
10	18,3	28,1	41,3	57,5	76,2	96,6	118,1	140,4	163,3	186,4	209,9
11	19,0	29,4	43,6	61,1	81,3	103,4	126,8	151,1	176,0	201,3	227,0
12	19,4	30,2	45,1	63,7	85,3	108,9	133,9	160,0	186,8	214,1	241,9
13	19,5	30,7	46,2	65,8	88,6	113,6	140,3	168,1	196,7	225,9	255,7
14	19,6	30,9	46,9	67,2	90,9	117,1	145,1	174,3	204,5	235,4	266,9
15	19,6	31,2	47,5	68,4	93,0	120,3	149,4	179,9	211,5	243,9	276,9
16	19,7	31,3	48,0	69,3	94,6	122,7	152,9	184,6	217,4	251,2	285,7
17	19,7	31,5	48,4	70,1	96,0	124,9	156,2	189,1	223,2	258,3	294,3
18	19,7	31,5	48,5	70,5	96,8	126,4	158,5	192,4	227,7	264,0	301,3
19	19,7	31,5	48,6	70,6	97,2	127,2	160,0	194,8	231,0	268,5	307,1
20	19,7	31,5	48,6	70,8	97,7	128,2	161,7	197,3	234,5	273,1	312,7
21	19,7	31,5	48,7	70,9	98,0	129,0	163,1	199,6	237,8	277,5	318,3
22	19,7	31,5	48,7	71,0	98,3	129,6	164,4	201,6	240,8	281,5	323,5
23	19,7	31,6	48,7	71,1	98,4	129,9	165,0	202,8	242,7	284,2	327,2
24	19,7	31,6	48,7	71,1	98,5	130,2	165,6	203,9	244,5	286,8	330,7
25	19,7	31,6	48,7	71,1	98,5	130,3	166,0	204,8	246,0	289,2	334,0
26	19,7	31,6	48,7	71,1	98,6	130,5	166,4	205,7	247,7	291,7	337,6
27	19,7	31,6	48,7	71,1	98,6	130,6	166,9	206,6	249,3	294,3	341,1
28	19,7	31,6	48,7	71,1	98,6	130,7	167,1	207,3	250,6	296,4	344,1
29	19,7	31,6	48,7	71,1	98,6	130,8	167,4	207,9	251,8	298,3	347,0
30	19,7	31,6	48,7	71,1	98,6	130,8	167,6	208,5	253,0	300,3	349,9
31	19,7	31,6	48,7	71,1	98,6	130,9	167,8	209,1	254,1	302,2	352,7
32	19,7	31,6	48,7	71,1	98,7	130,9	168,0	209,6	255,2	304,2	355,6
33	19,7	31,6	48,7	71,1	98,7	131,0	168,3	210,3	256,7	306,6	359,1
34	19,7	31,6	48,7	71,1	98,7	131,2	168,7	211,3	258,4	309,2	362,8
35	19,7	31,6	48,7	71,1	98,8	131,3	169,2	212,3	260,3	312,1	366,7
36	19,7	31,6	48,7	71,2	98,8	131,6	169,8	213,6	262,5	315,4	371,3
37	19,7	31,6	48,7	71,2	99,0	132,0	170,7	215,2	265,1	319,1	376,3
38	19,7	31,6	48,8	71,3	99,3	132,6	171,9	217,4	268,4	323,7	382,2
39	19,8	31,6	48,8	71,4	99,6	133,4	173,4	219,9	272,0	328,7	388,6
40	19,8	31,6	48,9	71,7	100,1	134,4	175,3	222,8	276,3	334,5	396,1
41	19,8	31,6	49,0	72,1	100,9	135,8	177,6	226,3	281,3	341,0	404,3
42	19,8	31,7	49,3	72,6	102,2	138,1	181,2	231,4	288,0	349,5	414,6
43	19,8	31,8	49,5	73,2	103,4	140,3	184,7	236,5	294,9	358,3	425,4
44	19,9	32,0	50,0	74,3	105,4	143,6	189,5	243,2	303,5	368,9	438,2
45	20,0	32,4	50,9	76,0	108,3	148,0	195,8	251,3	313,7	381,3	452,9
46	20,3	33,0	52,1	78,4	112,2	153,7	203,6	261,4	326,1	396,1	470,1
47	20,9	34,2	54,1	81,6	117,0	160,4	212,3	272,3	339,3	411,7	488,2
48	21,5	35,2	56,0	84,8	121,9	167,4	221,5	283,8	353,2	428,0	506,8
49	22,4	36,9	58,9	89,2	128,2	175,9	232,3	297,1	368,9	446,2	527,6
50	23,6	38,9	62,1	94,0	134,9	184,7	243,4	310,5	384,7	464,4	548,1
51	25,5	41,8	66,3	99,9	142,8	194,7	255,7	325,1	401,7	483,7	569,8
52	27,7	45,0	70,9	106,1	150,9	205,1	268,4	340,2	419,2	503,7	592,2

Tab. 62. Nachtanteil des Wärmebedarfes für ein isolierverglastes Gewächshaus in kWh/m^2 (n. DAMRATH 1980)

	t_i (°C)										
Woche	0	2	4	6	8	10	12	14	16	18	20
1	1,9	2,8	4,1	5,6	7,2	8,8	10,4	12,0	13,6	15,2	16,8
2	4,3	6,2	8,7	11,5	14,6	17,8	21,0	24,2	27,4	30,6	33,8
3	6,6	9,4	13,0	17,2	21,8	26,6	31,4	36,2	41,1	45,9	50,7
4	7,6	11,1	15,9	21,5	27,6	34,0	40,5	47,0	53,4	59,9	66,4
5	9,4	13,7	19,4	26,3	33,8	41,7	49,7	57,6	65,6	73,5	81,5
6	10,8	15,9	22,8	30,9	39,9	49,1	58,4	67,8	77,1	86,5	95,8
7	12,7	18,8	26,8	36,2	46,5	57,1	67,8	78,5	89,2	100,0	110,7
8	14,0	20,8	29,8	40,5	52,1	64,0	76,1	88,2	100,3	112,3	124,4
9	15,2	22,7	32,6	44,1	56,8	70,0	83,3	96,6	109,9	123,2	136,5
10	16,1	24,2	34,9	47,4	61,1	75,4	89,9	104,3	118,8	133,3	147,8
11	16,7	25,4	36,8	50,3	65,1	80,6	96,2	111,9	127,6	143,3	159,0
12	17,1	26,1	38,2	52,6	68,5	85,1	102,0	118,9	135,7	152,6	169,5
13	17,2	26,5	39,2	54,4	71,3	89,0	107,0	125,1	143,1	161,1	179,2
14	17,3	26,7	39,8	55,6	73,3	91,9	110,8	129,8	148,8	167,8	186,8
15	17,3	27,0	40,3	56,7	75,1	94,5	114,3	134,3	154,2	174,1	194,1
16	17,4	27,1	40,7	57,5	76,5	96,6	117,2	138,0	158,9	179,7	200,6
17	17,4	27,3	41,1	58,2	77,7	98,6	120,0	141,7	163,5	185,3	207,1
18	17,4	27,3	41,2	58,5	78,4	99,7	121,9	144,3	166,8	189,3	211,9
19	17,4	27,3	41,3	58,6	78,7	100,4	123,1	146,1	169,3	192,6	215,9
20	17,4	27,3	41,3	58,8	79,1	101,2	124,4	148,0	171,9	195,9	219,9
21	17,4	27,3	41,3	58,9	79,4	101,8	125,5	149,9	174,5	199,1	223,9
22	17,4	27,3	41,3	59,0	79,6	102,4	126,6	151,5	176,8	202,2	227,6
23	17,4	27,3	41,4	59,0	79,7	102,7	127,2	152,5	178,4	204,4	230,6
24	17,4	27,3	41,4	59,0	79,8	102,9	127,7	153,5	179,9	206,6	233,5
25	17,4	27,3	41,4	59,1	79,9	103,1	128,1	154,3	181,3	208,7	236,2
26	17,4	27,3	41,4	59,1	79,9	103,2	128,4	155,1	182,7	210,7	238,9
27	17,4	27,3	41,4	59,1	79,9	103,3	128,8	155,9	184,0	212,7	241,7
28	17,4	27,3	41,4	59,1	79,9	103,4	129,0	156,5	185,1	214,5	244,1
29	17,4	27,3	41,4	59,1	79,9	103,4	129,3	157,0	186,1	216,1	246,4
30	17,4	27,3	41,4	59,1	80,0	103,5	129,5	157,5	187,2	217,7	248,7
31	17,4	27,3	41,4	59,1	80,0	103,5	129,6	158,0	188,1	219,2	250,9
32	17,4	27,3	41,4	59,1	80,0	103,6	129,8	158,4	189,0	220,7	253,1
33	17,4	27,3	41,4	59,1	80,0	103,6	130,0	159,0	190,1	222,6	255,6
34	17,4	27,3	41,4	59,1	80,0	103,8	130,3	159,7	191,4	224,5	258,3
35	17,4	27,3	41,4	59,1	80,0	103,9	130,7	160,6	192,9	226,7	261,2
36	17,4	27,3	41,4	59,1	80,1	104,1	131,2	161,6	194,7	229,4	264,8
37	17,4	27,3	41,4	59,1	80,2	104,4	132,0	163,0	196,8	232,4	268,6
38	17,4	27,3	41,4	59,2	80,5	105,0	133,0	164,7	199,4	235,8	273,0
39	17,4	27,3	41,4	59,3	80,7	105,6	134,3	166,7	202,3	239,6	277,7
40	17,4	27,4	41,5	59,5	81,2	106,5	135,8	169,2	205,8	244,3	283,5
41	17,4	27,4	41,6	59,9	81,9	107,7	137,8	172,1	209,7	249,2	289,5
42	17,4	27,5	41,8	60,4	82,9	109,6	140,6	176,0	214,8	255,4	296,8
43	17,5	27,5	42,0	60,9	84,0	111,4	143,5	180,0	219,9	261,6	304,2
44	17,5	27,7	42,5	61,8	85,7	114,1	147,3	185,1	226,2	269,3	313,1
45	17,7	28,1	43,3	63,3	88,1	117,8	152,3	191,4	234,0	278,4	323,6
46	18,0	28,6	44,3	65,3	91,3	122,3	158,3	198,8	242,8	288,7	335,4
47	18,5	29,6	46,0	67,9	95,1	127,4	164,8	206,8	252,2	299,5	347,5
48	19,0	30,5	47,6	70,6	99,1	132,8	171,7	215,1	262,0	310,7	360,3
49	19,8	32,0	50,1	74,3	104,3	139,6	180,1	225,3	273,8	324,2	375,4
50	20,9	33,8	52,9	78,3	109,7	146,6	188,7	235,4	285,5	337,5	390,3
51	22,6	36,3	56,5	83,2	116,1	154,5	198,1	246,4	298,1	351,5	406,0
52	24,5	39,0	60,3	88,3	122,6	162,7	207,9	257,8	311,1	366,3	422,2

Tab. 63. Tagesanteil des Wärmebedarfes für ein isolierverglastes Gewächshaus in kWh/m² (n. DAMRATH 1980)

	t_i (°C)										
Woche	0	2	4	6	8	10	12	14	16	18	20
1	0,3	0,5	0,8	1,2	1,8	2,5	3,2	4,1	4,9	5,7	6,5
2	0,6	1,0	1,6	2,4	3,6	4,9	6,4	8,0	9,6	11,2	12,8
3	0,9	1,5	2,3	3,6	5,2	7,1	9,3	11,6	14,0	16,4	18,9
4	1,0	1,7	2,7	4,3	6,3	8,8	11,6	14,7	17,9	21,1	24,4
5	1,2	2,1	3,4	5,3	7,9	11,0	14,6	18,5	22,5	26,7	30,9
6	1,5	2,6	4,2	6,6	9,7	13,6	18,0	22,8	27,9	33,0	38,3
7	1,8	3,0	5,0	7,8	11,5	16,1	21,3	27,0	32,9	39,0	45,2
8	1,9	3,3	5,5	8,6	12,8	17,9	23,7	30,1	36,9	43,8	50,9
9	2,1	3,6	6,0	9,4	14,0	19,6	26,1	33,2	40,8	48,6	56,6
10	2,2	3,8	6,4	10,1	15,1	21,2	28,3	36,1	44,4	53,2	62,2
11	2,3	4,0	6,8	10,8	16,2	22,8	30,5	39,1	48,3	58,0	68,0
12	2,3	4,1	7,0	11,1	16,7	23,7	32,0	41,1	51,0	61,5	72,4
13	2,3	4,1	7,1	11,4	17,2	24,5	33,2	43,0	53,5	64,8	76,5
14	2,3	4,2	7,2	11,6	17,6	25,2	34,3	44,5	55,7	67,6	80,1
15	2,3	4,2	7,2	11,7	17,9	25,7	35,1	45,7	57,3	69,7	82,8
16	2,3	4,2	7,3	11,8	18,1	26,1	35,7	46,6	58,6	71,5	85,2
17	2,3	4,2	7,3	11,9	18,3	26,4	36,2	47,3	59,7	73,0	87,2
18	2,3	4,2	7,3	12,0	18,4	26,7	36,7	48,1	60,9	74,7	89,4
19	2,3	4,2	7,3	12,0	18,5	26,8	37,0	48,7	61,7	76,0	91,2
20	2,3	4,2	7,3	12,0	18,6	27,0	37,3	49,2	62,6	77,2	92,9
21	2,3	4,2	7,3	12,0	18,6	27,1	37,6	49,7	63,3	78,3	94,5
22	2,3	4,2	7,4	12,1	18,7	27,2	37,8	50,1	64,0	79,3	95,9
23	2,3	4,2	7,4	12,1	18,7	27,3	37,8	50,2	64,3	79,8	96,6
24	2,3	4,2	7,4	12,1	18,7	27,3	37,9	50,4	64,5	80,2	97,3
25	2,3	4,2	7,4	12,1	18,7	27,3	37,9	50,5	64,7	80,6	97,9
26	2,3	4,2	7,4	12,1	18,7	27,3	38,0	50,6	65,0	81,0	98,6
27	2,3	4,2	7,4	12,1	18,7	27,3	38,0	50,7	65,3	81,5	99,4
28	2,3	4,2	7,4	12,1	18,7	27,3	38,1	50,8	65,5	81,9	100,0
29	2,3	4,2	7,4	12,1	18,7	27,3	38,1	50,9	65,7	82,2	100,6
30	2,3	4,2	7,4	12,1	18,7	27,3	38,1	51,0	65,8	82,6	101,2
31	2,3	4,2	7,4	12,1	18,7	27,3	38,2	51,1	66,0	83,0	101,8
32	2,3	4,2	7,4	12,1	18,7	27,4	38,2	51,2	66,3	83,4	102,6
33	2,3	4,2	7,4	12,1	18,7	27,4	38,3	51,3	66,6	84,0	103,5
34	2,3	4,2	7,4	12,1	18,7	27,4	38,4	51,5	67,0	84,7	104,5
35	2,3	4,2	7,4	12,1	18,7	27,4	38,5	51,8	67,4	85,4	105,5
36	2,3	4,2	7,4	12,1	18,7	27,5	38,6	52,0	67,8	86,0	106,5
37	2,3	4,2	7,4	12,1	18,8	27,6	38,7	52,2	68,3	86,8	107,7
38	2,3	4,2	7,4	12,1	18,8	27,7	38,9	52,7	69,0	87,8	109,2
39	2,3	4,2	7,4	12,1	18,9	27,8	39,2	53,1	69,7	89,0	110,9
40	2,3	4,2	7,4	12,1	18,9	27,9	39,4	53,6	70,5	90,2	112,6
41	2,3	4,2	7,4	12,2	19,0	28,1	39,8	54,3	71,6	91,8	114,8
42	2,3	4,2	7,4	12,3	19,2	28,5	40,5	55,4	73,2	94,1	117,8
43	2,3	4,2	7,5	12,4	19,4	28,9	41,2	56,6	75,0	96,6	121,2
44	2,3	4,3	7,5	12,5	19,7	29,5	42,2	58,1	77,2	99,6	125,1
45	2,4	4,3	7,6	12,7	20,1	30,2	43,4	59,9	79,7	102,9	129,3
46	2,4	4,4	7,8	13,1	20,9	31,5	45,3	62,5	83,2	107,4	134,8
47	2,5	4,6	8,1	13,7	21,9	33,0	47,5	65,5	87,2	112,3	140,6
48	2,5	4,7	8,4	14,2	22,9	34,6	49,8	68,7	91,2	117,2	146,5
49	2,6	4,9	8,7	14,9	23,9	36,2	52,2	71,8	95,1	122,0	152,1
50	2,7	5,1	9,2	15,7	25,2	38,1	54,7	75,1	99,2	126,9	157,8
51	2,9	5,5	9,9	16,7	26,7	40,2	57,6	78,7	103,6	132,1	163,8
52	3,2	5,9	10,6	17,8	28,3	42,4	60,5	82,4	108,1	137,4	170,0

Diagramme zur Ermittlung des feuerungstechnischen Wirkungsgrades

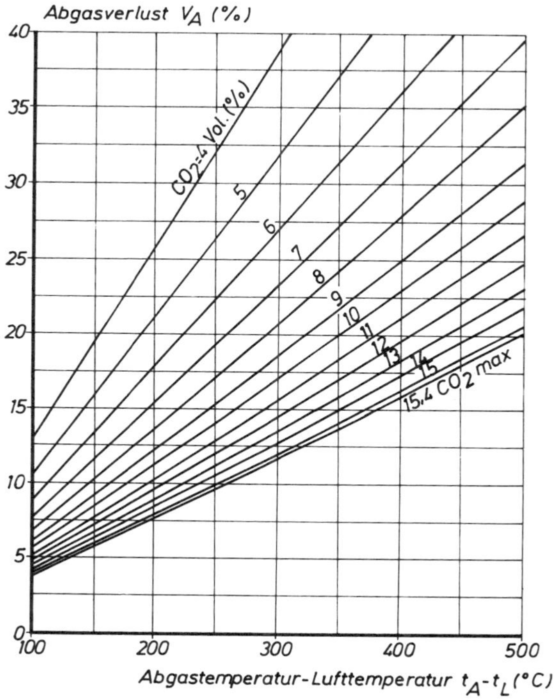

Abb. 161. Abgas-Wärmeverlust bei der Verbrennung von Heizöl EL in Abhängigkeit vom CO_2-Gehalt der Abgase und der Temperatur.

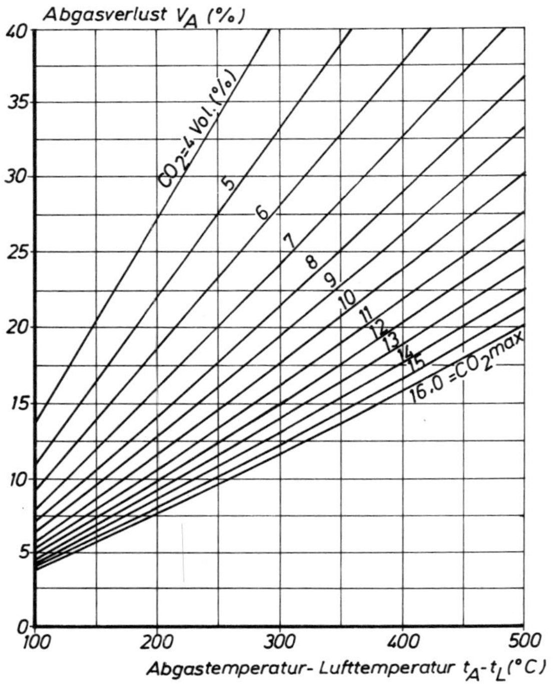

Abb. 162. Abgas-Wärmeverlust bei der Verbrennung von Heizöl S.

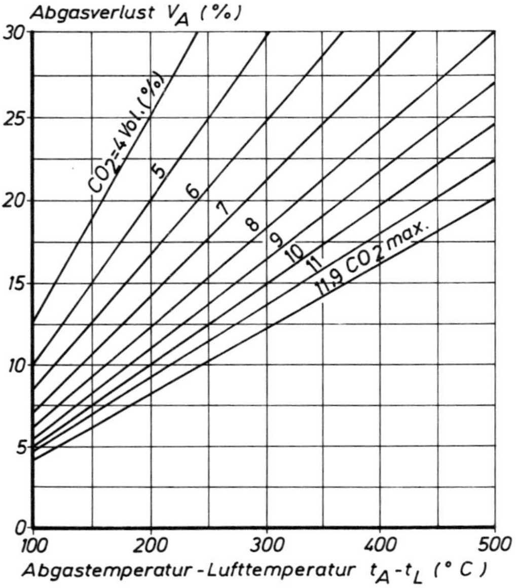

Abb. 163. Abgas-Wärmeverlust bei der Verbrennung von Erdgas.

Abb. 164. Abgas-Wärmeverlust bei der Verbrennung von Steinkohle.

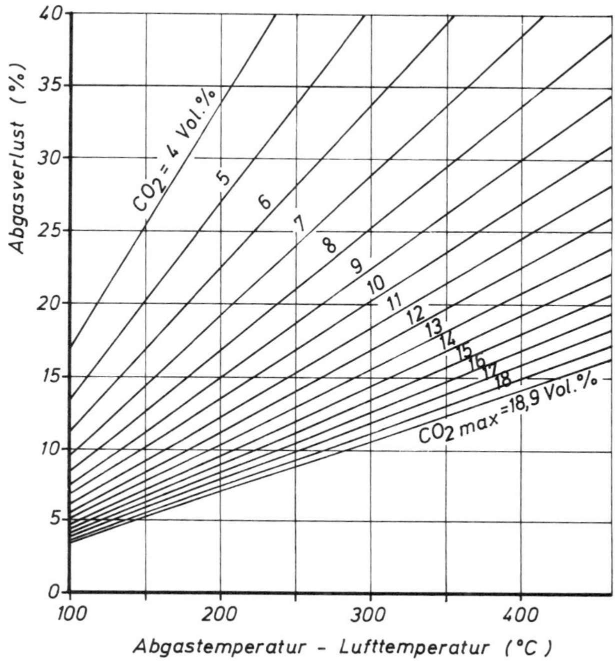

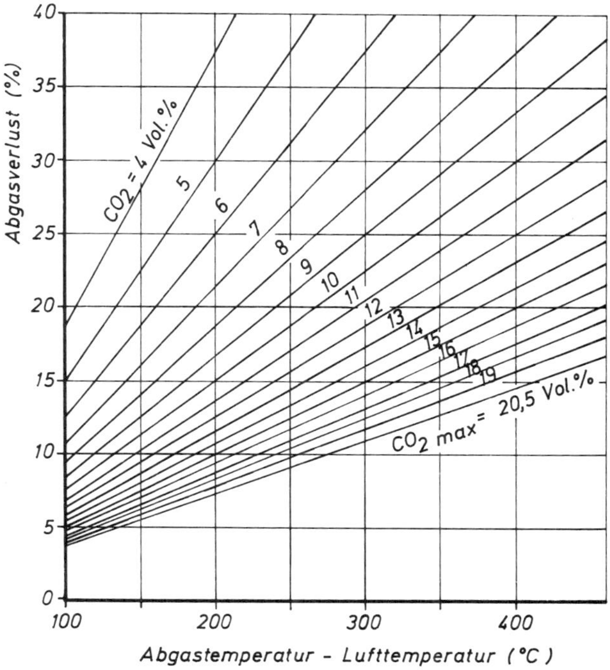

Abb. 165. Abgas-Wärmeverlust bei der Verbrennung von Koks.

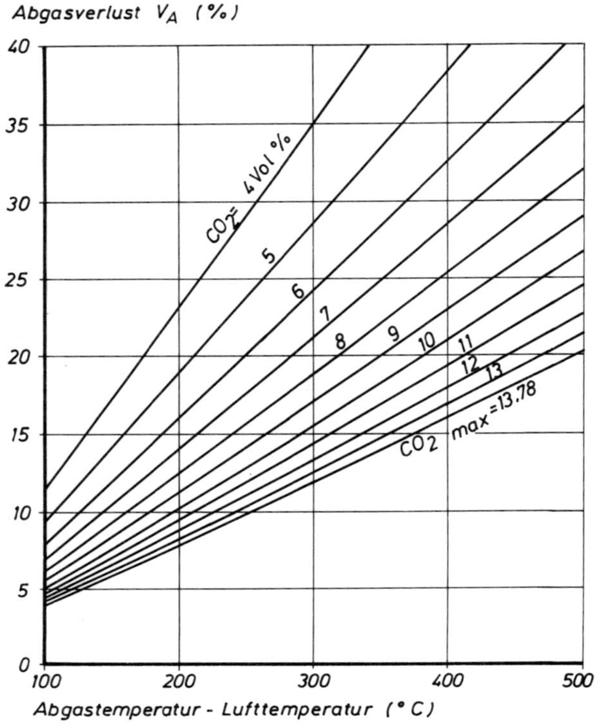

Abb. 166. Abgas-Wärmeverlust bei der Verbrennung von Flüssiggas (Propan-Butan-Gemisch 70/30).

Literaturverzeichnis

APPOLD, H.: Fachkenntnisse für Zentralheizungsbauer. Verlag Handwerk und Technik, Hamburg 1972, 6. Aufl.

Arbeitsmappe Heizung – Lüftung – Klimatechnik, VDI-Verlag, Düsseldorf 1971.

BIGGELEBEN, R., und SENNEKAMP, W.: Weg vom Öl – aber was dann? Mögliche Alternativen für die Energieversorgung im Gartenbau. Gärtnerbörse und Gartenwelt, 777–779, 1979.

BImSchG: Bundes-Immissionsschutzgesetz vom 15. März 1974. Bundesgesetzblatt, Teil I, 721–1193, 1974.

1. BImSchV: Erste Verordnung zur Durchführung des Bundes-Immissionsschutzgesetzes (Verordnung über Feuerungsanlagen) vom 28. August 1974. Bundesgesetzblatt, Teil I, 2121–2129, 1974.

3. BImSchV: Dritte Verordnung zur Durchführung des Bundes-Immissionsschutzgesetzes vom 15. 1. 1975. Bundesgesetzblatt, Teil I, 264–265, 1975.

BMFT: Wärmepumpen für Heizung, Kühlung und Energierückgewinnung 1976 bis 1990. Herausgeber: Bundesminister für Forschung und Technologie, Bonn 1979. Verlag TÜV Rheinland GmbH, Köln.

BRANDNER, J.: Der Gasmotor im Einsatz für Wärmepumpenanlagen. Öl + Gasfeuerung, 533–545, 1978.

BRAUER, J.: Heizungsanlagen im Gartenbau – Auswirkungen des Bundesimmissionsschutzgesetzes. Deutscher Gartenbau, 1721–1722, 1977.

BREEDGEN, O.: Steuer- und Regeltechnik bei Heizungsanlagen. Öl + Gasfeuerung, 404–414, 1979.

BUDERUS: Handbuch für Heizungs- und Klimatechnik. Gentner Verlag, Stuttgart 1956, 32. Aufl.

BUKAU, F.: Der Kreisprozeß der Heizwärmepumpe. Carl Marhold Verlag, Berlin 1978.

BUKAU, F.: Probleme der Auslegung und des Betriebes von Heizwärmepumpen. Heizung – Lüftung – Haustechnik, 31, 358–367, 1980.

v. BUSSEL, P. W. E. A.: Gas-Zentralheizungen. Schroedel Verlag, Hannover 1973.

v. CUBE, H. L.: Gaswärmepumpen gleich Absorptionswärmepumpen? – Ein kritischer Vergleich. Öl + Gasfeuerung, 406–408, 1980.

DAMRATH, J.: Tabellen zur Heizenergieermittlung von Gewächshäusern. Gartenbautechnische Informationen Heft 8, 1980; Klima München/Weihenstephan Heft 9, 1981; Taspo Buchvertrieb Braunschweig.

DAMRATH, J.: Rückgewinnung, Speicherung und Einsparung von Energie bei der Pflanzenproduktion in Gewächshäusern. Forschungsbericht ET 5151 A an das BMFT, Universität Hannover 1980.

DOMKE: Kohleheizung – gangbare Alternative. – Rheinische Monatsschrift, 559, 1979.

DIN 285: Feuerungsanlagen, Dampferzeuger, Industrieöfen und Schornsteine – Richtlinien für Trocknen, Anheizen und Inbetriebnahme, Januar 1970. Beuth Verlag, Berlin und Köln 1970.

DIN 1056: Freistehende Schornsteine in Massivbauart – Berechnung und Ausführung, Entwurf Juni 1978. Beuth Verlag, Berlin und Köln 1978.

DIN 1298: Verbindungsstücke für Feuerungsanlagen – Rohre, Rohrknie sowie Rohrbogen aus Metall für Abgase und Rauchgase, Entwurf Juli 1978. Beuth Verlag, Berlin und Köln 1978.

DIN 1301: Einheiten. Teil 1: Einheitennamen, Einheitenzeichen, Oktober 1978. Teil 2: Allgemein angewendete Teile und Vielfache, Februar 1978. Teil 3: Umrechnungen für nicht mehr anzuwendende Einheiten, Oktober 1979. Beiblatt zu Teil 1: Einheitenähnliche Namen und Zeichen, Entwurf Januar 1979. Beuth Verlag, Berlin und Köln 1978, 1979.

DIN 2400: Teil 1: Rohrleitungen – Übersicht über Normen für Planung und Konstruktion, Entwurf Juli 1977. Beuth Verlag, Berlin und Köln 1977.

DIN 2401: Teil 1: Druck- und Temperaturangaben – Begriffe, Nenndruckstufen, Mai 1977. Beuth Verlag, Berlin und Köln, 1977.

DIN 2402: Rohrleitungen – Nennweiten, Begriffe, Stufung, Februar 1976. Beuth Verlag, Berlin und Köln 1976.

DIN 2410: Rohre – Übersicht über Normen für Stahlrohre, Januar 1968. Beuth Verlag, Berlin und Köln 1968.

DIN 2429: Sinnbilder für Rohrleitungen, Juli 1962. Beuth Verlag, Berlin und Köln 1962.

DIN 2439: Stahlrohre – Leichte Gewinderohre, Mai 1961. Beuth Verlag, Berlin und Köln 1961.

DIN 2440: Stahlrohre – Mittelschwere Gewinderohre, Juni 1978. Beuth Verlag, Berlin und Köln 1978.

DIN 2441: Stahlrohre – Schwere Gewinderohre, Juni 1978. Beuth Verlag, Berlin und Köln 1978.

DIN 2442: Gewinderohre mit Gütevorschrift, August 1963. Beuth Verlag, Berlin und Köln 1963.

DIN 2449: Glatte Rohre – Nahtlos, April 1964. Beuth Verlag, Berlin und Köln 1964.

DIN 2470, Teil 1: Gasleitungen aus Stahlrohren mit Betriebsdrücken bis 16 bar, Februar 1977. Beuth Verlag, Berlin und Köln 1977.

DIN 2481: Wärmekraftanlagen – Graphische Symbole, Juni 1979. Beuth Verlag, Berlin und Köln 1979.

DIN 3380: Gasdruckregelgeräte für Eingangsdrücke bis 100 bar, Dezember 1973. Beuth Verlag, Berlin und Köln 1973.

DIN 3383, Teil 2: Sicherheits-Gasschläuche und Gasanschlußarmaturen – Sicherheits-Gasschläuche mit Gewindeanschluß, Januar 1978. Beuth Verlag, Berlin und Köln 1978.

DIN 3384: Edelstahlschläuche für Gas, Mai 1977. Beuth Verlag, Berlin und Köln 1977.

DIN 3388: Teil 1: Abgasklappen für Gasfeuerstätten, thermisch gesteuert, Mai 1978. Teil 2: Abgasklappen für Gasfeuerstätten, mechanisch gesteuert, September 1979. Beuth Verlag, Berlin und Köln 1978, 1979.

DIN 3391: Stellglieder und Mehrfachstellglieder für Gasverbrauchseinrichtungen – Allgemeine Festlegungen, November 1979. Beuth Verlag, Berlin und Köln 1979.

DIN 4119: Oberirdische zylindrische Flachboden-Tankbauwerke aus metallischen Werkstoffen. Teil 1: Grundlagen, Ausführung, Prüfungen, Juni 1979. Teil 2: Berechnung, Entwurf März 1975. Beuth Verlag, Berlin und Köln 1979, 1975.

DIN 4133: Schornsteine aus Stahl – Statische Berechnung und Ausführung, August 1973. Beuth Verlag, Berlin und Köln 1973.

DIN 4701: Regeln für die Berechnung des Wärmebedarfs von Gebäuden, Entwurf März 1978. Beuth Verlag, Berlin und Köln 1978.

DIN 4702: Teil 1: Heizkessel-Begriffe, Nennleistung, Heiztechnische Anforderungen, Kennzeichnung, Entwurf Februar 1978. Teil 3: Heizkessel-Gas-Spezialkessel mit Brenner ohne Gebläse, Oktober 1977. Teil 100: Heizkessel-Mindest-Brennraumabmessungen, Entwurf März 1978. Beuth Verlag, Berlin und Köln 1977, 1978.

DIN 4703: Teil 1: Wärmeleistung von Raumheizkörpern – Gliederheizkörper, April 1977. Teil 2: Wärmeleistung von Raumheizkörpern – Plattenheizkörper aus Stahl, April 1977. Teil 3: Wärmeleistung von Raumheizkörpern – Allgemeines, Umrechnung, April 1977. Beuth Verlag, Berlin und Köln 1977.

DIN 4705: Berechnung von Schornsteinabmessungen – Begriffe, ausführliches Berechnungsverfahren, Entwurf April 1971. Beuth Verlag, Berlin und Köln 1971.

DIN 4751: Blatt 1: Sicherheitstechnische Ausrüstung von Warmwasserheizungen mit Vorlauftemperaturen bis 110 °C, November 1962. Blatt 2: Sicherheitstechnische Ausrüstung von Heizungsanlagen mit Vorlauftemperaturen bis 110 °C – Offene und geschlossene Wasserheizungsanlagen bis 300 000 kcal/h mit thermostatischer Absicherung, September 1968. Teil

3: Sicherheitstechnische Ausrüstung von Heizungsanlagen mit Vorlauftemperaturen bis 110 °C – Offene und geschlossene Wasserheizungsanlagen mit Zwanglauf-Wärmeerzeugern bis 10 Liter Inhalt und einer Nennwärmeleistung bis 150 kW mit thermostatischer Absicherung, März 1976. Teil 4: Sicherheitstechnische Ausrüstung von Wärmeerzeugungsanlagen mit Vorlauftemperaturen bis 110 °C über 350 kW mit thermostatischer Absicherung, Entwurf Februar 1978. Beuth Verlag, Berlin und Köln 1962, 1968, 1976, 1978.

DIN 4752: Heißwasserheizungsanlagen mit Vorlauftemperaturen von mehr als 110 °C, Januar 1967. Beuth Verlag, Berlin und Köln 1967.

DIN 4755: Ölfeuerungen in Heizungsanlagen – Bau, Ausführung, sicherheitstechnische Grundsätze, Juni 1977. Beuth Verlag, Berlin und Köln 1977.

DIN 4756: Gasfeuerungen in Heizungsanlagen – Bau, Ausführung, sicherheitstechnische Grundsätze, Juni 1977. Beuth Verlag, Berlin und Köln 1977.

DIN 4787: Teil 1: Ölzerstäubungsbrenner – Begriffe, Anforderungen, Kennzeichnung, Prüfung, Dezember 1975. Teil 2: Ölzerstäubungsbrenner – Flammenüberwachungseinrichtungen, Flammenwächter und Feuerungsautomaten, Dezember 1975. Beuth Verlag, Berlin und Köln 1975.

DIN 4788: Teil 1: Gasbrenner – Gasbrenner ohne Gebläse, Juni 1977. Teil 2: Gasbrenner – Gasbrenner mit Gebläse, Juni 1977. Teil 3: Gasbrenner – Flammenüberwachungseinrichtungen, Flammenwächter, Steuergeräte und Feuerungsautomaten, Juni 1977. Beuth Verlag, Berlin und Köln 1977.

DIN 4794: Teil 1: Ortsfeste Warmlufterzeuger – Allgemeine und lufttechnische Anforderungen, Prüfung, November 1979. Teil 2: Ortsfeste Warmlufterzeuger – Ölbefeuerte Warmlufterzeuger – Anforderungen, November 1979. Teil 3: Ortsfeste Warmlufterzeuger – Gasbefeuerte Warmlufterzeuger – Anforderungen, November 1979. Beuth Verlag, Berlin und Köln 1979.

DIN 4798: Teil 1: Schlauchleitungen für Heizöl-EL-Anforderungen, Prüfung, November 1976. Beuth Verlag, Berlin und Köln 1976.

DIN 6600: Behälter (Tanks) aus metallischen Werkstoffen für die Lagerung brennbarer Flüssigkeiten, Juni 1978. Beuth Verlag, Berlin und Köln 1978.

DIN 6608: Liegende Behälter (Tanks) aus Stahl. Teil 1: Einwandig für unterirdische Lagerung brennbarer Flüssigkeiten, Entwurf Juni 1978. Teil 2: Doppelwandig für unterirdische Lagerung brennbarer Flüssigkeiten, Entwurf Juni 1978. Beuth Verlag, Berlin und Köln 1978.

DIN 6616: Liegende Behälter (Tanks) aus Stahl einwandig und doppelwandig für oberirdische Lagerung brennbarer Flüssigkeiten, Entwurf Juni 1978. Beuth Verlag, Berlin und Köln 1978.

DIN 6618: Stehende Behälter (Tanks) aus Stahl. Teil 1: Einwandig für oberirdische Lagerung brennbarer Flüssigkeiten, Entwurf Juni 1978. Teil 2: Doppelwandig für oberirdische Lagerung brennbarer Flüssigkeiten, Entwurf Juni 1978. Teil 3: Doppelwandig mit Kontrollflüssigkeit für oberirdische Lagerung brennbarer Flüssigkeiten, Entwurf Oktober 1978. Beuth Verlag, Berlin und Köln 1978.

DIN 6619: Stehende Behälter (Tanks) aus Stahl. Teil 1: Einwandig für unterirdische Lagerung brennbarer Flüssigkeiten, Entwurf Juni 1978. Teil 2: Doppelwandig für unterirdische Lagerung brennbarer Flüssigkeiten, Entwurf 1978. Beuth Verlag, Berlin und Köln 1978.

DIN 6620: Batteriebehälter (Tanks) aus Stahl. Teil 1: Für oberirdische Lagerung brennbarer Flüssigkeiten der Gefahrenklasse A III, Entwurf Juni 1978. Teil 2: Für oberirdische Lagerung brennbarer Flüssigkeiten der Gefahrenklasse A III, Verbindungsrohrleitungen, Entwurf Juni 1978. Beuth Verlag, Berlin und Köln 1978.

DIN 6622: Haushaltsbehälter (Tanks) aus Stahl. Teil 1: 620 Liter Inhalt für oberirdische Lagerung von Heizöl, Entwurf Juni 1978. Teil 2: 1000 Liter Inhalt für oberirdische Lagerung von Heizöl, Entwurf Juni 1978. Teil 3: Für oberirdische Lagerung von Heizöl, Auffangwannen, Entwurf Juni 1978. Beuth Verlag, Berlin und Köln 1978.

DIN 6623: Stehende Behälter (Tanks) aus

Stahl mit weniger als 1000 Liter Inhalt für oberirdische Lagerung brennbarer Flüssigkeiten. Teil 1: Einwandig, Entwurf Juni 1978. Teil 2: Doppelwandig, Entwurf Juni 1978. Beuth Verlag, Berlin und Köln 1978.

DIN 6624: Liegende Behälter (Tanks) aus Stahl. Von 1000–5000 l Inhalt, einwandig und doppelwandig für oberirdische Lagerung brennbarer Flüssigkeiten der Gefahrenklasse A III, Entwurf Juni 1978. Beuth Verlag, Berlin und Köln 1978.

DIN 6625: Standortgefertigte Behälter (Tanks) aus Stahl für oberirdische Lagerung von Heizöl und Dieselkraftstoff. Teil 1: Bau- und Prüfgrundsätze, Juni 1978. Teil 2: Berechnung, Entwurf Juni 1978. Beuth Verlag, Berlin und Köln 1978.

DIN 18 160: Hausschornsteine. Teil 1: Anforderungen, Planung und Ausführung, Entwurf Dezember 1979. Beuth Verlag, Berlin und Köln 1979.

DIN 19 226: Regelungstechnik und Steuerungstechnik – Begriffe und Benennungen, 1968. Beuth Verlag, Berlin und Köln 1968.

DIN 19 228: Bildzeichen für Messen, Steuern, Regeln. Allgemeine Bildzeichen, Juli 1974. Beiblatt 1: Beispiele für die Anwendung, Entwurf Mai 1976. Beuth Verlag, Berlin und Köln 1974, 1976.

DIN 23 003: Internationales Klassifikationssystem für Steinkohlen, April 1976. Beuth Verlag, Berlin und Köln 1976.

DIN 50 900: Korrosion der Metalle, November 1960. Beuth Verlag, Berlin und Köln 1960.

DIN 50 902: Behandlung von Metalloberflächen für den Korrosionsschutz, März 1972. Beuth Verlag, Berlin und Köln 1972.

DIN 51 402: Prüfung der Abgase von Ölfeuerungen. Teil 1: Bestimmung der Rußzahl, April 1978. Teil 2: Fließmittelverfahren zum Nachweis von Ölderivaten, März 1979. Beuth Verlag, Berlin und Köln 1978, 1979.

DIN 51 603: Teil 1: Flüssige Brennstoffe – Heizöle – Heizöl EL – Mindestanforderungen vom Oktober 1978, Entwurf. Teil 2: Flüssige Brennstoffe – Heizöle – Heizöl L, M und S – Mindestanforderungen vom Oktober 1976. Beuth Verlag, Berlin und Köln 1978, 1976.

DIN 51 724: Prüfung fester Brennstoffe, Bestimmung des Schwefelgehaltes. Teil 1: Gesamtschwefel, August 1975. Teil 2: Bindungsarten, Juli 1979. Beuth Verlag, Berlin und Köln 1975, 1979.

DIN 51 794: Prüfung von Mineralölkohlenwasserstoffen, Bestimmung der Zündtemperatur, Januar 1978. Beuth Verlag, Berlin und Köln 1978.

DIN 51 850: Brennwerte und Heizwerte gasförmiger Brennstoffe, Entwurf September 1978. Beuth Verlag, Berlin und Köln 1978.

Dietrich, A.: Zum Jahresnutzungsgrad von Einkesselanlagen. Heizung – Lüftung – Haustechnik 30, 115–116, 1979.

Dietrich, A.: Die Bedeutung der Wärmeisolierung für die Betriebsbereitschaftsverluste bei Heizkesseln. Öl + Gasfeuerung, 450–452, 1979.

Dietrich, A.: Abhängigkeit des Energieverbrauchs bei Einkesselanlagen von der Kesseltemperatur allein sowie in Verbindung mit Nachtabschaltung und Warmwasserbereitung mit Speichervorrangschaltung. Teil 1: Energieverbrauch im Sommer. Ganzjähriger Energieverbrauch ohne Nachtabsenkung. Heizung – Lüftung – Haustechnik 31, 15–22, 1980. Teil 2: Ganzjähriger Betrieb mit Nachtabschaltung ohne und mit Verringerung der Vollbenutzungsstunden im Jahr – Zusammenstellung der Ergebnisse. Heizung – Lüftung – Haustechnik 31, 63–71, 1980.

Eick, H.: Combustoren – Konstruktion und Anwendung. Öl + Gasfeuerung, 20–26, 1972.

v. Elsner, B.: Konvektoren für die Niedertemperaturheizung des Gewächshauses. Gärtnerbörse und Gartenwelt, 484–486, 1980.

v. Elsner, B.: Gewächshausheizung mit Kraftwerksabwärme – Ergebnisse einer amerikanischen Erprobung. Deutscher Gartenbau, 1124–1128, 1980.

v. Elsner, B.: Niedertemperatur für Gewächshäuser. Wärmequelle – Bewertung – Probleme – Technische Möglichkeiten. Gartenbautechnische Information VI/1980, Deutscher Gartenbau, 1980.

Ende, G.: Kalkulationstafeln für Heizungs-, Lüftungs- und Sanitäranlagen. Krammer Verlag, Düsseldorf 1971, 5. Aufl.

EnEG: Gesetz zur Einsparung von Energie

in Gebäuden (Energieeinsparungsgesetz – EnEG) vom 22. Juli 1976. Bundesgesetzblatt, Teil I, 1873–1875, 1976.

FABER, F. W.: Geschlossene Heizungsanlagen. Öl + Gasfeuerung, 466–471, 1977.

FRITSCH, W. H.: Rohrisolierung im Heizungsbau. Öl + Gasfeuerung, 546ff., 1978.

FRITSCH, W. H.: Automatische Feststoffkessel. Öl + Gasfeuerung, 505–510, 1980.

GARMS, M.: Handbuch für den Heizungsingenieur. VEB Verlag Bauwesen, Berlin 1971, 11. Aufl.

GERHARDS, B.: Kälteeigenschaften von Heizöl EL. Gärtnerbörse und Gartenwelt, 100, 1979.

GewO: Allgemeine Verwaltungsvorschrift über genehmigungsbedürftige Anlagen nach § 16 der Gewerbeordnung. Beilage zum Bundesanzeiger Nr. 137 vom 26. 7. 1968.

GRAF, H.: Schadstoffemissionen und Feuerungs-Wirkungsgrad einer Schweröl-Feuerung bei Zugabe eines Heizöl-Additivs. Schweiz. Bl. für Heiz. u. Lüft. 44, 3, 84–91, 1977.

HÄDER, W., und PANIER, F.: Physik der Heizungs- und Lüftungstechnik. Marhold Verlag, Berlin 1970, 3. Aufl.

HAKONSSON, H.: Handbuch der Fernwärmepraxis. Vulkan Verlag, Essen 1973.

HANDROCK, W.: Anwendung der Gaswärmepumpentechnik. Öl + Gasfeuerung, 331–340, 1978.

HANSEN, W.: Ölfeuerungen. Springer Verlag, Berlin 1970, 2. Aufl.

HANSEN, W.: Feststoffauswurf bei Ölfeuerungsanlagen. Öl + Gasfeuerung, 160–166, 1978.

v. D. HEIDE: Leckanzeige an doppelwandigen Stahltanks (2). Öl + Gasfeuerung, 461–463, 1979.

HeizAnlV: Verordnung über energiesparende Anforderungen an heizungstechnische Anlagen und Brauchwasseranlagen (Heizungsanlagenverordnung – HeizAnlV) vom 22. September 1978. Bundesgesetzblatt, Teil I, 1581–1583, 1978.

HeizBetrV: Verordnung über energiesparende Anforderungen an den Betrieb von heizungstechnischen Anlagen und Brauchwasseranlagen (Heizungsbetriebs-Verordnung – HeizBetrV) vom 22. September 1978. Bundesgesetzblatt, Teil I, 1584–1585, 1978.

HELFERT, W.: Niedertemperatur-Wärme nutzen. Gärtnermeister 83, 571–573, 1980.

HERING, H. J.: Erfahrungen bei der Planung von bivalenten Luft/Wasser-Wärmepumpen (II). Öl + Gasfeuerung, 329–330, 1978.

HERRE, E.: Wasserbeschaffenheit bei Warmwasserheizungen $\leqq$ 100 °C. Öl + Gasfeuerung 7, 388–391, 1978.

HINKEN, J.: Alternative Heiztechnologien werden schnell weiterentwickelt. Taspo 28, 3, 1979.

HRR: Richtlinien für den Bau und die Einrichtung von Heizräumen – Heizraumrichtlinien (HRR). RdErl. d. MS v. 1. 7. 1976 – III/8 – 24116/1–2.

IHLE, C., und BOTZ, A.: Heizungstechnik. Gentner Verlag, Stuttgart 1972.

IHLE, C.: Möglichkeiten der Öllagerung – Tankarten – Vorschriften. Öl + Gasfeuerung, 464–469, 1979.

IHLE, C.: Verteilnetze – Druckverlustberechnung für Warmwasser und raumlufttechnische Anlagen. Öl + Gasfeuerung, 573–580, 1980.

Information Erdgas: Erdgas Wärme. Krämer Verlag, Stuttgart 1976.

IWAN, K.: Kombinierte Abwasser/Luft-Wärmerückgewinnung. Öl + Gasfeuerung, 257–260, 1979.

JEROCH, H.-J.: Ölfeuerungspraxis. Werner Verlag, Düsseldorf 1971, 4. Aufl.

JURKSCH, G.: Mittlere heiztechnische Kenngrößen von 50 Orten der Bundesrepublik Deutschland für die Einzelmonate der Heizzeit und des Sommers. Heizung – Lüftung – Haustechnik 30, 463–466, 1979.

v. KEISER, H.: Stahl schmilzt wie Butter – Strohverbrennung in einem Großballenofen. Gärtnerbörse und Gartenwelt, 454–456, 1980.

KLEIN, F.-J.: Einsatz von Wärmepumpen zur Beheizung von Gewächshausanlagen. Teil 1: Gartenbautechnische Informationen I. Teil 2: Gartenbautechnische Informationen II. Deutscher Gartenbau, 291–294, 447–450, 1981.

KLEIN, W.: Versorgung mit Zusatzstrom im Gartenbau. Deutscher Gartenbau, 9–10, 1980.

KRAUSE, G.: Wie sicher ist die Abfüllsicherung? Öl + Gasfeuerung, 724–727, 1979.

KRUPP: Heizungs-Handbuch. Verlag Kopf und Co., Stuttgart 1972, 3. Aufl.

KTBL, Arbeitsgruppe Energie: Wirtschaftliche Energieversorgung im Gartenbau. Technische Möglichkeiten und Beurteilungskriterien Zierpflanzenbau, 108–116, 1980.

LABOWSKY, H.-J.: Einsatz der Wärmerückgewinnungsanlage. Deutscher Gartenbau 37, 1543–1544, 1978.

LABOWSKY, H.-J.: Teure und knappe Heizenergie. Gartenbaureport 8, 5–8, 1979.

LABOWSKY, H.-J.: Einsatz von Niedertemperatur-Heizsystemen. – Schweizer Versuche zur Abwärmenutzung. Deutscher Gartenbau, 846–847, 1980.

LUTZ, W.: Wärmepumpen – Anlage bei Janssen in Kempen. Zierpflanzenbau, 669–671, 1980.

LEHMANN, H., und FEUCHT, F.: Magnetventile für Gasanlagen. Öl + Gasfeuerung, 241–248, 1979.

MARX, E.: Fachkunde Ölfeuerungs-Montage. Gentner Verlag, Stuttgart 1970.

MARX, E.: Verteilung der Temperaturen innerhalb von Öl- und Gasflammen. Öl + Gasfeuerung, 374–381, 1978.

MARX, E.: Öl- und Gasbrenner mit Gebläse und deren Abstimmung auf moderne Heizkessel. Öl + Gasfeuerung, 154–164, 1979.

MEYER, J.: Temperaturverteilung über Rolltischen im Gewächshaus. Taspo-Magazin, 7–8, 1980.

MUSIL, V.: Lohnt die Umstellung von Heizanlagen auf andere Brennstoffe? Rheinische Monatsschrift, 432–435, 1979.

MUSIL, V.: Die Umstellung der Heizungsanlage auf andere Energieträger aus technischer Sicht. Zierpflanzenbau, 1170–1171, 1979.

MUSIL, V.: Neue Feuerungs-Verordnung bringt auch Erleichterungen. Deutsche Gärtnerbörse, 338–339, 1977.

MUSIL, V.: Stillstandsverluste abbauen – am besten mit Gärtnerverstand. Taspo, 25, 1977.

MUSIL, V.: Heizkesselkorrosion kann wirksam bekämpft werden. Zierpflanzenbau, 325–326, 1979.

POSTENRIEDER, E.: Verbesserung der Wirtschaftlichkeit von Gasfeuerstätten mit Strömungssicherungen durch Einbau von Abgasklappen. Heizung – Lüftung – Haustechnik, 27–31, 1975.

POSTENRIEDER, E.: Stillstandsverluste bei wärmespeichernden Gasfeuerstätten. Öl + Gasfeuerung, 570–574, 1976.

RADO, L., WIEDEMANN, K. H., und SCHIEBE, D.: Ausnutzung des Brennwertes bei gasbefeuerten Wärmeerzeugern. Heizung – Lüftung – Haustechnik 27, 256–263, 1976.

RECKNAGEL-SPRENGER: Taschenbuch für Heizung + Klima-Technik. Oldenbourg Verlag, München und Wien 1974, 58. Ausgabe.

REINDERS, H.: Korrosionsprobleme in heiztechnischen Anlagen. VDI-Verlag, Düsseldorf 1961.

REINDERS, H.: Korrosionsprobleme in heiztechnischen Anlagen. VDI-Verlag, Düsseldorf 1973.

RIETSCHEL-RAISS: Heiz- und Klimatechnik. Springer Verlag, Berlin 1970, 15. Aufl.

ROTH, O.: Der Heizungsbauer. Hoffmann Verlag, Stuttgart 1971, 7. Aufl.

Ruhrgas AG: Gaswärmepumpe für Heizung und Warmwasser. Ruhrgas AG, Essen 1978.

Ruhrkohlen-Beratung: Ruhrkohlen-Handbuch. Glückauf Verlag, Essen 1969.

SAACKE: Handbuch 1976/77. H. Saacke KG, 1976, 3. Aufl.

SALOOJA, K. C.: Brennstoff Additive. Betriebs-Ökonom 10, S. 192–194, 1972.

SAUER, K. L.: Die Absorptionswärmepumpe. Sonnenenergie & Wärmepumpe, 15–19, 1979.

SchfG: Gesetz über das Schornsteinfegerwesen (Schornsteinfegergesetz) vom 15. September 1969, Bundesgesetzblatt, Teil I, 1634, 1969.

SCHMOLDT, U.: Senken Additive die Heizkosten? Gärtnerbörse und Gartenwelt, 1040–1041, 1979.

SENNEKAMP, W.: Feste Brennstoffe – Was man über deren Einsatz wissen sollte. Gärtnerbörse und Gartenwelt, 1034–1037, 1979.

SJØGREN, A.: Verbesserte Heizölverbrennung mit Wasser/Öl-Emulsionen. Öl + Gasfeuerung, 148–157, 1978.

SORGER, B.: Optimierung der Verbrennung von Gas- und Ölfeuerungen durch Aufschalten des Restsauerstoffgehaltes der

Abgase auf Verbundstellglieder. Gas-Wärme – International 26, 326–328, 1977.

STICKLER, P.: Kleiner Heizungskurs für Gärtner. Verlag Eugen Ulmer, Stuttgart 1967.

STRADTMANN, F. H.: Stahlrohr-Handbuch. Vulkan-Verlag, Essen 1973, 7. Aufl.

STREHLER, A.: Wärme aus Holz: Erst häckseln, dann heizen. Top Agrar, 96–100, 1980.

TA Lärm: Technische Anleitung zum Schutz gegen Lärm vom 16. Juli 1968. Bundesanzeiger Nr. 137 vom 26. Juli 1968.

TA Luft: Technische Anleitung zur Reinhaltung der Luft – TA Luft vom 28. August 1974 (Erste Allgemeine Verwaltungsvorschrift zum Bundes-Immissionsschutzgesetz). Gemeinsames Ministerialblatt 25, 425–452, 1974.

TA Luft: Technische Anleitung zur Reinhaltung der Luft. Heymanns Verlag, Köln, Berlin, Bonn, München 1974.

TANTAU, H.-J.: Heizungssysteme im Gewächshaus – Berechnung – Auslegung – Konstruktion. Gartenbautechnische Informationen, Heft 1, Taspo Buchvertrieb, Braunschweig 1974.

TANTAU, H.-J.: Analyse des Regelverhaltens klimatisierter Gewächshäuser als Grundlage zur Auswahl und Entwicklung geeigneter Regler. Gartenbautechnische Informationen, Heft 7, Taspo Buchvertrieb, Braunschweig 1980.

TANTAU, H.-J.: KTBL-Arbeitsblätter Technik im Gartenbau unter Glas. Nr. 0601: Grundlagen der Klimaregelung in Gewächshäusern. Nr. 0602: Regelsysteme von Kesselanlagen und Gewächshausheizungen. Nr. 0603: Lüftungsregelung. Nr. 0604: Regelgeräte zur Heizungs- und Lüftungsregelung in Gewächshäusern. Nr. 0605: Auslegung und Einstellung von Reglern der Heizungs- und Lüftungsregelung. Landwirtschaftsverlag GmbH, Bonn-Bad Godesberg 1976.

TANTAU, H.-J.: Wärmeabgabe von Heizrohren. Rheinische Monatsschrift, 308, 1981.

TANTAU, H.-J.: Wärmeverbrauchsmessungen an Gewächshäusern als Grundlage der Wärmebedarfsberechnung. Heizung – Lüftung – Haustechnik 25, 289–293, 1974.

TANTAU, H.-J.: Einsatzmöglichkeiten von Wärmepumpen im Gartenbau. Deutscher Gartenbau, 398–400, 1977.

TANTAU, H.-J.: Technische Möglichkeiten und Grenzen der Abgaswärmenutzung. Gartenbautechnische Informationen I/ 1979, Deutscher Gartenbau, 1979.

TRV-Öl: Gentner Verlag, Stuttgart 1970, 4. Aufl.

TRbF: Technische Regeln für brennbare Flüssigkeiten (TRbF). TRbF 203: Einrichtung von Lägern – Füll- und Entleerstellen. TRbF 204: Allgemeine Bauvorschriften für Tanks. TRbF 205: Oberirdische Tanks. TRbF 206: Unterirdische Tanks. TRbF 404: Richtlinie GFK-Tanks oberirdisch. TRbF 405: Richtlinie GFK-Tanks unterirdisch. TRbF 406: Richtlinie PE-Tanks oberirdisch. TRbF 408: Richtlinie für den kathodischen Korrosionsschutz von unterirdischen Tanks und Betriebsrohrleitungen aus Stahl. TRbF 412: Richtlinie GFK-Tanks standortgefertigt. TRbF 413: Richtlinie PA-Tanks oberirdisch. Carl Heymanns Verlag, Köln, Berlin, Bonn 1971.

TÜV: Bau, Ausrüstung und Prüfung von Warmwasserbereitern mit Gebrauchswassertemperaturen bis etwa 95 °C. AD-Merkblatt A 3, Ausgabe April 1962, Vereinigung der Technischen Überwachungsvereine e. V., Essen.

ÜBEL, W.: Energie und industrielle Wärme. Gartenbaureport 5, 8–9, 1979.

UHRBANEK, A.: Verbrennungsmotor ersetzt Heizkessel. Sonnenenergie & Wärmepumpe, 5–13, 1979.

UHRBANEK, A.: Blockheizkraftwerke – dezentrale Erzeugung von Wärme und Strom. Öl + Gasfeuerung, 612–614, 1979.

USEMANN, K. W.: Bauliche Anforderungen an den Schornstein und an Rauchgasanlagen. Teil 1: Begriff des Schornsteins und Allgemeine Anforderungen. Heizung – Lüftung – Haustechnik 31, 55–62, 1980.

VbF: Verordnung über die Errichtung und den Betrieb von Anlagen zur Lagerung, Abfüllung und Beförderung brennbarer Flüssigkeiten zu Lande (Verordnung über brennbare Flüssigkeiten). BGBl I, 689, 1970 u. 721, 1974.

VDE-Bestimmungen: VDE-Verlag GmbH, Berlin.

VDE 0100: Bestimmungen für das Errichten von Starkstromanlagen mit Nennspannungen bis 1000 V.
VDE 0110: Vorschriften für die Bemessung der Kriech- und Luftstrecken elektrischer Betriebsmittel.
VDE 0116: Bestimmungen für die elektrische Ausrüstung von Feuerungsanlagen (Entwurf).
VDE 0435: Regeln für elektrische Relais in Starkstromanlagen.
VDE 0530: Regeln für elektrische Maschinen.
VDE 0550: Vorschriften für Kleintransformatoren, Teil 5, Sondervorschriften für Zündtransformatoren.
VDE 0660: Regeln für Schaltgeräte bis 1000 V Wechselspannung (für Steuerschalter bis 10 kV Wechselspannung) und 3000 V Gleichspannung.
VDE 0875: Regeln für die Funk-Entstörung von Geräten, Maschinen und Anlagen für Nennfrequenzen von 0 bis 10 kHz.

VDI Wärmeatlas: ed. 2 – Berechnungsblätter für den Wärmeübergang. VDI-Verlag, Düsseldorf 1974.

VDI 2035: Verhütung von Schäden durch Korrosion und Steinbildung in Warmwasserheizungsanlagen, Juli 1979. Beuth Verlag, Berlin und Köln 1979.

VDI 2067: Berechnung der Kosten von Wärmeversorgungsanlagen. Blatt 1: Betriebstechnische und wirtschaftliche Grundlagen, Entwurf Dezember 1979. Blatt 2: Raumheizung, Entwurf Dezember 1979. Blatt 3: Raumlufttechnik, Entwurf August 1979. Blatt 4: Warmwasserversorgung, Entwurf September 1979. Blatt 5: Wirtschaftlichkeitsberechnung von Wärmeverbrauchsanlagen. Wirtschaftswärme, Entwurf Mai 1975. Beuth Verlag, Berlin und Köln 1975, 1979.

VDI 2068: Meß-, Überwachungs- und Regelgeräte in heizungstechnischen Anlagen mit Wasser als Wärmeträger, November 1974. Beuth Verlag, Berlin und Köln 1974.

VDI 2116: Emissionsminderung von Ölfeuerungen mit Zerstäubungsbrennern, Januar 1981. Beuth Verlag, Berlin und Köln 1981.

VDI 2118: Auswurfbegrenzung – Feuerstätten für Einzelheizung mit festen Brennstoffen, Juli 1979. Beuth Verlag, Berlin und Köln 1979.

VDI 3781: Ausbreitung luftfremder Stoffe in der Atmosphäre. Blatt 2: Schornsteinhöhen unter Berücksichtigung unebener Geländeformen, August 1981. Blatt 4: Ausbreitung luftfremder Stoffe in der Atmosphäre. Bestimmung der Schornsteinmindestbauhöhe für kleinere Feuerungsanlagen. November 1980. Beuth Verlag, Berlin und Köln 1981, 1980.

VDI 3814: Zentrale Leittechnik für betriebstechnische Anlagen in Gebäuden (ZLT-G). Blatt 2: Schnittstellen in Planung und Ausführung, April 1979. Beuth Verlag, Berlin und Köln 1979.

Vickermann, E.: Kalkulation der Heizkosten im Gartenbaubetrieb. Verlag P. Parey, Berlin und Hamburg 1974.

Weber, A. P.: Die Warmwasserheizung. Oldenbourg-Verlag, München 1970.

Weishaupt: Ansprachen und Vorträge zur Eröffnung des neuen Weishaupt-Forschungs- und Entwicklungsinstitutes für Öl- und Gasfeuerung. Weishaupt GmbH, Schwendi 1977.

Wermelinger, B.: Wärmepumpen mit Diesel- oder Gasmotor-Antrieb. Öl + Gasfeuerung, 218–222, 1978.

Wiedemann, K. H.: Erdgas im Erwerbsgartenbau. Gartenbaureport 5, 10–11, 1979.

v. Zabeltitz. Chr.: Gewächshäuser. Handbuch des Erwerbsgärtners, Verlag Eugen Ulmer, Stuttgart 1978.

v. Zabeltitz, Chr.: Gewächshausheizung mit Wärmepumpe. Gartenbautechnische Information IV/1978, Deutscher Gartenbau, 1978.

v. Zabeltitz, Chr.: Kann Sonnenenergie Öl und Gas ersetzen? Gartenbaureport 5, 8, 1979.

v. Zabeltitz, Chr.: Solarabsorber und Wärmepumpen im Gartenbau. Deutscher Gartenbau 11–14, 1980.

Zenkner: Berechnungsmöglichkeiten von 4-Wege-Mischern. Öl + Gasfeuerung, 739–744, 1979.

Sachregister

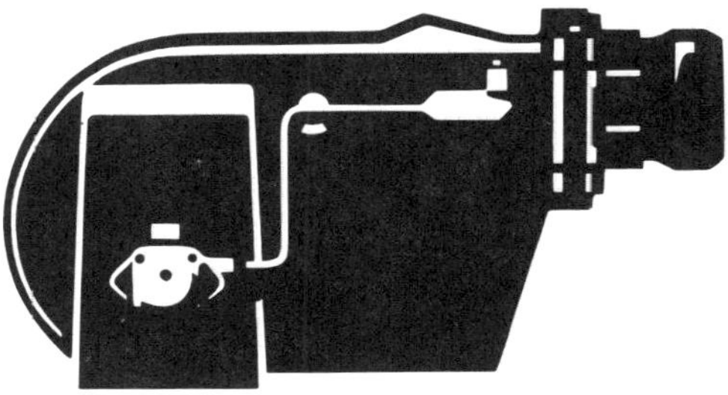

EKO
Der Computer
für den Gartenbau

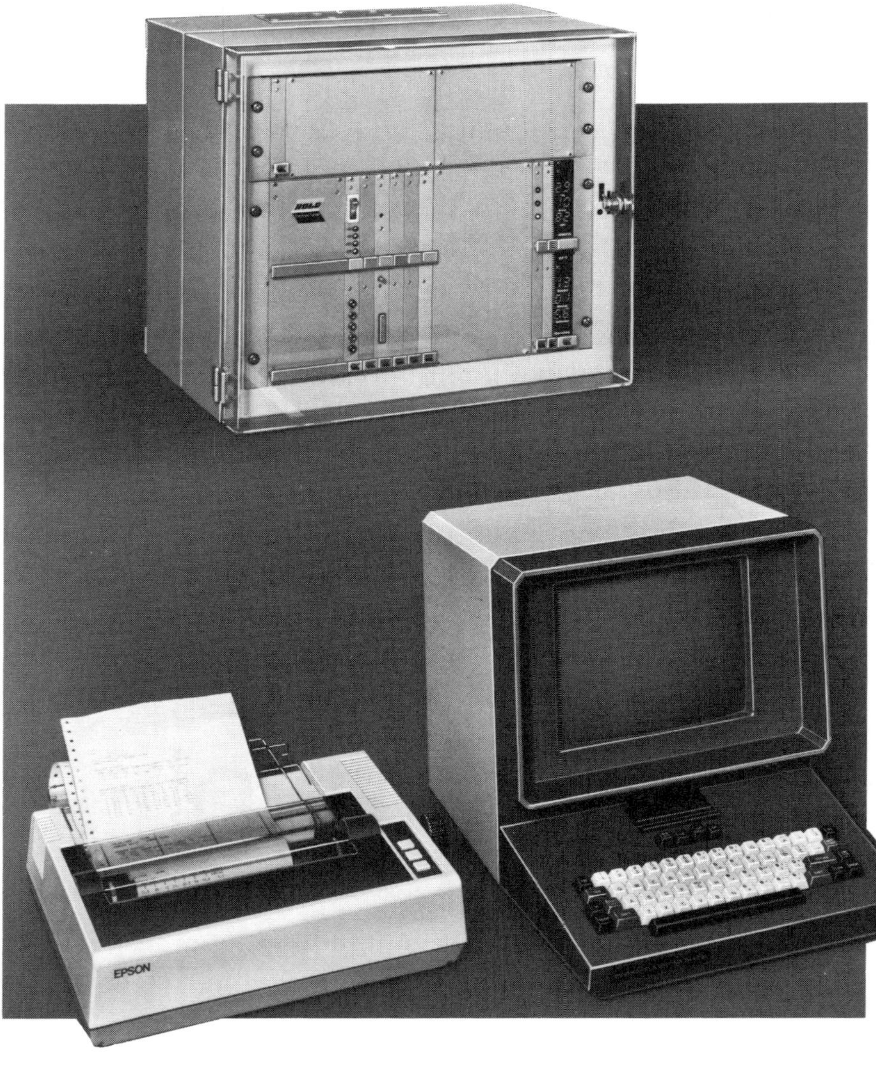